조코딩의 랭체인으로

AI 에이전트 서비스 만들기

조코딩의 랭체인으로 AI 에이전트 서비스 만들기

GPT · Llama 기반 RAG · 에이전트 · 멀티모달 AI 서비스 구축 가이드

초판 1쇄 발행 2025년 7월 21일

지은이 조동근, 우성우 / **기술 감수** 나민주 / **펴낸이** 전태호
펴낸곳 한빛미디어(주) / **주소** 서울시 서대문구 연희로2길 62 한빛미디어(주) IT출판2부
전화 02-325-5544 / **팩스** 02-336-7124
등록 1999년 6월 24일 제25100-2017-000058호 / **ISBN** 979-11-6921-414-8 93000

책임편집 홍성신 / **기획** 이희영 / **편집** 박혜원
디자인 박정우 / **전산편집** 다인
영업마케팅 송경석, 김형진, 장경환, 조유미, 한종진, 이행은, 김선아, 고광일, 성화정, 김한솔 / **제작** 박성우, 김정우

이 책에 대한 의견이나 오탈자 및 잘못된 내용은 출판사 홈페이지나 아래 이메일로 알려주십시오.
파본은 구매처에서 교환하실 수 있습니다. 책값은 뒤표지에 표시되어 있습니다.

한빛미디어 홈페이지 www.hanbit.co.kr / **이메일** ask@hanbit.co.kr

Published by HANBIT Media, Inc. Printed in Korea
Copyright © 2025 조동근, 우성우 & HANBIT Media, Inc

이 책의 저작권은 조동근, 우성우와 한빛미디어(주)에 있습니다.
저작권법에 의해 보호를 받는 저작물이므로 무단 복제 및 무단 전재를 금합니다.

지금 하지 않으면 할 수 없는 일이 있습니다.
책으로 펴내고 싶은 아이디어나 원고를 메일(writer@hanbit.co.kr)로 보내주세요.
한빛미디어(주)는 여러분의 소중한 경험과 지식을 기다리고 있습니다.

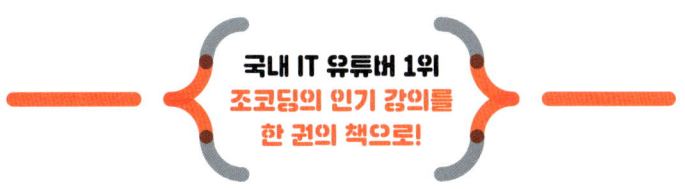

국내 IT 유튜버 1위
조코딩의 인기 강의를
한 권의 책으로!

조코딩의 랭체인으로
AI 에이전트 서비스 만들기

GPT · Llama 기반 RAG · 에이전트 · 멀티모달
AI 서비스 구축 가이드

조동근, 우성우 지음

한빛미디어
Hanbit Media, Inc.

추천의 말

'10년 뒤에 내 직업은 없어질지도 모르겠네. 지금이라도 다른 직업을 고민해야 하나.' 이제 이런 고민이 유별나지 않은 시대가 왔습니다. 평범한 직장인들에게도 AI는 예고된 위협이 되었습니다. 기술의 빠른 발전 속에서, AI를 나의 경쟁자로 봐야 할까요?

꽤 오래 전 세무 공무원이었던 저희 부모님은 가끔 주판을 사용하셨는데요. 컴퓨터와 엑셀이 등장하며 주판은 역사의 뒤안길로 사라졌습니다. 그렇다고 세무 공무원이라는 직업이 사라지지는 않았습니다. 예전의 작업 방식을 버리고 오피스 프로그램을 새로 배워야 했지만요. 결국 도구는 바뀌었지만 업무의 본질은 그대로입니다. AI도 마찬가지 아닐까 싶습니다.

이 책에서 다루는 핵심은 '에이전트'입니다. 쉽게 말해 AI가 복잡한 업무를 단계별로 처리하는 방법입니다. 사람이 보고서를 쓸 때 자료 수집→분류→초안 작성→검토 순서로 하듯이 AI도 이런 과정을 거쳐 더 정교한 결과물을 만들어 냅니다. 마치 편집자, 작가, 디자이너가 모여 하나의 책을 완성하는 것과 비슷합니다.

이 책은 에이전트의 실제 활용 예시까지 제공합니다. 다시 말해 '그래서 뭘 어떻게 만드는데?'라는 질문에 대한 답입니다. 단순히 정해진 답만 하는 챗봇이 아니라 고객 리뷰에 맞춤형으로 답변하는 챗봇을 만들 수 있습니다. 예를 들어 배달앱 고객이 "맛은 있었지만 배달 포장이 아쉬웠어요."라는 음식 리뷰를 남기면, 긍정이나 부정 감정을 평가한 뒤 공손한 답변을 작성해 주는 챗봇 말이죠. 마치 24시간 근무하는 직원 한 명이 생기는 셈입니다.

지금까지는 AI라는 단어에 막연한 거부감을 느꼈을지도 모르지만, 이 책을 읽고 나면 오히려 호기심이 생길지도 모릅니다. 막상 해보면 생각보다 어렵지 않을 거예요.

테크니컬 리뷰어, 나민주

AI 시대를 살아가는 평범한 직장인부터 개발 경험이 부족한 분들, 그리고 AI 서비스를 통해 새로운 기회를 모색하는 모든 분들께 이 책은 분명 현실적인 출발점이 되어줄 것이라 확신합니다. 저자의 깊이 있는 실전 경험과 지식이 이해하기 쉽게 구조화되어 담겼기에, 이 책을 통해 독자 여러분이 생성형 AI 시대의 능동적인 창작자로 거듭나기를 진심으로 응원합니다.

모두의 연구소 AIFFEL 교장, 박은수

LLM 기술의 급격한 발전 속에서 '이 기술을 내가 실제로 활용할 수 있을까?'라는 막연한 불안감을 느끼는 분들을 자주 목격합니다. 그런 분들에게 이 책이 해결책이 되어줄 것입니다. 이 책의 가장 큰 강점은 'Learning by Doing' 방식입니다. 22개의 프로젝트를 차례대로 따라 하며 랭체인의 핵심 개념을 자연스럽게 체화할 수 있도록 구성되어 있습니다. 단순한 ChatPDF부터 멀티모달 RAG와 CrewAI 에이전트까지 실습하며, 기초적인 설명에서 출발해 RAG Fusion이나 Agentic RAG 같은 현업 필수 개념도 실무적 깊이로 다루고 있어 인상적입니다. LLM을 나만의 도구로 만들고 싶은 모든 분에게 든든한 나침반 같은 책으로 적극 추천합니다.

Structum AI 대표, 백병인

"AI 서비스, 과연 내가 만들 수 있을까?" 챗GPT 등장 이후 강의 현장에서 가장 많이 쏟아지는 질문입니다. 새로운 기술 습득에 두려움을 느끼는 입문자가 여전히 많습니다. 하지만 이제 AI는 본질적 문제를 획기적으로 해결해 줄 강력한 도구가 되었습니다. 그리고 이 도구를 직접 만들 줄 알아야 머릿속에만 있던 창의적인 아이디어를 세상 밖으로 꺼낼 수 있습니다.

이 책은 '손에 익히기'의 난도를 확 낮춰 줍니다. AI가 복잡한 업무를 단계별로 수행하도록 하는 에이전트 개념을 중심에 두고, 랭체인이 GPT · LLaMA 같은 초거대 언어 모델을 어떻게 엮어 주는지 차근차근 보여 줍니다. 낯선 용어가 나올 때마다 짧은 설명이 곁들여져 있어 초심자도 부담 없이 따라올 수 있습니다. 그리고 무엇보다 실습이 친절합니다. GPT API 키 발급부터 예제 코드 실행까지 30분이면 충분하고, Streamlit으로 만든 웹앱을 세상에 공개하는 과정까지 한 호흡으로 이어집니다. 책의 안내대로만 따라가도 PDF 챗봇, 감성 분석기 같은 서비스를 금세 구현해 볼 수 있고, 랭스미스로 성능을 모니터링하고 후원 버튼으로 수익화하는 경험까지 해볼 수 있습니다. 실제로 돌아가는 결과물을 확인하는 순간 '나도 할 수 있다'라는 자신감이 밀려올 것입니다.

망설임은 잠시 접어 두고 작은 예제부터 실행해 보십시오. 첫 AI 서비스를 세상에 선보일 여러분의 도전을 진심으로 응원하며, 이 책을 자신 있게 추천합니다.

YouTube 테디노트, 이경록

추천의 말

AI 기술의 발전 속에서 관련 기술을 실무에 적용하는 능력이 요구되는 시대입니다. 이 책은 바로 그 지점을 정확히 짚어냅니다. 랭체인과 GPT API 활용, RAG 파이프라인 구축, 벡터 데이터베이스 운영, 프롬프트 엔지니어링과 같은 AI 애플리케이션 개발의 필수 요소들을 다루고 실제 프로젝트를 통해 이러한 핵심 기술을 자연스레 체득할 수 있도록 구성되어 있습니다. 급변하는 AI 생태계에서 든든한 기초 체력을 만들고자 하는 개발자들에게 강력히 추천합니다.

라지엘랩스 대표, 정강민

이론적 기초부터 AI 에이전트 아키텍처 구축, 서비스 배포 및 수익화 전략까지 LLM 서비스 개발의 전 과정을 체계적으로 다룬 실전 중심의 안내서입니다. 최신 트렌드와 다양한 실무 사례를 폭넓게 아우르고 있어 LLM 개발을 처음 접하는 학습자는 물론 실무 역량을 강화하려는 개발자에게도 큰 도움이 될 것입니다.

프리랜서 IT 강사, 박은지

AI 에이전트와 LLM 서비스에 관심은 많지만 어디서부터 시작해야 할지 막막했다면 이 책이 가장 좋은 출발점이 될 것입니다. 프로젝트 기반 실습으로 주요 개념을 익히고, 랭체인을 중심으로 배포와 수익화까지 경험할 수 있는 실전형 가이드입니다. 초심자부터 실무자까지 모두에게 추천합니다.

랭체인 코리아 운영진, 유현아

베타리더의 말

김민규, 이노와이어리스

LLM을 활용한 서비스를 만들고 싶다면 가장 먼저 읽어야 할 책입니다. 직접 에이전트 서비스를 만들어 보면서 랭체인, RAG, Streamlit 그리고 OpenAI API와 LLaMA 등 다양한 기술을 자연스럽게 배울 수 있습니다. 파이썬 문법을 알면 더 쉽고 재밌게 읽을 수 있으며, LLM의 심화 개념을 공부하기 전에 읽으면 좋은 실용 입문서입니다. 처음 인공지능 서비스 개발을 준비하고 있는 개발자들에게 등대가 되어줄 책입니다.

김재형, LG CNS

지금껏 읽어본 LLM, RAG 관련 도서 중 가장 실용적인 내용을 담고 있습니다. 다양한 수준과 스펙트럼을 가진 독자들에게 폭넓은 접근을 제공합니다. 어렵지 않은 용어와 군더더기 없는 설명으로 원하는 내용을 바로 이해할 수 있으며, 이를 바탕으로 방대한 LLM 응용 서비스 세계를 탐험할 수 있는 길잡이 역할을 합니다. 또한 수익형 웹 서비스를 혼자서 처음부터 끝까지 구현할 수 있도록 안내하여 AI 서비스를 처음 기획하고 개발하고자 하는 독자들에게 큰 도움이 되리라 예상합니다.

김준일, 크래프트테크놀로지스

LLM을 활용한 서비스 개발의 출발점으로 좋은 책입니다. 책에서 제시하는 예제들만 잘 응용해도 대부분의 아이디어를 현실화할 수 있을 만큼 응용 범위가 넓고 실전적입니다. LLM 기반 애플리케이션을 처음 설계하거나 도입하려는 개발자에게 강력히 추천합니다.

베타리더의 말

서재완, 프런트엔드 개발자

최근 들어 LLM은 모든 분야에서 핵심적인 도구로 자리잡고 있지만, 대부분의 관련 도서는 복잡한 이론과 모델 구조 중심으로 구성되어 초심자에게는 진입 장벽이 높게 느껴지곤 합니다. 이 책은 그러한 어려움을 최소화하며 실습 중심으로 LLM을 자연스럽게 익힐 수 있게 도와줍니다. 직접 코드를 다뤄보고 결과를 확인하는 과정 속에서, 단순히 이론을 아는 것을 넘어 'LLM을 어떻게 활용할 수 있는가'를 체득하게 되었습니다.

이석곤, (주)아이알컴퍼니

이 책은 랭체인 생태계 전반을 실전 예제 중심으로 익힐 수 있는 구조로, 초심자부터 실무자까지 아우릅니다. Advanced RAG, 하이브리드 서치 등 고급 기법은 물론 프런트엔드 연동 및 서비스 배포, 수익화 전략까지 제시하여 실제 아이디어를 비즈니스로 연결하는 데 필요한 모든 지식을 제공합니다. 명쾌한 설명과 실용적인 예제 코드는 독자들이 자신만의 AI 서비스를 쉽게 완성하도록 돕습니다. AI 서비스 시장에서 경쟁력을 확보하고 싶은 모든 분께 필독을 권합니다.

이지아, LG CNS

랭체인과 에이전트에 대한 관심은 많지만, 막상 어디서부터 시작해야 할지 막막한 분들에게 이 책이 좋은 출발점이 되어줄 것입니다. 점진적으로 확장되는 실습으로 구성되어 있어, 복잡한 개념 없이도 AI 에이전트 기반 서비스를 이해할 수 있습니다. 예제 하나하나가 단순 기능 구현에 그치지 않고 실제 서비스로 연결될 수 있을 만큼 현실적이고 실용적입니다. 따라 하다 보면 자연스럽게 랭체인의 구조와 AI 에이전트의 흐름이 머릿속에 잡힙니다.

이진, 경동나비엔

그간 저자가 해온 다양한 웹 서비스 강의, 도서 집필 경험을 바탕으로 랭체인과 RAG는 물론 최근 트렌드인 멀티 에이전트까지 이용한 웹 서비스 개발을 한 권의 도서에 담았습니다. 이 책은 AI/ML 모델 혹은 LLM 모델 이론에만 치우치지 않고 응용 관점에 초점을 맞춘 LLM 개발 입문서입니다.

임혁, (주)휴노

방대한 내용을 다루면서도 파이썬 기초 개발자들도 충분히 개발할 수 있도록 서술한 점이 인상 깊었습니다. 특히 LLM뿐만 아니라 RAG, 랭체인, 랭그래프, 멀티모달 등 현재 인공지능 개발의 최신 트렌드를 대표하는 개념과 도구를 한꺼번에 배울 수 있는 책입니다.

장대혁, 휴넷

랭체인을 이용해서 LLM 기반의 서비스를 만들거나 코드로 결과물을 구현하는 데 관심이 있는 분들에게는 이 책만한 것이 없다고 생각합니다. 이론적인 설명보다는 다양한 실습을 통해서 랭체인을 체화할 수 있기에 재밌게 LLM 어플리케이션을 만들어 보고 싶다면 이 책을 강력히 추천합니다.

전준규, 농협정보시스템

그야말로 AI 서비스 구현의 A부터 Z까지 아낌없이 보여줍니다. 특히, 텍스트는 물론 표와 이미지까지 통합하여 질문에 답하는 멀티모달 RAG 체인 구현, GPT-4 Vision과 LLaVA 같은 최신 VLM 활용을 통해 실무에 적용할 수 있는 예시를 명확히 보여줍니다. '아, 이런 식으로도 쓸 수 있구나!'라는 감탄사가 절로 나오게 하는 실질적인 예제와 코드는 마치 저자분들이 옆에서 과외를 해주는 듯한 착각마저 불러일으킵니다. 랭체인을 제대로 활용하고 싶은 AI 개발자, AI로 N잡러를 꿈꾸는 직장인, 최신 AI 기술 트렌드에 관심 있는 모든 분에게 이 책을 추천합니다.

베타리더의 말

정현석, 23년 차 개발자

최신 기술의 핵심을 빠르게 전달하는 유튜버인 조코딩 님의 장점이 잘 발휘된 책입니다. 랭그래프, Agentic RAG 등 새로운 키워드를 손쉽게 알아갈 수 있습니다. 간단한 애플리케이션이라면 거대 LLM에 API 호출을 하는 것만으로도 충분하겠지만, 복잡한 비즈니스 로직을 가지는 애플리케이션의 경우라면 책에서 소개하는 다양한 랭체인 활용법을 적용하는 것이 필수입니다.

채민석, integrate.io

랭체인과 Streamlit을 사용한 다양한 앱의 작성을 코드 예제와 함께 제공하고 있기에, 읽으면서 실제 동작하는 LLM 앱의 실습을 어렵지 않게 해볼 수 있습니다. 실습에 제공되는 다양한 참고 자료는 읽는 이가 원하면 더 깊게 공부하기 위한 길도 함께 제공합니다. LLM용 앱의 다양성을 보고 싶다면 기술적인 단초를 함께 제공하는 이 책이 큰 도움이 될 것입니다.

저자의 말

아직도 챗GPT 같은 AI 도구를 그저 사용만 하고 계신가요? 이제는 직접 AI를 활용한 서비스를 만드는 제작자가 되어 보세요. 지금은 생성형 AI가 전 세계를 뒤흔드는 혁신의 중심에 있습니다. 마치 인터넷이나 스마트폰이 처음 등장했을 때처럼, 이 기술은 산업과 일상을 근본적으로 바꾸고 있습니다. 하지만 이번엔 다릅니다. 인터넷과 스마트폰이 보급되던 과거보다 훨씬 더 좋은 기회들이 생기고 있습니다.

AI 시대 이전에는 웹사이트나 앱을 만들기 위해 복잡한 코딩을 어렵게 배워야 했습니다. 하지만 이제는 원하는 기능을 말로 시키면 AI가 구현해 주는 '바이브 코딩' 시대가 열렸습니다. 이제 코딩은 더 이상 소수 전문가의 영역이 아닙니다. 누구나 아이디어와 실행력만 있다면, AI를 활용한 서비스를 손쉽게 만들 수 있는 시대입니다.

이런 시대에 필요한 것은 AI 서비스를 구성하는 개념을 이해하고, 직접 만들어 보는 경험입니다. 기초만 익히면 그 위에 여러분만의 아이디어를 얹어 창의적인 서비스를 손쉽게 만들 수 있습니다. 이 책은 대표적인 AI 프레임워크인 랭체인LangChain을 활용해 시를 대신 쓰는 '인공지능 시인', PDF와 대화하는 'ChatPDF'처럼 실제로 작동하는 서비스를 직접 구현해 보는 실습 중심으로 구성되어 있습니다. 예제를 따라가며 자연스럽게 핵심 개념을 익히고, 나만의 AI 서비스를 완성할 수 있도록 도와드립니다.

이제는 AI를 '쓰는' 사람에서 AI로 무언가를 '만드는' 사람으로 한 걸음 나아가 보세요.

조동근

저자의 말

저는 AI/IT 교육 기업에서 리서치 콘텐츠 연구원으로, 또 강사이자 현업 개발자로 활동하면서 최신 기술 흐름을 누구보다 먼저 접하며 그 내용을 수많은 이에게 전하는 일을 해왔습니다. 자료를 분석하고 직접 구현하는 과정에서 방대한 실전 경험과 인사이트가 축적되었고, 그 지식을 알기 쉽게 구조화해 공유하고자 하는 열망이 이 책의 출발점이었습니다.

이 책은 단지 랭체인 문법을 나열하는 기술서가 아닙니다. 독자는 챗GPT, 클로드, 제미나이 등 주요 LLM을 PoC(개념 검증) 수준에서 빠르게 적용해보고 MVP(최소 기능 제품) 단계까지 발전시킬 수 있는 실전 역량을 갖추게 됩니다. 책 속의 예제들은 단순한 튜토리얼을 넘어서 랭체인을 활용한 RAG 파이프라인 구축이나 에이전트 시스템 개발까지 최신 AI 서비스 개발의 핵심 흐름을 자연스럽게 익힐 수 있도록 구성되어 있습니다.

완벽을 기다리지 말고, 먼저 실행하세요. 많은 분이 처음부터 거창하고 완성도 높은 결과물을 만들고 싶어 합니다. 하지만 기술 학습은 작은 시도가 중요합니다. 이 책에서 제공하는 예제를 그대로 따라 하면서 작게나마 동작하는 프로토타입을 눈으로 확인해 보고, 그 과정에서 얻는 성공 경험을 축적하세요. 그러다 보면 랭체인, RAG, 에이전트 기술이 여러분의 무기가 될 것입니다.

이 책을 통해 여러분이 생성형 AI 시대의 능동적인 창작자로 거듭나기를 기대합니다. 이 책에 담긴 내용이 작은 시작이 되어 나만의 아이디어를 현실로 구현하는 즐거운 여정을 떠나길 진심으로 응원합니다.

우성우

책 소개

생성형 AI 시대,
이제 직접 AI 서비스를 만들어 보세요!

이 책은 초거대 언어 모델 기반의 애플리케이션을 쉽고 빠르게 구현할 수 있는 프레임워크인 랭체인을 중심으로 GPT, LLaMA 등 다양한 모델을 실제 서비스에 연동하여 활용하는 과정을 안내합니다. GPT API를 활용한 실습 중심의 프로젝트를 따라 하면서 실제 동작하는 AI 시인, PDF 챗봇, 감성 분석기, 다국어 이메일 생성기 같은 서비스를 직접 만들어 볼 수 있도록 구성했습니다. 또한 실습으로 끝나는 것이 아니라 Streamlit을 통해 웹 앱으로 배포하고, 랭스미스로 성능을 모니터링하며, 후원 기능과 API 키 설정을 통해 수익화하는 방법까지 다룹니다. 코딩 경험이 부족한 분, GPT만으로는 만족하지 못했던 분, AI 시대에 나만의 서비스를 만들고 싶은 모든 분에게 현실적인 출발점이 되어줄 것입니다.

이런 분이라면 이 책을 꼭 보세요

- LLM을 활용한 AI 서비스 제작에 관심 있는 분
- AI 서비스를 만들어 보고 싶지만, 개발자 전용 도구는 너무 어렵게 느껴지는 분
- 공식 문서가 너무 어렵거나 랭체인 실전 예제를 찾기 어려운 분
- 나만의 웹 서비스를 만들고 싶지만 디자인과 배포가 막막한 분
- 기술뿐 아니라 서비스 운영과 수익화까지 관심 있는 분
- 생성형 AI 트렌드에 뒤처지고 싶지 않은 실무자, 기획자, 마케터, 크리에이터

이 책의 구성

이런 내용을 배웁니다!

1. GPT와 랭체인으로 실전 AI 앱 만들기

챗GPT API와 메타의 LLaMA를 연동해 텍스트 생성, 문서 Q&A, 감정 분석 등 다양한 기능이 포함된 서비스가 실제 작동하도록 단계별로 구현합니다.

2. 초보 개발자도 가능한 실습 중심 구성

파이썬 문법만 알아도 따라 할 수 있게 구성되어 있습니다. 복잡한 수식이나 딥러닝 지식은 없어도 괜찮습니다. VS Code, Miniconda 같은 프로그램부터 함께 설치하며 GPT API 키 등록, 환경설정까지 친절히 설명합니다.

3. 실전 서비스 배포 및 수익화까지 안내

단순히 구현에서 끝나는 것이 아니라 완성한 AI 앱을 Streamlit으로 배포하고 랭스미스를 활용해 로그 추적, 성능 분석, 오류 모니터링까지 경험합니다. 또한 후원 버튼 추가나 API 키 입력 필드 설정 등을 통해 수익을 낼 수 있는 구조를 만들어 봅니다.

4. 최신 도구에 대한 완벽한 실전 감각

GPT-4o-mini와 랭체인, Chroma, Streamlit, 랭스미스 등 현재 가장 널리 쓰이는 기술 스택을 실무 예제로 학습합니다. 단순히 도구 사용법이 아니라 이를 서비스에 적용하는 방식을 실전 예제 중심으로 익힐 수 있습니다.

이 책의 주요 기술 목록

- **언어 모델 활용**: GPT-4o-mini, Llama 3.1
- **랭체인 LLM 체인 설계**: LLMChain, SequentialChain
- **출력 처리 방식**: StrOutputParser를 이용한 결과 파싱
- **웹앱 프런트엔드 개발**: Streamlit을 활용한 사용자 인터페이스 구현
- **벡터 데이터베이스 활용**: ChromaDB, FAISS를 활용한 문서 임베딩 및 검색
- **API 연동 실습**: OpenAI GPT API, Responses API 연동 및 환경변수 설정
- **에러 및 로깅 처리**: 랭스미스 기반 실시간 모니터링 및 디버깅
- **시스템 배포**: Streamlit Community Cloud로 EC2 없이 무료 웹앱 배포
- **후원 및 수익화**: 후원 버튼 삽입 및 사용자 API 키 입력 구조
- **RAG 파이프라인 기초 학습**: 랭체인으로 검색·생성 결합 구조 실습
- **멀티모달 검색 및 응답**: GPT-4 Vision, LLaVA 활용 이미지·PDF·표 통합 질의
- **에이전트 개발 입문**: 조건 분기형 에이전트, CrewAI 기반 협업형 에이전트 구현
- **고급 RAG 응용**: Multiquery, Hybrid Search, RAG Fusion 등 고급 기법 실습
- **랭그래프 활용**: 복잡한 워크플로와 멀티 에이전트 흐름 구현

직접 만드는 나만의 AI 에이전트, 지금 조코딩과 함께 시작해보세요!

이 책 사용법

예제 코드

예제 코드는 다음 URL에서 다운로드할 수 있습니다. 실습에 사용되는 모든 패키지 버전은 깃허브 저장소의 requirements.txt 파일에 명시되어 있으니, 원활한 진행을 위해 해당 버전을 참고하여 설치해 주세요.

- https://github.com/sw-woo/hanbit-langchain/tree/main

온라인 강의

이 책의 내용은 온라인 강의로도 볼 수 있습니다.

- Udemy – '랭체인(LangChain)으로 AI 웹 서비스 만들기 with ChatGPT, LLaMA 2'
  https://www.udemy.com/course/python-langchain/

사전 지식

랭체인을 통해 AI 웹 서비스를 구현하려면 파이썬 언어에 대한 기초 지식이 필요합니다. 파이썬 기초 강의는 무료 온라인 강의로도 볼 수 있습니다.

- https://www.youtube.com/playlist?list=PLU9-uwewPMe05-khW3YcDEaHMk_qA-7ll

목차

추천의 말 _4

베타리더의 말 _7

저자의 말 _11

책 소개 _13

이 책의 구성 _14

이 책 사용법 _16

Part 01 랭체인 시작하기

Chapter 01 인공지능 시인과 ChatPDF 서비스 이해

인공지능 시인 _27

ChatPDF _27

수익화 방식 _28

기술 스택 _29

Chapter 02 랭체인과 GPT 모델 이해

LLM이란 _31

랭체인이란 _31

랭체인을 배우는 이유 _32

랭체인 v0.3 _33

OpenAI 플레이그라운드로 GPT 모델 이해하기 _34

목차

Chapter 03 기본 개발 환경 설정

비주얼 스튜디오 코드 환경 설정_43

파이썬 환경 설정_46

환경변수 설정_49

랭체인 환경 설정_53

LLM 체인_58

Miniconda 설정_63

랭스미스 설정_69

Part 02 랭체인 기초 실습

Chapter 04 음식, 식당, 숙박 리뷰 평가 AI 만들기

음식 리뷰 평가 AI 만들기_75

식당 리뷰 평가 AI 만들기_78

LCEL 기반 숙박 시설 리뷰 평가 AI 만들기_82

Chapter 05 인공지능 시인 만들기

구현할 서비스 구조_89

LLM 체인 생성_89

Streamlit 기초_91

프런트엔드 구현_99

실전 배포_107

Chapter 06 다국어 이메일 생성기 만들기

Ollama 설치 및 환경 설정_118

이메일 응답 생성_121

Streamlit 앱 구성_124

Part 03 문서 임베딩을 활용한 Q&A 서비스

Chapter 07 ChatPDF 만들기

구현할 서비스 구조_130

도큐먼트 로더_135

텍스트 분할기_140

임베딩_143

벡터 저장소_147

검색기_149

생성기_153

프런트엔드 구현_159

실전 배포_180

웹 서비스 수익화_183

스트리밍 구현_190

목차

Chapter 08 | 현진건 작가님 봇 만들기

Responses API란 _199

OpenAI 플레이그라운드로 파일 검색 도구 이해하기 _201

Responses API 연동 _204

프런트엔드 구현 _209

Part 04 | RAG 기법을 활용한 유사성 검색 서비스

Chapter 09 | FAISS 인덱스 생성

FAISS란 _227

텍스트 데이터 청크 분할 _229

인덱스 생성 _232

Chapter 10 | FAISS VectorDB로 유사성 검색 구현

쿼리 기반 유사 문서 검색 _235

임베딩 벡터로 문서 유사도 검색 _236

Chapter 11 | RAG 기반 대규모 텍스트 검색 구현

FAISS 인덱스 생성 _242

문서 포매팅과 답변 생성 _243

Part 05 고급 RAG 기법을 활용한 뉴스 검색 서비스

Chapter 12 Multiquery 기반 뉴스 검색 시스템 만들기

Multiquery + Unique-union 기법_249

Multiquery + RAG-Fusion 기법_263

Chapter 13 하이브리드 검색 시스템 만들기

Hybrid Search를 활용한 고급 RAG 시스템 구축_273

Multiquery + Hybrid Search + RAG Fusion 기법_279

Multiquery + Hybrid Search + RAG Fusion + Streamlit 기법_285

Part 06 멀티모달 데이터를 활용한 통합형 서비스

Chapter 14 멀티모달 데이터 RAG 시스템 만들기

멀티모달 RAG 개요_297

멀티모달 RAG 아키텍처_298

패키지 설치 및 JupyterLab 환경 설정_298

데이터 추출 및 분할_304

다중 벡터 검색기_308

멀티모달 RAG 체인_321

목차

Chapter 15 FashionRAG: 이미지 기반 스타일링 어시스턴트

FashionRAG 시스템 이해 _333

Fashionpedia 데이터셋 로드 _334

Base64 인코딩 _339

Chapter 16 시/소설 생성 서비스 만들기

LangServe와 FastAPI로 애플리케이션 구성 _355

OpenAI와 Ollama 모델의 비교 _360

Streamlit으로 인터페이스 구축 _364

Part 07 랭그래프와 Agentic RAG를 활용한 에이전트

Chapter 17 도구를 사용하는 AI 에이전트 만들기

시스템의 주요 구성 요소 _375

에이전트와 도구 통합 _380

Chapter 18 랭그래프를 활용한 AI 에이전트 만들기

랭그래프의 주요 기능 _383

워크플로 그래프 생성 및 상태 관리 _385

워크플로 그래프 시각화 및 에이전트와 상호작용 _387

Chapter 19 Agentic RAG로 지능형 정보 검색 시스템 만들기

에이전트의 흐름 _391

에이전트 상태 정의 _392

워크플로 그래프 생성 _399

Part 08 CrewAI를 활용한 협업형 에이전트

Chapter 20 다중 에이전트 블로그 작성기

인공지능 에이전트의 특성 _405

에이전트 정의 _406

수행 작업 정의 _409

Chapter 21 FastAPI, CrewAI 기반 블로그 콘텐츠 생성기

에이전트 정의 _415

수행 작업 정의 _417

CrewAI 로직과 FastAPI 웹 서비스 결합 _419

목차

조코딩의 랭체인으로 AI 에이전트 서비스 만들기

Chapter 22 리액트 통합으로 완성하는 블로그 서비스

Node.js 설치_429

리액트 프로젝트 설정_430

프로젝트에 필요한 컴포넌트 작성_435

찾아보기_446

Part 01
랭체인 시작하기

Chapter 01 인공지능 시인과 ChatPDF 서비스 이해
Chapter 02 랭체인과 GPT 모델 이해
Chapter 03 기본 개발 환경 설정

01 인공지능 시인과 ChatPDF 서비스 이해

랭체인을 활용해 가장 먼저 만들어 볼 서비스는 사용자 대신 시를 써 주는 '인공지능 시인'과 PDF를 기반으로 실시간 채팅을 나누는 'ChatPDF'입니다. 이 두 서비스가 최종적으로 어떻게 완성될 것인지, 구성과 기능부터 이해해 봅시다.

| 학습 목표

인공지능 시인 서비스와 ChatPDF 서비스 구현으로 얻게 될 결과를 미리 알아봅니다. 사용할 기술 스택이 무엇인지도 이해하는 과정을 거칩니다.

| 핵심 키워드

- 랭체인
- Streamlit
- GPT & Llama 3.1
- ChromaDB

인공지능 시인

첫 번째로 구현할 인공지능 시인 서비스의 기능을 간략하게 살펴보겠습니다. 인공지능 시인은 특정 주제에 대한 시를 써 주는 서비스입니다. 다음 그림을 보면 시의 주제를 입력받는 **입력 필드**와 **[시 의뢰하기] 버튼**이 있습니다.

[시 의뢰하기] 버튼을 누르면 **프런트엔드**에서 입력된 시 주제가 랭체인 기반으로 구현된 **백엔드**에 전달되고, 랭체인에 연결된 **GPT 모델**이 해당 주제에 대한 시를 생성해 줍니다. 생성된 시는 [시 의뢰하기] 버튼 아래에 출력됩니다.

ChatPDF

두 번째로 구현할 ChatPDF 서비스의 기능을 살펴보겠습니다. ChatPDF는 사용자가 직접 업로드한 PDF 내용을 기반으로 실시간 채팅을 나누는 서비스입니다. 다음 그림을 보면 OpenAI API 키를 입력하는 필드와 PDF를 업로드하는 **[Browse files] 버튼**이 있습니다. 그 아래에는 **사용자 질문을 입력받는 필드**와 **[질문하기] 버튼**이 있습니다.

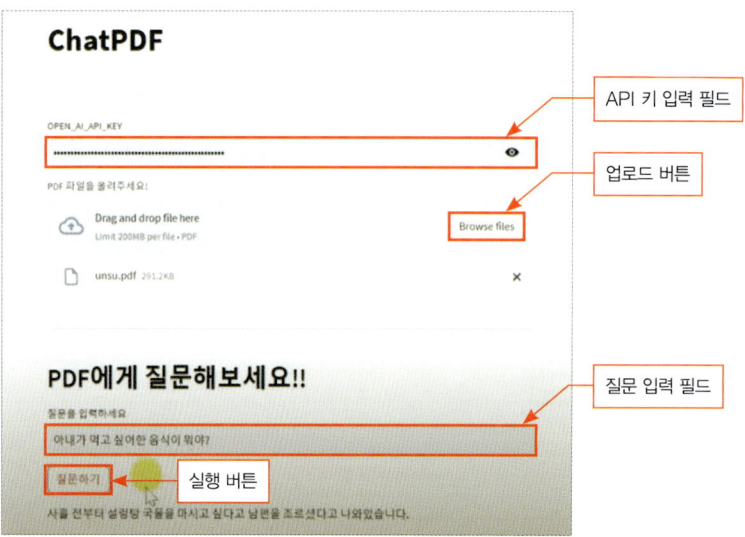

[질문하기] 버튼을 누르면 프런트엔드에서 입력된 사용자의 질문이 랭체인 기반으로 구현된 백엔드에 전달되고, PDF에서 사용자 질문과 연관된 정보를 찾아 적절한 답변을 생성해 줍니다. 생성된 답변은 [질문하기] 버튼 아래에 출력됩니다.

이 책에서 구현할 ChatPDF는 **chatpdf.com의 PDF 문서 Q&A** 서비스를 재구성하여 예제로 만든 것입니다. 실제로 chatpdf.com은 대학원생들이 논문을 이해하는 목적으로 활용 중인 서비스입니다. 자세한 기능은 다음 주소에서 참고하길 바랍니다.

🔗 https://www.chatpdf.com/

수익화 방식

서비스의 수익화 방식은 크게 2가지입니다. 첫 번째는 다음 그림과 같이 **API 키** 필드를 삽입하는 것입니다. 사용자가 API 키를 입력하여 API 사용료를 직접 지불하게 되므로 서비스 운영자는 웹사이트를 손해 없이 운영할 수 있습니다.

두 번째 수익화 방식은 Buy me a coffee 후원 링크를 삽입하는 것입니다. 다음 그림과 같이 [Buy me a coffee] 버튼을 누르면 후원금 송금 페이지 링크로 연결됩니다.

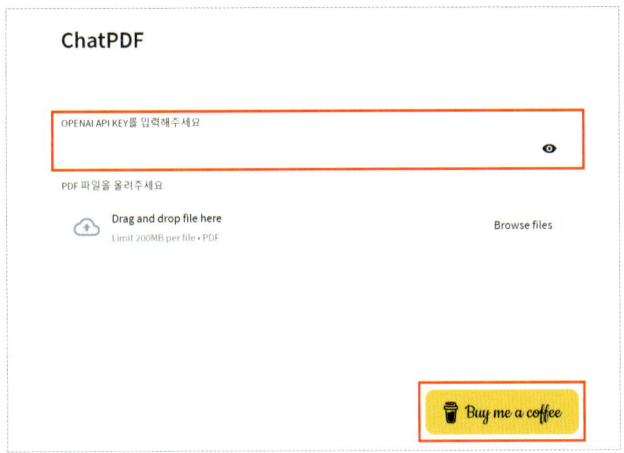

이와 같이 0원의 운영 비용으로 AI 웹 서비스를 구축하고 수익까지 창출할 수 있습니다.

기술 스택

우리가 구현할 서비스는 기본적으로 파이썬 언어를 기반으로 동작합니다. 파이썬을 이용하여 Streamlit, LangChain, Faiss, GPT, Llama 3.1, LLaVA를 활용해볼 것입니다.

서비스를 구현하기 위해서는 크게 프런트엔드와 백엔드를 구현해야 합니다. 프런트엔드는 Streamlit, React로 구현하고, 백엔드는 LangChain, LangGraph, ChromaDB, OpenAI 의 GPT, Meta의 Llama 3.1을 이용하여 서버를 구축합니다. 또한 오픈 소스 LLM 런타임 플랫폼인 Ollama를 활용해 Llama 3.1, LLaVA 등 원하는 모델을 로컬 환경에 즉시 내려받아 실행하고 교체하는 방법도 배웁니다.

Streamlit은 파이썬 기반으로 프런트엔드를 간편하게 구현할 수 있는 오픈 소스 라이브러리입니다. 랭체인은 LLM(초거대 언어 모델)을 기반으로 애플리케이션을 쉽게 개발하도록 설계된 프레임워크입니다. LangGraph는 멀티에이전트와 워크플로 설계를 더 간결하게 해 주는 프레임워크입니다. ChromaDB는 LLM이 필요한 데이터를 저장하는 임베딩 데이터베이스입니다. GPT와 LLaMA는 LLM의 일종입니다.

02 랭체인과 GPT 모델 이해

이번 장에서는 랭체인이 무엇인지 알아보겠습니다. 아직 개념이 낯설게 느껴지겠지만, 먼저 LLM과 프레임워크의 개념부터 학습합니다. 또한 OpenAI 플레이그라운드를 활용해 GPT 모델 API의 기본 동작 원리를 이해해 봅시다.

▎학습 목표

랭체인과 LLM의 기본 개념을 바탕으로 OpenAI의 최신 GPT 모델을 활용하여 자연어 처리 및 텍스트 생성 기능을 구현하는 방법을 학습합니다. 다양한 개발 도구와 템플릿, 그리고 강력한 커뮤니티 지원을 통해 개발 효율성을 극대화하여 복잡한 코드 구현 부담을 줄여 신속한 AI 서비스 개발을 가능케 하는 기반을 마련합니다.

▎핵심 키워드

- LLM
- GPT & Llama 3.1
- 랭체인
- GPT 모델 API
- OpenAI 플레이그라운드
- 토큰

LLM이란

우선 언어 모델Language Model은 **문자를 입력하면 다음 단어를 예측하거나 대화를 생성할 수 있는 기술**입니다. 그리고 **대규모 데이터를 바탕으로 학습된 모델**을 LLMLarge Language Model(초거대 언어 모델)이라고 합니다.

가장 잘 알려진 LLM은 미국의 인공지능 기업 OpenAI에서 만든 GPTGenerative Pre-trained Transformer입니다. 예를 들어, OpenAI의 GPT-3 모델은 1750억 개의 파라미터parameter를 가지고 있습니다. 여기서 파라미터란 언어 모델의 여러 가지 옵션을 조정할 수 있는 값이고, 값을 조절하여 더 나은 결과를 도출할 수 있도록 합니다.

이 책에서는 OpenAI의 GPT-4와 Meta의 Llama 3.1이라는 LLM을 활용합니다.

랭체인이란

랭체인은 **챗봇, Q&A 시스템 등의 LLM 기반 애플리케이션을 더 쉽게 구축하기 위한 프레임워크**입니다. 즉, 랭체인은 LLM 애플리케이션을 개발할 때 필요한 도구를 쉽게 사용하고 연결해 주는 역할을 합니다.

예를 들어 도큐먼트 로더Document Loaders라는 도구를 연결하여 문서를 불러올 수 있습니다. 챗GPT와 채팅하는 서비스를 만든다면, 도큐먼트 로더에 포함된 WebBaseLoader를 통해 관련 웹 페이지의 내용을 긁어 올 수 있죠. 또는 PyPDFLoader를 통해 PDF 파일의 내용을 불러올 수도 있습니다. PDF 파일이 너무 길다면 텍스트 분할기Text Splitters라는 문서 쪼개기 도구를 통해 문서를 분할할 수 있습니다.

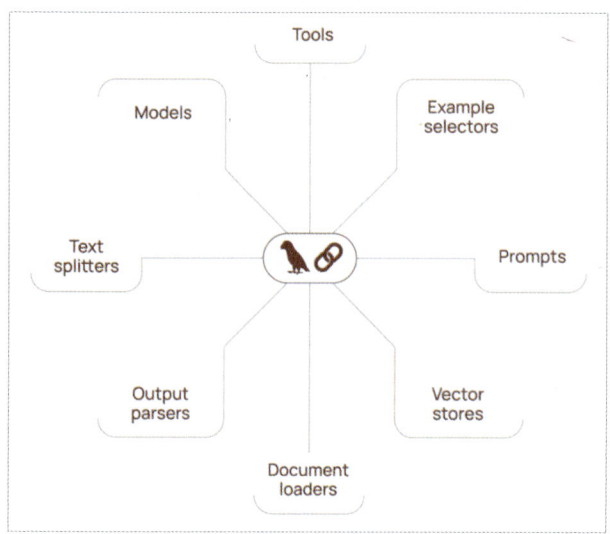

도구를 쉽게 연결해 주는 역할

랭체인을 활용하면 모든 도구를 직접 연결하는 것보다 개발 과정의 효율성이 훨씬 올라가게 됩니다. 물론 LLM 애플리케이션을 개발하기 위해 무조건 랭체인을 사용할 필요는 없습니다. 하지만 여러 가지 도구를 쉽게 연결하고 교체하기 편리합니다. 예를 들어 OpenAI 언어 모델을 사용하던 애플리케이션에 Meta의 모델로 쉽게 교체할 수 있는 셈이죠. 또한 PDF를 지원하던 애플리케이션에 CSV를 추가하는 것이 빨라집니다. 데이터베이스도 쉽게 바꿔 낄 수 있습니다. 랭체인을 사용하면 복잡한 코드를 직접 구현할 필요 없이 연결만 하면 되므로, 코드 추상화를 달성할 수 있어 전체적인 코드가 간결해집니다.

랭체인을 배우는 이유

랭체인 외에는 다른 대안이 없을까요? 랭체인은 결국 여러 도구를 연결만 해주는 역할을 합니다. Semantic Kernel, Haystack 등 비슷한 역할을 하는 다른 프레임워크도 많습니다.

그렇다면 왜 랭체인을 배워야 할까요? 간단히 말해 **지금 가장 많이 사용되기 때문입니다.** 다른 프레임워크와 대비하여 랭체인은 8만 3천 개 이상의 압도적인 깃허브^{GitHub} 'Star'(SNS의 '좋아요'와 비슷한 개념) 수를 기록하고 있습니다. 랭체인 공식 홈페이지 기준으로 다운로드 수 500만 이상, 랭체인과 연동된 애플리케이션 수는 50만 개 이상인 것을 확인할 수 있습니다.

많이 사용되는 것을 배워야 좋습니다. 그 이유는 **언어 모델을 활용한 애플리케이션을 개발할 때 관련 자료를 찾는 것이 쉽지 않기 때문입니다.** 언어 모델이 등장한 지 얼마 되지 않았고, 언어 모델을 활용한 애플리케이션이 아직 많지 않습니다. 오류가 발생했을 때 구글링만으로는 해결하기 어려운 경우가 많습니다.

랭체인처럼 많은 사람이 사용하는 도구일수록 더 많은 해결책과 전문적인 노하우가 공유되므로, 훨씬 효율적인 개발을 진행할 수 있습니다. 세계 4대 AI 석학으로 알려진 앤드류 응Andrew Ng 교수가 만든 딥러닝 AI 플랫폼인 DeepLearning.AI에서도 랭체인 강의가 올라와 있죠. 이렇게 AI의 권위자를 포함하여 수많은 사람들이 사용하는 프레임워크인 랭체인을 사용하는 것을 추천합니다.

DeepLearning.AI의 랭체인 강의

랭체인 v0.3

이 책에서는 **랭체인 v0.3에서 지원하는 도구와 템플릿 위주로 서비스를 구현합니다.** 인공지능 시인과 ChatPDF 서비스 등을 구현해 보며 랭체인을 통한 LLM 애플리케이션 구현 방법을 배워 봅시다. 그러면 이후 랭체인에 새로운 기능이 추가될 때에도 쉽게 적응하고 활용할 수 있을 것입니다. LLM 애플리케이션의 라이프사이클은 크게 개발, 상용화, 배포로 구성됩니다.

- 개발(Development): 랭체인을 통해 다양한 도구와 템플릿을 활용하여 빠르게 애플리케이션을 구현할 수 있습니다.
- 상용화(Productionization): 랭스미스를 통해 애플리케이션을 검증하고 평가할 수 있습니다.
- 배포(Deployment): 랭그래프 플랫폼을 통해 애플리케이션을 API 형태로 배포할 수 있습니다.

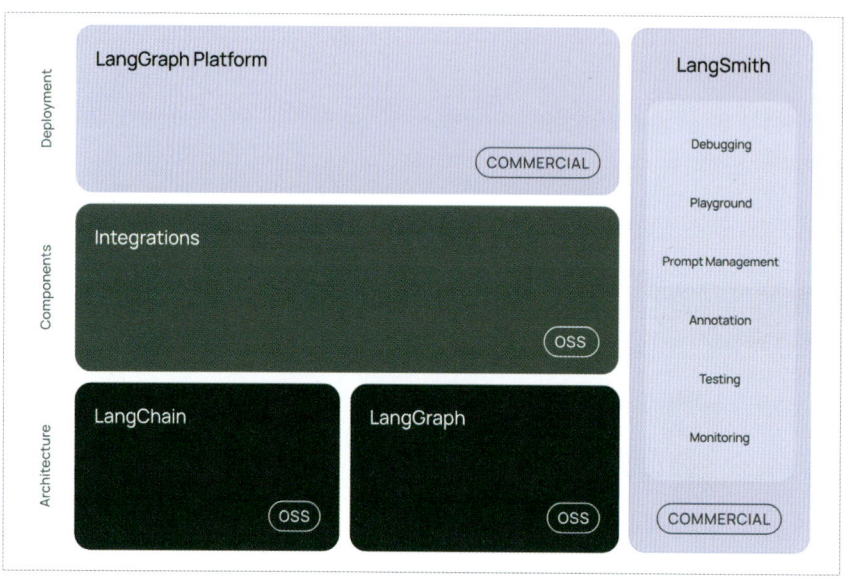

OpenAI 플레이그라운드로 GPT 모델 이해하기

이 책에서는 주로 OpenAI의 GPT 모델을 활용하여 랭체인 LLM 서비스를 구현해 볼 것입니다. GPT 모델은 전 세계 5억 명이 사용 중인 챗GPT의 기반 기술입니다. 우리가 만들 랭체인 서비스에 GPT 모델을 연결하기 위해 GPT 모델의 API 동작 구조를 먼저 살펴봅시다.

OpenAI 플레이그라운드는 **GPT 모델의 API를 직접 체험해 볼 수 있는 웹 기반 인터페이스**입니다. API를 통해 테스트하려면 코드를 직접 수정해야 하므로 다소 번거로울 수 있습니다. 따라서 OpenAI 플레이그라운드에서 GPT 모델의 동작을 예습한 뒤 API를 사용하면 훨씬 효율적입니다. GPT 모델의 여러 버전을 바꿔서 실험해 보거나, 모델의 세부 옵션인 파라미터를 조정하며 GPT 모델 답변이 어떻게 달라지는지 확인할 수도 있습니다.

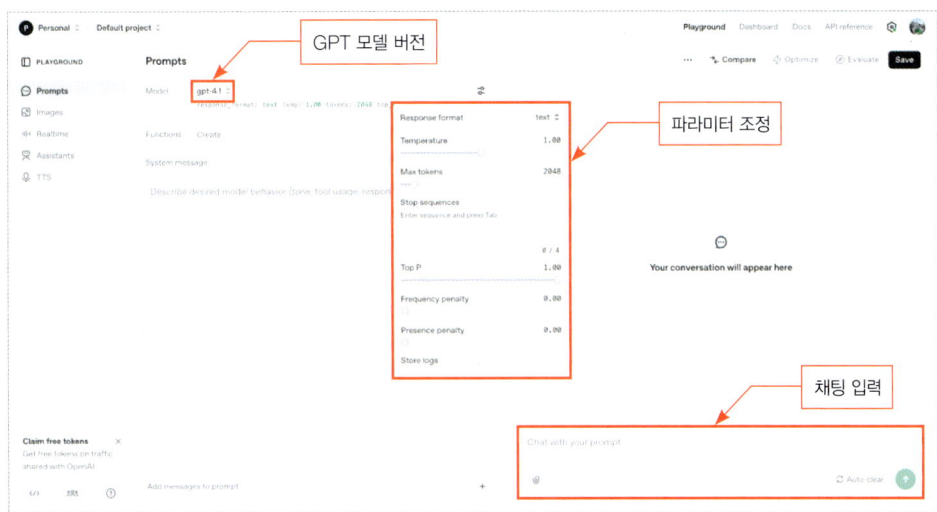

결제 방식 등록

01 OpenAI 플레이그라운드를 포함하여 OpenAI 개발자 플랫폼 서비스를 정상적으로 이용하려면 결제 카드 등록이 필요합니다. 인터넷 브라우저를 통해 OpenAI 개발자 플랫폼 웹사이트(https://platform.openai.com)로 접속합니다. 해당 웹사이트를 처음 이용한다면 [Sign up]을 눌러 회원가입을 진행합니다. 이미 계정이 있다면 [Log in]을 눌러 로그인을 진행하길 바랍니다.

카드를 등록하기 위해 우측 상단 세팅 아이콘을 클릭한 다음 [Organization → Billing → Payment Method] 메뉴로 이동합니다. 결제 방식을 설정하는 화면에서 [Add payment method] 버튼을 클릭하면 결제 카드를 등록할 수 있습니다.

> **Tip.** 처음 카드를 등록하면 일시적으로 $5이 결제되는데, 7일 이내에 환불됩니다.

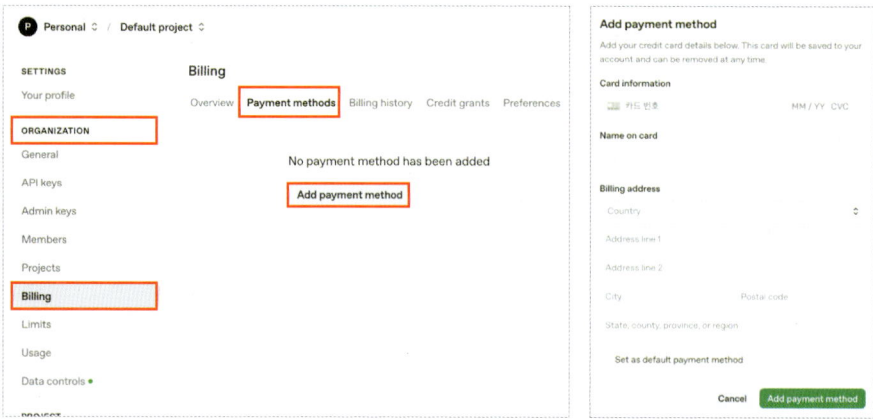

02 카드를 등록했다면 OpenAI API 사용료에 대한 크레딧Credit을 충전해야 합니다. 크레딧 충전은 [Billing → Overview] 메뉴에서 [Add to credit balance] 버튼을 클릭하여 진행할 수 있습니다. 충전된 크레딧이 있어야 OpenAI 플레이그라운드를 포함한 API 서비스 이용이 가능합니다. 크레딧이 부족할 경우 서비스 이용이 제한될 수 있으니 사전에 확인하길 바랍니다.

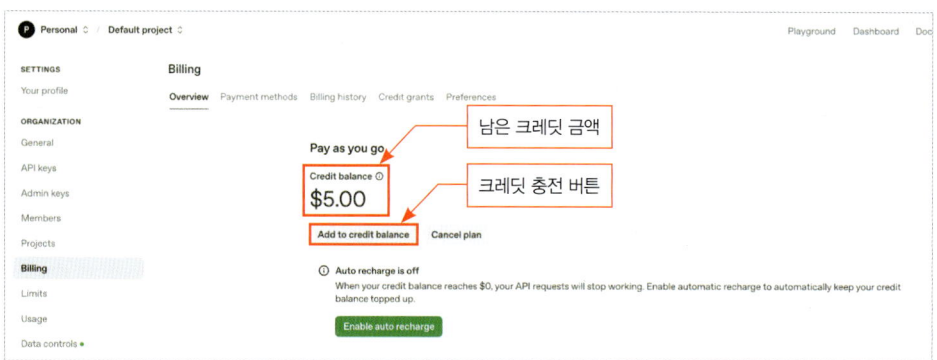

비용 계산 원리

01 OpenAI API의 비용은 입력Input과 출력Output 토큰 길이에 따라 사용한 만큼 과금되는 구조입니다. **토큰이란 GPT 모델이 글자를 이해하고 계산할 때 사용하는 최소 단위**로, 한국어의 경우 자모나 음절 단위로 쪼개어 토큰을 계산합니다. 다음 그림과 같이 OpenAI 토크나이저

페이지(https://platform.openai.com/tokenizer)에 접속하면 입력한 문장의 토큰 개수를 확인할 수 있습니다.

'조코딩에 대한 시를 써줘'라는 문장을 API 입력으로 넣었을 때의 비용을 한번 계산해 봅시다. GPT-4o 기준 해당 문장의 토큰 개수는 10개입니다. 만약 GPT-4o 모델의 API 비용이 입력 토큰 100만 개당 $5이라면, 10토큰의 비용은 $0.00005이며, 한화로는 약 0.065원 정도입니다.

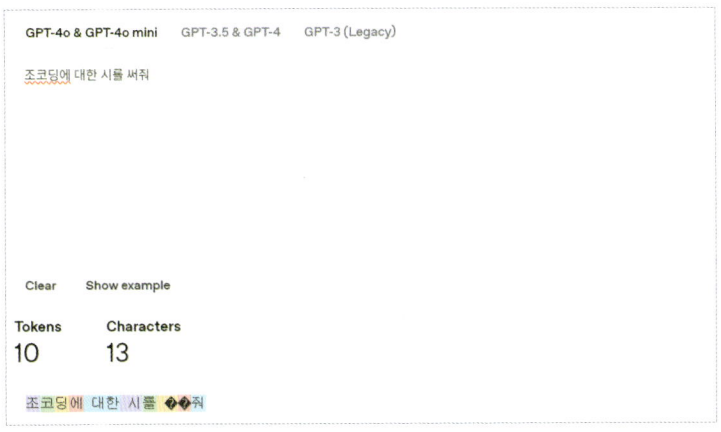

💡 Tip. 가격 정책은 변경될 수 있으니 최신 정책은 다음 주소에서 확인하세요(챗GPT 유료 버전인 ChatGPT Plus 구독과는 무관합니다).

🔗 OpenAI API 가격 정책: https://openai.com/api/pricing/

프롬프트 실험하기

01 OpenAI 플레이그라운드 우측 상단의 [Playground]를 누르면 **프롬프트를 직접 입력하고 GPT 모델 API 응답을 실험해볼 수 있는 프롬프트(Prompts) 화면**이 보입니다. 프롬프트란 **모델에게 어떤 작업을 수행할지 지시하는 입력 문장**입니다.

Prompts 화면 우측에서 API 종류를 선택할 수 있는데, 이 책에서는 25년 6월 기준 가장 최신 API인 Responses API를 살펴 보겠습니다. Responses API는 25년 3월 OpenAI에서 새롭게 선보인 API로, 기존 Chat Completions API 대비 에이전트형 서비스를 만들기 위한 편의성을 강화하였습니다.

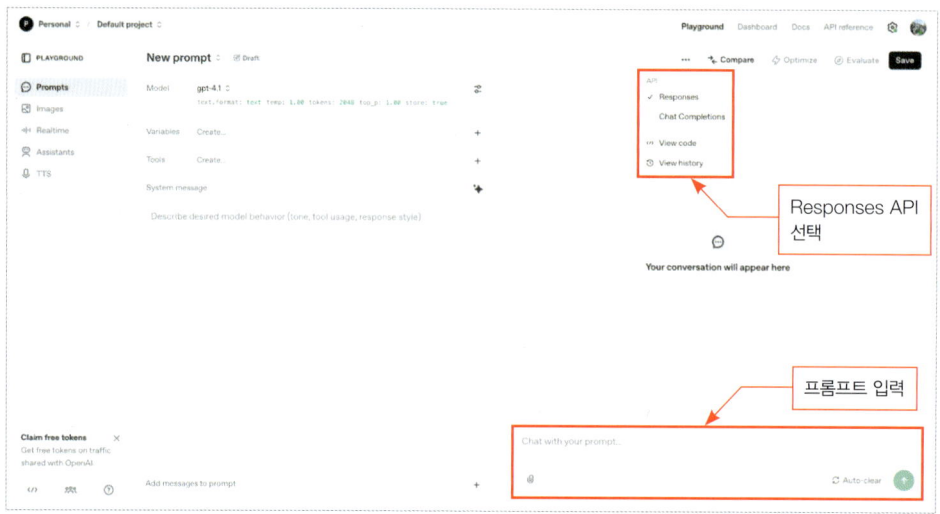

02 Prompts 화면 상단에서 다양한 GPT 모델을 선택하여 프롬프트를 실험할 수 있습니다. GPT-4.1은 GPT-4를 기반으로 속도와 응답 품질이 향상된 최신 모델이며, o4-mini를 포함한 리즈닝Reasoning 모델은 복잡한 추론과 계산에 특화된 모델입니다. GPT-4는 안정적인 고성능 모델로 다양한 작업에 폭넓게 활용됩니다. 초보자라면 응답 품질이 높고 API 비용이 저렴한 GPT-4.1-mini로 간단한 서비스를 먼저 구현해본 뒤, 추후 목적에 적합한 GPT 모델을 선택하는 것을 추천합니다.

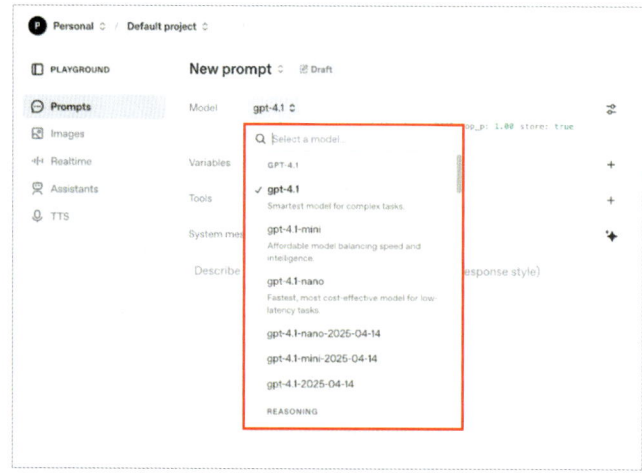

03 이제 프롬프트를 실험해 봅시다. 좌측 System message에서는 AI에게 역할을 부여할 수 있습니다. 예를 들어 "너는 동물 애호가야."라고 입력하면, 동물을 사랑하는 사람이 된 것처럼 얘기해 줍니다. User는 사용자가 직접 입력하는 메시지입니다. Assistant는 AI의 답변입니다.

만약 "너는 어떤 동물을 좋아하니?"라고 물으면, AI는 "나는 모든 동물을 좋아해. 하지만 특히 고양이와 강아지를 좋아해…"라고 답변합니다. 즉 System message에서 동물 애호가로 설정했기 때문에 AI는 좋아하는 동물을 말하게 됩니다.

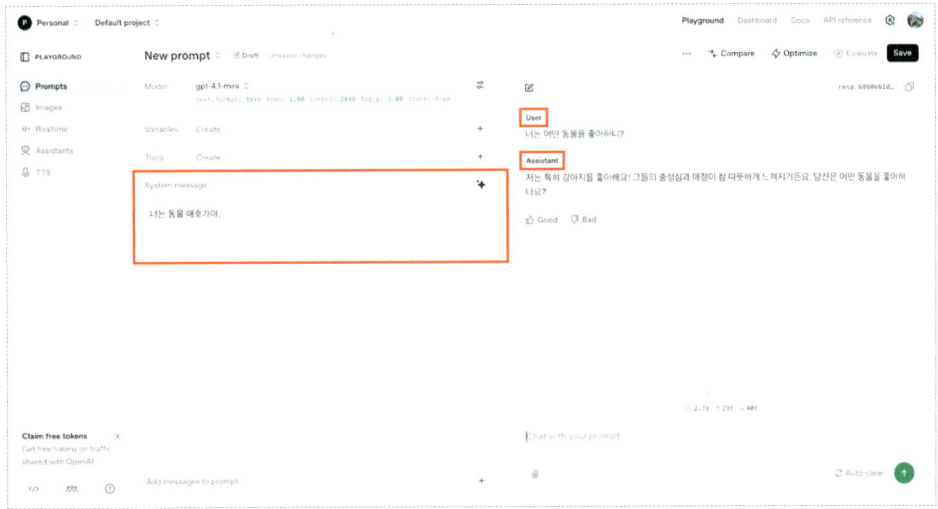

기타 옵션

OpenAI에서는 챗GPT 모델의 여러 가지 옵션, 즉 파라미터^{Parameter}를 조정하고 동작을 실험하는 기능을 제공하고 있습니다. 각 파라미터가 어떤 값을 조정하는지 하나씩 살펴보겠습니다.

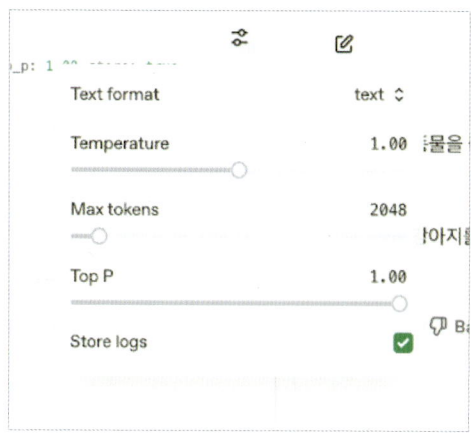

① Temperature

Temperature(무작위성) 파라미터에서는 모델이 생성하는 텍스트가 얼마나 랜덤하게 나올지를 조정합니다. Temperature 값은 최소 0에서 최대 2까지 설정할 수 있습니다. 값이 높을수록 답변이 더 창의적이고 무작위로 나올 수 있고, 값이 낮을수록 일관적인 답변이 나옵니다. 예를 들어 Temperature를 0.2로 설정하면 "사과는 어떤 과일인가요?"라는 질문에 대부분 비슷한 정의가 나옵니다. 반면 1.0으로 설정하면 "사과는 가끔 상상력을 자극하는 붉은 우주 과일"이라는 답변이 나올 수도 있습니다.

② Max tokens

Max tokens(답변 최대 길이) 파라미터에서는 모델이 생성하는 토큰 길이를 조정합니다. 예를 들어 Max tokens를 50으로 설정하면 모델은 대략 2~3문장 이내로 답변합니다. 이렇게 값을 조정하여 의도적으로 짧거나 긴 답변을 생성할 수도 있습니다. 빠른 응답이 요구되는 서비스를 만들 때 의도적으로 Max tokens 값을 낮게 설정하기도 합니다.

③ Top P

Top P(상위 확률 단어)는 Temperature과 유사한 개념입니다. 확률의 누적 합이 Top P 값(예: 0.9)에 도달할 때까지 상위 단어만 선택 후보로 사용합니다. 예를 들어 "내가 좋아하는 동물은?"이라는 질문에 대한 답변 후보와 확률이 다음과 같다고 가정해 봅시다. Top P 값을 0.9

로 설정했다면, 상위 90%인 강아지·고양이·늑대 중에서 답변을 선택하고 나머지는 제외됩니다.

답변 후보	확률
강아지	0.5
고양이	0.3
늑대	0.1
… (생략)	… (생략)
아이폰	0.001

03 기본 개발 환경 설정

VS Code와 Miniconda를 활용하여 랭체인 개발 환경을 설정합니다. OpenAI API 키를 안전하게 관리하며 기본 LLM 체인을 구성한 뒤, 랭스미스를 통해 대화 기록을 추적하고 오류를 모니터링하는 방법을 실습합니다.

| 학습 목표

VS Code 내에서 파이썬 코드를 실행하고 관리할 수 있는 기반을 마련한 후 OpenAI GPT 모델을 연동하여 간단한 LLM 애플리케이션을 구현하는 방법을 알아봅니다. 또한 Miniconda를 설치하여 경량화된 Conda 환경에서 랭체인 가상 환경을 생성하고, 랭체인 애플리케이션의 기본 설정 및 LLM 연동 방법을 학습합니다.

| 핵심 키워드

- Visual Studio Code
- OpenAI GPT 모델 연동
- LLM 체인
- 랭스미스

비주얼 스튜디오 코드 환경 설정

비주얼 스튜디오 코드Visual Studio Code(이후 줄여서 VS Code)는 마이크로소프트에서 개발한 텍스트 에디터입니다. 쉽게 말해 코드를 입력하는 메모장 프로그램입니다. 물론 설치하지 않고 메모장에서 코드를 작성해도 되지만, 더 편하게 코딩하기 위해 설치하는 것을 추천합니다.

설치하기

01 VS Code 공식 웹사이트(https://code.visualstudio.com/)로 접속하면 첫 화면에서 프로그램 설치 버튼을 볼 수 있습니다. 사용자의 OS에 맞는 버전을 클릭해 설치를 진행합니다.

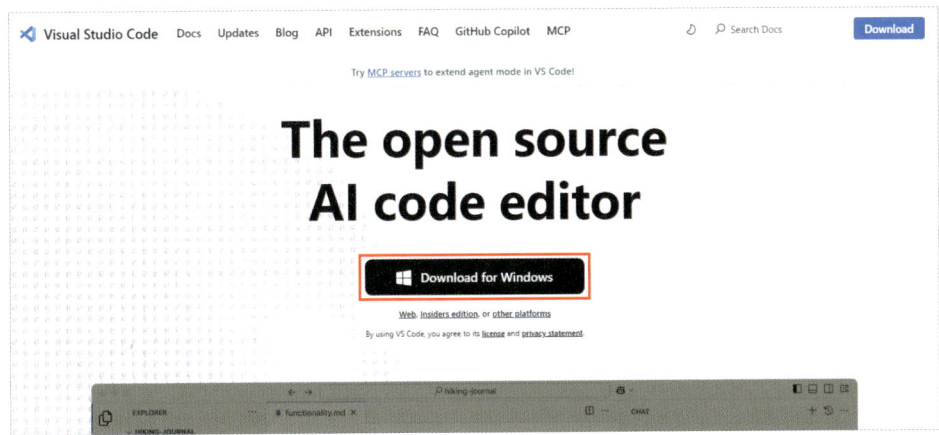

02 설치가 완료되면 VS Code를 실행해 봅시다. 다음과 같은 화면이 나오면 정상입니다.

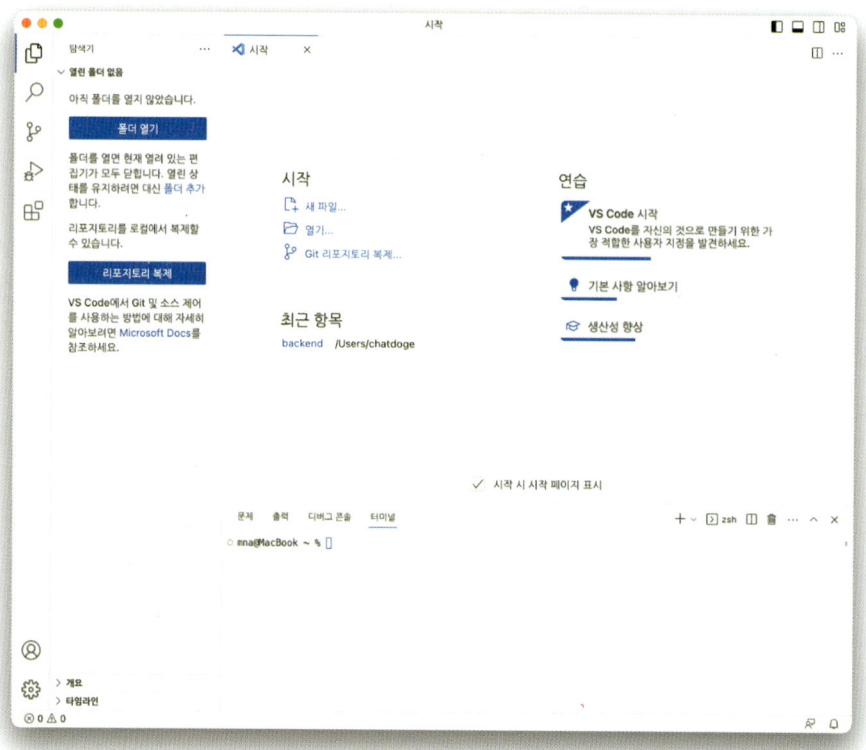

프로젝트 폴더 생성

프로젝트 폴더를 만들어 보겠습니다. 설치 경로가 잘못되어 오류가 나지 않도록 가능한 한 설정을 통일하여 진행하겠습니다. VS Code에 익숙한 분들은 굳이 통일하지 않아도 됩니다.

01 맥 사용자라면 파인더에서 홈 디렉터리(Macintosh HD → 사용자 → 로그인한 계정 아이디)에, 윈도우 사용자라면 탐색기에 langchain이라는 폴더를 생성합니다.

02 langchain 폴더로 이동한 뒤 poet이라는 하위 폴더도 만들어 보겠습니다.

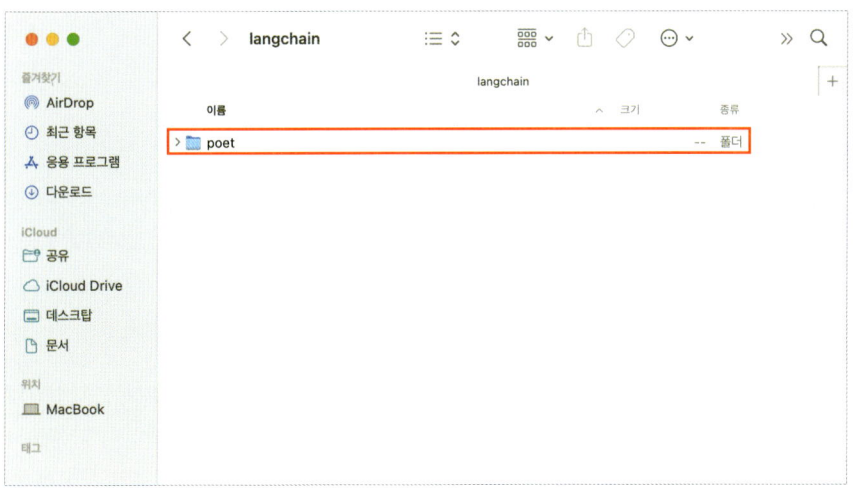

프로젝트 폴더 열기

이제 VS Code를 열고, 상단 메뉴바에서 [파일 → 폴더 열기]를 클릭합니다. 위에서 생성했던 poet 폴더를 클릭한 뒤 [열기] 버튼을 누릅니다. 다음과 같은 알림창이 뜨면 [예, 작성자를 신뢰합니다.]를 누릅니다. 여기까지 수행하면 VS Code에 poet 폴더 불러오기가 완료됩니다.

> 💡**Tip.** VS Code를 터미널에서 실행하려면 먼저 VS Code를 실행한 뒤 Cmd + Shift + P를 눌러 명령 팔레트를 엽니다. 검색창에 "shell"을 입력하면 나타나는 'Shell Command: Install 'code' command in PATH' 메뉴를 실행합니다. 이제 터미널(macOS)이나 명령 프롬프트 창(Windows)에서 "code" 명령어로 VS Code를 열 수 있습니다. 예를 들어 "code ."을 입력하면 현재 폴더가 VS Code로 열립니다.

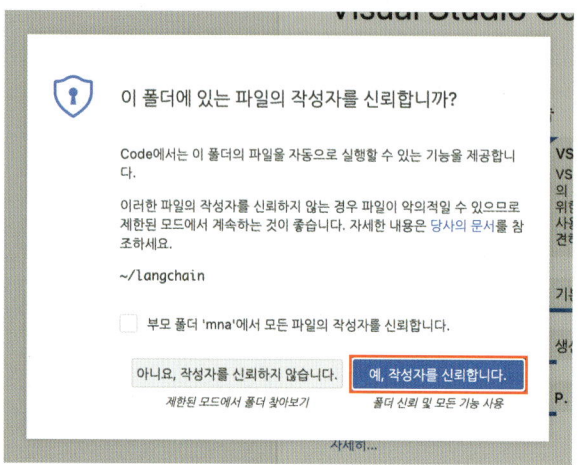

파이썬 환경 설정

이 책의 주요 개발 언어인 파이썬 환경 설정을 진행해 보겠습니다.

파이썬 설치

01 인터넷 브라우저를 통해 파이썬 공식 웹사이트(https://www.python.org/)로 접속합니다. 상단에 [Downloads] 메뉴로 이동하여 윈도우용 또는 macOS용을 선택하여 다운로드합니다. 가장 최신 버전을 선택하거나, 운영체제별로 구체적인 버전을 선택해서 설치할 수도 있습니다. 이 책은 파이썬 3.12.3 버전을 기준으로 작성되었으며, 해당 버전 또는 그 이상의 최신 버전으로 설치하길 바랍니다.

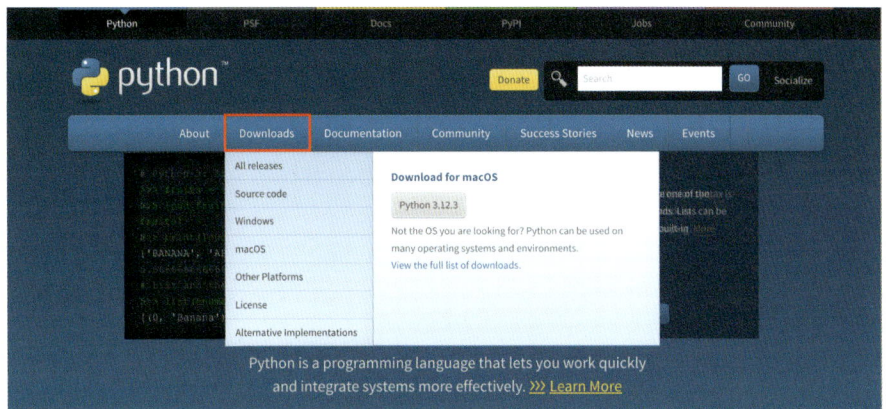

02 파이썬이 잘 설치되었는지 확인해 보겠습니다. VS Code 상단 메뉴바에서 [터미널 → 새 터미널]을 클릭하면 에디터 하단에 터미널이 열립니다. 터미널에 파이썬 버전 확인 명령어인 'python'을 입력한 뒤 [Enter] 키를 누릅니다.

> **Tip.** 맥 사용자는 명령어를 실행할 때 'python'이 아닌 'python3'을 사용합니다. 맥에는 기본적으로 python 2.7이 설치되어 있으므로, python 3.X 버전을 사용하고 싶으면 명령어에 'python3'처럼 버전을 명시해야 합니다.

03 기본 개발 환경 설정 **47**

확장 프로그램 설치

VS Code의 파이썬 확장 프로그램은 코드 작성 시 문법을 교정해 주거나, 다양한 버전의 파이썬을 관리할 수 있도록 해줍니다. 또한 VS Code 에디터에 파일 실행 버튼이 추가되어 현재 열려 있는 파이썬 파일을 마우스 클릭 한 번으로 실행할 수 있습니다.

01 벽돌 모양의 [확장(Extensions)] 메뉴로 이동한 뒤 'python'을 검색하여 파이썬 확장 프로그램을 설치합니다.

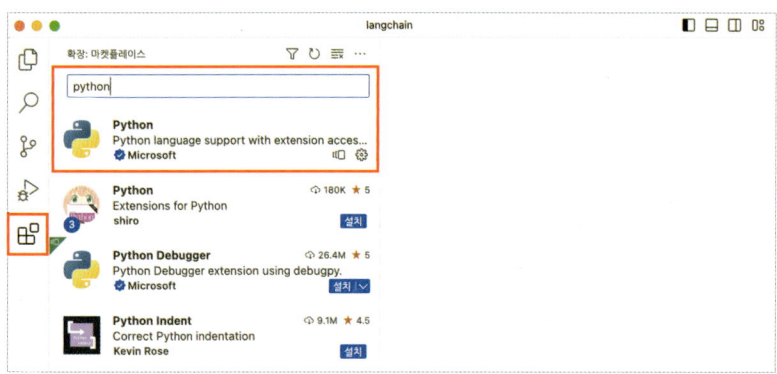

02 VS Code의 왼쪽 메뉴를 보면 [탐색기(Explorer)]가 있고 그 아래에는 방금 불러온 poet 폴더가 보입니다. 폴더명 오른쪽 4개의 아이콘 중 첫 번째 [새 파일(New File)] 아이콘을 누르거나 마우스 오른쪽을 클릭해 [새 파일] 버튼을 눌러 **main.py**라는 파이썬 파일을 생성합니다.

03 테스트를 위해 main.py 파일에 print('hello world!') 코드를 입력해 봅시다. VS Code 우상단의 [파일 실행 ▷] 버튼을 누르면 터미널에서 main.py 파일의 코드가 바로 실행됩니다.

환경변수 설정

API 키와 같은 중요한 정보는 main.py 파일에 직접 입력하는 대신 별도의 환경변수 파일로 관리하는 것이 좋습니다. 이를 통해 추후 깃허브 등의 코드 관리 플랫폼에는 main.py 파일만 업로드하고, 민감한 정보가 든 환경변수 파일은 내 컴퓨터에만 저장할 수 있습니다.

API 키 생성

01 OpenAI GPT 모델의 API를 사용하기 위해 API 키를 생성해야 합니다. OpenAI 개발자 플랫폼 웹사이트(https://platform.openai.com)의 우측 상단 세팅 아이콘을 클릭한 다음 [Organization → API Keys] 메뉴로 이동합니다. API 키를 설정하는 화면에서

[Create new secret key] 버튼을 클릭하면 API 키를 생성할 수 있는 창이 나타납니다. 용도에 맞는 키 이름을 적고 [Create secret key] 버튼을 클릭하여 API 키 생성을 완료합니다.

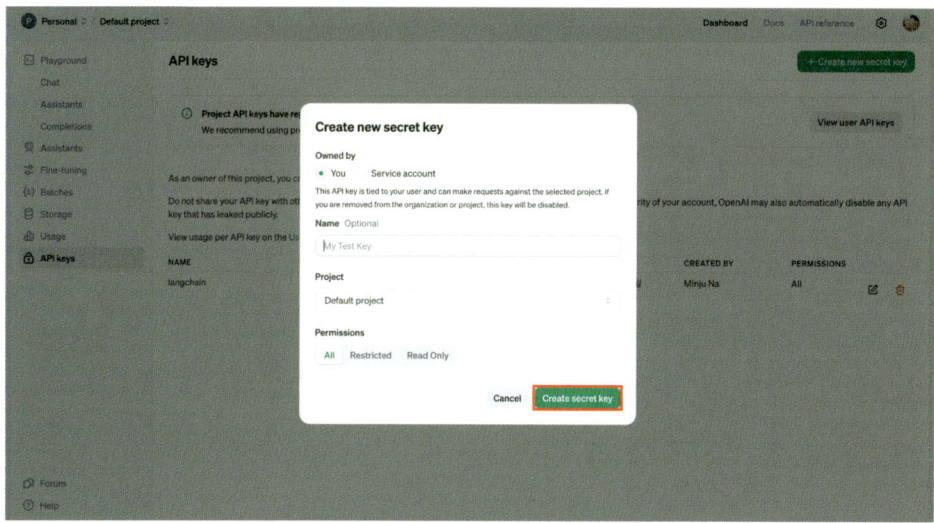

02 API 키를 생성하면 시크릿 키가 나오는데, 나중에 다시 복사할 수 없으므로 반드시 메모장 등 안전한 곳에 저장합니다. 특히 시크릿 키가 외부에 노출되지 않도록 주의합니다. 외부에 노출되면 다른 사람이 해당 키를 사용할 수 있기 때문입니다.

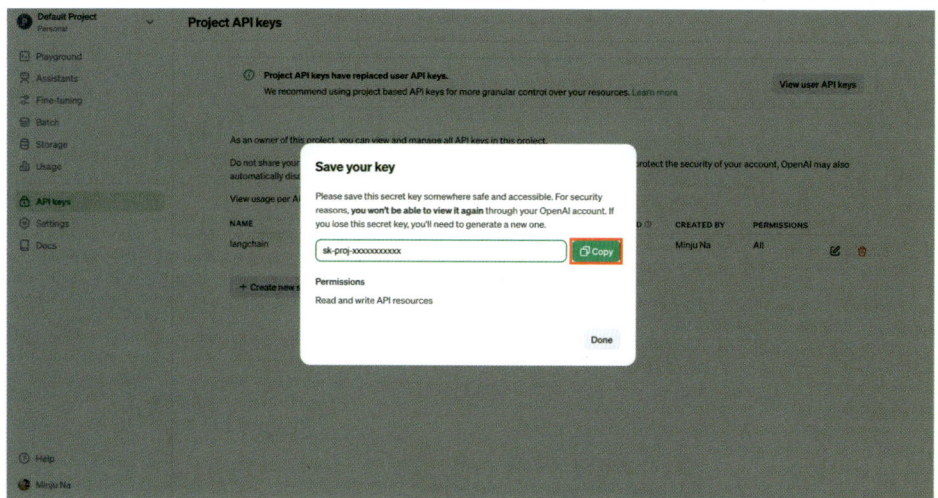

.env 환경변수 설정

01 VS Code에서 다음과 같이 poet 폴더 안에 **.env**라는 새 파일을 생성합니다.

02 이전에 복사해 둔 API 키를 다음과 같은 형태로 **.env** 파일에 작성합니다(다음 코드에서 API 키를 붙여 넣은 다음 중괄호({ })는 삭제합니다).

> .env
> OPENAI_API_KEY={API 키}

python-dotenv 설치

01 .env 파일에 저장된 환경변수를 **main.py** 파일에서 불러오기 위해 python-dotenv라는 패키지가 필요합니다. `pip`(Python Package Installer) 명령어를 통해 패키지를 설치해 보겠습니다. VS Code 터미널에 다음 명령어를 입력한 뒤 [Enter] 키를 누릅니다.

명령어
```
pip install python-dotenv
```

💡 **Tip.** 맥 사용자는 명령어를 실행할 때 'pip'가 아닌 'pip3'을 사용합니다. pip은 파이썬 2의 패키지 매니저, pip3는 파이썬 3의 패키지 매니저입니다. 맥에는 기본적으로 python 2.7이 설치되어 있으므로 'pip3'과 같이 명령어에 버전을 명시해야 합니다.

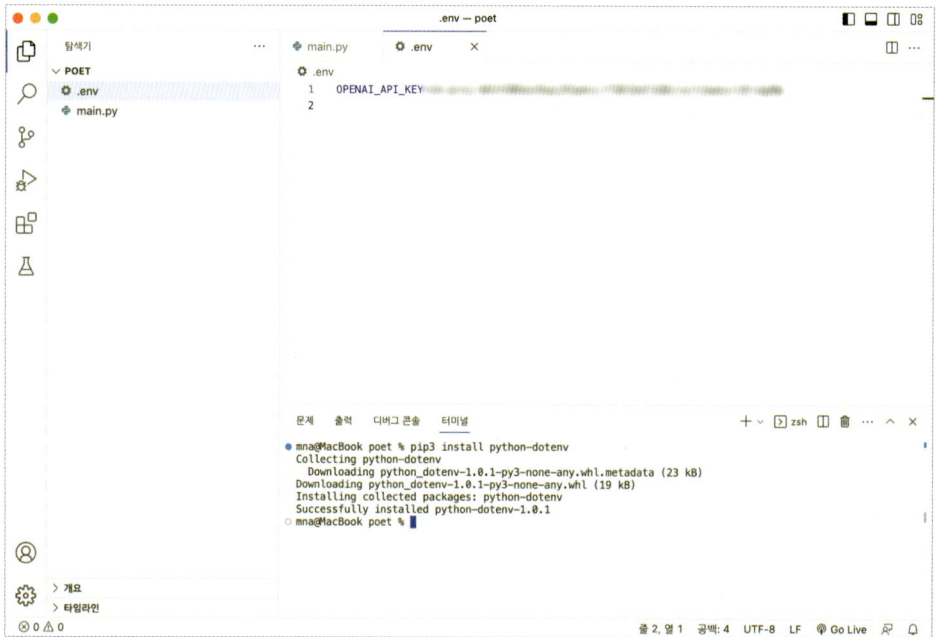

02 dotenv 라이브러리를 통해 .env 파일의 환경변수를 적용하기 위해 **main.py** 파일에 다음과 같이 작성합니다.

```
main.py
from dotenv import load_dotenv
load_dotenv()
```

랭체인 환경 설정

이번 장에서는 랭체인 환경 설정 및 기본적인 사용법을 살펴보겠습니다. 예시 코드는 **랭체인 v0.3.20 버전을 기준으로 작성되었습니다.** 먼저 랭체인 라이브러리와 랭체인에 연결할 LLM 라이브러리를 설치해 봅시다.

랭체인 라이브러리 설치

01 다음 링크를 따라 랭체인 v0.3 공식 문서로 접속합니다.

🔗 https://python.langchain.com/docs/versions/v0_3/

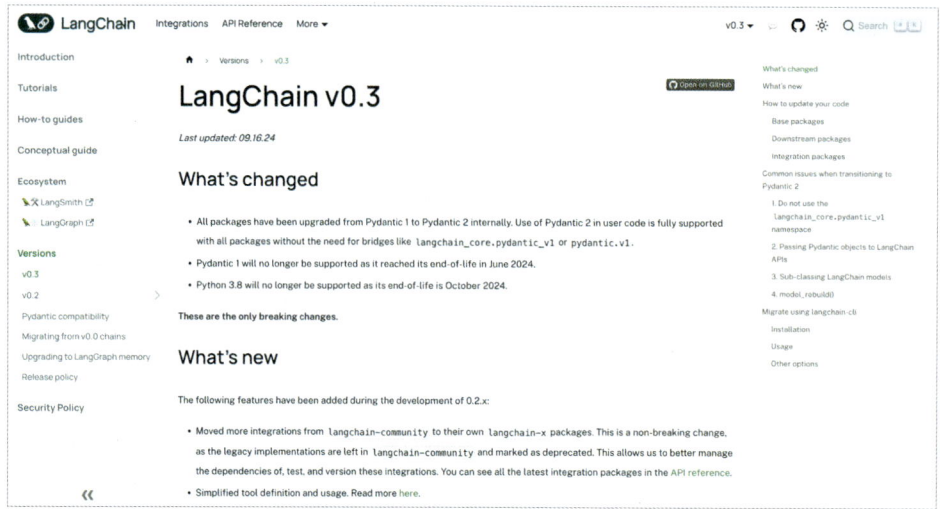

02 좌측 패널에서 [Tutorials - Chat models and prompts: Build a simple LLM application with chat models and prompt templates] 메뉴로 이동하면 간단한 LLM 애플리케이션을 구현할 수 있는 튜토리얼이 나옵니다. 상단 [Installation] 섹션에 있는 랭체인 설치 명령어를 실행해 봅시다. 참고로 해당 패키지에는 LLM 애플리케이션을 구현하기 위해 매우 기본적인 라이브러리만 포함되어 있습니다. 추후 필요에 따라 다른 라이브러리를 추가로 설치하길 바랍니다.

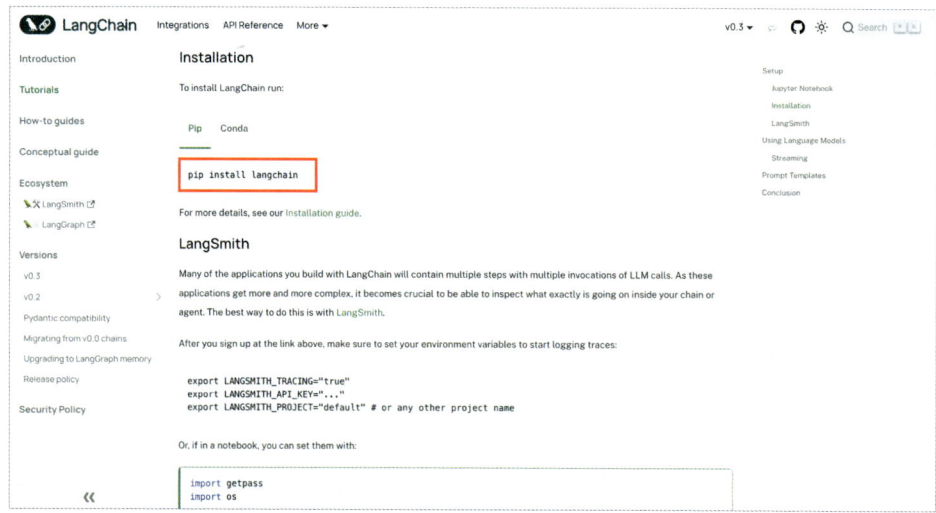

03 VS Code의 터미널에 다음 명령어를 실행하면 랭체인 패키지가 설치됩니다.

> 명령어
>
> pip install langchain

LLM 라이브러리 설치

01 튜토리얼 페이지 [Using Language Models] 섹션에서는 랭체인에 연결할 **LLM 라이브러리** 설치 방법을 확인할 수 있습니다. [Select chat model] 드롭박스에서 LLM 종류를 선택하면 해당 라이브러리를 설치하고 초기화하는 코드를 안내합니다. 이 책에서는 OpenAI의 GPT 모델을 설치해 보겠습니다.

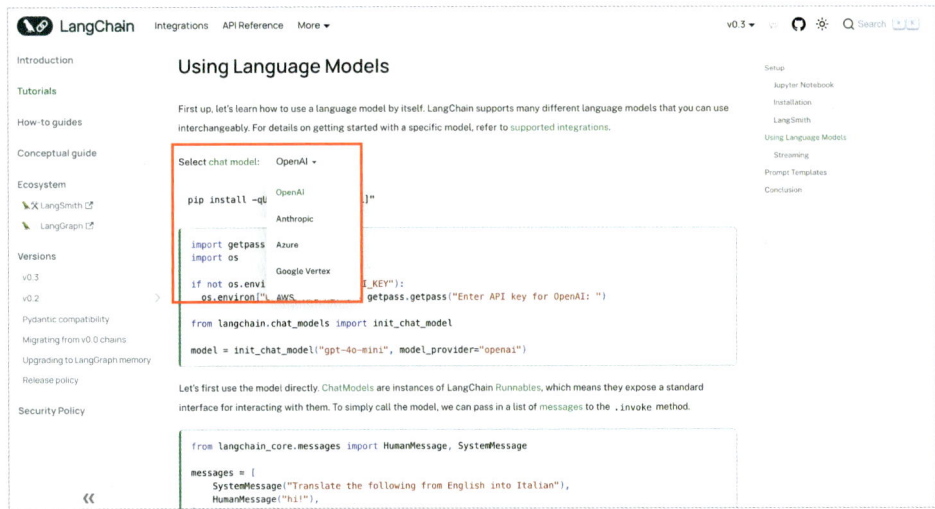

02 VS Code의 터미널에 다음 명령어를 입력하고 실행하면 랭체인에 연결할 OpenAI 모델의 라이브러리가 설치됩니다.

> 명령어
>
> pip install -qU "langchain[openai]"

LLM 연동

랭체인에 연결할 OpenAI GPT 모델이 잘 연동되는지 테스트해 보겠습니다.

01 langchain.chat_models 라이브러리의 **init_chat_model()** 함수를 사용하면 GPT 모델을 API로 접속할 수 있습니다. 다음 코드의 **init_chat_model()** 함수에서는 GPT-4o-mini 모델을 사용하도록 LLM 인스턴스를 초기화한 뒤 **llm** 변수에 넣습니다.

```python
# main.py
from langchain.chat_models import init_chat_model
from dotenv import load_dotenv
load_dotenv()

#ChatOpenAI 초기화
llm = init_chat_model("gpt-4o-mini", model_provider="openai")
```

> **? 궁금해요** **GPT 모델 파라미터 설정**
>
> init_chat_model() 함수의 파라미터로 GPT 모델 종류와 파라미터(temperature, max_tokens 등)를 설정할 수 있습니다. 자세한 내용은 다음 링크를 참고하세요.
>
> 🔗 LLM 모델 파라미터 설정 : https://python.langchain.com/docs/concepts/chat_models/#standard-parameters

코드

```
llm = init_chat_model("gpt-4o-mini", model_provider="openai", temperature=0.1, max_tokens=5)
```

02 invoke() 함수를 사용하면 문자열 형태로 GPT 모델에 질문을 입력할 수 있습니다. 다음 코드에서는 "hello"라는 질문을 입력한 뒤 답변 결과를 result 변수에 저장합니다. 그리고 print() 함수를 호출하여 result 값을 출력합니다.

main.py

```
from langchain.chat_models import init_chat_model
from dotenv import load_dotenv
load_dotenv()

#ChatOpenAI 초기화
llm = init_chat_model("gpt-4o-mini", model_provider="openai")
result = llm.invoke("hello")
print(result)
```

03 터미널을 열어 명령어를 실행합니다. 다음과 같이 GPT 모델의 답변이 출력되어야 합니다.

명령어

```
python main.py
```

결과

```
content='Hello! How can I assist you today?' additional_kwargs={'refusal': None} response_metadata={'token_usage': {'completion_tokens': 10, 'prompt_tokens': 8, 'total_tokens': 18, 'completion_tokens_details': {'accepted_prediction_tokens': 0, 'audio_tokens': 0, 'reasoning_tokens': 0, 'rejected_prediction_tokens': 0}, 'prompt_tokens_details': {'audio_tokens': 0, 'cached_tokens': 0}}, 'model_name': 'gpt-4o-mini-2024-07-18', 'system_fingerprint': 'fp_80cf447eee', 'finish_reason': 'stop', 'logprobs': None} id='run-02811817-40d9-4171-9778-f370034dfa92-0' usage_metadata={'input_tokens': 8, 'output_tokens': 10, 'total_tokens': 18, 'input_token_details': {'audio': 0, 'cache_read': 0}, 'output_token_details': {'audio': 0, 'reasoning': 0}}
```

> **❓ 궁금해요** **프로젝트 배포를 위한 패키지 관리: requirements.txt와 함께 배포하기**
>
> requirements.txt 파일은 파이썬 프로젝트에 필요한 패키지 버전을 명시한 파일이며, 클라우드와 같이 내 PC가 아닌 개발 환경에서 프로젝트를 실행할 때 사용됩니다. 따라서, requirements.txt 파일에 **코드에서 참조하는 모든 라이브러리 목록**을 기록하여 main.py 파일과 함께 배포합니다. 다음 그림과 같이 requirements.txt라는 파일을 생성한 뒤 설치된 라이브러리를 직접 추가하거나, **pip freeze > requirements.txt**를 실행하여 pip 명령어를 통해 설치된 라이브러리 목록을 텍스트 파일로 저장할 수도 있습니다.

```
requirements.txt

langchain==0.3.20
langchain-chroma==0.2.2
langchain-community==0.3.18
langchain-core==0.3.45
langchain-experimental==0.3.4
langchain-ollama==0.2.3
langchain-openai==0.3.7
langchain-postgres==0.0.13
langchain-text-splitters==0.3.6
langchainhub==0.1.15
```

LLM 체인

랭체인에서 '**체인**Chain'이란 여러 가지 도구나 컴포넌트를 연결하는 개념이며, LLM 체인은 사용자의 입력인 **프롬프트**와 답변을 생성하는 **LLM**을 연결하는 가장 기본적인 모듈입니다. 사용자의 입력을 프롬프트 템플릿으로 변환하고, 프롬프트 템플릿을 LLM과 연결하여 답변을 출력하는 방법을 살펴보겠습니다.

프롬프트 템플릿 생성

프롬프트 템플릿 PromptTemplate은 사용자 입력을 LLM이 읽기 쉬운 방식으로 변환하기 위해 미리 정의된 템플릿입니다.

ChatPromptTemplate.from_messages() 함수를 이용하여 프롬프트 템플릿을 생성합니다. system이라는 변수에는 AI 어시스턴트에게 부여할 역할을 입력합니다. user라는 변수에는 사용자의 입력, 즉 **질문**이 들어갑니다.

프롬프트 템플릿에는 **중괄호({})**를 통해 문자열에 변수를 포함하여 사용자 입력을 동적으로 삽입할 수 있습니다. 다음 코드에서는 {input}이라는 변수를 통해 추후 대화 창에 입력될 사용자 질문이 프롬프트 템플릿에 최종적으로 반영됩니다.

```python
# main.py
from langchain.chat_models import init_chat_model
from langchain_core.prompts import ChatPromptTemplate
from dotenv import load_dotenv
load_dotenv()

#ChatOpenAI 초기화
llm = init_chat_model("gpt-4o-mini", model_provider="openai")

#프롬프트 템플릿 생성
prompt = ChatPromptTemplate.from_messages([
    ("system", "You are a helpful assistant."),
    ("user", "{input}")
])
```

LLM 체인 구성

01 **파이프 연산자(|)**를 사용하여 프롬프트 템플릿과 LLM 인스턴스를 연결하는 LLM 체인을 만듭니다. 파이프 연산자는 랭체인에서 체인을 구성하는 특별한 방식입니다. 간단한 예시로, **chain = prompt | llm** 이라는 체인의 내부 동작 방식을 순서대로 살펴봅시다.

1. 사용자 입력(input)이 프롬프트 템플릿(prompt)으로 전달됩니다.
2. 프롬프트 템플릿의 출력이 GPT 모델(llm)의 입력으로 전달됩니다.
3. chain.invoke() 함수를 통해 chain = prompt | llm 체인이 실행됩니다.

다음 코드에서는 1, 2, 3번에 해당하는 LLM 체인을 **chain**이라는 변수에 저장하고 있습니다.

```python
# main.py
from langchain.chat_models import init_chat_model
from langchain_core.prompts import ChatPromptTemplate
from dotenv import load_dotenv
load_dotenv()

#ChatOpenAI 초기화
llm = init_chat_model("gpt-4o-mini", model_provider="openai")

#프롬프트 템플릿 생성
prompt = ChatPromptTemplate.from_messages([
    ("system", "You are a helpful assistant."),
    ("user", "{input}")
])

#LLM 체인 구성
chain = prompt | llm
```

02 chain.invoke() 함수를 호출하여 LLM 체인을 실행합니다. invoke() 함수의 입력값은 GPT 모델에 전달할 사용자 입력입니다. 프롬프트 템플릿에서 참조했던 input이라는 변수를 포함하여 {"input" : "사용자 입력값"}의 형태로 작성합니다. 마지막으로 print() 함수를 통해 결과를 출력합니다.

```python
# main.py
from langchain.chat_models import init_chat_model
from langchain_core.prompts import ChatPromptTemplate
from dotenv import load_dotenv
load_dotenv()

#ChatOpenAI 초기화
llm = init_chat_model("gpt-4o-mini", model_provider="openai")

#프롬프트 템플릿 생성
prompt = ChatPromptTemplate.from_messages([
    ("system", "You are a helpful assistant."),
    ("user", "{input}")
])

#LLM 체인 구성
```

```
chain = prompt | llm
result = chain.invoke({"input": "hi"})
print(result)
```

03 터미널을 열어 **main.py** 파일을 실행한 뒤 출력 결과를 확인해 봅시다. 다음 코드에서는 GPT 모델의 답변으로 'Hello! How can I assist you today?'라는 문장이 나왔습니다.

명령어

```
python main.py
```

결과

```
content='Hello! How can I assist you today?' response_metadata={'token_usage':
{'completion_tokens': 9, 'prompt_tokens': 8, 'total_tokens': 17}, 'model_name': 'gpt-
3.5-turbo', 'system_fingerprint': 'fp_3b956da36b', 'finish_reason': 'stop', 'logprobs':
None} id='run-36fefd2b-3cfe-4227-b4db-fa77e70cbad9-0'
```

출력 파서 연결

LLM 체인의 출력값은 **ChatMessage**라는 메시지 오브젝트로, 방금 전과 같이 GPT 모델의 답변 뿐만 아니라 토큰 사용량, 모델 종류 등의 메타 정보가 함께 출력됩니다. StrOutput Parser()라는 함수를 이용해 메시지 오브젝트를 파싱하여 GPT 모델의 답변만 출력되도록 해 봅시다.

01 직전 코드에서 LLM 체인 구성 코드는 삭제한 뒤, import 키워드를 통해 StrOutputParser 라이브러리를 불러옵니다. StrOutputParser() 함수를 통해 출력 파서 인스턴스를 초기화합니다.

main.py

```
from langchain.chat_models import init_chat_model
from langchain_core.prompts import ChatPromptTemplate
from langchain_core.output_parsers import StrOutputParser
from dotenv import load_dotenv
load_dotenv()
```

```
#ChatOpenAI 초기화
llm = init_chat_model("gpt-4o-mini", model_provider="openai")

#프롬프트 템플릿 생성
prompt = ChatPromptTemplate.from_messages([
  ("system", "You are a helpful assistant."),
  ("user", "{input}")
])

#문자열 출력 파서
output_parser = StrOutputParser()
```

02 파이프 연산자(|)를 사용하여 프롬프트 템플릿(prompt), GPT 모델(llm), 출력 파서(output_parser)를 순서대로 연결한 LLM 체인을 만듭니다. 그리고 chain.invoke() 함수를 호출하여 LLM 체인을 실행합니다.

main.py
```
from langchain.chat_models import init_chat_model
from langchain_core.prompts import ChatPromptTemplate
from langchain_core.output_parsers import StrOutputParser
from dotenv import load_dotenv
load_dotenv()

#ChatOpenAI 초기화
llm = init_chat_model("gpt-4o-mini", model_provider="openai")

#프롬프트 템플릿 생성
prompt = ChatPromptTemplate.from_messages([
  ("system", "You are a helpful assistant."),
  ("user", "{input}")
])

#문자열 출력 파서
output_parser = StrOutputParser()

#LLM 체인 구성
chain = prompt | llm | output_parser
result = chain.invoke({"input": "hi"})
print(result)
```

03 터미널을 열어 **main.py** 파일을 실행한 뒤 출력 결과를 확인해 봅시다. 다음과 같이 GPT 모델의 답변만 추출된 것을 확인할 수 있습니다.

> 명령어
> ```
> python main.py
> ```

> 결과
> ```
> Hello! How can I assist you today?
> ```

지금까지 완성한 체인의 구조를 간단히 정리해 보겠습니다. 사용자의 입력("input"="hi")을 프롬프트 템플릿으로 만듭니다. GPT 모델은 프롬프트 템플릿에 저장된 사용자 입력 기반으로 답변을 생성합니다. 마지막으로 출력 파서는 GPT 모델이 출력한 메시지 오브젝트를 파싱하여 문자열을 추출합니다.

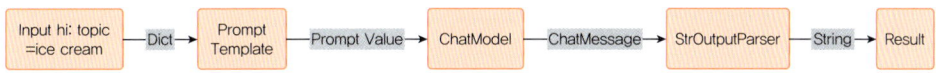

Miniconda 설정

지금부터 Miniconda를 이용해 랭체인 개발 환경을 간편히 구축하고, 랭스미스를 통해 실시간으로 LLM 호출을 모니터링하고 디버깅하는 워크플로를 소개합니다. 마지막으로 랭스미스에 애플리케이션을 등록하여 대화 기록·성능 지표·오류 로그를 실시간으로 관찰하고, 이를 기반으로 개발 중 발생하는 문제를 빠르게 파악하여 해결하는 모니터링 기법을 익힙니다. 이에 따라 효율적인 개발 환경 관리와 안정적인 서비스 운영 역량을 갖추게 됩니다.

Miniconda는 Anaconda 배포판의 경량 버전으로, 파이썬 환경과 패키지 관리를 위해 꼭 필요한 최소한의 기능만을 포함한 설치 관리 도구입니다. 주된 특징과 장점은 다음과 같습니다.

- **최소 설치 용량**: 기본적으로 파이썬 인터프리터와 conda 패키지 매니저만 제공하므로, 전체 설치 용량이 작아 빠르게 설치할 수 있습니다.
- **환경 구축의 유연성**: 불필요한 패키지가 포함되지 않아 프로젝트에 꼭 필요한 라이브러리만 선택적으로 설치하며 가상 환경을 경량화할 수 있습니다.
- **의존성 충돌 방지**: 각 프로젝트별로 완전 격리된 가상 환경을 만들어 파이썬 버전과 패키지 버전을 독립 관리함으로써 라이브러리 간 충돌을 원천적으로 방지할 수 있습니다.
- **빠른 업데이트 및 복제**: conda 명령만으로 환경을 YAML 파일로 내보내고(import/export), 다른 머신에서 동일한 환경을 즉시 복제할 수 있어 협업 및 배포가 편리합니다.
- **광범위한 패키지 지원**: 과학·데이터분석·머신러닝 등 수천 개의 패키지를 공식 채널 및 커뮤니티 채널(conda-forge)에서 손쉽게 설치하고 업데이트할 수 있습니다.

이러한 이유로 Miniconda는 가볍고 안정적인 개발 환경을 원하는 AI · 데이터 분석 · 웹 개발자에게 특히 유용하며 랭체인과 같은 최신 파이썬 기반 프레임워크를 깔끔하게 구성할 때에도 최적의 선택이 됩니다.

Miniconda 설치

01 다음 링크의 Anaconda 공식 문서로 접속 후 본인의 개인 이메일 주소를 입력하고 [Submit] 버튼을 클릭합니다.

🔗 Anaconda 공식 문서: https://www.anaconda.com/download

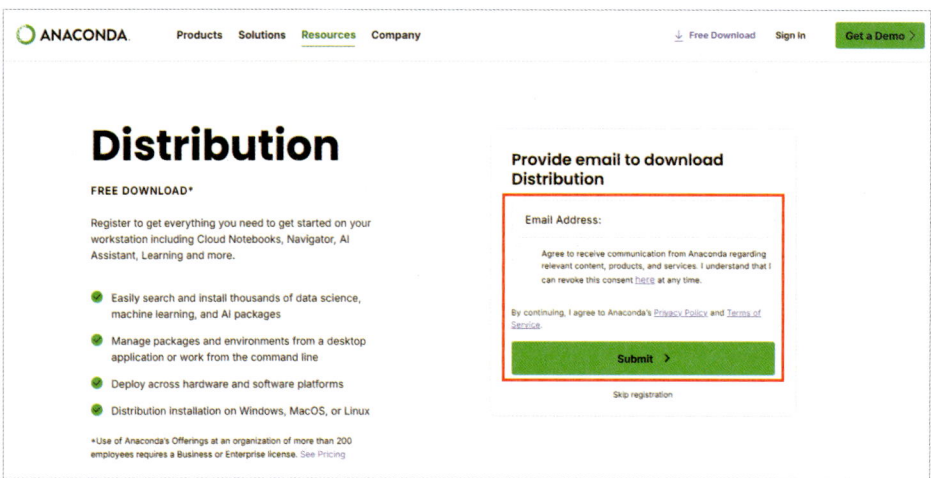

02 개인 이메일 계정으로 들어가서 [Download Now] 버튼을 눌러 다운로드 사이트로 이동합니다.

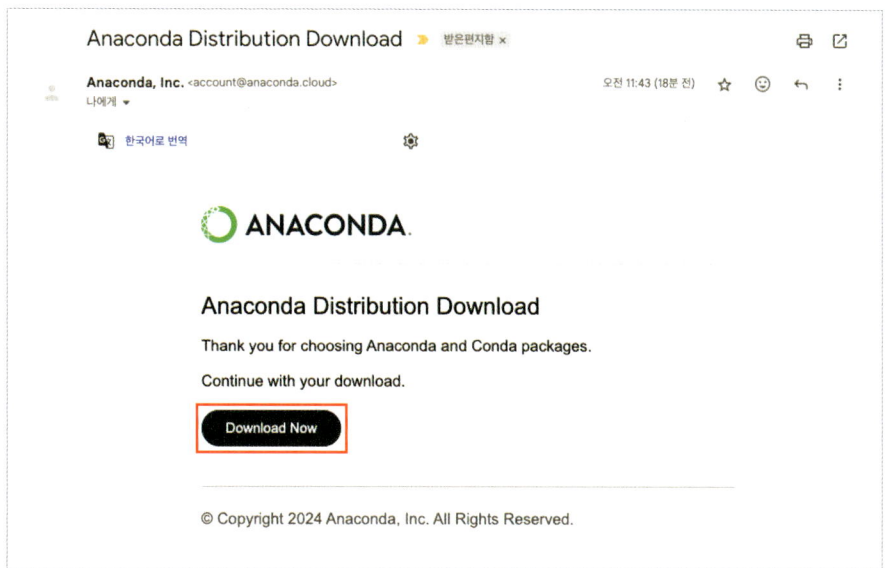

03 Anaconda보다 가벼운 Miniconda를 자신의 OS 버전에 맞게 설치합니다.

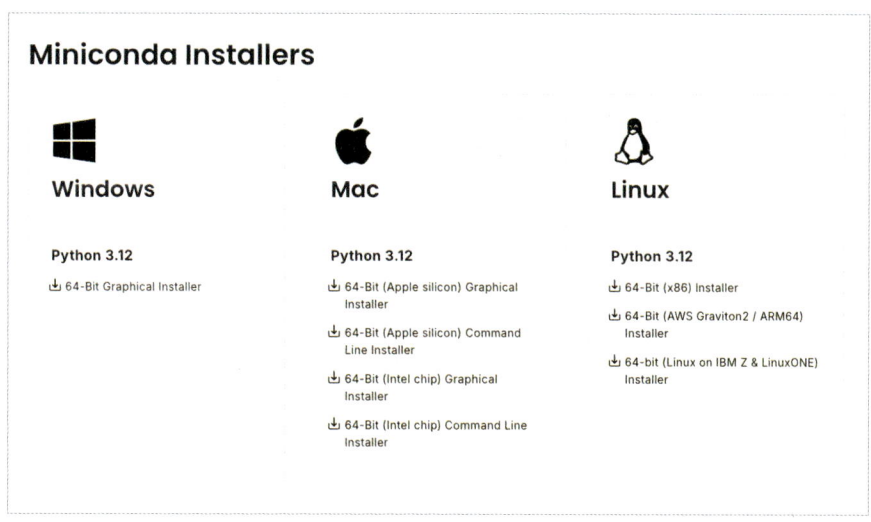

04 윈도우 사용자들은 다음 사항들을 체크한 후 설치합니다.

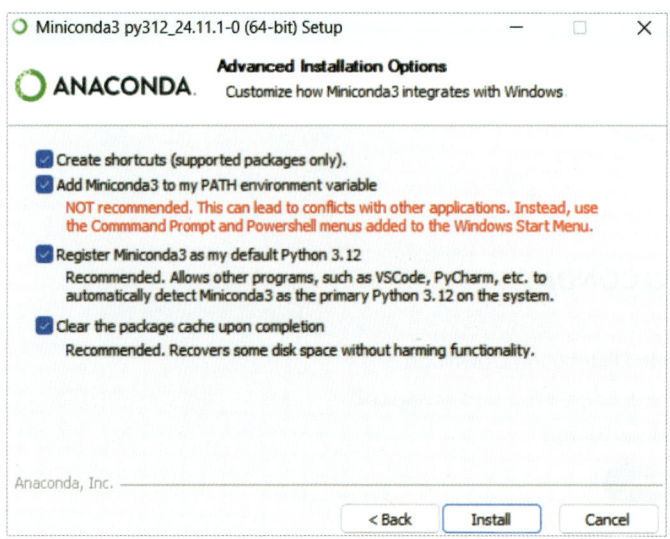

05 설치 확인을 위해서 윈도우 사용자는 명령 프롬프트, 맥 사용자는 터미널에서 conda --version 명령어를 입력해 제대로 설치가 되었는지 확인합니다. 설치가 되었다면 설치 버전명이 출력됩니다.

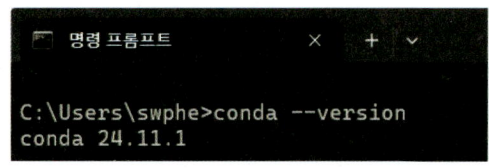

가상 환경 구성

01 먼저 윈도우에서는 명령 프롬프트를, macOS에서는 터미널을 실행하세요. 다음의 conda 명령어를 실행해보겠습니다. 이 명령어는 langchain이라는 이름의 새 가상환경을 만들고, 그 안에서 Python 3.12를 사용할 수 있도록 설정합니다.

> 명령어
>
> conda create -n langchain python=3.12

02 설치 진행 시 y를 입력합니다. 설치가 완료되면 `conda activate langchain`을 터미널에 입력합니다.

```
Proceed ([y]/n)? y

Downloading and Extracting Packages:

Preparing transaction: done
Verifying transaction: done
Executing transaction: done
#
# To activate this environment, use
#
#     $ conda activate langchain
#
# To deactivate an active environment, use
#
#     $ conda deactivate
```

> 가상 환경 활성화 명령어
>
> conda activate langchain

> 가상 환경 비활성화 명령어
>
> conda deactivate

03 활성화가 잘 되었다면 가상 환경 이름인 'langchain'이 터미널 맨 앞에 나오게 됩니다. `python --version` 명령어를 입력하면 Python 3.12.X 버전의 파이썬이 설치되어 있습니다.

```
(langchain) usermackbookpro@MacBook-Pro langchain-python % python --version
Python 3.12.2
```

04 가상 환경에 랭체인 실습을 위한 패키지를 설치하려면 다음 명령어를 실행하면 됩니다.

> **명령어**
> `pip install python-dotenv langchain openai langchain-openai`

설치 패키지들의 역할은 다음과 같습니다.

- **python-dotenv**: .env 파일에서 환경 변수를 읽어오는 데 사용됩니다.
- **langchain, langchain-openai**: OpenAI 채팅 모델을 사용하는 데 필요합니다.
- **openai**: OpenAI API를 사용하는 데 필요합니다.

05 전부 설치를 완료했다면 `pip list` 명령어를 통해서 설치되어 있는 패키지를 확인할 수 있습니다. 혹시 진행 중 syntax 문법 에러가 발생한다면 깃허브에 공개되어 있는 저장소에서 **requirements.txt** 파일을 참조해서 버전에 맞게 설치하세요. 다음은 버전 지정 설치 명령어입니다.

> **명령어**
> `pip install langchain==0.3.20`

```
(langchain) usermackbookpro@MacBook-Pro langchain-python % pip list
Package                     Version
--------------------------- ---------
aiohttp                     3.9.3
aiosignal                   1.3.1
annotated-types             0.6.0
anyio                       4.3.0
attrs                       23.2.0
certifi                     2024.2.2
charset-normalizer          3.3.2
dataclasses-json            0.6.4
distro                      1.9.0
frozenlist                  1.4.1
h11                         0.14.0
httpcore                    1.0.5
httpx                       0.27.0
idna                        3.6
jsonpatch                   1.33
jsonpointer                 2.4
langchain                   0.1.15
langchain-community         0.0.32
langchain-core              0.1.41
langchain-text-splitters    0.0.1
langsmith                   0.1.42
marshmallow                 3.21.1
multidict                   6.0.5
mypy-extensions             1.0.0
numpy                       1.26.4
openai                      1.16.2
orjson                      3.10.0
packaging                   23.2
pip                         23.3.1
pydantic                    2.6.4
pydantic_core               2.16.3
python-dotenv               1.0.1
PyYAML                      6.0.1
requests                    2.31.0
setuptools                  68.2.2
sniffio                     1.3.1
SQLAlchemy                  2.0.29
```

랭스미스 설정

랭스미스LangSmith는 프로덕션급 LLM 애플리케이션을 구축하기 위한 플랫폼입니다. 이 플랫폼은 애플리케이션을 면밀히 모니터링하고 평가할 수 있게 해주어, 신속하면서도 안정적인 배포를 가능하게 합니다. 랭스미스는 세션 단위로 프롬프트·출력·토큰 통계를 자동 기록하고, 응답 시간과 오류율을 대시보드로 시각화합니다. 또한 A/B 실험과 라벨링 파이프라인을 제공해 모델과 프롬프트 버전을 과학적으로 비교하며, 품질 기준을 만족할 때만 롤아웃하도록 지원합니다. 랭스미스 설치부터 해보겠습니다.

01 다음 명령어를 터미널에 입력해 주세요.

명령어
```
pip install langsmith
```

02 다음 링크로 접속하여 [Sign up] 버튼을 클릭합니다. 구글, 깃허브, 디스코드 계정 사용 혹은 이메일 가입 등 원하는 방식으로 가입 후 로그인합니다.

🔗 https://www.langchain.com/langsmith

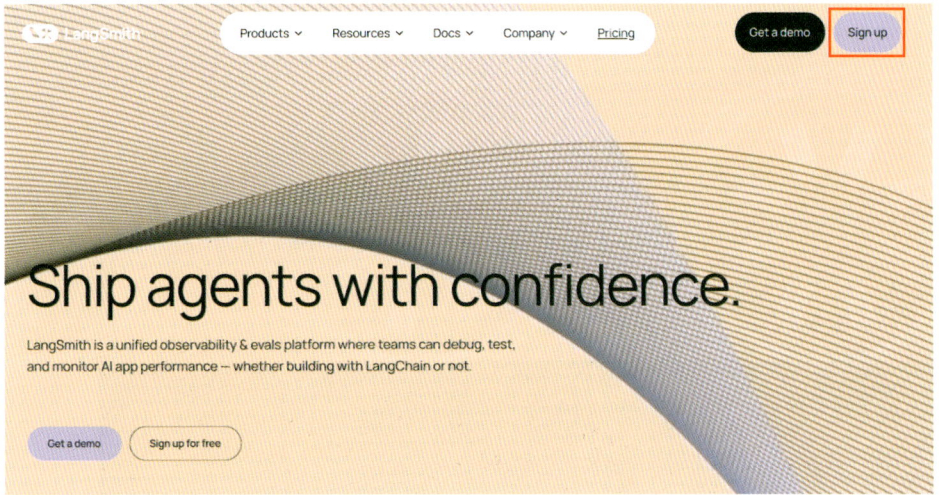

03 랭스미스를 사용하려면 API 키가 필요합니다. API 키를 생성하려면 좌측 하단에 톱니 바퀴 모양을 클릭해 Settings(설정) 페이지로 이동하여 우측 상단 [Create API Key(키 생성)] 버튼을 클릭하세요.

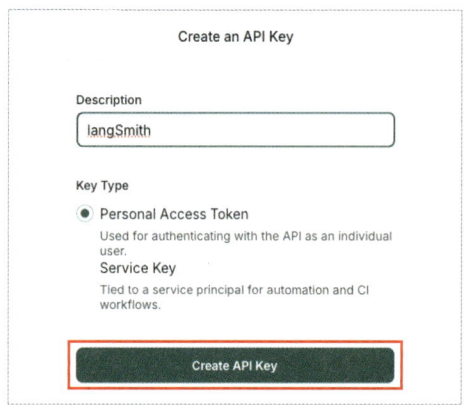

04 [copy] 버튼 클릭 후 메모장 등 별도의 저장소에 저장한 뒤 [Ive saved the API key to a safe place] 버튼을 클릭합니다.

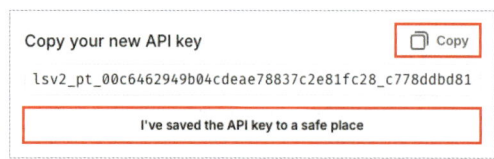

05 랭스미스를 원활하게 사용하기 위해 환경 변수를 설정하겠습니다. 프로젝트(chapter 03)의 루트 디렉터리 또는 상위 디렉터리에 .env 파일을 생성하여 다음과 같이 환경 변수를 등록하면 자동으로 필요한 설정이 적용됩니다.

```
OPENAI_API_KEY=your api key

#LangSmith API 설정 부분 사용시 false==>true로 값을 바꾸고 본인의 api키를 넣어주세요
LANGCHAIN_TRACING_V2=true
LANGCHAIN_ENDPOINT="https://api.smith.langchain.com"
LANGCHAIN_API_KEY="your api key"
LANGCHAIN_PROJECT="RAGApp"
```

.env

```
#LangSmith API Configuration
LANGCHAIN_TRACING_V2=true
LANGCHAIN_ENDPOINT="https://api.smith.langchain.com"
LANGCHAIN_API_KEY="<your api key>"
LANGCHAIN_PROJECT="RAGApp"
```

이 .env 파일을 통해 설정된 환경 변수들은 자동으로 로드되어 랭스미스 및 기타 필요한 API 와의 통합이 원활하게 이루어집니다. 그리고 트래킹을 원하는 스크립트에서 .env 파일의 환경 변수를 불러오기 위해 다음과 같이 `load_dotenv()`를 호출하면 됩니다. 호출 후 한번 스크립트를 실행시키면 자동으로 Projects RagApp이 생성되어 확인할 수 있습니다.

코드

```
from dotenv import load_dotenv
# .env 파일에서 API 키 읽어오기
load_dotenv()
```

06 랭스미스 사이트(https://www.langchain.com/langsmith)에 접속하여 [Sing Up] 버튼을 클릭하여 로그인을 진행합니다. 그리고 [Project] 버튼 클릭 후 [RagApp]을 클릭합니다.

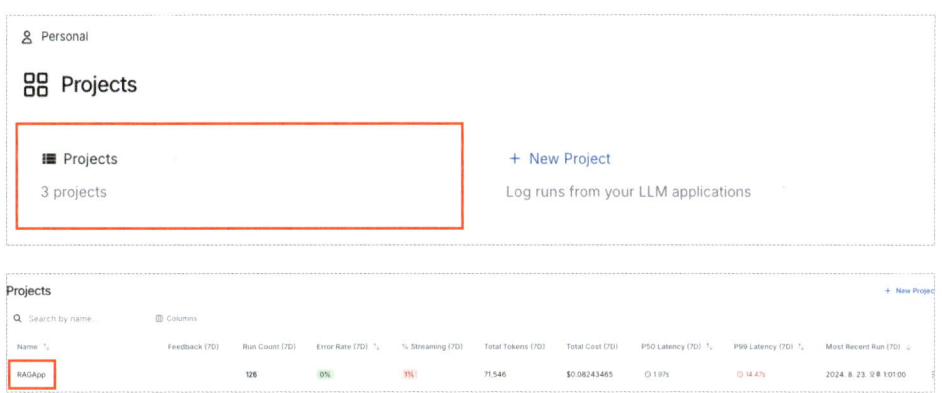

07 다음 이미지에서 보이는 칼럼column 중 중요한 내용을 요약하면 다음과 같습니다. 각 칼럼은 작업의 다양한 측면을 모니터링하고 분석할 수 있는 중요한 정보를 제공합니다.

칼럼명	의미
Name(이름)	해당 작업을 수행한 모델 또는 작업의 이름을 나타냅니다. 예를 들어, 'ChatOpenAI'는 사용된 모델의 이름을 나타냅니다.
Input(입력)	모델이 처리한 입력 내용을 요약하여 보여줍니다. 예를 들어 사용자가 입력한 질문이나 명령어 등이 표시됩니다.
Output(출력)	모델이 생성한 출력 내용을 요약하여 보여줍니다. 예를 들어 모델이 제공한 응답이나 생성된 텍스트 등이 표시됩니다.
Start Time(시작 시간)	해당 작업이 시작된 시간을 나타냅니다. 예를 들어 작업이 수행된 정확한 날짜와 시간이 표시됩니다.
Latency(지연 시간)	작업이 수행되는 데 걸린 시간을 나타냅니다. 예를 들어 작업이 완료되는 데 걸린 지연 시간(예: 3.79초)이 표시됩니다.
Dataset(데이터셋)	이 칼럼은 해당 작업에 관련된 데이터셋의 정보를 제공합니다.
Annotation Queue (주석 대기열)	이 칼럼은 주석 작업의 대기 여부를 나타냅니다.
Tokens(토큰)	해당 작업에서 사용된 토큰의 수를 나타냅니다. 예를 들어, 모델이 처리한 입력과 출력에 사용된 토큰의 총 수량이 표시됩니다.
Cost(비용)	해당 작업을 수행하는 데 발생한 비용을 나타냅니다. 예를 들어, 작업에 소요된 금액이 표시됩니다.
First Token(ms) (첫 번째 토큰까지의 시간)	첫 번째 토큰이 생성되는 데 걸린 시간을 밀리초(ms) 단위로 표시합니다.
Tags(태그)	해당 작업에 할당된 태그를 나타냅니다. 이는 작업을 쉽게 구분하거나 검색할 수 있도록 도와줍니다.

랭스미스를 활용하면 LLM 애플리케이션의 성능을 실시간으로 모니터링하고 평가할 수 있어 더욱 신뢰성 높은 시스템을 구축할 수 있습니다. 이제 효율적인 트래킹과 평가로 다양한 프롬프트를 적용해 AI 모델의 답변 품질을 지속적으로 향상시킬 수 있습니다.

Part 02
랭체인 기초 실습

Chapter 04 음식, 식당, 숙박 리뷰 평가 AI 만들기

Chapter 05 인공지능 시인 만들기

Chapter 06 다국어 이메일 생성기 만들기

04 음식, 식당, 숙박 리뷰 평가 AI 만들기

본격적으로 '인공지능 시인'을 만들어 보기 전에 가벼운 실습으로 익숙해지는 과정을 거치겠습니다. 고객이 남긴 음식, 식당, 숙박 리뷰에 대한 평가 점수를 자동으로 생성해 주는 AI 서비스를 구현해 보겠습니다. 다양한 리뷰 데이터를 기반으로 점수화, 요약, 감정 분석, 공손한 응답 등을 자동으로 처리하는 복합 워크플로를 구성해 봅니다.

| 학습 목표

LLM 체인을 구성하여 리뷰 데이터를 분석하고, 평가 점수를 생성하는 워크플로를 구현하는 방법을 익힙니다. SequentialChain을 활용하여 요약, 감정 분석, 번역 등 다단계 처리를 연습합니다.

| 핵심 키워드

- LLM 체인
- SequentialChain

음식 리뷰 평가 AI 만들기

이번 예제를 통해 랭체인과 OpenAI API를 활용해 음식 리뷰를 자동으로 분석, 평가하는 AI 애플리케이션을 단계별로 구현합니다. 먼저 .env 파일로 API 키를 안전하게 로드한 뒤 PromptTemplate으로 리뷰와 점수 범위를 입력받는 프롬프트를 정의하고, ChatOpenAI로 GPT 모델을 초기화합니다. 이어서 프롬프트, LLM, StrOutputParser를 체인으로 연결해 사용자의 리뷰를 받아 1~5점 사이의 평가를 생성하고 터미널에서 한 줄의 실행 명령으로 결과를 확인하는 워크플로를 완성합니다. 이 과정을 통해 프롬프트 설계, 체인 구성, 결과 파싱, 예외 처리 등 LLM 서비스 구현의 핵심 패턴을 익히게 됩니다.

음식 리뷰 평가 워크플로

VS Code에서 CHAPTER 04 폴더를 생성하고 폴더 안에 **prompt_template.py**라는 새 파일을 생성한 뒤, 다음 코드를 작성하기 시작합니다. 먼저 개발 환경을 설정하고 필요한 라이브러리를 설치해야 합니다. 이 프로젝트에서는 랭체인과 OpenAI API를 사용하여 AI 모델을 구현합니다. 필요한 환경 설정은 다음과 같습니다.

01 .env 파일에 저장된 OpenAI API 키를 로드하여 `OPENAI_API_KEY` 변수에 저장합니다. 이를 통해 코드에 API 키를 하드코딩하지 않고 보안을 유지할 수 있습니다.

```
prompt_template.py

from langchain_openai import ChatOpenAI
from langchain_core.prompts import PromptTemplate
from langchain_core.output_parsers import StrOutputParser
```

```
import os
from dotenv import load_dotenv
load_dotenv()
OPENAI_API_KEY = os.getenv("OPENAI_API_KEY")
```

02 리뷰에 대한 평가를 생성하기 위해 프롬프트 템플릿을 정의합니다. 이 템플릿은 리뷰와 점수 범위를 입력받아 AI 모델이 평가를 생성할 수 있도록 돕습니다.

prompt_template.py
```
prompt_template = "이 음식 리뷰 '{review}'에 대해 '{rating1}'점부터 '{rating2}'점까지의 평가를 해주세요."
prompt = PromptTemplate(
    input_variables=["review", "rating1", "rating2"], template=prompt_template
)
```

이 템플릿에서는 review, rating1, rating2 라는 세 개의 입력 변수를 사용하여 프롬프트를 동적으로 구성합니다.

03 OpenAI 모델 초기화를 해줍니다. OpenAI의 GPT-3.5-turbo 모델을 사용하여 리뷰에 대한 평가를 생성합니다. 추후 필요에 따라 GPT-4o 또는 GPT-4o-mini 모델을 선택적으로 사용할 수 있습니다. 이 모델들을 사용할 때, temperature 값을 설정하여 결과의 다양성을 조정할 수 있습니다. temperature 값이 높을수록 생성되는 결과가 더 창의적이고 다양해지며, 값이 낮을수록 보다 일관된 결과가 생성됩니다.

OpenAI 모델별 특징

사용 시나리오	추천 모델	특징	선택 기준
대량 리뷰의 빠른 등급화	GPT-3.5-Turbo	• 가장 저렴, 응답 속도 빠름 • 기본적인 감성 분석·요약 품질 양호	비용 절감과 실시간 처리가 우선일 때
고난도 평가(뉘앙스·아이러니 감지, 세부 인사이트 도출)	GPT-4o	• GPT-4급 추론력과 맥락 이해력 • 다국어나 장문 리뷰 처리에 강점	품질 최우선, 복잡한 문맥을 정밀 분석해야 할 때
GPT-4 수준에 근접한 품질	GPT-4o-mini	• 4o 대비 60~70% 비용과 속도 절감 • 3.5-Turbo보다 높은 일관성	비용 절감과 성능 균형이 필요할 때

prompt_template.py

```
openai = ChatOpenAI(model="gpt-3.5-turbo",api_key=OPENAI_API_KEY, temperature=0.7)
```

04 프롬프트와 모델을 연결합니다. 프롬프트 템플릿과 OpenAI 모델, 그리고 문자열 출력 파서를 연결하여 체인을 구성합니다. 체인을 구성하면 입력 데이터를 프롬프트에 전달하고, 프롬프트를 통해 생성된 데이터를 AI 모델에 전달하여 최종 결과를 얻을 수 있습니다.

prompt_template.py

```
# | 기호를 사용하여 프롬프트와 llm, 출력 파서를 연결할 수 있습니다.
chain = prompt | openai | StrOutputParser()
```

> **Tip.** StrOutputParser는 AI 모델의 출력 결과에서 텍스트만 추출하여 사용자에게 보여줍니다.

05 이제 사용자의 리뷰와 점수 범위를 입력하여 AI 모델에게 평가를 요청합니다. 요청이 성공적으로 처리되면 결과를 출력하고, 오류가 발생할 경우 예외 처리를 통해 에러 메시지를 출력합니다. 코드에서는 "맛은 있엇지만 배달 포장이 부족하여 아쉬웠습니다."라는 리뷰를 분석하여 1점에서 5점 사이의 평가를 요청합니다. 평가 결과는 콘솔에 출력됩니다.

prompt_template.py

```
try:
    response = chain.invoke({
        "review": "맛은 있엇지만 배달 포장이 부족하여 아쉬웠습니다.",
        "rating1": "1",
        "rating2": "5"
    })
    print(f"평가 결과: {response}")
except Exception as e:
    print(f"Error: {e}")
```

06 이제 터미널에서 코드를 실행하고, 결과를 확인할 차례입니다. 다음 명령어를 통해 코드를 실행한 후, AI 모델이 생성한 평가 결과를 확인하세요.

> 명령어
>
> python prompt_template.py

> 결과
>
> 평가 결과: 평가: 저는 이 음식 리뷰에 대해 '3'점을 주고 싶습니다. 맛은 좋았지만 배달 포장이 부족했다는 점을 지적했기 때문입니다.

이렇게 음식 리뷰를 분석하고 평가 점수를 생성하는 AI 기능을 완성하였습니다.

식당 리뷰 평가 AI 만들기

식당 리뷰를 요약하고 리뷰의 긍정 또는 부정의 정도를 점수로 평가한 뒤, 리뷰에 대한 공손한 답변을 자동으로 생성하는 AI 서비스를 구축하는 과정을 단계별로 설명합니다. 이 서비스는 세 가지 주요 기능을 수행하며 각각의 기능을 순차적으로 연결하여 하나의 전체적인 체인으로 구성합니다. 고전 체인부터 최신 LCEL까지 학습하면서, 내부 동작 원리를 깊이 있게 익힌 뒤 간결한 문법으로 넘어갈 수 있게 할 것입니다. 먼저 SequentialChain과 LLM 체인으로 전체 흐름을 구축해 보고, 익숙해진 뒤 LCEL 버전으로 리팩터링하는 과정을 이어서 학습해 봅시다.

SequentialChain은 여러 개의 LLM 체인(혹은 다른 체인) 객체를 '한 줄'로 엮어, 앞 단계 출력을 그 다음 단계의 입력으로 자동 전달하는 오케스트레이터입니다. 즉, 데이터 흐름을 명시적으로 관리해 주는 컨베이어 벨트라고 생각하면 쉽습니다. 정의한 순서대로 체인을 실행하며 각 단계 결과를 키-값 딕셔너리에 저장해 이어지는 단계에 주입하므로, 개발자는 중간 데이터를 따로 수집하거나 전달하는 코드를 작성할 필요가 없습니다.

01 이번에는 LLMChain과 SequentialChain을 불러와서 같이 사용해 보겠습니다. 코드에서는 .env 파일에 저장된 OpenAI API 키를 로드하여 OPENAI_API_KEY 변수에 저장합니다.

> sequential_chain_01.py
>
> ```
> from langchain.chains.llm import LLMChain
> from langchain.chains.sequential import SequentialChain
> from langchain_openai import ChatOpenAI
> ```

```
from langchain_core.prompts import PromptTemplate
import os
from dotenv import load_dotenv
load_dotenv()
OPENAI_API_KEY = os.getenv("OPENAI_API_KEY")
```

02 리뷰를 분석하고 응답을 생성하기 위해 OpenAI의 언어 모델을 초기화합니다. 이 예제에서는 OpenAI의 GPT-3.5 Turbo 모델을 기본적으로 사용하지만, 필요에 따라 GPT-4o와 같은 다른 모델을 선택적으로 사용할 수 있습니다.

sequential_chain_01.py
```
openai = ChatOpenAI(model="gpt-3.5-turbo", api_key=OPENAI_API_KEY, temperature=0.7)
```

코드에서는 기본적으로 GPT-3.5 Turbo 모델을 사용하며 **temperature** 값은 0.7로 설정되어 있습니다. 이 값은 적절한 수준의 다양성과 일관성을 제공하여 리뷰에 대한 적절한 응답을 생성합니다.

03 이제 프롬프트 템플릿을 정의하고 이를 기반으로 체인을 구성합니다. 프롬프트 템플릿은 모델에게 어떤 작업을 수행해야 하는지 지시하는 역할을 합니다. 이 프로젝트에서는 세 가지 주요 작업을 위한 템플릿을 설정합니다.

1. **리뷰 요약 (Prompt 1)**: 리뷰를 한 문장으로 요약하는 작업입니다.
2. **긍정/부정 점수 평가 (Prompt 2)**: 리뷰를 바탕으로 0점에서 10점 사이의 점수를 매기는 작업입니다.
3. **리뷰에 대한 공손한 답변 작성 (Prompt 3)**: 요약된 리뷰에 대해 공손한 답변을 작성하는 작업입니다.

각 프롬프트 템플릿은 LLMChain으로 구성되어 있으며 이를 통해 모델이 지정된 작업을 수행하게 됩니다.

sequential_chain_01.py
```
prompt1 = PromptTemplate.from_template(
    "다음 식당 리뷰를 한 문장으로 요약하세요.\n\n{review}"
)
chain1 = LLMChain(llm=openai, prompt=prompt1, output_key="summary")
prompt2 = PromptTemplate.from_template(
    "다음 식당 리뷰를 읽고 0점부터 10점 사이에서 긍정/부정 점수를 매기세요. 숫자만 대답하세요.
```

```
    \n\n{review}"
)
chain2 = LLMChain(llm=openai, prompt=prompt2, output_key="sentiment_score")
prompt3 = PromptTemplate.from_template(
    "다음 식당 리뷰 요약에 대해 공손한 답변을 작성하세요.\n리뷰 요약:{summary}"
)
chain3 = LLMChain(llm=openai, prompt=prompt3, output_key="reply")
```

04 세 개의 체인을 SequentialChain으로 연결하여 하나의 전체적인 작업 흐름을 만듭니다. SequentialChain을 사용하면 첫 번째 체인의 결과가 두 번째 체인의 입력으로, 두 번째 체인의 결과가 세 번째 체인의 입력으로 자동으로 전달됩니다.

sequential_chain_01.py
```
# 체인 설정
all_chain = SequentialChain(
    chains=[chain1, chain2, chain3],
    input_variables=['review'],
    output_variables=['summary', 'sentiment_score', 'reply'],
)
```

이 설정은 세 개의 작업을 순차적으로 처리하며 리뷰를 입력하면 요약된 리뷰, 점수, 그리고 이에 대한 공손한 답변이 차례대로 생성됩니다.

05 이제 실제로 식당 리뷰를 입력하고 체인을 실행하여 결과를 출력해 봅니다. 사용자가 작성한 리뷰를 분석하여 요약을 생성하고 긍정/부정 점수를 매긴 후, 마지막으로 리뷰에 대한 공손한 답변을 생성합니다.

sequential_chain_01.py
```
# 식당 리뷰 입력
review = """
이 식당은 맛도 좋고 분위기도 좋았습니다. 가격 대비 만족도가 높아요.
하지만, 서비스 속도가 너무 느려서 조금 실망스러웠습니다.
전반적으로는 다시 방문할 의사가 있습니다.
"""
# 체인 실행 및 결과 출력
try:
```

```
    result = all_chain.invoke(input={'review': review})
    print(f'summary 결과 \n {result["summary"]} \n')
    print(f'sentiment_score 결과 \n {result["sentiment_score"]} \n')
    print(f'reply 결과 \n {result["reply"]}')
except Exception as e:
    print(f"Error: {e}")
```

사용자가 작성한 리뷰를 분석하여 다음과 같은 세 가지 결과를 출력합니다.

① **summary**: 리뷰를 한 문장으로 요약한 결과

② **sentiment_score**: 0점에서 10점 사이의 긍정/부정 점수

③ **reply**: 요약된 리뷰에 대한 공손한 답변

06 터미널에서 코드를 실행하여 결과를 확인합니다. 다음 명령어를 통해 코드를 실행하면 AI 모델이 생성한 요약, 점수 평가, 그리고 답변을 확인할 수 있습니다.

명령어

```
python Sequential_chain_01.py
```

결과

```
summary 결과
 맛과 분위기는 좋지만 서비스가 느리고 실망스러웠습니다. 그래도 가격 대비 만족도가 높아서 다시 방문할 의사가 있습니다.

sentiment_score 결과
 8

reply 결과
 저희 식당을 방문해주셔서 감사합니다. 솔직한 리뷰를 통해 서비스 부분에 대한 문제점을 알게 되었고, 죄송하다는 말씀을 드립니다. 더 빠른 서비스를 제공할 수 있도록 노력하겠습니다. 맛과 분위기에 대한 호평과 가격 대비 만족도가 높다는 점에 대해 감사드립니다. 다음에도 기대에 부응할 수 있도록 노력하겠습니다. 다시 한번 방문해주시기를 기대합니다. 감사합니다.
```

이 예시에서는 리뷰를 분석한 결과 서비스의 장단점을 요약하고, 긍정적인 평가를 8점으로 매긴 후 공손한 답변을 생성하였습니다.

LCEL 기반 숙박 시설 리뷰 평가 AI 만들기

LCEL^{LangChain Expression Language}은 랭체인에서 제공하는 간결하고 선언적인 체인 구성 언어입니다. 기존에는 LLM, 프롬프트, 문서 검색기, 출력 파서 등을 연결하려면 클래스를 일일이 생성하고 메서드를 호출해야 했지만, LCEL을 사용하면 연산자 기반의 직관적인 방식으로 LLM 워크플로를 구성할 수 있습니다. 간단히 말해, LLM 애플리케이션의 실행 흐름을 코드로 '표현'하는 언어이자 문법입니다.

또한 RunnableSequence나 RunnableParallel 같은 체인을 한 줄 선언으로 구성하여 데이터 흐름을 직관적으로 드러냅니다. 모든 프롬프트, LLM, 파서는 공통된 Runnable 인터페이스를 구현합니다. 또한 `RunnablePassthrough.assign()`을 사용하면 앞 단계 출력을 새 키로 추가하여 다음 단계에 주입할 수 있으므로, 중간 값 전달도 한 줄로 끝낼 수 있습니다.

이 LCEL을 사용해 숙박 시설 리뷰를 다양한 단계로 분석하고 고객을 향한 응답을 생성하는 AI 서비스를 구현합니다. 이번 예제에서는 리뷰를 번역하고 요약한 뒤 점수를 매기고, 리뷰의 언어를 감지하며 최종적으로 답변을 여러 언어로 생성하는 과정을 다룹니다. 환경설정과 LLM 모델을 불러오는 과정은 이전과 같기 때문에 생략하고 바로 프롬프트 템플릿 정의 및 체인부터 설정해 보겠습니다.

01 리뷰를 처리하는 단계별 작업을 정의하기 위해 여섯 가지 프롬프트 템플릿을 설정합니다. 각 템플릿은 모델에게 특정 작업을 수행하도록 지시합니다.

① **리뷰 번역(Prompt 1)**: 영어로 작성된 리뷰를 한글로 번역합니다.
② **리뷰 요약(Prompt 2)**: 번역된 리뷰를 한 문장으로 요약합니다.
③ **긍정/부정 점수 평가(Prompt 3)**: 번역된 리뷰를 바탕으로 0점에서 10점 사이의 점수를 매깁니다.
④ **언어 감지(Prompt 4)**: 원래 리뷰가 작성된 언어를 감지합니다.
⑤ **공손한 답변 생성(Prompt 5)**: 요약된 리뷰와 감지된 언어 정보를 기반으로 공손한 답변을 생성합니다.
⑥ **답변 번역(Prompt 6)**: 생성된 답변을 한국어로 번역합니다.

체인은 프롬프트 템플릿, LLM, 그리고 결과 파서(`StrOutputParser`)로 구성합니다. 이 체인을 통해 모델이 지정된 작업을 수행합니다. 그리고 한 번에 처리하지 않고 여섯 단계(번역→요약→감성 점수→언어 감지→답변 생성→답변 번역)를 체인으로 묶으면, 각 단계의 출력을 그대로 다음 단계의 입력으로 넘겨 중간 데이터 처리 코드를 제거할 수 있습니다. 또한 단계별로그와 예외를 분리하여 디버깅을 용이하게 할 수 있으며 프롬프트, 모델, 파서를 모듈처럼 재사용하거나 교체하기도 쉽습니다. 감성 점수와 언어 감지처럼 병렬 브랜치를 추가하거나 다국어 답변을 동시에 생성하는 확장도 간단합니다. 즉, 체인은 기능별 분리와 데이터 흐름을 한 줄로 결합하여 유지보수성, 확장성, 성능 측면에서 가장 효율적인 구조를 제공합니다.

sequential_chain_02.py

```python
import os
from dotenv import load_dotenv
from langchain_core.prompts import PromptTemplate
from langchain_core.output_parsers import StrOutputParser
from langchain_core.runnables import RunnablePassthrough
from langchain_openai import ChatOpenAI
# .env 파일에서 환경 변수 로드
load_dotenv()
OPENAI_API_KEY = os.getenv("OPENAI_API_KEY")
# ChatOpenAI 모델 초기화
# Temperature 설정 (모델의 응답 다양성 조절)
openai_llm = ChatOpenAI(model="gpt-3.5-turbo", api_key=OPENAI_API_KEY, temperature=0.7)
# --- 프롬프트 템플릿 정의 ---
# 프롬프트 1: 리뷰 번역
prompt1 = PromptTemplate(
    input_variables=['review'],
    template="다음 숙박 시설 리뷰를 한글로 번역하세요.\n\n{review}"
)
# 프롬프트 2: 번역된 리뷰 요약
prompt2 = PromptTemplate.from_template(
    "다음 숙박 시설 리뷰를 한 문장으로 요약하세요.\n\n{translation}"
)
# 프롬프트 3: 번역된 리뷰 감성 점수 평가
prompt3 = PromptTemplate.from_template(
    "다음 숙박 시설 리뷰를 읽고 0점부터 10점 사이에서 부정/긍정 점수를 매기세요. 숫자만 대답하세요.\n\n{translation}"
)
# 프롬프트 4: 원본 리뷰 언어 식별
prompt4 = PromptTemplate.from_template(
    "다음 숙박 시설 리뷰에 사용된 언어가 무엇인가요? 언어 이름만 답하세요.\n\n{review}"
)
# 프롬프트 5: 요약에 대한 공손한 답변 생성 (원본 언어 사용)
prompt5 = PromptTemplate.from_template(
    "다음 숙박 시설 리뷰 요약에 대해 공손한 답변을 작성하세요.\n답변 언어:{language}\n리뷰 요약:{summary}"
)
```

```
# 프롬프트 6: 생성된 답변을 한국어로 번역
prompt6 = PromptTemplate.from_template(
    "다음 생성된 답변을 한국어로 번역해주세요. \n 리뷰 번역 {reply1}"
)
# --- LCEL을 사용한 체인 구성 요소 정의 ---
# 각 단계는 '프롬프트 | LLM | 출력 파서'의 형태로 구성됩니다.
# 단계 1: 리뷰 번역 체인
translate_chain_component = prompt1 | openai_llm | StrOutputParser()
# 단계 2: 번역된 리뷰 요약 체인
summarize_chain_component = prompt2 | openai_llm | StrOutputParser()
# 단계 3: 감성 점수 평가 체인
sentiment_score_chain_component = prompt3 | openai_llm | StrOutputParser()
# 단계 4: 언어 식별 체인
language_chain_component = prompt4 | openai_llm | StrOutputParser()
# 단계 5: 첫 번째 답변 생성 체인
reply1_chain_component = prompt5 | openai_llm | StrOutputParser()
# 단계 6: 두 번째 답변 (한국어 번역) 생성 체인
reply2_chain_component = prompt6 | openai_llm | StrOutputParser()
```

각 프롬프트 템플릿은 체인 내에서 필요한 정보를 입력값으로 받아 해당 작업을 수행하도록 설계되었습니다. 예를 들어, `prompt2`는 번역된 리뷰(translation)를 받아 요약을 생성하고, `prompt5`는 감지된 언어(language)와 요약(summary)을 결합해 답변을 만듭니다. 이러한 방식으로 각 단계가 순차적으로 연결되어 리뷰 분석의 전체 과정을 완성합니다.

02 여섯 개의 체인을 `combined_lcel_chain`으로 연결하여 하나의 전체적인 작업 흐름을 만듭니다. 이 코드는 LCEL의 `RunnablePassthrough.assign` 기능을 활용해 리뷰 분석과 응답 생성 과정을 여러 단계로 나누어 연결합니다. 각 단계의 결과는 딕셔너리에 누적되며 다음 단계의 입력으로 활용됩니다.

① **첫 번째 assign**
- 입력값: {'review': '원본 리뷰 텍스트'}
- translate_chain_component가 review 값을 받아 한글 번역 결과(translation)를 생성합니다.
- 결과: 딕셔너리에 'translation': '번역된 텍스트'가 추가됩니다.

② **두 번째 assign**
- 입력값: 딕셔너리 내 기존 값과 'translation'
- summarize_chain_component와 sentiment_score_chain_component는 번역 결과(translation)를 사용해 각각 요약(summary)과 감성 점수(sentiment_score)를 생성합니다.

- language_chain_component는 원본 리뷰(review)를 사용해 언어를 판별(language)합니다.
- 결과: 딕셔너리에 'summary', 'sentiment_score', 'language'가 추가됩니다.

③ 세 번째 assign
- 입력값: 이전까지 누적된 값들(특히 'language', 'summary')
- reply1_chain_component가 감지된 언어와 요약을 이용해 첫 번째(원본 언어) 답변(reply1)을 생성합니다.
- 결과: 딕셔너리에 'reply1'가 추가됩니다.

④ 네 번째 assign
- 입력값: 딕셔너리 내 'reply1'
- reply2_chain_component가 첫 번째 답변(reply1)을 한국어로 번역한 두 번째 답변(reply2)을 생성합니다.
- 결과: 딕셔너리에 'reply2'가 추가됩니다.

sequential_chain_02.py

```python
# RunnablePassthrough.assign을 사용하여 각 단계의 출력을 다음 단계의 입력으로 전달하고,
# 중간 결과들을 딕셔너리에 누적합니다.
combined_lcel_chain = (
    RunnablePassthrough.assign(
        # 입력: {'review': '원본 리뷰 텍스트'}
        # translate_chain_component는 'review' 키를 사용하여 호출됩니다.
        # 출력: {'review': '...', 'translation': '번역된 텍스트'}
        translation=lambda x: translate_chain_component.invoke({"review": x["review"]})
    )
    | RunnablePassthrough.assign(
        # 입력: {'review': '...', 'translation': '번역된 텍스트'}
        # summarize_chain_component와 sentiment_score_chain_component는 'translation' 키를 사용합니다.
        # language_chain_component는 원본 'review' 키를 사용합니다.
        # 출력: {'review': '...', 'translation': '...',
        # 'summary': '요약된 텍스트', 'sentiment_score': '감성 점수', 'language': '언어'}
        summary=lambda x: summarize_chain_component.invoke({"translation": x["translation"]}),
        sentiment_score=lambda x: sentiment_score_chain_component.invoke({"translation": x["translation"]}),
        language=lambda x: language_chain_component.invoke({"review": x["review"]})
    )
    | RunnablePassthrough.assign(
        # 입력: {'review': '...', ..., 'language': '언어', 'summary': '요약된 텍스트'}
        # reply1_chain_component는 'language'와 'summary' 키를 사용합니다.
```

```
        # 출력: {'review': '...', ..., 'language': '...', 'summary': '...', 'reply1':
'첫 번째 답변'}
        reply1=lambda x: reply1_chain_component.invoke({"language": x["language"],
"summary": x["summary"]})
    )
    | RunnablePassthrough.assign(
        # 입력: {'review': '...', ..., 'reply1': '첫 번째 답변'}
        # reply2_chain_component는 'reply1' 키를 사용합니다.
        # 출력: {'review': '...', ..., 'reply1': '...', 'reply2': '두 번째 답변 (한국
어)'}
        reply2=lambda x: reply2_chain_component.invoke({"reply1": x["reply1"]})
    )
)
```

코드에서 translation = lambda x: translate_chain_component.invoke({"review": x["review"]})는 현재 컨텍스트 딕셔너리 x에서 review 값을 꺼내 번역 체인을 실행하고, 얻은 결과를 translation 키로 돌려주는 한 줄짜리 콜백입니다. 이 람다를 RunnablePassthrough.assign()에 넘기면 메서드가 반환 값을 기존 컨텍스트에 합쳐 새 딕셔너리를 만들어 주므로, 각 단계가 '필요한 입력 추출→하위 체인 호출→새로운 키(translation·summary· sentiment_score 등) 자동 추가' 과정을 반복하게 됩니다. 결과적으로 중간 데이터를 직접 주고받을 코드가 사라져 체인 구조가 간결해지고 의존성이 명확해집니다. 이렇게 연결된 체인은 하나의 리뷰 입력을 받아, 다양한 분석과 결과 생성 작업을 자동으로 처리합니다.

03 이제 실제로 숙박 시설 리뷰를 입력하고, 체인을 실행하여 결과를 출력해 봅니다. 각 단계에서 생성된 결과는 최종적으로 사용자에게 다양한 정보를 제공합니다.

sequential_chain_02.py

```
# 숙박 시설 리뷰 입력
review_text = """
The hotel was clean and the staff were very helpful.
The location was convenient, close to many attractions.
However, the room was a bit small and the breakfast options were limited.
Overall, a decent stay but there is room for improvement.
"""
# 체인 실행 및 결과 출력
try:
    # .invoke() 메서드에 초기 입력을 딕셔너리 형태로 전달합니다.
    result = combined_lcel_chain.invoke(input={'review': review_text})
```

```
    # 결과 딕셔너리에서 각 키를 사용하여 값을 출력합니다.
    print(f'translation 결과: {result.get("translation", "N/A")} \n')
    print(f'summary 결과: {result.get("summary", "N/A")} \n')
    print(f'sentiment_score 결과: {result.get("sentiment_score", "N/A")} \n')
    print(f'language 결과: {result.get("language", "N/A")} \n')
    print(f'reply1 결과: {result.get("reply1", "N/A")} \n')
    print(f'reply2 결과: {result.get("reply2", "N/A")} \n')
except Exception as e:
    print(f"Error: {e}")
```

코드에서는 영어로 작성된 리뷰를 입력하여 여러 단계를 거쳐 처리한 결과를 출력합니다. 번역된 리뷰, 요약된 리뷰, 평가 점수, 감지된 언어, 공손한 답변 및 그 번역본을 출력합니다.

04 터미널에서 코드를 실행하여 결과를 확인합니다.

> **명령어**
>
> python Sequential_chain_02.py

> **결과**
>
> translation 결과: 호텔은 깨끗하고 직원들도 매우 친절했습니다.
> 위치는 편리했고 많은 관광 명소에 가까웠습니다.
> 그러나 방은 조금 작았고 아침식사 옵션도 제한적이었습니다.
> 전반적으로 만족스러운 숙박이었지만 개선할 부분이 있습니다.
> summary 결과: 깨끗하고 친절한 호텔, 편리한 위치와 제한적인 아침식사 옵션, 만족스러운 숙박 경험.
> sentiment_score 결과: 8
> language 결과: 영어
> reply1 결과: Thank you for taking the time to share your feedback with us. We are delighted to hear that you enjoyed your stay at our clean and friendly hotel, and that our convenient location added to your overall experience. We appreciate your comment about the limited breakfast options and will take this into consideration for future improvements. We hope to welcome you back for another satisfying stay in the future.
> reply2 결과: 귀중한 의견을 공유해 주셔서 감사합니다. 깨끗하고 친절한 호텔에서 즐거운 숙박을 즐겼다는 소식을 들어 기쁩니다. 편리한 위치가 전체 경험을 더 풍부하게 해 준 것으로 알고 있습니다. 아침식사 옵션이 제한적이라는 의견에 대해 감사드리며, 앞으로의 개선을 위해 고려하겠습니다. 미래에 다시 만족스러운 숙박을 위해 여러분을 다시 맞이하길 바랍니다.

이 결과를 통해 리뷰에 대한 종합적인 분석과 다국어 대응 능력을 갖춘 AI 서비스 기능을 구현할 수 있습니다.

05 인공지능 시인 만들기

1장에서 먼저 알아본, 사용자의 감정 키워드를 기반으로 시를 자동으로 생성해 주는 인공지능 시인 서비스를 구현합니다. GPT 모델과 프롬프트를 조합하여 창의적인 결과를 만드는 과정을 실습합니다.

| 학습 목표

랭체인과 OpenAI의 GPT 모델을 활용하여 LLM 체인을 구성하고, 이를 Streamlit 기반의 프런트엔드와 연결하여 사용자와 상호작용하는 전체적인 애플리케이션 구조를 구축하며, 최종적으로 클라우드를 통한 배포 과정까지 이해합니다.

| 핵심 키워드

- LLM 체인
- 애플리케이션 배포
- Streamlit
- Streamlit Community Cloud

구현할 서비스 구조

인공지능 시인 서비스의 전체적인 구조부터 간략히 살펴보겠습니다.

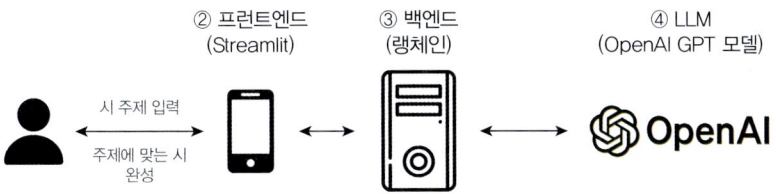

① 사용자는 시의 주제를 입력하면 주제에 맞는 시를 받습니다.
② Streamlit을 통해 프런트엔드를 구현합니다.
③ 백엔드에서는 랭체인을 통해 사용자 입력과 GPT 모델의 출력을 연결합니다.
④ OpenAI API를 호출하여 GPT 모델이 시를 생성하게 합니다.

LLM 체인 생성

LLM 체인의 기본적인 구성은 3장에서 다룬 내용과 거의 동일합니다. 3장의 .env, main.py 파일을 그대로 가져온 뒤, 프런트엔드 구현에 필요한 코드를 추가해 보겠습니다.

01 사용자 입력을 받기 위해 content라는 변수를 생성합니다. 아직 프런트엔드를 연결하기 전이므로 임의로 "코딩"이라는 문자열을 넣습니다. 그리고 chain.invoke() 함수를 호출하여 LLM 체인을 실행하는데, 함수 인자로 GPT 모델에 전달할 입력값을 넣어야 합니다. 이때 **더하기 연산자(+)**를 이용해 사용자 입력인 content와 "에 대한 시를 써줘" 문자열을 합칩니다. 이를 통해 사용자가 입력한 주제에 대한 시를 쓰는 명령어를 GPT 모델에 전달하게 됩니다.

main.py
```python
from langchain.chat_models import init_chat_model
from langchain_core.prompts import ChatPromptTemplate
from langchain_core.output_parsers import StrOutputParser
from dotenv import load_dotenv
load_dotenv()
```

```python
#ChatOpenAI 초기화
llm = init_chat_model("gpt-4o-mini", model_provider="openai")

#프롬프트 템플릿 생성
prompt = ChatPromptTemplate.from_messages([
    ("system", "You are a helpful assistant."),
    ("user", "{input}")
])

#문자열 출력 파서
output_parser = StrOutputParser()

#LLM 체인 구성
chain = prompt | llm | output_parser

content = "코딩"
result = chain.invoke({"input": content + "에 대한 시를 써줘"})
print(result)
```

02 터미널을 열어 **main.py** 파일을 실행한 뒤 출력 결과를 확인해 봅시다. 다음과 같이 '코딩' 이라는 주제에 대한 시가 잘 나오면 됩니다.

명령어

python main.py

결과

코딩의 밤하늘

코드의 별빛, 깜빡이는 화면,
손끝에서 흐르는 이진수의 강.
알고리즘의 길을 따라 가며,
문제의 미로를 헤엄쳐 나가.

변수는 바람, 함수는 파도,
서로 얽혀 춤추는 이 코드 속 세계.
조건문 속 선택, 반복의 여정,
내 마음의 로직을 그려갈 때.

오류는 그림자, 실수의 흔적,
디버깅의 별을 찾아 나서는 나.
한 줄의 코드에 담긴 꿈과 희망,
결과의 화면에 피어나는 미소.

커뮤니티의 소리, 함께하는 열정,
지식의 나누미들, 손을 맞잡고.
코딩의 언어로 세상을 엮어,
미래를 향해 나아가는 이 밤.

코딩이란 시, 무한의 가능성,
창조의 손길로 새로운 세상.
우리는 프로그래머, 예술가의 영혼,
어둠 속에서 별을 만드는 자.

Streamlit 기초

프런트엔드는 웹사이트에서 사용자가 보는 화면, 즉 서비스와 상호작용할 수 있는 화면을 말합니다. 이번 장에서는 Streamlit을 통해 프런트엔드를 구현해 보겠습니다. 프런트엔드 구현에 앞서 Streamlit 사용 방법을 간단하게 살펴봅시다.

Streamlit 설치

Streamlit은 파이썬 코드를 이용하여 HTML을 모르는 사람도 쉽게 프런트엔드를 구현할 수 있는 라이브러리입니다. 예를 들어, 프런트엔드를 구현할 때 보통 Bootstrap이나 Tailwind와 같은 CSS 프레임워크를 통해 이미 스타일이 설정된 클래스를 불러와 웹사이트를 꾸밉니다. 마찬가지로 Streamlit도 파이썬 코드를 통해 간편하게 화면을 꾸밀 수 있는 서비스라고 이해하면 됩니다.

Streamlit은 전반적으로 깔끔한 디자인을 제공하며, Streamlit Community Cloud라는 연계 서비스를 통해 내가 만든 애플리케이션을 별도 비용 없이 배포할 수 있다는 장점이 있습니다.

🔗 Streamlit 공식 웹사이트: https://streamlit.io

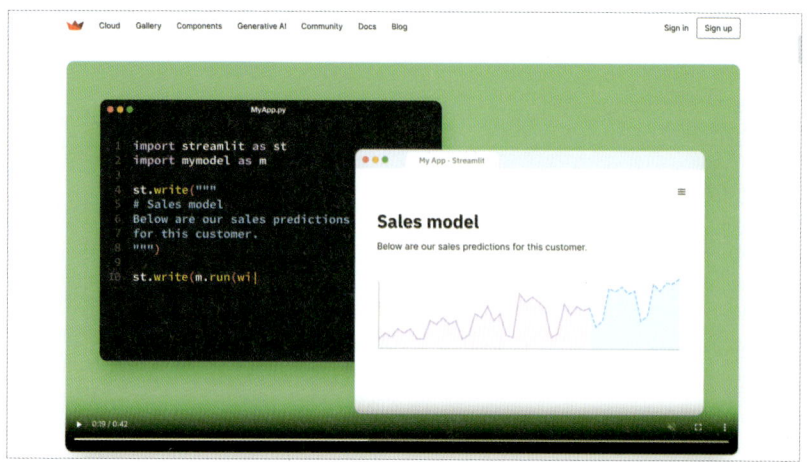

01 Streamlit 공식 웹사이트 상단의 [Docs] 메뉴로 접속해 **Streamlit 공식 문서**(https://docs.streamlit.io/)로 이동합니다. 좌측 패널의 [Get Started – Installation] 페이지에서 Streamlit 라이브러리 설치 방법을 확인할 수 있습니다.

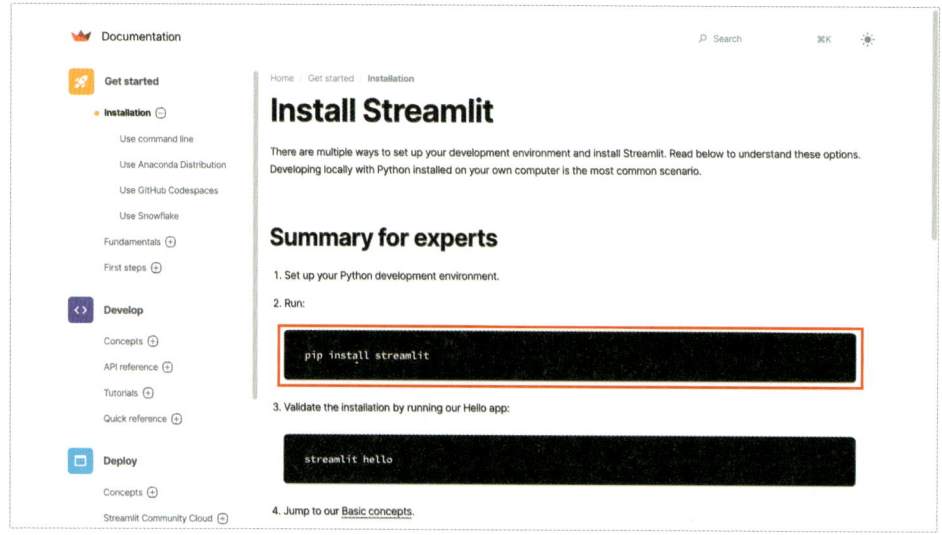

02 VS Code의 터미널에 다음 명령어를 입력하고 실행하면 Streamlit 라이브러리가 설치됩니다(명령어를 실행한 직후 이메일을 입력하라는 안내문이 나온다면, 바로 [Enter] 키를 입력하여 다음 단계로 넘어가면 됩니다).

명령어

```
pip install streamlit
```

03 설치가 완료되고 다음 명령어를 실행하면 자동으로 인터넷 브라우저를 통해 데모 웹사이트가 열립니다. 다음 출력 결과에 나온 URL을 입력해도 데모 웹사이트로 접속할 수 있습니다.

명령어

```
streamlit hello
```

결과

```
👋 Welcome to Streamlit!

If you'd like to receive helpful onboarding emails, news, offers, promotions,
and the occasional swag, please enter your email address below. Otherwise,
leave this field blank.

Email:

You can find our privacy policy at https://streamlit.io/privacy-policy

Summary:
- This open source library collects usage statistics.
- We cannot see and do not store information contained inside Streamlit apps,
  such as text, charts, images, etc.
- Telemetry data is stored in servers in the United States.
- If you'd like to opt out, add the following to ~/.streamlit/config.toml,
  creating that file if necessary:

  [browser]
  gatherUsageStats = false


  Welcome to Streamlit. Check out our demo in your browser.

  Local URL: http://localhost:8501
  Network URL: http://192.168.0.19:8501

  Ready to create your own Python apps super quickly?
```

```
Head over to https://docs.streamlit.io

May you create awesome apps!


For better performance, install the Watchdog module:

$ xcode-select --install
$ pip install watchdog
```

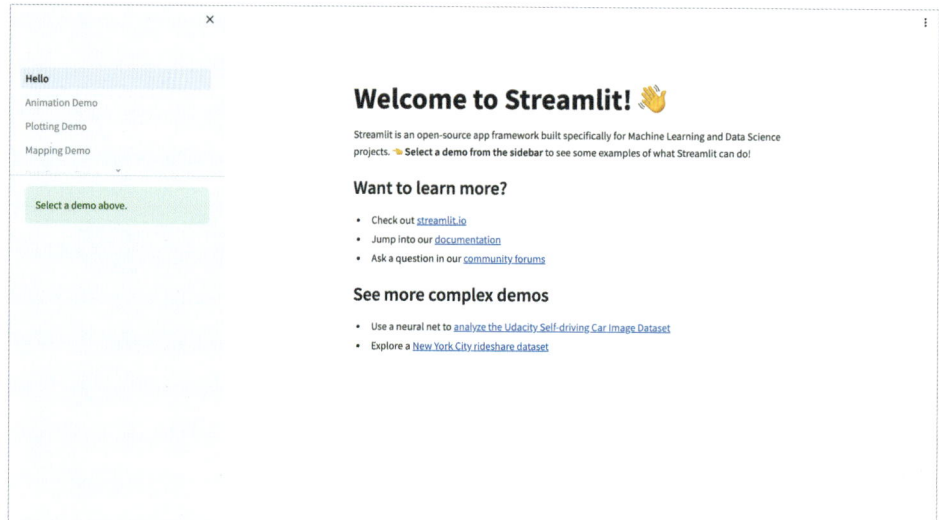

> **❓ 궁금해요**   **requirements.txt에 streamlit을 추가할 때**
>
> 이 책에서 다루는 서비스 배포 플랫폼인 Streamlit Community Cloud에는 Streamlit 라이브러리가 내장되어 있습니다. 따라서 특별히 버전을 지정하는 경우가 아니라면 requirements.txt 파일에 Streamlit 라이브러리를 작성할 필요가 없습니다.

Streamlit 사용 방법

01 Streamlit에서는 프런트엔드를 구현할 때 필요한 화면 구성 요소를 파이썬 API 형태로 제공합니다. Streamlit 공식 문서에서 좌측 패널의 [Develop - API Reference] 페이지로 이동하면 Streamlit에서 제공하는 화면 구성 요소 목록이 나옵니다. 각 요소를 클릭하면 API 사용법에 대한 상세 가이드를 확인할 수 있습니다.

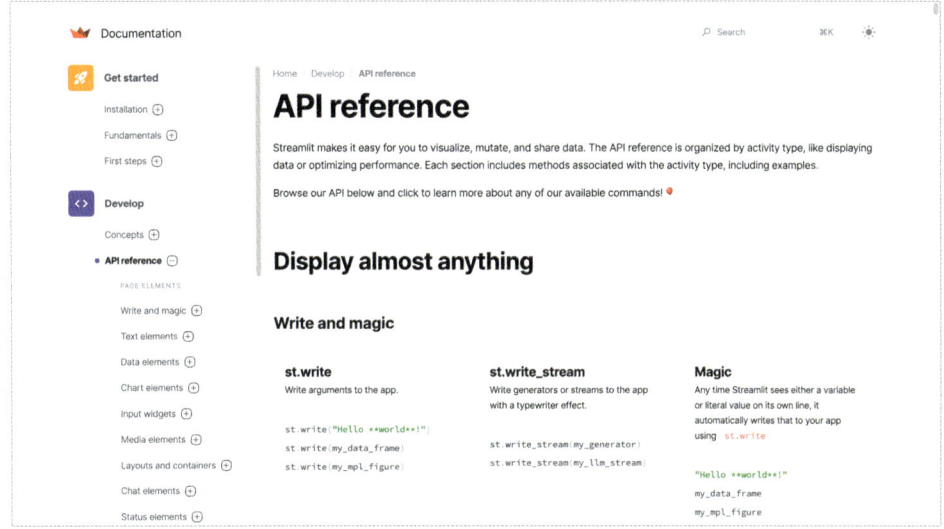

02 Streamlit은 텍스트(Text elements), 데이터(Data elements), 차트(Chart elements) 등 다양한 화면 구성 요소를 지원합니다. 예를 들어 Text elements에는 타이틀, 헤더, 캡션, 코드 블록 등 기본적인 텍스트 요소뿐만 아니라, 노션Notion 등의 문서 작성 툴에서 지원하는 마크다운(Markdown, 텍스트를 편집하기 위한 문법)까지 지원합니다. 여러 가지 화면 구성 요소의 예시를 확인해 본 뒤 독자 여러분의 서비스에 맞는 요소를 가져다 사용하면 됩니다.

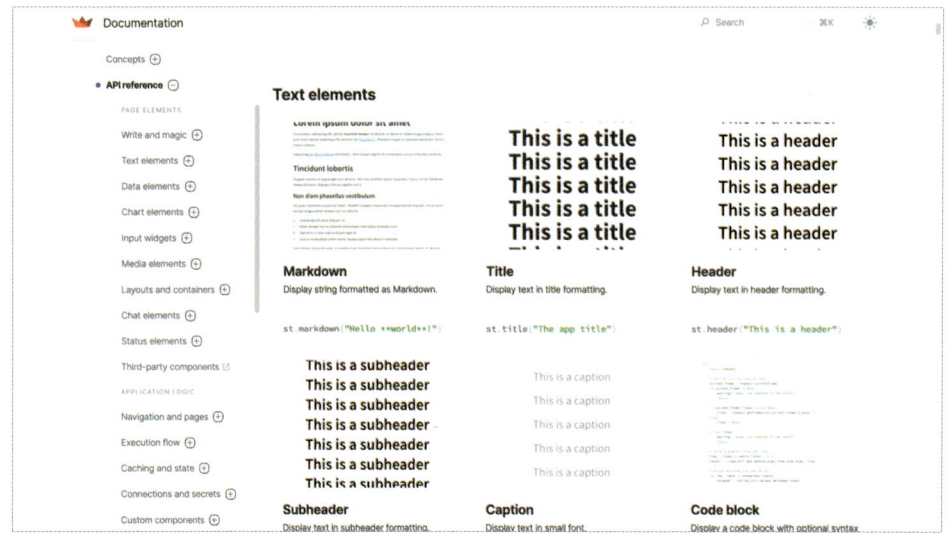

03 [API Reference] 페이지의 [Text elements]에서 Title을 클릭하면 제목을 설정하는 st.title() 함수에 대한 가이드 페이지가 나옵니다. 스크롤을 내려 [Examples]의 예시 코드를 복사합니다. Streamlit 라이브러리를 불러온 뒤, st.title() 함수 인자로 전달된 문자열을 제목 형식으로 표시하는 코드입니다.

04 VS Code로 돌아와 **main.py** 파일 아래쪽에 예시 코드를 붙여 넣어 동작을 테스트해 봅시다.

```
main.py

from langchain.chat_models import init_chat_model
from langchain_core.prompts import ChatPromptTemplate
from langchain_core.output_parsers import StrOutputParser
import streamlit as st
from dotenv import load_dotenv
load_dotenv()

#ChatOpenAI 초기화
llm = init_chat_model("gpt-4o-mini", model_provider="openai")

#프롬프트 템플릿 생성
prompt = ChatPromptTemplate.from_messages([
    ("system", "You are a helpful assistant."),
    ("user", "{input}")
])

#문자열 출력 파서
output_parser = StrOutputParser()

#LLM 체인 구성
chain = prompt | llm | output_parser

content = "코딩"
result = chain.invoke({"input": content + "에 대한 시를 써줘"})
print(result)

st.title('This is a title')
st.title('_Streamlit_ is :blue[cool] :sunglasses:')
```

05 터미널을 열어 다음 명령어를 실행하면 인터넷 브라우저에 Streamlit으로 띄운 웹 페이지가 자동으로 열립니다. 다음 그림과 같이 `st.title()` 예시 코드에 작성된 제목 텍스트가 잘 표시된 것을 확인할 수 있습니다.

```
명령어

streamlit run main.py
```

> 결과
>
> ```
> You can now view your Streamlit app in your browser.
> 
> Local URL: http://localhost:8501
> Network URL: http://192.168.0.19:8501
> 
> For better performance, install the Watchdog module:
> 
> $ xcode-select --install
> $ pip install watchdog
> ```

This is a title

Streamlit is cool 😎

🙋 궁금해요 수정한 코드를 Streamlit 웹 페이지에 반영하려면?

Streamlit은 내 PC를 서버로 사용하여 VS Code에 작성된 코드를 웹 페이지와 실시간으로 연결해 줍니다. 수정한 코드를 반영하려면 웹 페이지 우측 상단 'Source file changed'라는 문구 옆의 [Rerun]을 클릭합니다. 웹 페이지와 내 PC의 연결을 끊으려면 VS Code 터미널에서 [Ctrl+C] (Mac에서는 [Cmd+C]) 키를 누릅니다.

This is a title

Streamlit is cool 😎

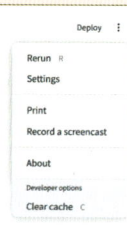

프런트엔드 구현

본격적으로 인공지능 시인 서비스의 프런트엔드를 구현해 봅시다. 인공지능 시인 서비스의 화면은 제목, 사용자가 시의 주제를 입력하는 필드, [시 작성 요청하기] 버튼, 시를 출력하는 부분으로 구성되어 있습니다.

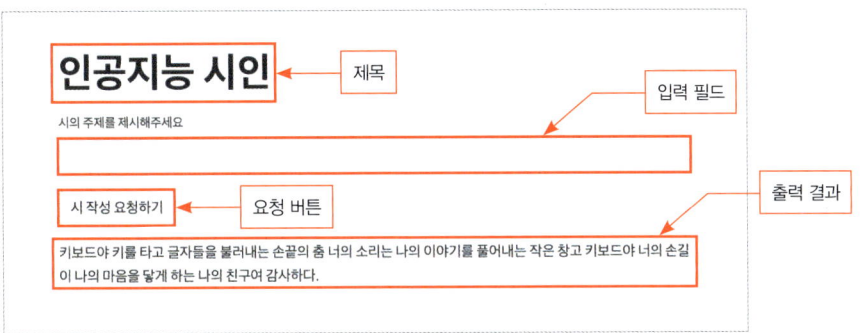

제목 설정

01 기존에 LLM 체인을 실행했던 코드는 삭제한 뒤, `st.title()` 함수를 이용하여 "인공지능 시인"이라는 제목을 설정합니다.

```python
# main.py
from langchain.chat_models import init_chat_model
from langchain_core.prompts import ChatPromptTemplate
from langchain_core.output_parsers import StrOutputParser
import streamlit as st
from dotenv import load_dotenv
load_dotenv()

#ChatOpenAI 초기화
llm = init_chat_model("gpt-4o-mini", model_provider="openai")

#프롬프트 템플릿 생성
prompt = ChatPromptTemplate.from_messages([
    ("system", "You are a helpful assistant."),
    ("user", "{input}")
])
```

```
#문자열 출력 파서
output_parser = StrOutputParser()

#LLM 체인 구성
chain = prompt | llm | output_parser

#제목
st.title("인공지능 시인")
```

02 다음 명령어를 실행하여 웹 페이지 제목이 잘 나오는지 확인합니다.

명령어
streamlit run main.py

인공지능 시인

사용자 입력 필드 설정

01 Streamlit 공식 문서 [API Reference] 페이지의 Input Widgets(입력 위젯)에서 [Text input]을 클릭한 뒤 예시 코드를 확인해 봅시다. `st.text_input()` 함수를 통해 사용자 입력을 받고, `st.write()` 함수를 사용하여 결과값을 출력하는 코드입니다.

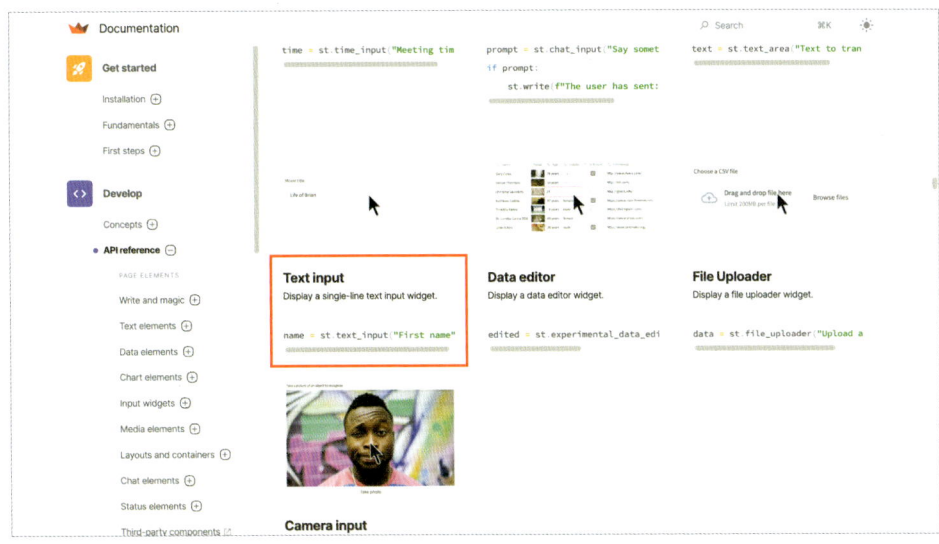

> 예시 코드
>
> ```
> import streamlit as st
>
> title = st.text_input("Movie title", "Life of Brian") //레이블
> st.write("The current movie title is", title) //결과값 출력
> ```

02 `st.text_input()` 함수의 첫 번째 인자는 입력 필드의 목적을 설명하는 **레이블**label로, 필수값입니다. 두 번째 인자는 웹 페이지에 처음 접속했을 때 입력 필드에 자동으로 채워지는 문자열이며, 옵션값입니다. 다음 코드와 같이 첫 번째 인자만 사용하여 **"시의 주제를 제시해 주세요"**라는 레이블을 넣고, 결과를 content라는 변수에 저장합니다.

> main.py
>
> ```
> #제목
> st.title("인공지능 시인")
>
> #시 주제 입력 필드
> content = st.text_input("시의 주제를 제시해주세요")
> ```

03 st.write() 함수는 화면에 텍스트를 표시하는 함수입니다. st.write() 함수의 인자로 변수를 넘기면, 변수의 값을 자동으로 계산하여 화면에 표시해 줍니다. "시의 주제는" 문자열과 st.text_input() 함수로 입력받은 content를 **더하기 연산자(+)**로 결합하여 st.write() 함수의 인자로 전달합니다.

```
main.py
#제목
st.title("인공지능 시인")

#시 주제 입력 필드
content = st.text_input("시의 주제를 제시해주세요")
st.write("시의 주제는", content)
```

04 위에서 작성한 코드를 저장한 뒤 Streamlit으로 띄운 웹페이지로 돌아갑니다. 우측 상단의 [Rerun]을 클릭하면 웹페이지가 새로 작성한 코드를 반영하여 재실행됩니다. 입력 필드에 "조코딩"이라는 텍스트를 입력하면 아래에 "시의 주제는 조코딩"이라고 나오는 것을 확인할 수 있습니다.

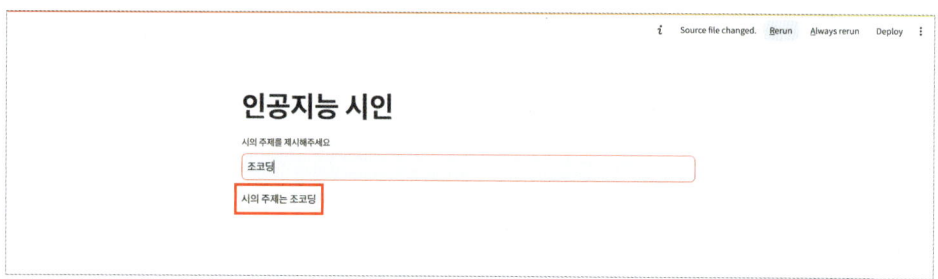

실행 버튼 설정

01 Streamlit 공식 문서 [API Reference] 페이지의 [Input Widgets]에서 [Button]을 클릭한 뒤 st.button() 함수의 예시 코드를 복사합니다.

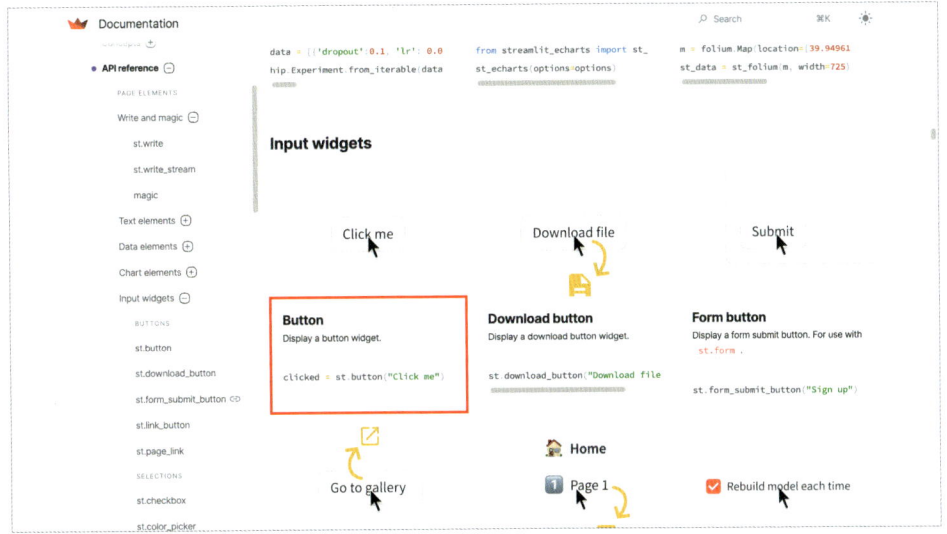

02 `st.button()` 함수의 인자는 버튼에 표시될 레이블로, **"시 작성 요청하기"**입니다. if 문을 통해 사용자가 버튼을 눌렀을 때 실행될 동작을 명시합니다. 실행될 동작은 LLM 체인을 실행하는 `chain.invoke()` 함수입니다.

`chain.invoke()`의 인자에 포함된 `content`는 `st.text_input()`으로 받은 사용자 입력입니다. 예를 들어 사용자가 시의 주제로 "조코딩"을 입력하면, "조코딩"이라는 문자열이 `content` 변수의 값으로 전달되고, 더하기 연산자(+)에 의해 최종적으로 **"조코딩에 대한 시를 써줘"**라는 문자열이 LLM 체인의 프롬프트 템플릿으로 입력됩니다.

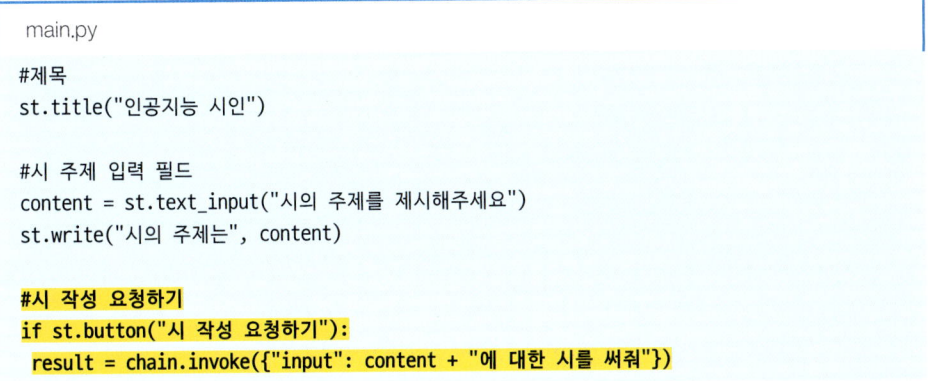

답변 출력 설정

01 `st.write()` 함수를 if 문 아래로 옮긴 뒤, 함수의 인자로 `chain.invoke()`의 결과값인 GPT 답변 `result`를 전달합니다.

```python
# main.py
#제목
st.title("인공지능 시인")

#시 주제 입력 필드
content = st.text_input("시의 주제를 제시해주세요")
st.write("시의 주제는", content)

#시 작성 요청하기
if st.button("시 작성 요청하기"):
    result = chain.invoke({"input": content + "에 대한 시를 써줘"})
    st.write(result)
```

02 Streamlit으로 띄운 웹 페이지로 돌아가 동작을 확인해 봅시다. 입력 필드에 "조코딩"이라는 텍스트를 입력한 뒤 **[시 작성 요청하기]** 버튼을 클릭합니다. 버튼 아래에 "조코딩"을 주제로 한 시가 출력되는 것을 확인할 수 있습니다.

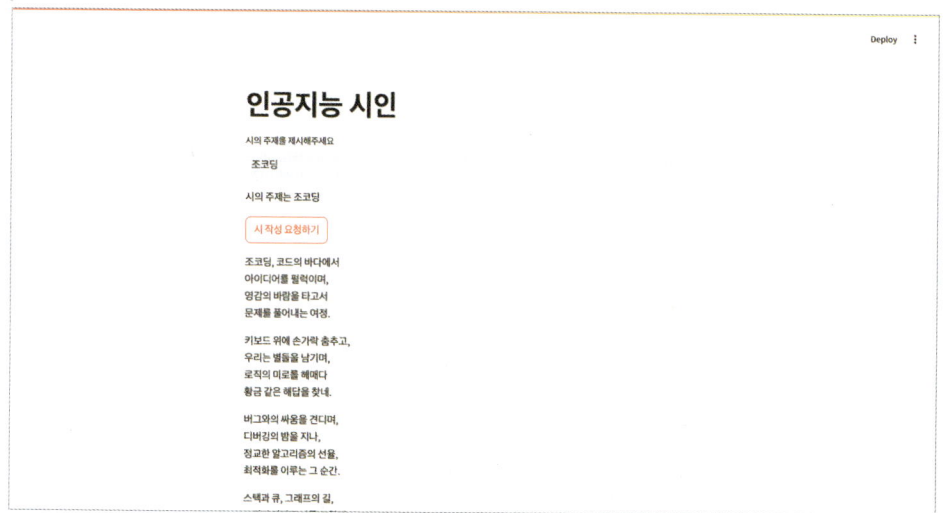

로딩 애니메이션 설정

01 GPT 모델의 답변이 생성되는 중 로딩 애니메이션을 표시해 보겠습니다. Streamlit 공식 문서 [API Reference] 페이지의 검색 필드를 클릭한 다음 "spinner"를 검색합니다. 검색 결과 상단의 st.spinner() 함수 페이지로 이동합니다.

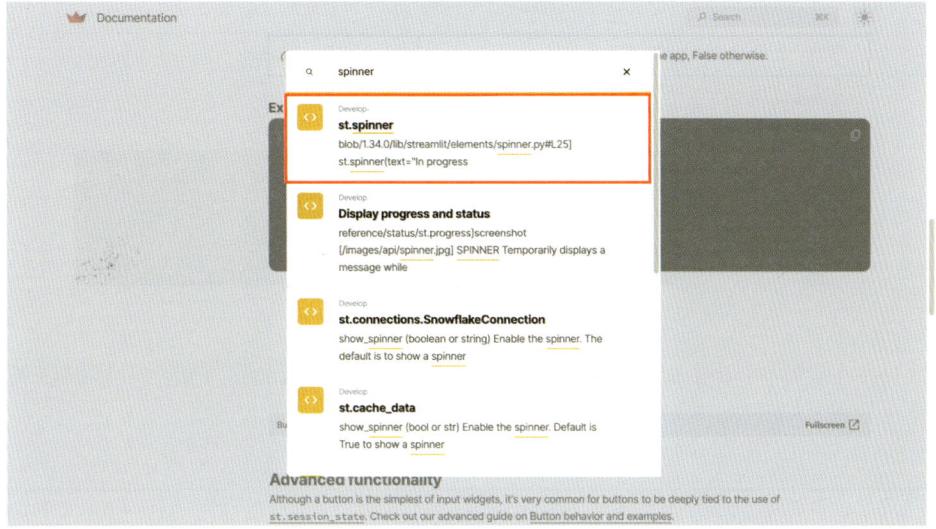

02 st.spinner() 함수는 특정 코드 블럭을 실행하는 동안 로딩 메시지를 출력하는 함수입니다. st.spinner() 함수의 인자는 로딩 메시지로 표시할 문자열입니다. 유의할 점은 **with 키워드 아래에 있는 코드 블럭에만 적용되므로** 적절히 들여쓰기를 해야 합니다.

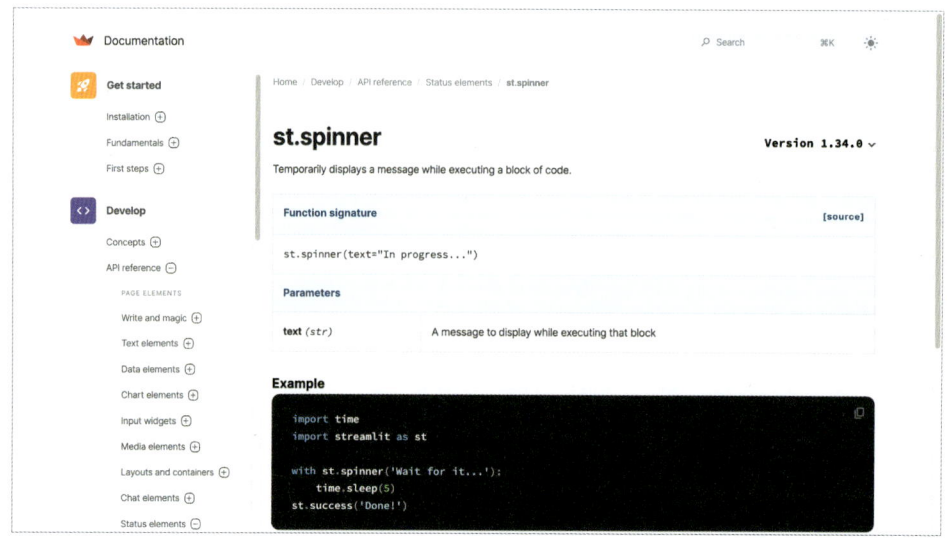

03 다음과 같이 [시 작성 요청하기] 버튼이 클릭되었을 때 st.spinner() 함수가 실행되도록 코드를 수정합니다.

main.py

```
#제목
st.title("인공지능 시인")

#시 주제 입력 필드
content = st.text_input("시의 주제를 제시해주세요")
st.write("시의 주제는", content)

#시 작성 요청하기
if st.button("시 작성 요청하기"):
    with st.spinner('Wait for it...'):
        result = chain.invoke({"input": content + "에 대한 시를 써줘"})
        st.write(result)
```

04 Streamlit으로 띄운 웹 페이지에서 동작을 확인해 봅시다. 버튼을 클릭한 뒤 로딩 애니메이션과 함께 메시지가 표시되는 것을 확인할 수 있습니다.

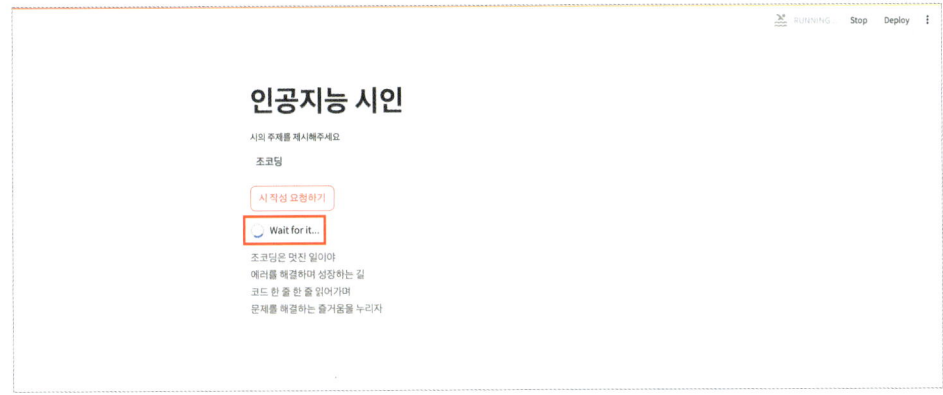

실전 배포

여기까지 모두 완료했다면 이제 인공지능 시인 서비스를 배포할 차례입니다. 실제로 사용 가능한 서비스를 만들기 위해서는 반드시 클라우드에 서비스를 배포해야 합니다. 클라우드에 배포하면 **내 컴퓨터가 꺼져 있어도 누구나 서비스에 접속할 수 있습니다.** 이 책에서는 **Streamlit Community Cloud**를 활용하여 배포해 보겠습니다. Streamlit Community Cloud는 개인 개발자나 소규모 프로젝트를 위한 무료 배포 환경으로, 깃허브 연동을 통해 간편하게 앱을 배포할 수 있습니다. 내 컴퓨터에 있는 코드를 깃허브에 올린 뒤, 깃허브 계정을 Streamlit Community Cloud에 연동하는 방식입니다.

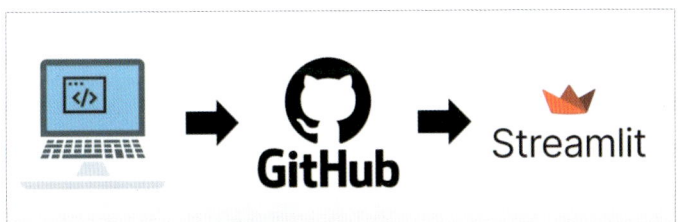

> **Tip.** 이 책에서는 내 컴퓨터에 있는 코드를 깃허브 **리포지터리**(Repository, 코드 저장소)에 올린 뒤, 해당 리포지터리와 Streamlit Community Cloud를 연결하여 서비스를 배포하는 과정을 다룹니다. 따라서 깃허브 계정이 없다면 먼저 회원가입을 완료한 뒤 이후 과정을 진행하길 바랍니다.
>
> 깃허브 공식 홈페이지: https://github.com

Streamlit Community Cloud 로그인

01 Streamlit Community Cloud 공식 홈페이지(https://streamlit.io/cloud)로 접속합니다. 우측 상단 [Deploying? Try:]에서 [Free] 버튼을 클릭합니다. 깃허브 계정을 통해 로그인하기 위해 [Log in with Github]를 클릭합니다.

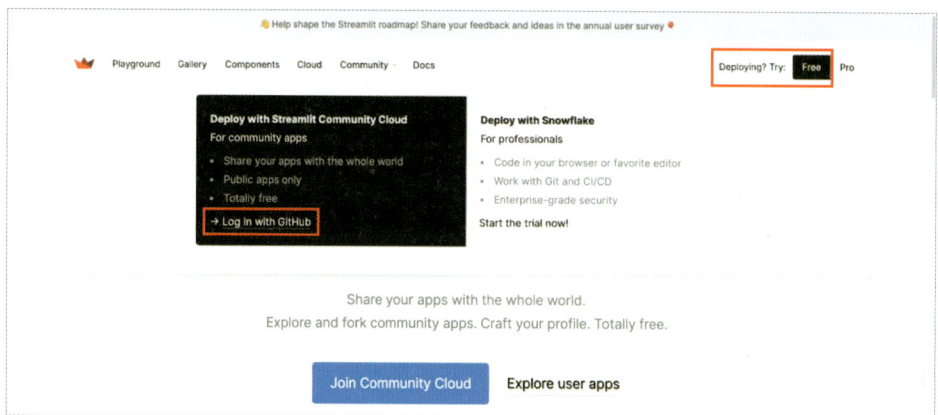

02 [Continue to sign-in] 버튼을 눌러 깃허브 계정을 통해 Streamlit Community Cloud에 로그인합니다.

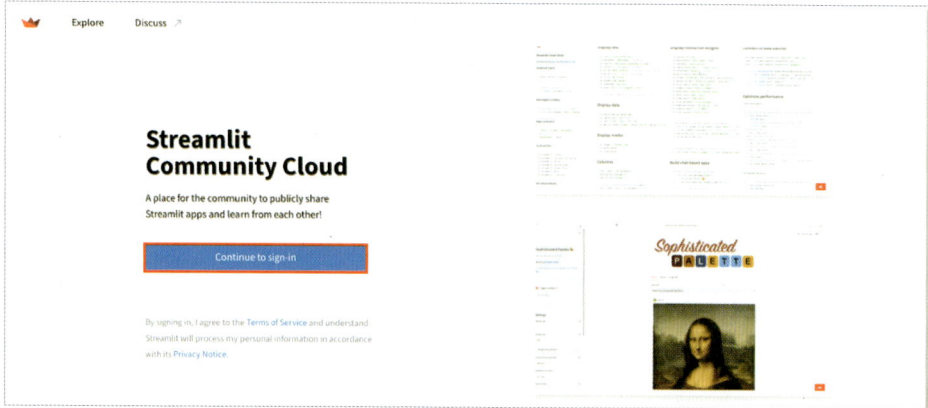

깃허브 리포지터리 생성

01 깃허브 공식 홈페이지(https://github.com/)에서 인공지능 시인 코드를 업로드하기 위한 리포지터리를 생성해 보겠습니다. 깃허브에 로그인하면 나의 대시보드가 나옵니다. 좌측 패널에서 [Create repository] 버튼을 클릭합니다.

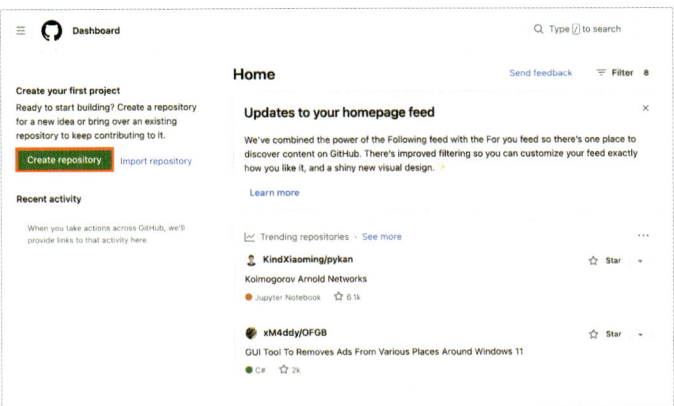

02 새 리포지터리(New repository) 화면에서는 먼저 리포지터리 이름(Repository name)을 설정해야 합니다. 간단하게 "ai-poet"으로 작성합니다. 다음으로 코드 접근성을 설정하는 부분이 있는데, 기본적으로 Streamlit Community Cloud는 공개 리포지터리에 대한 접근 권한이 있으므로 Public으로 설정합니다.

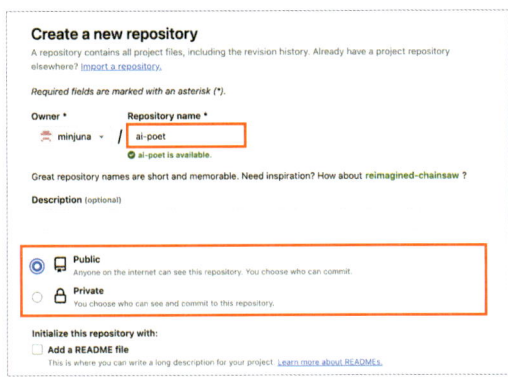

03 설정을 완료한 뒤 페이지 하단의 [Create repository] 버튼을 누르면 다음과 같이 새로운 리포지터리가 생성됩니다.

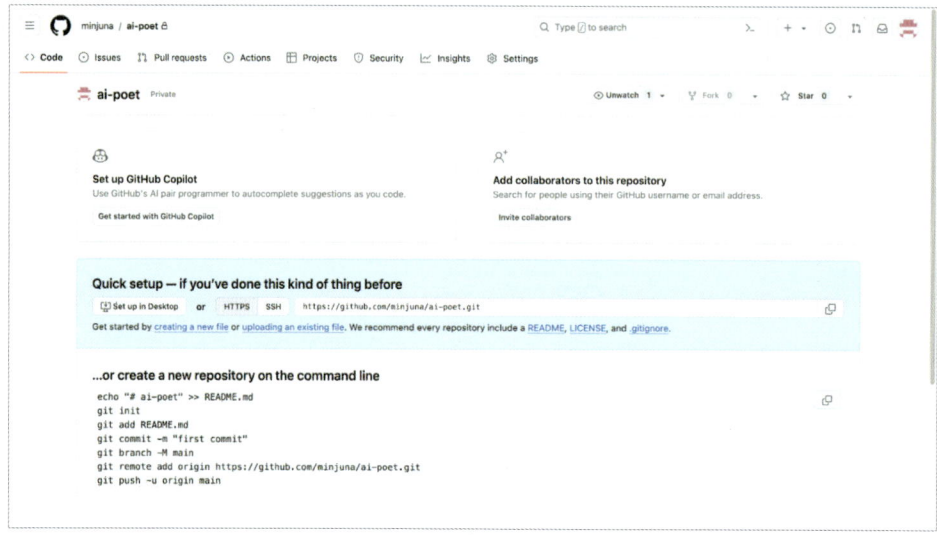

프런트엔드 코드 업로드

01 깃허브에 코드를 업로드할 때 유의할 점이 있습니다. 앞 장에서 API 키와 같은 중요한 정보를 .env라는 환경변수 파일에 별도로 저장했기 때문에, 깃허브에 코드를 배포할 때는 **.env 파일을 제외한 main.py, requirements.txt 파일만 업로드**해야 합니다. 그리고 API 키는 Streamlit Community Cloud의 배포 페이지에서 직접 입력하면 됩니다.

이때, **main.py**에서 dotenv 라이브러리를 불러왔던 코드는 주석 처리하거나 삭제합니다.

```
main.py

from langchain.chat_models import init_chat_model
from langchain_core.prompts import ChatPromptTemplate
from langchain_core.output_parsers import StrOutputParser
import streamlit as st
#from dotenv import load_dotenv
#load_dotenv()

#ChatOpenAI 초기화
```

```python
llm = init_chat_model("gpt-4o-mini", model_provider="openai")

#프롬프트 템플릿 생성
prompt = ChatPromptTemplate.from_messages([
    ("system", "You are a helpful assistant."),
    ("user", "{input}")
])

#문자열 출력 파서
output_parser = StrOutputParser()

#LLM 체인 구성
chain = prompt | llm | output_parser

#제목
st.title("인공지능 시인")

#시 주제 입력 필드
content = st.text_input("시의 주제를 제시해주세요")
st.write("시의 주제는", content)

#시 작성 요청하기
if st.button("시 작성 요청하기"):
    with st.spinner('Wait for it...'):
        result = chain.invoke({"input": content + "에 대한 시를 써줘"})
        st.write(result)
```

Streamlit Community Cloud 코드 배포

01 Streamlit Community Cloud 웹사이트(https://streamlit.io/cloud) 우측의 [Create app] 버튼을 클릭합니다. 다음 화면에서는 깃허브 리포지터리와 연동하기 위해 [Deploy a public app from GitHub] 버튼을 클릭합니다.

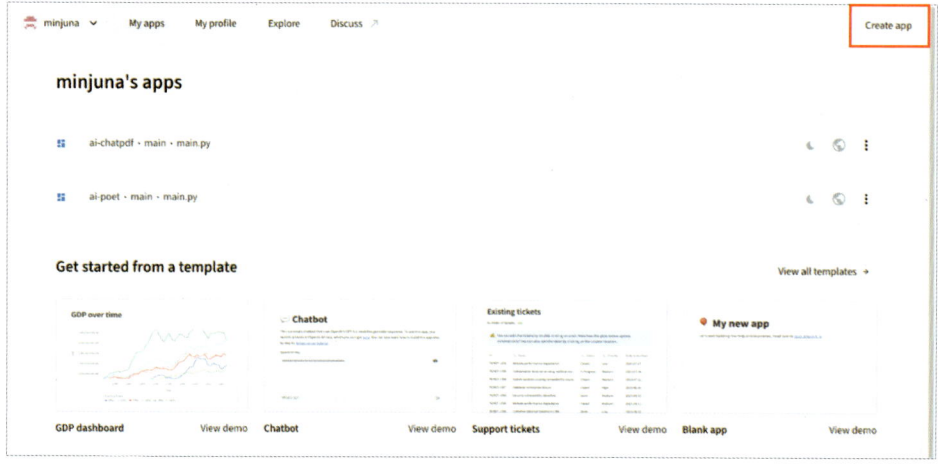

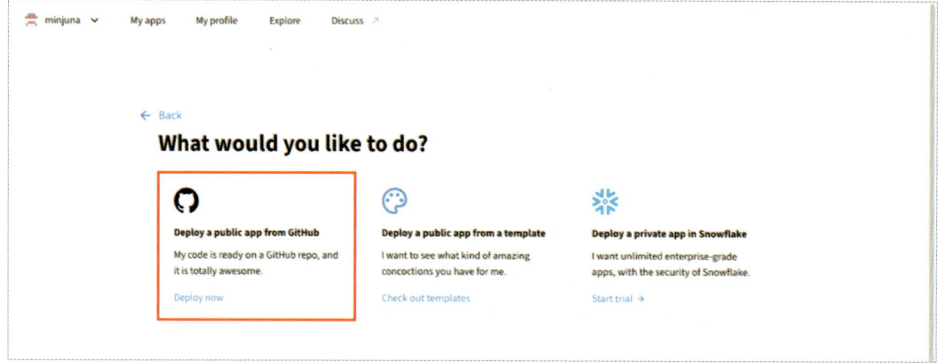

02 배포 화면에서는 리포지터리, 브랜치, 메인 파일 경로, 앱 URL 4가지 항목을 설정합니다.

- **리포지터리(Repository)**: 위에서 생성한 깃허브 리포지터리를 선택합니다.
- **브랜치(Branch)**: 참조할 리포지터리 브랜치(경로)입니다.
- **메인 파일 경로(Main file path)**: main.py로 설정합니다.
- **앱 URL(App URL)**: 사용자에게 보일 URL 이름이며, 기본값으로 지정해도 무방합니다.

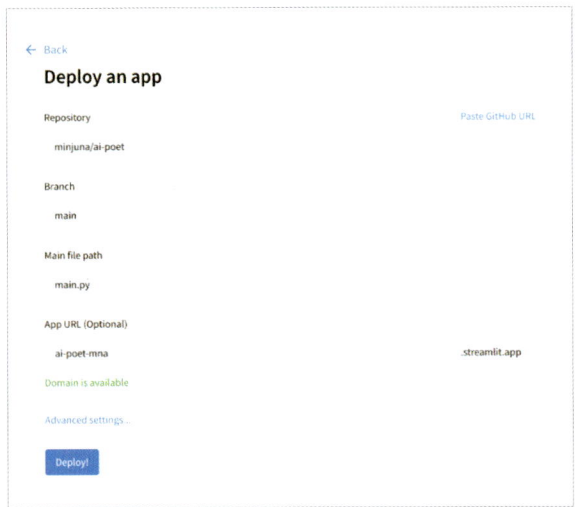

03 기본 항목을 설정한 뒤 하단의 [Advanced settings...]를 클릭하여 세부 설정 화면으로 이동합니다. 세부 설정 화면에서는 코드에서 사용한 **파이썬 버전**과 **API 키**를 입력합니다. 이때 API 키는 **TOML**이라는 파일 형식을 준수해야 하는데, 다음 그림과 같이 **OPENAI_API_KEY="값"** 형태로 입력하면 됩니다(큰따옴표를 포함합니다). 세부 항목을 설정한 뒤 [Save] 버튼을 클릭하고 [Deploy!] 버튼을 눌러 배포를 완료합니다.

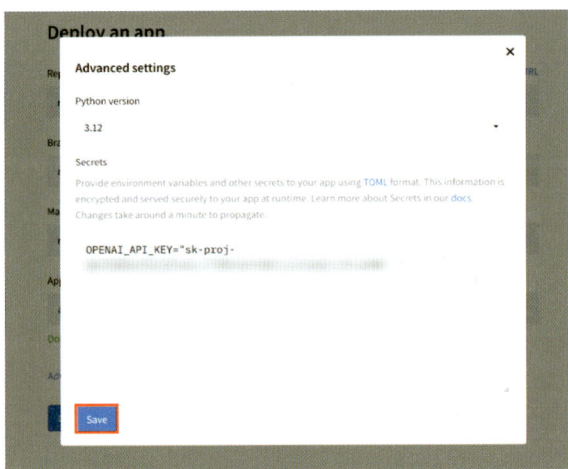

04 배포가 완료된 앱은 기본적으로 **공개**로 설정되어 누구나 웹사이트 URL을 통해 접속할 수 있습니다. 특정 사용자만 서비스에 접속하도록 바꾸기 위해서는 **비공개**로 변경한 뒤 이메일 주소를 추가해야 합니다. [My apps] 화면에서 방금 배포한 ai-poet 앱 오른쪽의 […] 버튼을 눌러 [Settings] 메뉴로 이동합니다.

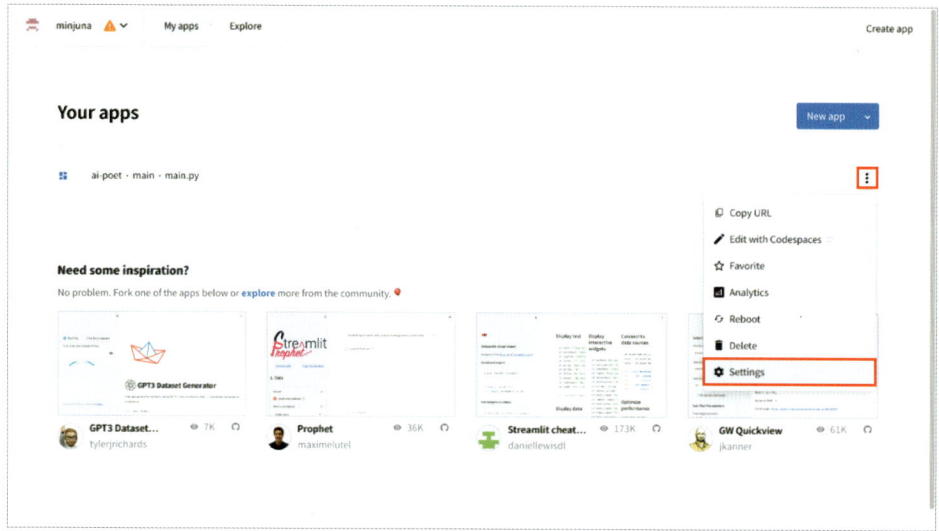

05 앱 설정 화면의 좌측 패널에서 [Sharing] 메뉴로 이동하면 공개 범위를 설정하는 부분이 보입니다. 다음 그림과 같이 'Only specific people can view this app'을 누른 뒤 접속을 허용할 이메일 주소를 입력합니다. [Save] 버튼을 눌러 설정을 완료합니다.

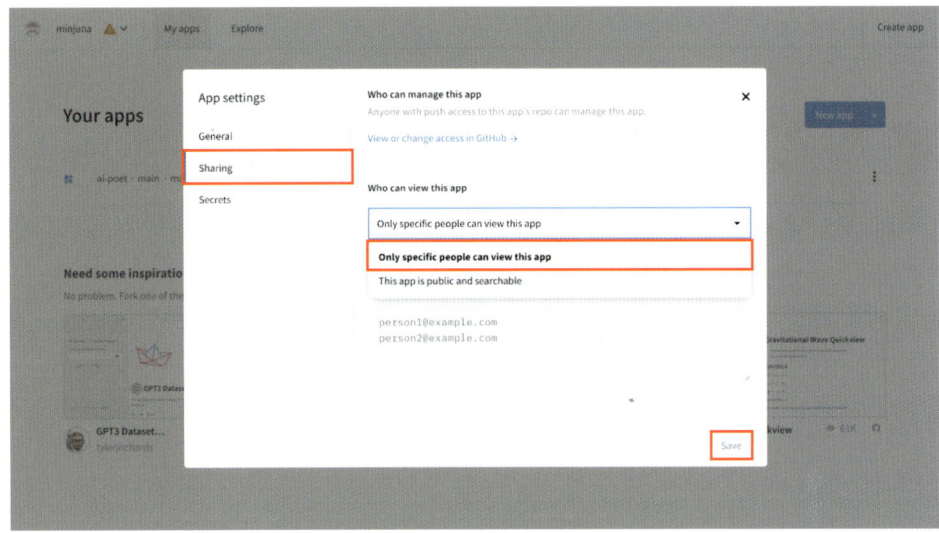

방금 입력한 이메일 주소로 초대장이 발송됩니다. 이제 해당 초대장을 받은 사람만 인공지능 시인 서비스에 접속할 수 있습니다.

06 다국어 이메일 생성기 만들기

다양한 언어로 이메일을 자동 생성하는 서비스를 구현합니다. 이 프로젝트를 통해 사용자는 한국어와 영어 중 하나를 선택하여 이메일을 자동으로 생성할 수 있으며, 이를 간단한 웹 애플리케이션 형태로 구현할 것입니다. 이를 위해 **Streamlit**을 사용하여 사용자 인터페이스를 만들고, 랭체인을 사용하여 LLM을 통합합니다.

학습 목표

Ollama 기반의 Llama 3.1 모델과 로컬 환경에서 CTransformers를 이용한 Local Llama 2 모델을 활용하여, 사용자가 선택한 언어에 맞춰 이메일 주제, 발신자, 수신자 정보를 입력하면 자동으로 이메일 내용을 생성하는 다국어 자동 이메일 생성기를 구축하는 방법을 학습합니다.

핵심 키워드

- Ollama
- Llama 3.1
- Local Llama 2
- CTransformers

이메일 생성기에서는 사용자가 이메일 작성 언어를 선택할 수 있으며, 한국어와 영어를 지원합니다. 이러한 기능을 통해 다양한 상황에 맞춘 이메일을 손쉽게 자동으로 생성할 수 있습니다.

이 프로젝트에서는 Llama 3.1 모델과 Local Llama 2 모델을 사용합니다. Llama 3.1은 Ollama를 통해 연결되며, Local Llama 2는 CTransformers 라이브러리를 통해 사용됩니다.

LLaMA를 사용하는 이유

OpenAI API는 호출량이 늘수록 비용이 선형으로 증가할 수 있습니다. 반면 LLaMA 계열 오픈 소스 LLM 모델은 오픈 가중치 모델을 제공하므로 서버, 클라우드, 온프레미스 어디에 배포해도 추가 사용료가 들지 않아 대규모 호출에서도 비용 부담이 크지 않습니다. 기업용 이메일에는 내부 문서와 고객 정보가 포함되기 때문에 외부 API로 이메일 내용을 보내면 해외 개인정보 보호법(예: 유럽의 '개인정보 일반보호 규정') 같은 추가 규정을 지켜야 하지만, Local Llama 2 모델을 사용하면 데이터가 외부로 나가지 않아 프라이버시와 준법 규정 리스크 Compliance Risk를 크게 줄일 수 있습니다.

또한 현장용 노트북처럼 인터넷 연결이 불안정한 환경에서는 로컬 모델이 네트워크 지연 없이 오프라인으로도 동작해 일관된 응답 속도를 제공합니다. 이 프로젝트는 비용, 품질, 규제 요구를 모두 충족하기 위해 하이브리드 전략을 취합니다. 고품질이 필요한 한국어나 장문 이메일은 GPU 서버에서 실행되는 Ollama와 Llama 3.1로 처리하고, 짧은 영문 알림 메일이나 오프라인 환경에서는 CTransformers로 구동되는 Local Llama 2를 사용합니다. 요청 길이, 언어, 하드웨어 여유에 따라 두 모델을 동적으로 바꿈으로써 비용과 품질을 동시에 최적화할 수 있습니다.

Ollama는 LLM을 로컬 환경에서 실행할 수 있도록 도와주는 오픈 소스 도구입니다. 모델 레지스트리, 실행 런타임, 랭체인용 어댑터가 통합되어 있어 `ollama pull llama3.1` 명령어 한 줄로 모델을 내려받은 뒤 바로 사용할 수 있습니다. 이후 REST, gRPC, CLI 등 원하는 방식으로 호출할 수 있으며, Langchain-Ollama 패키지를 사용하면 ChatOpenAI와 거의 동일한 인터페이스로 코드에 연결할 수 있습니다. Linux, macOS, 윈도우(WSL)까지 지원하므로 노트북이든 클라우드 GPU 서버든 배포 절차가 동일하며, 사실상 Llama 3.1을 손쉽게 활용할 수 있는 모델 허브 역할을 합니다.

Ollama 설치 및 환경 설정

Ollama 설치

01 터미널 또는 명령 프롬프트에서 다음 명령어를 입력하여 파이썬 패키지를 설치합니다.

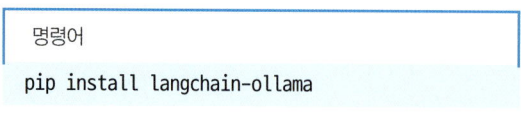

```
명령어
pip install langchain-ollama
```

02 사용 가능한 지원 플랫폼에 **Ollama**를 설치합니다. Llama 3.1은 Langchain-Ollama, Ollama platform을 통해 연결되며 여러 운영 체제에서 지원됩니다. 다음 링크에서 운영 체제에 맞게 다운로드를 진행합니다.

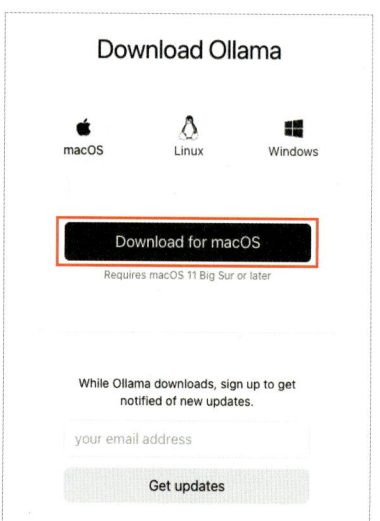

🔗 Ollama 다운로드 페이지: https://ollama.com/download

💡 **Tip.** Mac 환경에서는 다운로드한 앱을 설치하고 실행을 한 차례 해야 명령어 라인에서 사용 가능합니다.

03 원하는 LLM 모델을 다운로드하려면 터미널에서 `ollama pull <모델 이름>` 명령을 사용합니다. 예를 들어 Llama 3.1 모델을 다운로드하려면 `ollama pull llama3.1:8b` 명령어를 실행합니다. 이 책에서는 8b를 위주로 사용합니다. 70b, 405b 등 사이즈가 큰 모델도 있지만 제일 작은 모델로 사용하겠습니다. 70b 이후부터는 고성능 GPU 컴퓨팅 파워가 필요하기 때문입니다. 따라서 일반적인 컴퓨터 환경에서 쉽게 사용할 수 있는 8b 모델을 중심으로 설명을 진행합니다.

🔗 **8b 모델 다운로드**: https://ollama.com/library/llama3.1:8b

```
Last login: Mon Sep  2 11:42:15 on ttys001
→ ~ ollama pull llama3.1:8b
pulling manifest
pulling 8eeb52dfb3bb...   1% |         |  45 MB/4.7 GB  4.7 MB/s  16m19s
```

> **❓ 궁금해요** **추가 명령어**
>
> - **모델 목록 확인**: 다운로드된 모든 모델을 확인하려면 ollama list 명령을 사용합니다.
> - **모델과 직접 채팅**: 명령 줄에서 직접 모델과 대화하려면 ollama run <모델 이름>을 실행합니다.
> - **추가 명령어 확인**: 더 많은 명령어를 확인하려면 Ollama 문서를 참조하거나 터미널에서 ollama help 명령을 실행하여 사용 가능한 명령어를 확인할 수 있습니다.

이 단계에 따라 Ollama와 LLM 모델을 로컬 환경에서 설정하고 실행할 수 있습니다. 이를 통해 대형 언어 모델을 직접 실행하고 활용할 수 있는 환경을 구축할 수 있게 되었습니다.

CTransformers 환경 설정

01 CTransformers, langchain-community 라이브러리를 설치해야 합니다. 이 라이브러리는 CPU에서 Transformer 모델을 실행하기 위해 사용되며 LLaMA, GPT4All, MPT 등의 다양한 모델을 지원합니다.

명령어
```
pip install ctransformers langchain-community
```

02 CTransformers는 GGML 포맷으로 저장된 모델을 사용합니다. 이번 장에서는 Hugging Face에서 제공하는 Llama-2-7B-Chat 모델의 경량화 버전을 다운로드하여 프로젝트를 진행해 보겠습니다.

다음 링크에서 모델 파일을 다운로드 받으세요. 이 프로젝트에서는 **llama-2-7b-chat. ggmlv3.q8_0.bin** 파일을 사용할 것입니다. 해당 모델은 CPU에서도 효율적으로 실행할 수 있습니다. 용량이 작을수록 모델이 경량화되어 성능이 떨어질 수 있지만, 이는 컴퓨터 자원이 제한된 환경에서 유용하게 작동합니다.

🔗 Llama-2-7B-Chat-GGML: https://huggingface.co/TheBloke/Llama-2-7B-Chat-GGML/tree/main

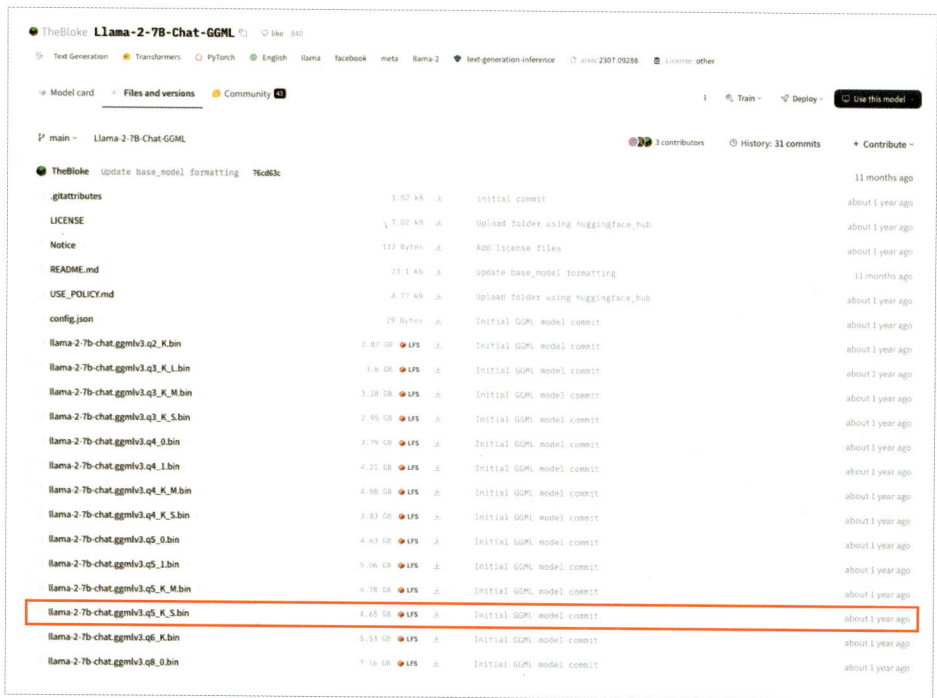

03 다운로드받은 모델 파일을 로컬 디렉터리에 저장하여 CTransformers 라이브러리와 함께 사용할 준비를 마칩니다.

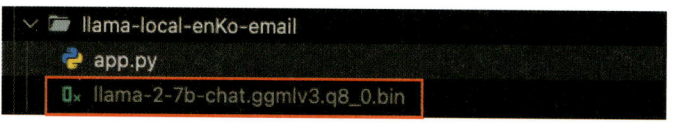

Streamlit 및 기타 패키지 설치

Streamlit을 사용해 웹 애플리케이션을 실행하기 위한 패키지를 설치해야 합니다.

01 터미널 또는 명령 프롬프트에서 다음 명령어를 입력합니다. Streamlit을 사용하면 데이터 시각화, 사용자 입력 처리 등 대화형 웹 애플리케이션을 손쉽게 개발할 수 있습니다.

명령어
```
pip install streamlit
```

02 그 외 필요한 패키지들을 임포트합니다.

- langchain.prompts: LLM에 전달할 프롬프트를 템플릿화하여 관리하는 데 사용됩니다.
- CTransformers: 다양한 오픈 소스 LLM을 CPU 환경에서 실행할 수 있는 라이브러리입니다.
- OllamaLLM: Ollama를 통해 제공되는 Llama 3.1 모델을 불러내 사용할 수 있습니다.

app.py
```python
import streamlit as st
from langchain.prompts import PromptTemplate
# CTransformers는 Llama, GPT4All-J, MPT, Falcon과 같은 다양한 오픈 소스 모델을 지원합니다.
from langchain_community.llms.ctransformers import CTransformers
# ollama llama3.1model 연결하기
from langchain_ollama.llms import OllamaLLM
```

이메일 응답 생성

LLM 응답을 생성하는 함수

01 getLLMResponse 함수는 주어진 입력을 사용해 LLM으로부터 이메일 응답을 생성합니다.

app.py
```python
def getLLMResponse(form_input, email_sender, email_recipient, language):
    """
    getLLMResponse 함수는 주어진 입력을 사용하여 LLM(대형 언어 모델)으로부터 이메일 응답을
    생성합니다.

    매개변수:
    - form_input: 사용자가 입력한 이메일 주제.
    - email_sender: 이메일을 보낸 사람의 이름.
    - email_recipient: 이메일을 받는 사람의 이름.
    - language: 이메일이 생성될 언어 (한국어 또는 영어).

    반환값:
    - LLM이 생성한 이메일 응답 텍스트.
    """
```

네 가지 입력을 통해 이메일 응답을 생성합니다. 이메일 생성 후에는 결과 텍스트가 반환됩니다.

- **form_input**: 사용자가 입력한 이메일의 주제
- **email_sender**: 이메일을 보내는 사람의 이름
- **email_recipient**: 이메일을 받는 사람의 이름
- **language**: 이메일을 작성할 언어로, 한국어와 영어 중 하나를 선택할 수 있습니다.

모델 설정

로컬 환경에서 **Llama-2-7B-Chat** 모델을 실행하려면 **CTransformers** 라이브러리를 활용할 수 있습니다. 이 라이브러리는 **GGML** 포맷으로 저장된 모델을 CPU에서 효율적으로 실행할 수 있도록 도와줍니다. 특히, 로컬 컴퓨터의 사양에 맞춰 경량화된 버전을 사용하면 적은 자원에서도 실행이 가능하지만 성능은 모델 크기에 따라 약간씩 차이가 있을 수 있습니다.

01 사용자는 컴퓨터 성능에 맞춰 최적의 모델을 선택하여 사용할 수 있습니다. **주석으로 llm 모델을 선택적으로 사용할 수 있습니다.**

```
app.py
# llm = CTransformers(model='./llama-2-7b-chat.ggmlv3.q8_0.bin',
#                     model_type='llama',
#                     config={'max_new_tokens': 512,
#                             'temperature': 0.01})
```

02 다음으로 **Ollama**를 사용하여 **Llama 3.1** 모델을 설정하겠습니다. Ollama는 대형 언어 모델을 더욱 쉽게 사용할 수 있도록 도와주는 플랫폼입니다. 여기서는 **Llama 3.1: 8b** 모델을 사용하고, temperature 값을 0.7로 설정하여 생성된 텍스트에 일정 수준의 다양성을 부여하도록 합니다. temperature는 모델의 창의성을 제어하는 중요한 파라미터로 값이 낮을수록 더 일관된 출력을, 값이 높을수록 창의적인 출력을 생성하게 됩니다.

```
app.py
# Ollama 기반의 Llama 3.1 설정
llm = OllamaLLM(model="llama3.1:8b", temperature=0.7)
```

이렇게 **CTransformers**를 통해 로컬에서 Llama-2-7B-Chat 모델을 실행하거나 Ollama를 기반으로 Llama 3.1 모델을 설정할 수 있습니다.

언어 선택에 따른 템플릿 생성

언어 선택에 따라 이메일 작성 템플릿이 달라집니다. 여기서 생성된 템플릿은 LLM에 전달되어 실제 이메일이 생성됩니다.

- **한국어**를 선택했을 경우, 이메일 주제를 한국어로 작성하고 발신자와 수신자 정보를 바탕으로 이메일 내용이 생성됩니다.
- **영어**를 선택했을 경우, 영어로 작성된 이메일이 생성됩니다.

app.py
```
    if language == "한국어":
        template = """
        {email_topic} 주제를 포함한 이메일을 작성해주세요. \n\n보낸 사람: {sender}\n받는 사람: {recipient} 전부 {language}로 번역해서 작성해주세요. 한문은 내용에서 제외해주세요.
        \n\n이메일 내용:
        """
    else:
        template = """
        Write an email including the topic {email_topic}.\n\nSender: {sender}\nRecipient: {recipient} Please write the entire email in {language}.\n\nEmail content:
        """
```

최종 프롬프트 생성 및 응답 호출

`PromptTemplate`를 통해 최종적으로 이메일 주제와 발신자, 수신자 정보가 반영된 **프롬프트**가 생성됩니다. 이 생성된 프롬프트는 `llm.invoke` 함수를 통해 LLM에 전달되며, 그 결과로 자동 이메일 응답이 생성됩니다. 이 부분에서 사용자는 간단한 입력만으로 이메일을 완성할 수 있으며, 각 언어와 주제에 맞게 대형 언어 모델이 이메일 내용을 생성하여 제공합니다.

app.py
```
    # 최종 PROMPT 생성
    prompt = PromptTemplate(
```

```
        input_variables=["email_topic", "sender", "recipient", "language"],
        template=template,
    )

    # LLM을 사용하여 응답 생성
    response = llm.invoke(prompt.format(email_topic=form_input, sender=email_sender,
recipient=email_recipient, language=language))
    print(response)

    return response
```

getLLMResponse 함수는 사용자가 입력한 이메일 주제, 발신자, 수신자 정보와 선택된 언어를 바탕으로 자동으로 이메일을 생성해 주는 기능을 제공합니다. 이 함수는 Llama 3.1과 로컬 Llama 2 모델을 활용하며, 특히 Ollama 플랫폼을 통해 효율적으로 작동합니다.

다만 Llama 2 모델은 한국어 지원이 미흡하기 때문에 한국어로 요청을 하더라도 영어로 결과를 생성하는 경우가 많습니다. 이에 비해 Llama 3.1 버전은 한국어를 잘 처리하는 모습을 보이며, 이메일 작성 시 정확한 한국어 표현을 제공합니다. 이처럼 주석을 활용하여 모델을 전환하여 사용해 보면 Llama 3.1 모델이 Llama 2에 비해 불과 1년 만에 얼마나 크게 발전했는지 실감할 수 있습니다.

Streamlit 앱 구성

set_page_config는 Streamlit 앱의 기본 설정을 정의합니다. 페이지 제목, 아이콘, 레이아웃 등을 설정할 수 있습니다. 그리고 **header**를 통해 페이지의 상단에 제목을 표시합니다.

```
app.py

st.set_page_config(
    page_title="이메일 생성기 ✉",
    page_icon='✉',
    layout='centered',
    initial_sidebar_state='collapsed'
)
st.header("이메일 생성기 ✉ ")
```

app.py

```python
# 이메일 작성 언어 선택
language_choice = st.selectbox('이메일을 작성할 언어를 선택하세요:', ['한국어', 'English'])

# 이메일 주제 입력란
form_input = st.text_area('이메일 주제를 입력하세요', height=100)

# 발신자와 수신자 입력란
col1, col2 = st.columns([10, 10])
with col1:
    email_sender = st.text_input('보낸 사람 이름')
with col2:
    email_recipient = st.text_input('받는 사람 이름')
submit = st.button("생성하기")
```

- **selectbox**: 이메일 작성 시 사용자가 원하는 언어를 선택할 수 있도록 합니다.
- **text_area**: 이메일 주제를 입력받는 입력란입니다.
- **text_input**: 발신자와 수신자의 이름을 입력할 수 있는 입력란을 제공합니다.
- **button**: 사용자가 '생성하기' 버튼을 클릭하면 이메일 생성 요청을 처리합니다.

app.py

```python
# '생성하기' 버튼이 클릭되면, 아래 코드를 실행합니다.
if submit:
    with st.spinner('생성 중입니다...'):
        response = getLLMResponse(form_input, email_sender, email_recipient, language_choice)
        st.write(response)
```

- **spinner**: 이메일을 생성하는 동안 로딩 애니메이션을 보여줍니다.
- 생성된 이메일 내용은 st.write()를 통해 화면에 출력됩니다.

실행 및 테스트

다음 명령어를 app.py 디렉터리 위치의 터미널에서 입력하여 Streamlit 애플리케이션을 실행할 수 있습니다.

> **명령어**
> ```
> streamlit run app.py
> ```

> **Tip.** 로컬 모델은 개인 PC의 CPU, GPU, RAM 성능에 따라 초기 로드와 추론에 많은 시간이 걸릴 수 있습니다.

다양한 주제로 이메일을 작성해 보세요. 프롬프트를 커스텀하여 원하는 주제에 맞는 다국어 이메일을 작성하면 더 흥미로운 결과를 얻을 수 있습니다.

Part 03

문서 임베딩을 활용한 Q&A 서비스

Chapter 07 ChatPDF 만들기
Chapter 08 현진건 작가님 봇 만들기

07 ChatPDF 만들기

1장에서 소개한 ChatPDF 서비스를 구현합니다. 사용자가 업로드한 PDF 문서를 분석하고, 그 내용을 기반으로 질문에 답변하는 애플리케이션입니다. 문서 분석, 임베딩, 검색, 응답 생성까지의 전체 과정을 실습합니다.

학습 목표

PDF 문서를 분할하고 임베딩한 뒤, 벡터 DB를 구축하여 GPT와 연결하는 전체 RAG 구조를 실습합니다.

핵심 키워드

- 벡터 데이터베이스
- 임베딩
- 청크
- 문서 검색(Retrieval)
- 답변 생성(Generation)

이번 장에서 구현할 애플리케이션의 이름은 ChatPDF로, **PDF 문서의 내용에 대해 실시간으로 Q&A를 할 수 있는 서비스**입니다.

예를 들어 현진건 작가의 운수 좋은 날이라는 소설에서 **김첨지의 아내가 먹고 싶어하는 음식**을 알아본다고 가정해 봅시다. 만약 챗GPT에 질문을 던진다면 어떤 맥락의 질문인지 전혀 파악하지 못할 것입니다. 반면, 이어서 구현할 ChatPDF에서는 운수 좋은 날에 대한 텍스트 문서를 미리 업로드하면 해당 질문의 맥락을 파악해 정확한 답변을 얻을 수 있습니다.

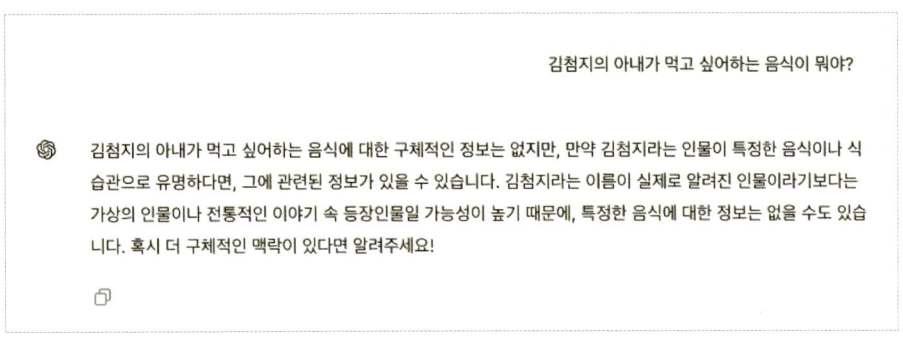

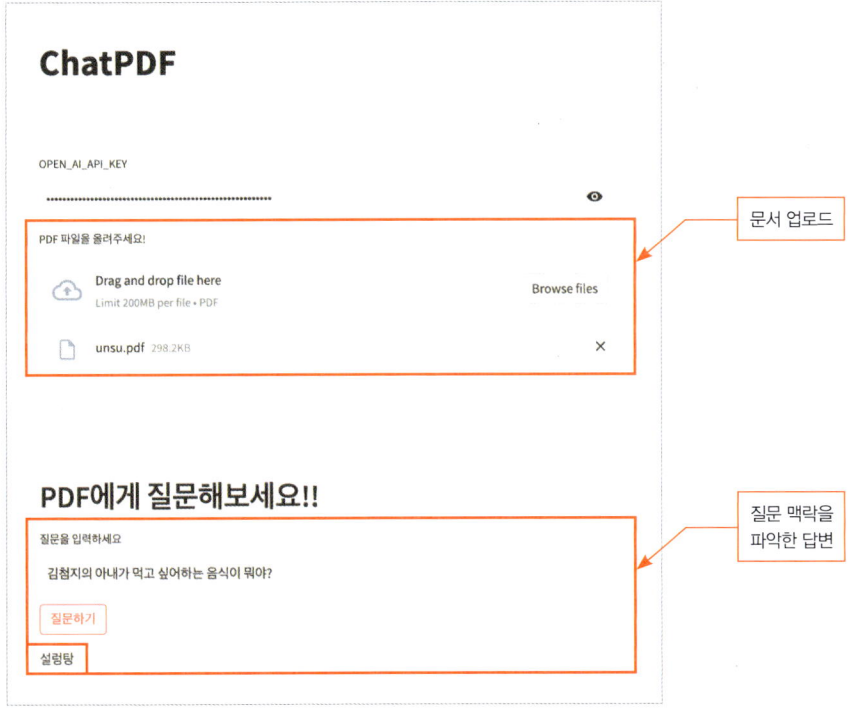

구현할 서비스 구조

ChatPDF의 전체적인 구조를 간략하게 살펴보겠습니다.

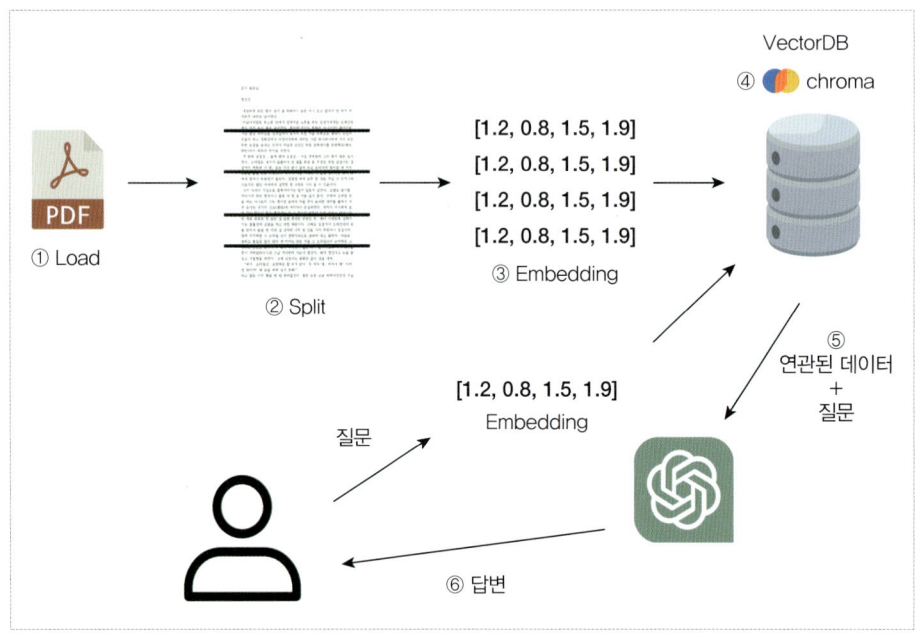

① 랭체인의 도큐먼트 로더Document loaders를 이용해 PDF 문서에서 텍스트를 추출합니다.

② 랭체인의 텍스트 분할기Text Splitter를 이용해 PDF 문서를 빠르게 검색할 수 있도록 텍스트를 청크chunk 단위로 쪼갭니다.

③ 임베딩embedding을 진행하여 텍스트를 벡터vector로 변환합니다. 벡터는 컴퓨터가 연산하기 용이한 숫자로 바꾼 값입니다.

④ Chroma라는 벡터 데이터베이스Vector DB를 사용하여 벡터를 저장합니다.

⑤ 사용자의 질문을 임베딩하여 벡터로 변환한 뒤, 벡터 데이터베이스에서 연관된 데이터를 찾습니다.

⑥ 찾은 데이터를 바탕으로 GPT 모델이 답변을 생성합니다.

벡터

벡터^{Vector}란 간단히 말해 **괄호 안에 크기와 방향을 나타내는 숫자가 들어 있는 형태**라고 요약할 수 있습니다. 예를 들어 (1, 2)는 2차원 그래프에서 X축과 Y축을 나타내는 좌표입니다. 여기서 X축이 1이고 Y축이 2인 점을 찍을 수 있습니다. 벡터를 3차원으로 확장할 수도 있습니다. 예를 들어 (1, 2, 1)이라면 3차원 그래프에서 X축, Y축, Z축의 좌표를 나타냅니다.

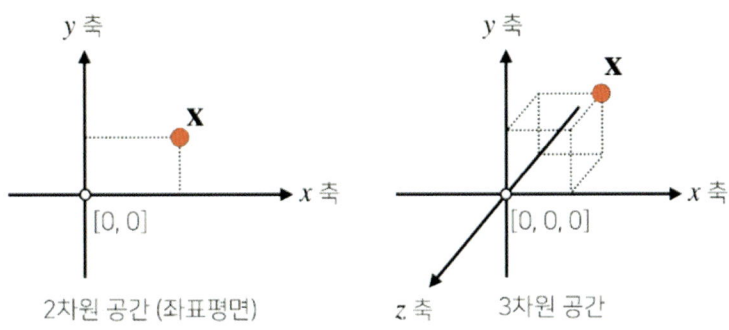

벡터가 왜 필요할까요? 예를 들어 '운수 좋은 날' 소설을 PDF로 업로드하고, "아내의 몸 상태가 어땠지?"라는 질문을 던진다고 해봅시다. 단순한 키워드 검색이라면 '몸', '상태' 같은 단어가 정확히 포함된 문장만 찾게 됩니다. 하지만 벡터는 문장의 의미를 수치로 바꾸어 비교하므로, "그의 아내가 기침으로 쿨룩거리기는 벌써 달포가 넘었다"라는 문장을 찾아낼 수 있습니다. 이처럼 벡터는 **단어가 일치하지 않아도 질문과 문서의 의미를 이어주는 역할**을 합니다.

벡터 데이터베이스

벡터 데이터베이스$^{Vector\ DB}$는 **벡터를 효율적으로 저장하고 쉽게 찾기 위한 장소**입니다. 물론 일반적인 관계형 데이터베이스^{RDBMS} 또는 NoSQL 데이터베이스에도 벡터를 저장할 수 있지만 벡터 데이터에 특화된 데이터베이스는 아닙니다. 그래서 벡터 데이터만을 효율적으로 저장하고 처리할 수 있는 데이터베이스가 필요합니다. 벡터 데이터베이스는 벡터 간의 거리 계산이나 유사도 계산을 효율적으로 수행할 수 있도록 설계되었습니다.

ChatPDF는 사용자가 질문한 내용과 연관된 문서를 찾아 대화를 나누는 서비스입니다. 따라서 벡터 데이터베이스를 사용하면, **사용자 질문과 문서의 유사도를 계산하여 가장 연관도가 높은**

문서를 빠르게 찾을 수 있습니다. 잘 알려진 유료 벡터 데이터베이스로 Pinecone, Weaviate 등이 있지만 이 책에서는 Chroma라는 무료 오픈 소스 서비스를 사용해 보겠습니다.

임베딩

임베딩embedding은 **텍스트, 이미지, 오디오 등의 데이터를 벡터로 변환하여 컴퓨터가 이해하기 쉽게 만드는 과정**입니다.

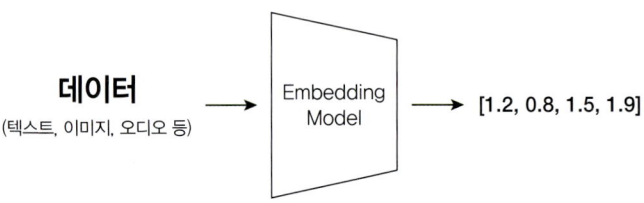

이미지 임베딩

MNIST^{Modified National Institute of Standards and Technology} 데이터베이스를 통해 임베딩의 개념을 자세히 이해해 봅시다. MNIST 데이터베이스는 인공지능 연구의 권위자 얀 르쿤^{Yann LeCun} 교수가 만든 컴퓨터 비전 데이터셋이며, 손으로 쓴 숫자 이미지로 구성되어 있습니다. 각 이미지의 크기는 가로 28, 세로 28 픽셀입니다. 진한 검정색 픽셀은 1에 가까운 숫자로 연한 검정색 픽셀은 0에 가까운 값으로 바꾸다 보면 결론적으로 784(28×28 = 784)차원의 벡터로 변환할 수 있습니다.

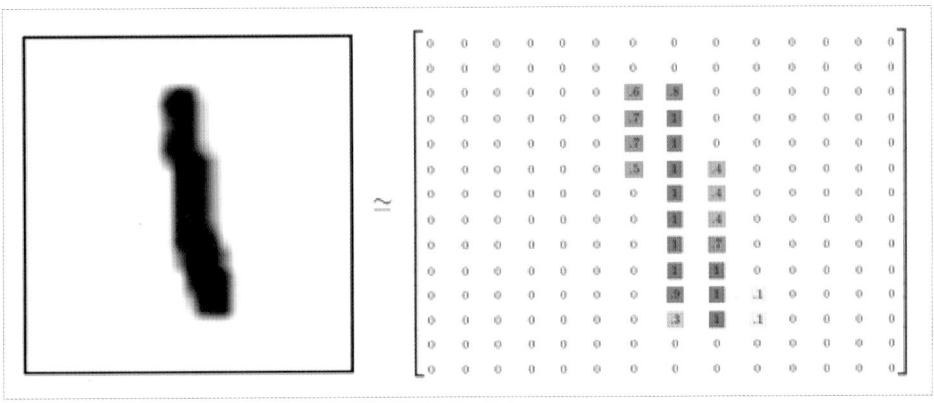

모델 훈련의 효율성을 높이기 위해 벡터의 차원 수를 축소하기도 합니다. MNIST 데이터셋을 3차원 벡터로 변환한 결과는 다음 그림과 같은데, 각 데이터의 유사도를 시각적으로 파악할 수 있습니다. 예를 들어 첫 번째 그림에서 빨간색 점으로 표시된 부분에는 0을 나타내는 이미지가, 두 번째 그림에서 노란색 점으로 표시된 부분에는 2를 나타내는 이미지가 모여 있습니다. 그런데 빨간색과 노란색의 중간 부분에는 0과 2의 중간 형태로 보이는 이미지가 보입니다. 이와 같이 비슷한 모양의 이미지일수록 가까운 위치의 벡터 값으로 변환됩니다.

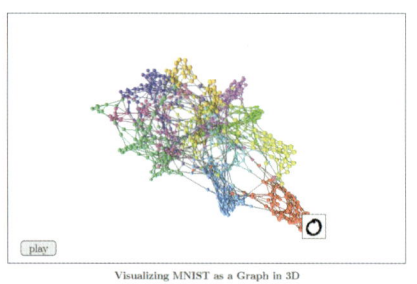
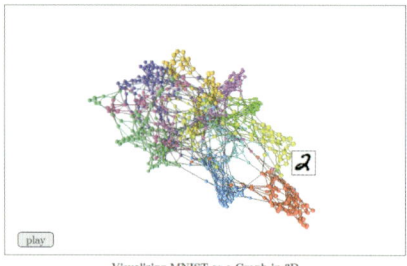
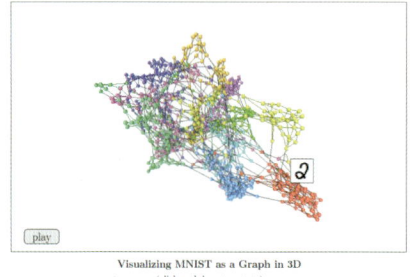

MNIST 데이터셋을 3차원 벡터로 변환한 결과[1]

텍스트 임베딩

이미지뿐만 아니라 텍스트 데이터도 벡터로 변환할 수 있습니다. 예를 들어, 오른쪽 그림[2]은 단어를 2차원 벡터로 변환한 예시입니다. 과일에 속하는 Apple과 Banana의 거리가 가깝게 표시되어 있습니다. 자료에 속하는 Newspaper와 Magazine도 거리가 가깝지만, Apple과 Banana와는 거리가 떨어져 있습니다. 직관적으로 생각했을 때 자료와 과일은 유사하지 않기 때문입니다.

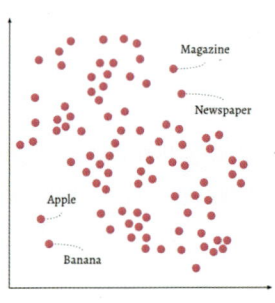

텍스트 데이터와 관련해 가장 유명한 임베딩 모델은 구글에서 만든 Word2Vec입니다. Word2Vec은 Word to Vector의 약자로, 단어를 입력 받아 벡터로 변환하는 모델입니다. 다음 그림[3]을 보면 Word2Vec을 통해 king(왕)과 queen(여왕)을 나타내는 벡터가 가깝게 표

---

1 출처: Visualizing MNIST: An Exploration of Dimensionality Reduction: https://colah.github.io/posts/2014-10-Visualizing-MNIST/
2 출처: https://weaviate.io/developers/weaviate/concepts/vector-index
3 출처: https://cloud.google.com/blog/topics/developers-practitioners/meet-ais-multitool-vector-embeddings?hl=en

시되어 있습니다. man(남자)과 woman(여자)도 마찬가지로 가깝게 표시되어 있습니다. 이렇게 임베딩 모델을 활용하여 단어 간 유사도를 파악할 수도 있고, "남자는 여자에게, 왕은 ＿＿＿에게"와 같은 문장에서 빈 칸에 어떤 단어가 들어갈지 유추할 수도 있습니다.

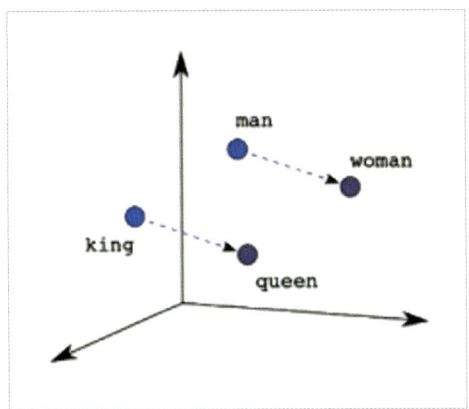

이와 같이 임베딩 모델을 통해 데이터의 유사도를 정량적으로 파악할 수 있습니다.

> **Tip.** 꼬맨틀이라는 웹사이트에서는 단어 유사도 추측 게임을 통해 데이터 유사도에 대한 개념을 효과적으로 익힐 수 있습니다.
> 꼬맨틀: https://semantle-ko.newsjel.ly/

도큐먼트 로더

랭체인에서는 텍스트, PDF, 웹페이지의 콘텐츠 등 다양한 형식의 문서를 불러오는 **도큐먼트 로더**Document Loader를 제공하고 있습니다. 이 책에서는 PDF 형식의 문서를 불러오는 도큐먼트 로더를 구현해 보겠습니다.

공유마당 PDF 다운로드

01 공유마당은 한국저작권위원회에서 저작권 보호기간이 지난 저작물을 무료로 이용할 수 있게 개설한 웹사이트입니다. 공식 홈페이지 상단 메뉴에서 [어문]을 클릭한 뒤 검색창에 '운수 좋은 날'을 입력하여 파일을 다운로드하길 바랍니다. 물론 운수 좋은 날이 아닌 다른 파일을 다운로드해도 됩니다.

🔗 공유마당: https://gongu.copyright.or.kr/gongu/main/main.do

02 파일을 다운로드하고 압축을 풀면 다음과 같이 문서 5개가 보입니다. 그 중 PDF 형식의 파일을 선택하여 이름을 인지하기 쉽도록 unsu.pdf로 변경합니다(2개의 PDF 파일 중 아무 파일이나 선택하여 이름을 바꾸면 됩니다).

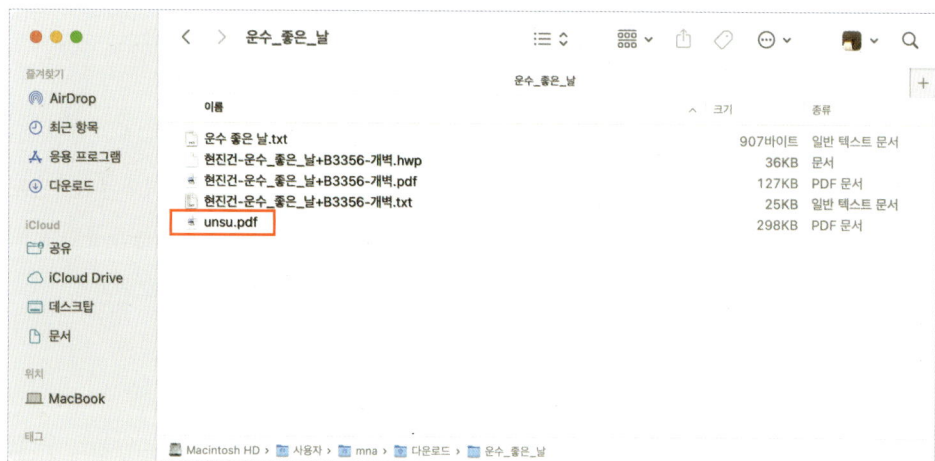

폴더 생성

02 ChatPDF를 구현하기 위한 프로젝트를 만들어 봅시다. 맥 사용자라면 파인더, 윈도우 사용자라면 탐색기에서 langchain 폴더로 이동한 뒤 chatpdf라는 하위 폴더를 생성합니다.

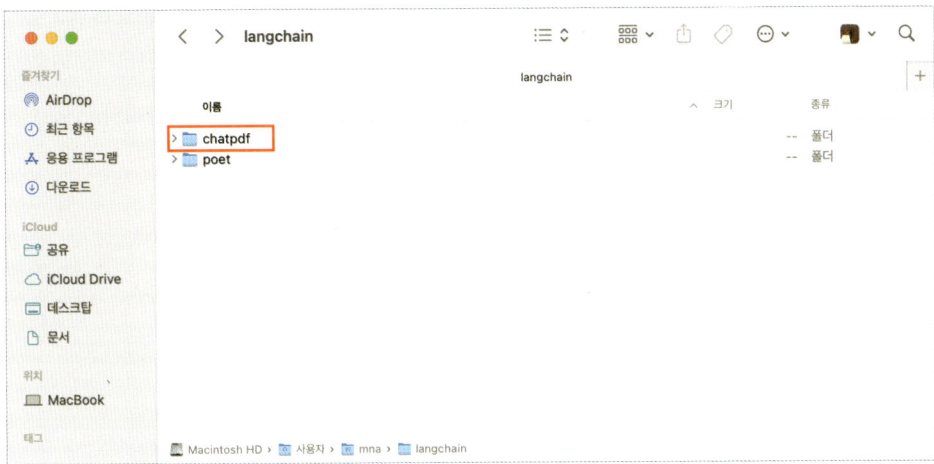

03 VS Code 상단 메뉴바에서 [파일 → 폴더 열기]를 클릭합니다. 위에서 생성했던 chatpdf 폴더를 클릭한 뒤 [열기] 버튼을 누릅니다. chatpdf 폴더를 열었다면 [새 파일(New File)] 아이콘을 누르거나 마우스 오른쪽을 클릭해 [새 파일] 버튼을 눌러 main.py와 requirements.txt 파일을 생성합니다. 그리고 공유마당에서 다운로드한 unsu.pdf 파일을 chatpdf 폴더 아래로 옮깁니다.

PyPDF 설치

PyPDF는 PDF 파일을 처리하기 위한 오픈 소스 파이썬 라이브러리입니다.

01 랭체인 공식 문서의 [How-to guides] 메뉴에서는 랭체인의 다양한 활용 가이드를 확인할 수 있습니다. 우측 패널에서 [Components - Document loaders]를 클릭하면 CSV, HTML, Markdown 등 여러 가지 문서를 불러오는 방법을 알 수 있습니다. 여기에서 [How to: load PDF files]를 클릭한 뒤 가장 상단에 나온 PyPDF를 설치합니다.

🔗 랭체인 Document loaders - PDF:
https://python.langchain.com/docs/how_to/document_loader_pdf/

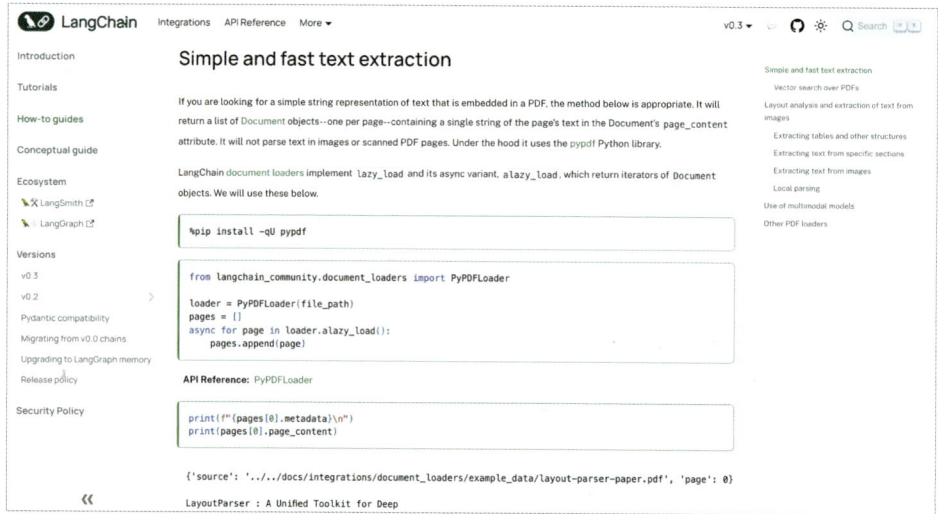

02 VS Code의 터미널에 다음 명령어를 입력하고 실행하면 랭체인에 연결할 PyPDF가 설치됩니다.

명령어
```
pip install pypdf
```

PDF 로드

01 랭체인 공식 문서에서 PyPDF 예시 코드를 복사한 뒤 VS Code의 main.py 파일에 붙여 넣습니다.

코드를 간단히 살펴봅시다. `PyPDFLoader()` 함수를 통해 PyPDFLoader 인스턴스를 초기화하는데, 이때 함수 인자로 PDF 파일의 경로(unsu.pdf)를 전달합니다. 그리고 `loader.load_and_split()` 함수를 통해 PDF 파일을 페이지 단위로 분할하여 `pages` 변수에 리스트 형태로 저장합니다. 결과를 확인하기 위해 `print()` 함수를 통해 첫 번째 페이지 내용인 `pages[0]`을 출력해 봅시다.

```python
# main.py
from langchain_community.document_loaders import PyPDFLoader

#Loader
loader = PyPDFLoader("unsu.pdf")
pages = loader.load_and_split()

print(pages[0])
```

> **궁금해요 두 번째 페이지를 출력하려면?**
>
> pages 변수의 데이터 타입은 배열입니다. 따라서 두 번째 페이지를 출력하려면 pages[1], 세 번째 페이지를 출력하려면 pages[2]와 같이 작성하면 됩니다.

02 터미널을 열어 `python main.py` 명령어를 실행합니다. 다음과 같이 PDF 문서의 첫 번째 페이지 내용(`page_content`)과 메타데이터(`metadata`)가 출력됩니다.

```
결과
page_content='운수좋은날
현진건
새침하게흐린품이눈이올듯하더니눈은아니오고얼다가만비가추
적추적내리는날이었다.
이날이야말로동소문안에서인력거꾼노릇을하는김첨지에게는오래간만
에도닥친운수좋은날이었다문안에거기도문밖은아니지만들어간답 . ( )
시는앞집마마님을전찻길까지모셔다드린것을비롯으로행여나손님이
```

07 ChatPDF 만들기 **139**

있을까하고정류장에서어정어정하며내리는사람하나하나에게거의비는
듯한눈결을보내고있다가마침내교원인듯한양복쟁이를동광학교(東光
까지태워다주기로되었다 ） . 學校
첫번에삼십전둘째번에오십전아침댓바람에그리흉치않은일이 ， -
었다그야말로재수가옴붙어서근열흘동안돈구경도못한김첨지는십 ．
전짜리백동화서푼또는다섯푼이찰깍하고손바닥에떨어질제거의 ，
눈물을흘릴만큼기뻤다더구나이날이때에이팔십전이라는돈이그 ．
에게얼마나유용한지몰랐다컬컬한목에모주한잔도적실수있거니와 ．
그보다도앓는아내에게설렁탕한그릇도사다줄수있음이다.
그의아내가기침으로쿨룩거리기는벌써달포가념었다조밥도굶기를 ．
먹다시피하는형편이니물론약한첩써본일이없다구태여쓰려면못 ．
쓸바도아니로되그는병이란놈에게약을주어보내면재미를붙여서자
꾸온다는자기의신조 에어디까지충실하였다따라서의사에게보 () . 信條
인적이없으니무슨병인지는알수없으되반듯이누워가지고일어나기
는새로모로도못눕는걸보면중증은중증인듯병이이대로록심해지 ．
기는열흘전에조밥을먹고체한때문이다그때도김첨지가오래간만에돈 ．
을얻어서좁쌀한되와십전짜리나무한단을사다주었더니김첨지의
말에의지하면그오라질년이천방지축으로냄비에대고끓였다마음은.
급하고불길은달지않아채익지도않은것을그오라질년이숟가락은고
만두고손으로움켜서두뺨에주먹덩이같은혹이불거지도록누가빼앗을
듯이쳐박질하더니만그날저녁부터가슴이땡긴다배가켕긴다고눈을홉 ，
뜨고지랄병을하였다그때김첨지는열화와같이성을내며 ．．
에이오라질년조랑복은할수가없어못먹어병먹어서병어쩌 '， ， ， ， ！
란말이야왜눈을바루뜨지못해 ！ ！"
하고앓는이의뺨을한번후려갈겼다흡뜬눈은조금바루어졌건만이슬 .' metadata={'producer':
'ezPDF Builder 2006', 'creator': 'ezPDF Builder 2006', 'creationdate': '2010-03-
19T13:04:08+09:00', 'moddate': '2010-03-19T13:04:08+09:00', 'source': 'unsu.pdf',
'total_pages': 10, 'page': 0, 'page_label': '1'}

텍스트 분할기

임베딩은 텍스트를 고정된 크기의 벡터로 변환하는 과정이므로, 앞선 예시와 같이 PDF 파일의 한 페이지를 한꺼번에 임베딩하게 되면 벡터 데이터베이스에서 관련 정보를 찾기 어려울 수 있습니다. 따라서 **의미 있는 정보가 묶인 덩어리, 청크**chunk로 문서를 분할해야 합니다. 랭체인에서는 문서를 분할하기 위한 여러 가지 방식의 **텍스트 분할기**Text Splitter를 제공하고 있습니다.

텍스트 문서 분할

01 How-to guides 페이지에서 [Components - Text splitters] 메뉴로 접속합니다. 텍스트를 분할하는 여러 가지 방식이 보이는데, 그 중 일반적인 텍스트 문서를 분할할 때 사용하는 방식인 [How to: recursively split text]를 클릭합니다. 문자 리스트(['₩n₩n', '₩n', ' ', ''])의 문자를 순차적으로 사용해 텍스트 문서를 분할하며, 분할된 청크들이 설정된 청크 크기보다 작아질 때까지 이 과정을 반복합니다.

🔗 랭체인 Text Splitters - Recursively split by character:
https://python.langchain.com/docs/how_to/recursive_text_splitter/

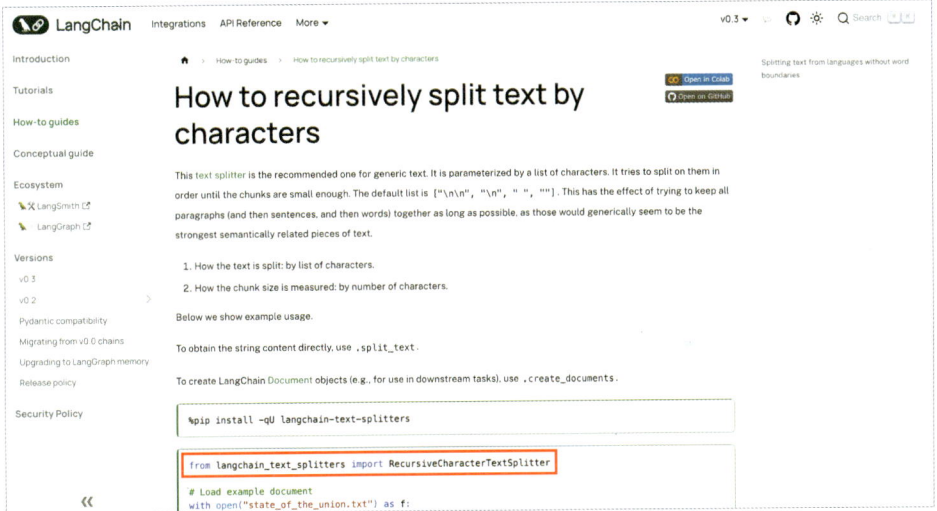

02 가이드 페이지의 예시 코드를 간단히 살펴봅시다. RecursiveCharacterTextSplitter() 함수를 통해 RecursiveCharacterTextSplitter 인스턴스를 초기화하는데, 이때 세부 옵션을 설정할 수 있습니다.

- **chunk_size**: 각 청크의 최대 길이로, 글자 단위로 설정할 수 있습니다.
- **chunk_overlap**: 인접한 청크 사이에 중복되는 영역을 나타냅니다. 문서를 청크로 분할하면 문장이 중간에 끊기는 문제가 생기는데, chunk_overlap을 통해 청크 사이에 중복되는 글자를 넣어 문맥을 유지시킵니다. 다음 코드와 같이 chunk_overlap=20으로 설정하면 청크 간 연결되는 부분에 20글자가 겹치게 됩니다.
- **length_function**: 청크 길이를 측정하는 함수입니다. 다음 코드에서는 문자열 길이를 반환하는 파이썬 내장 함수 len()을 사용했습니다.

- **is_separator_regex**: True로 설정할 경우 정규표현식을 통해 구분자를 처리합니다. False로 설정할 경우 구분자를 단순한 문자열로 해석합니다.

그리고 `text_splitter.split_documents()` 함수를 통해 `pages` 리스트에 저장된 PDF 문서를 분할합니다. 함수의 출력값은 분할된 청크가 저장된 리스트이며, 결과를 `texts`라는 변수에 저장합니다. 결과를 확인하기 위해 `texts` 리스트의 첫 번째 청크를 출력해 봅시다.

main.py
```python
from langchain_community.document_loaders import PyPDFLoader
from langchain_text_splitters import RecursiveCharacterTextSplitter

#Loader
loader = PyPDFLoader("unsu.pdf")
pages = loader.load_and_split()

#Splitter
text_splitter = RecursiveCharacterTextSplitter(
    # Set a really small chunk size, just to show.
    chunk_size=300,
    chunk_overlap=20,
    length_function=len,
    is_separator_regex=False,
)

texts = text_splitter.split_documents(pages)
print(texts[0])
```

03 터미널을 열어 `python main.py` 명령어를 실행합니다. 다음과 같이 첫 번째 청크의 내용이 출력되어야 합니다.

결과
```
page_content='운수좋은날
현진건
새침하게흐린품이눈이올듯하더니눈은아니오고얼다가만비가추
적추적내리는날이었다.
이날이야말로동소문안에서인력거꾼노릇을하는김첨지에게는오래간만' metadata={'producer': 
'ezPDF Builder 2006', 'creator': 'ezPDF Builder 2006', 'creationdate': '2010-03-
19T13:04:08+09:00', 'moddate': '2010-03-19T13:04:08+09:00', 'source': 'unsu.pdf', 
'total_pages': 10, 'page': 0, 'page_label': '1'}
```

임베딩

임베딩 모델을 사용하여 텍스트 분할기로 분할한 문서 청크를 벡터로 변환해 봅시다. 임베딩 모델은 **PDF 문서에서 연관된 정보를 정확하게 추출하기 위한 기반**입니다. 예를 들어, "김첨지에 대해 설명해 주세요"라는 사용자 질문을 입력받았을 때, 임베딩 벡터가 문서의 의미를 잘 반영했다면 김첨지에 대한 정보를 효과적으로 추출하여 그 정보를 바탕으로 대화를 생성할 수 있습니다.

랭체인에서는 표준 임베딩 인터페이스를 통해 OpenAI, Cohere 등의 상용 임베딩 모델뿐만 아니라 Hugging Face 등 오픈 소스 임베딩 모델까지 연결할 수 있습니다. 랭체인에서 지원하는 임베딩 모델의 목록은 상단 메뉴 [Integrations] 클릭 후 좌측 패널 [Components - Embedding models]에서 확인 바랍니다.

🔗 랭체인 임베딩 모델: https://python.langchain.com/docs/integrations/text_embedding/

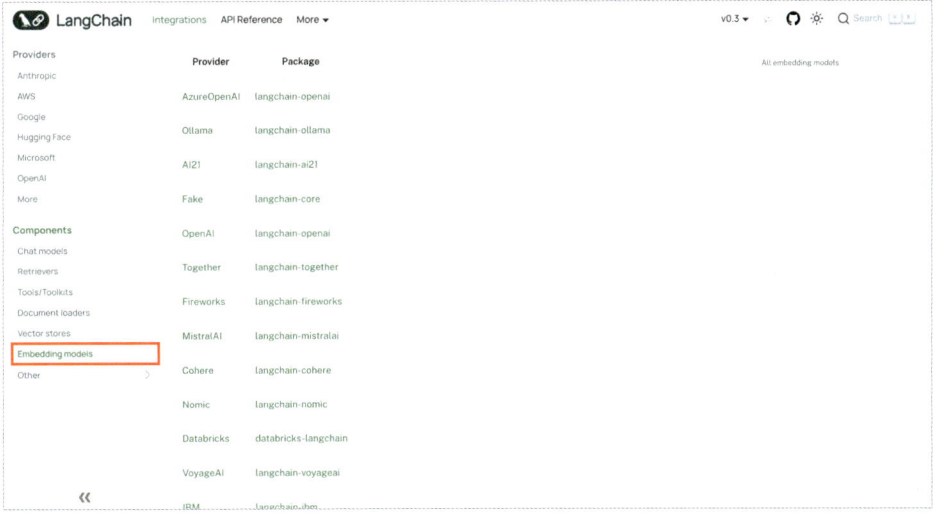

OpenAI 임베딩 모델 연결

01 OpenAI의 임베딩 모델을 연결해 보겠습니다. How-to guides 페이지 우측 패널의 [Components - Embedding models] 메뉴에서 [How to: embed text data]를 클릭합니다. 해당 페이지의 [Get started] 가이드를 적용해 봅시다.

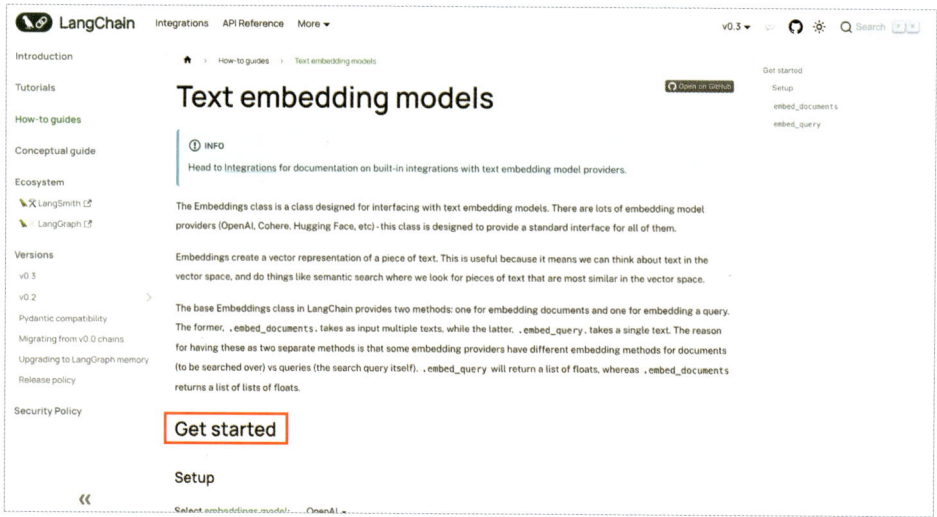

02 VS Code에서 다음 명령어를 실행하여 OpenAI 라이브러리를 설치합니다(3장의 '랭체인 환경 설정'에서 OpenAI 라이브러리를 이미 설치했다면 해당 단계는 넘어가도 됩니다).

명령어
```
pip install langchain-openai
```

03 `.env` 파일을 추가하여 `OPENAI_API_KEY` 환경변수에 OpenAI API 키를 저장합니다. `main.py` 파일에는 `load_dotenv()` 함수를 통해 `.env` 파일의 환경변수를 불러오는 코드를 추가합니다.

.env
```
OPENAI_API_KEY={API 키}
```

main.py
```
from langchain_community.document_loaders import PyPDFLoader
from langchain_text_splitters import RecursiveCharacterTextSplitter
from dotenv import load_dotenv
load_dotenv()
```

```
#Loader
loader = PyPDFLoader("unsu.pdf")
pages = loader.load_and_split()

#Splitter
text_splitter = RecursiveCharacterTextSplitter(
    # Set a really small chunk size, just to show.
    chunk_size=300,
    chunk_overlap=20,
    length_function=len,
    is_separator_regex=False,
)

texts = text_splitter.split_documents(pages)
```

> **Tip.** OpenAI 임베딩 모델 API의 비용은 토큰 길이에 따라 과금되는 구조입니다. 2025년 5월 기준 text-embedding-3-large 모델의 가격은 토큰 1M당 0.13달러입니다. 가격 정책은 수시로 변경될 수 있으니 다음 주소에서 최신 정책을 확인하길 바랍니다.
>
> 🔗 OpenAI API별 가격 정책: https://platform.openai.com/docs/pricing#embeddings

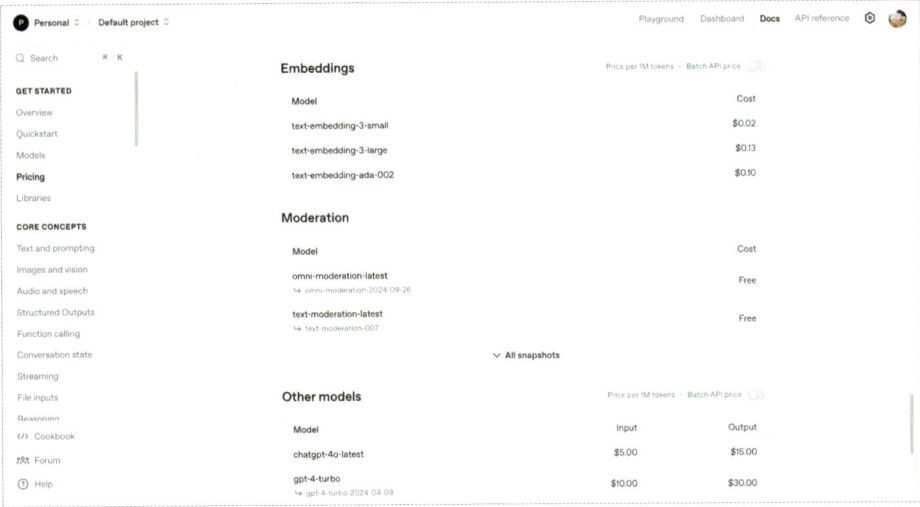

04 import 키워드로 langchain_openai 라이브러리에서 `OpenAIEmbeddings` 클래스를 불러옵니다. `OpenAIEmbeddings()` 함수를 호출하여 OpenAIEmbeddings 인스턴스를 초기화하는데, 이때 파라미터는 임베딩 모델의 종류입니다(`text-embedding-3-large`).

```python
# main.py
from langchain_community.document_loaders import PyPDFLoader
from langchain_text_splitters import RecursiveCharacterTextSplitter
from langchain_openai import OpenAIEmbeddings
from dotenv import load_dotenv
load_dotenv()

#Loader
loader = PyPDFLoader("unsu.pdf")
pages = loader.load_and_split()

#Splitter
text_splitter = RecursiveCharacterTextSplitter(
    # Set a really small chunk size, just to show.
    chunk_size=300,
    chunk_overlap=20,
    length_function=len,
    is_separator_regex=False,
)
texts = text_splitter.split_documents(pages)

#Embedding
embeddings_model = OpenAIEmbeddings(
    model="text-embedding-3-large",
    # With the `text-embedding-3` class
    # of models, you can specify the size
    # of the embeddings you want returned.
    # dimensions=1024
)
```

이제 임베딩 모델 인스턴스를 만들었으니, 곧바로 embeddings_model.embed_documents() 함수를 호출하면 문서를 벡터 형태로 변환할 수도 있습니다. 하지만 벡터를 저장하고 검색하는 기능을 제공하지는 않습니다. 이 책에서는 임베딩한 벡터를 지속적으로 저장하고 검색할 수 있는 시스템을 구축할 것이므로, Chroma라는 벡터 저장소 서비스를 이용해 보겠습니다.

벡터 저장소

일반적으로 임베딩 벡터는 **벡터 저장소**Vector Store를 통해 관리합니다. 벡터 저장소는 대규모 임베딩 데이터를 효율적으로 저장하고, 사용자 쿼리를 벡터로 변환한 뒤 가장 유사한 정보를 빠른 속도로 찾아 줍니다.

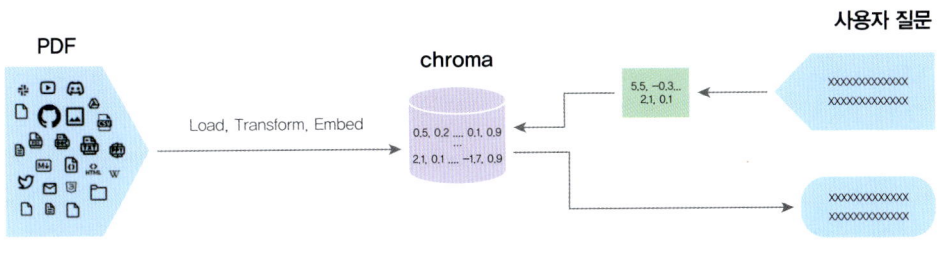

랭체인에서는 Chroma, Pinecone, Lance 등 여러 가지 벡터 저장소와의 연동 기능을 제공합니다. 랭체인에서 지원하는 벡터 저장소의 목록은 상단 메뉴 [Integrations] 클릭 후 좌측 패널 [Components - Vector stores]에서 확인 바랍니다. 이 책에서는 무료 오픈 소스인 **Chroma**를 활용해 보겠습니다.

🔗 https://python.langchain.com/docs/integrations/vectorstores/

Chroma 설치

How-to guides 페이지에서 [Vector stores – How to: use a vector store to retrieve data]로 접속합니다. [Get started]에 나온 가이드에 따라 Chroma 라이브러리를 설치합니다.

🔗 랭체인 Vector store – chroma:
https://python.langchain.com/docs/how_to/vectorstores/#get-started

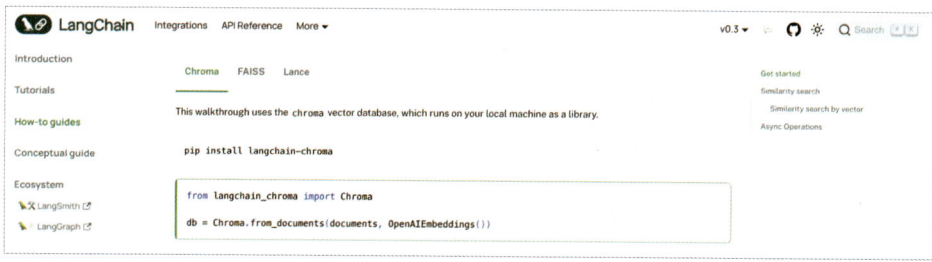

명령어

```
pip install langchain-chroma
```

벡터 저장

import 키워드를 통해 `langchain_chroma` 라이브러리에서 Chroma 클래스를 불러옵니다. `Chroma.from_documents()` 함수를 통해 임베딩 벡터를 저장하는데, 함수의 인자는 분할된 청크가 저장된 리스트(`texts`)와 임베딩 모델 인스턴스(`embeddings_model`)입니다.

main.py

```
from langchain_community.document_loaders import PyPDFLoader
from langchain_text_splitters import RecursiveCharacterTextSplitter
from langchain_openai import OpenAIEmbeddings
from langchain_chroma import Chroma
from dotenv import load_dotenv
load_dotenv()

#Loader
loader = PyPDFLoader("unsu.pdf")
```

```
pages = loader.load_and_split()

#Splitter
text_splitter = RecursiveCharacterTextSplitter(
    # Set a really small chunk size, just to show.
    chunk_size=300,
    chunk_overlap=20,
    length_function=len,
    is_separator_regex=False,
)
texts = text_splitter.split_documents(pages)

#Embedding
embeddings_model = OpenAIEmbeddings(
    model="text-embedding-3-large",
    # With the `text-embedding-3` class
    # of models, you can specify the size
    # of the embeddings you want returned.
    # dimensions=1024
)

#Chroma DB
db = Chroma.from_documents(texts, embeddings_model)
```

검색기

벡터 저장소에서 문서를 검색하기 위한 **검색기**Retriever를 구현할 차례입니다. 간단히 말해 **임베딩된 PDF 문서에서 사용자 질문과 가장 관련 있는 정보만 가져오는 것입니다.**

랭체인에서는 단순한 검색기에서 시작해 검색 성능을 높이기 위한 여러 가지 알고리즘을 지원합니다. 예를 들어, 사용자 질문의 뉘앙스가 미묘하게 다르거나 임베딩이 데이터의 의미를 잘 반영하지 않는다면 검색 시 기대와 다른 결과가 나타날 수 있습니다. 이러한 문제를 해결하기 위해 랭체인에서는 **다중 질문 검색기**MultiQueryRetriever라는 알고리즘을 지원합니다. **LLM을 사용하여 사용자 질문을 다양한 가짓수로 생성함으로써, 보다 관련성이 높은 결과를 제공**하도록 구현되었습니다.

문서 검색기

01 How-to guides 페이지에서 [Retrievers – How to: generate multiple queries to retrieve data for]로 접속합니다. 해당 페이지에서 [Simple usage] 가이드를 적용해 봅시다.

🔗 랭체인 Retrievers – MultiQueryRetriever:
https://python.langchain.com/docs/how_to/MultiQueryRetriever/

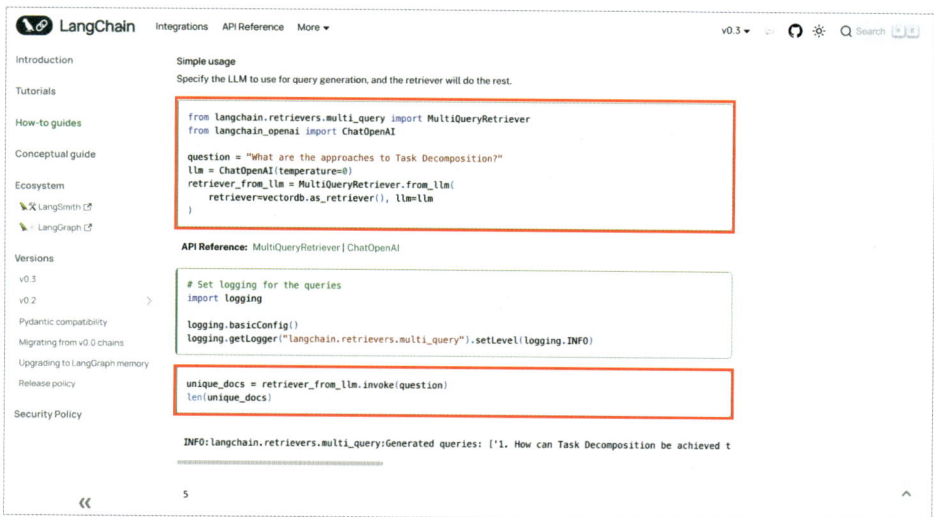

02 langchain.retrievers.multi_query 라이브러리를 통해 `MultiQueryRetriever` 클래스를 불러옵니다. 그리고 `MultiQueryRetriever` 클래스에서 활용할 LLM을 연결하기 위해 `langchain_openai` 라이브러리에서 `ChatOpenAI` 클래스를 불러옵니다.

```
main.py
from langchain_community.document_loaders import PyPDFLoader
from langchain_text_splitters import RecursiveCharacterTextSplitter
from langchain_openai import OpenAIEmbeddings
from langchain_chroma import Chroma
from langchain.retrievers.multi_query import MultiQueryRetriever
from langchain_openai import ChatOpenAI
from dotenv import load_dotenv
load_dotenv()
```

03 사용자 질문과 검색기에 연결할 LLM 인스턴스를 생성하는 코드입니다. question 변수는 추후 사용자 질문이 저장되는 변수인데, 우선 임의로 "아내가 먹고 싶어하는 음식은 무엇이야?"를 입력합니다. 다음으로 ChatOpenAI() 함수를 통해 LLM 인스턴스를 초기화하는데, 이때 GPT 모델의 파라미터인 temperature를 0으로 설정하여 일관된 결과를 유도합니다.

main.py
```
#Retriever
question = "아내가 먹고 싶어하는 음식은 무엇이야?"
llm = ChatOpenAI(temperature=0)
```

04 검색기를 실행하는 코드입니다. MultiQueryRetriever.from_llm() 함수로 MultiQueryRetriever 인스턴스를 초기화합니다. 함수의 첫 번째 파라미터인 retriever는 db.as_retriever()로, Chroma 벡터 저장소에 대한 Retriever 인스턴스를 생성한 것입니다. 두 번째 파라미터인 llm에는 앞서 만든 LLM 인스턴스(llm)를 전달합니다. 그리고 retriever_from_llm.invoke() 함수를 호출하여 사용자 질문(question)에 대한 연관 정보를 가져옵니다.

결과를 확인하기 위해, print() 함수를 통해 검색기의 실행 결과인 docs의 개수(len(docs))와 내용(docs)을 출력합니다. 전체 코드는 다음과 같습니다.

main.py
```
from langchain_community.document_loaders import PyPDFLoader
from langchain_text_splitters import RecursiveCharacterTextSplitter
from langchain_openai import OpenAIEmbeddings
from langchain_chroma import Chroma
from langchain.retrievers.multi_query import MultiQueryRetriever
from langchain_openai import ChatOpenAI
from dotenv import load_dotenv
load_dotenv()

#Loader
loader = PyPDFLoader("unsu.pdf")
pages = loader.load_and_split()

#Splitter
text_splitter = RecursiveCharacterTextSplitter(
```

```
    # Set a really small chunk size, just to show.
    chunk_size=300,
    chunk_overlap=20,
    length_function=len,
    is_separator_regex=False,
)
texts = text_splitter.split_documents(pages)

#Embedding
embeddings_model = OpenAIEmbeddings(
    model="text-embedding-3-large",
    # With the `text-embedding-3` class
    # of models, you can specify the size
    # of the embeddings you want returned.
    # dimensions=1024
)

#Chroma DB
db = Chroma.from_documents(texts, embeddings_model)

#Retriever
question = "아내가 먹고 싶어하는 음식은 무엇이야?"
llm = ChatOpenAI(temperature=0)
retriever_from_llm = MultiQueryRetriever.from_llm(
    retriever=db.as_retriever(), llm=llm
)
docs = retriever_from_llm.invoke(question)
print(len(docs))
print(docs)
```

05 터미널을 열어 다음 명령어를 실행합니다. 검색된 docs 개수(5)와 소설에서 아내가 먹고 싶어 하는 음식이었던 설렁탕 관련 문장이 포함된 것을 확인할 수 있습니다.

명령어

```
python main.py
```

결과

```
5
[Document(id='53c51331-3e26-42f6-b6ad-ff2df5dfeab5', metadata={'creationdate':
```

```
'2010-03-19T13:04:08+09:00', 'creator': 'ezPDF Builder 2006', 'moddate': '2010-03-
19T13:04:08+09:00', 'page': 1, 'page_label': '2', 'producer': 'ezPDF Builder 2006',
'source': 'unsu.pdf', 'total_pages': 10}, page_content='마시고싶다고남편을졸랐다.\n이
런오라질년조밥도못먹는년이설렁탕은또처먹고지랄병을하   "  ！.\n게."\n라고야단을쳐보았건만못사
주는마음이시원치는않았다   ,  , .'), Document(id='c82e85b3-63e8-4b8c-8f7f-4ff766e562a0',
metadata={'creationdate': '2010-03-19T13:04:08+09:00', 'creator': 'ezPDF Builder
2006', 'moddate': '2010-03-19T13:04:08+09:00', 'page': 0, 'page_label': '1',
'producer': 'ezPDF Builder 2006', 'source': 'unsu.pdf', 'total_pages': 10}, page_
content='에게얼마나유용한지몰랐다컬컬한목에모주한잔도적실수있거니와  .\n그보다도앓는아내에
게설렁탕한그릇도사다줄수있음이다.\n그의아내가기침으로쿨룩거리는벌써달포가넘었다조밥도굶기
를 .'), Document(id='e49b49a0-c083-463d-9290-d0b3c5b11832', metadata={'creationdate':
'2010-03-19T13:04:08+09:00', 'creator': 'ezPDF Builder 2006', 'moddate': '2010-03-
19T13:04:08+09:00', 'page': 1, 'page_label': '2', 'producer': 'ezPDF Builder 2006',
'source': 'unsu.pdf', 'total_pages': 10}, page_content='이맹이었다김첨지의눈시울도뜨끈뜨끈
하였다  . .\n이환자가그러고도먹는데는물리지않았다사흘전부터설렁탕국물이 .\n마시고싶다고남편을졸
랐다.'), Document(id='f729d548-cd44-4d00-9709-75e3f67d6968', metadata={'creationdate':
'2010-03-19T13:04:08+09:00', 'creator': 'ezPDF Builder 2006', 'moddate': '2010-03-
19T13:04:08+09:00', 'page': 5, 'page_label': '6', 'producer': 'ezPDF Builder 2006',
'source': 'unsu.pdf', 'total_pages': 10}, page_content='에김첨지는갑자기속이쓰려서견딜수
없었다마음대로할양이면거기 .\n있는모든먹음먹이를모조리깡그리집어삼켜도시원찮았다하되배고\n픈
이는위선분량많은빈대떡두개를쪼이기도하고추어탕을한그릇'), Document(id='63eb4a82-59fb-46c7-
9aa1-5a395638235a', metadata={'creationdate': '2010-03-19T13:04:08+09:00', 'creator':
'ezPDF Builder 2006', 'moddate': '2010-03-19T13:04:08+09:00', 'page': 8, 'page_label':
'9', 'producer': 'ezPDF Builder 2006', 'source': 'unsu.pdf', 'total_pages': 10}, page_
content='김첨지는취중에도설렁탕을사가지고집에다다랐다집이라해도물론 .\n셋집이요또집전체를세든게
아니라안과뚝떨어진행랑방한간을빌\n려든것인데물을길어대고한달에일원씩내는터이다만일김첨지가 .')]
```

생성기

ChatPDF의 동작 방식은 크게 **검색 단계**^{Retrieval Phase}와 **생성 단계**^{Generation Phase}로 구분됩니다. 검색 단계에서는 사용자 질문과 연관된 정보를 검색하고, 생성 단계에서는 검색된 정보를 기반으로 답변을 생성합니다. 이러한 구조를 **RAG**^{Retrieval-Augmented Generation} 기법이라고 부르며, RAG 기법은 Q&A 서비스에 널리 활용되고 있습니다.

랭체인 공식 문서에서 제공하는 RAG 기반 Q&A 챗봇의 예시 코드를 활용하여 ChatPDF 서비스의 마지막 단계인 **생성기**^{Generator}를 구현해 보겠습니다.

01 랭체인 공식 문서 Tutorial 페이지에서 [Orchestration – Retrieval Augmented Generation (RAG) Part 1]으로 접속합니다. 우측 패널 [Preview]를 클릭하면 웹사이트 Q&A 챗봇을 만드는 서비스가 단 50여 줄의 코드로 구현되어 있습니다. 예시 코드에서 **프롬프트 템플릿에 사용자 질문을 넣고 답변을 생성하는 부분**을 활용해 봅시다.

🔗 랭체인 RAG 애플리케이션: https://python.langchain.com/docs/tutorials/rag/

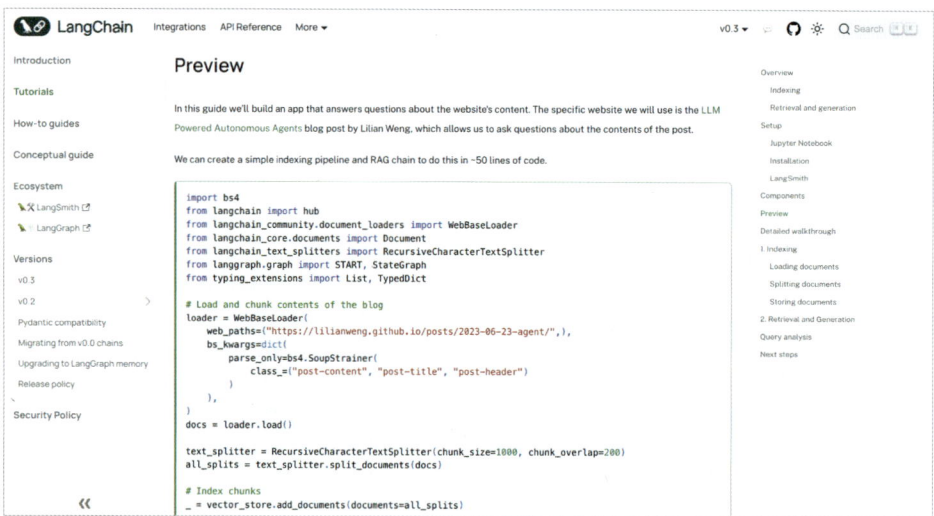

답변 생성

01 이전의 Retriever 코드에서 LLM 인스턴스와 Retriever 인스턴스를 생성하는 부분을 남기고, 그 외 코드는 삭제합니다.

```
main.py
from langchain_community.document_loaders import PyPDFLoader
from langchain_text_splitters import RecursiveCharacterTextSplitter
from langchain_openai import OpenAIEmbeddings
from langchain_chroma import Chroma
from langchain.retrievers.multi_query import MultiQueryRetriever
from langchain_openai import ChatOpenAI
from langchain import hub
from langchain_core.output_parsers import StrOutputParser
```

```python
from langchain_core.runnables import RunnablePassthrough
from dotenv import load_dotenv
load_dotenv()

#Loader
loader = PyPDFLoader("unsu.pdf")
pages = loader.load_and_split()

#Splitter
text_splitter = RecursiveCharacterTextSplitter(
    # Set a really small chunk size, just to show.
    chunk_size=300,
    chunk_overlap=20,
    length_function=len,
    is_separator_regex=False,
)
texts = text_splitter.split_documents(pages)

#Embedding
embeddings_model = OpenAIEmbeddings(
    model="text-embedding-3-large",
    # With the `text-embedding-3` class
    # of models, you can specify the size
    # of the embeddings you want returned.
    # dimensions=1024
)

#Chroma DB
db = Chroma.from_documents(texts, embeddings_model)

#Retriever
llm = ChatOpenAI(temperature=0)
retriever_from_llm = MultiQueryRetriever.from_llm(
    retriever=db.as_retriever(), llm=llm
)
```

02 사용자 질문에 대한 답변을 생성하기 위한 프롬프트 템플릿을 정의합니다. 랭체인에서는 다른 사람들이 올린 프롬프트를 탐색하고 활용할 수 있는 **프롬프트 허브**Prompt Hub를 제공합니다. 프롬프트 허브를 사용하려면 `langchain` 라이브러리에서 hub 클래스를 불러온 뒤 `hub.pull()` 함수의 인자로 프롬프트 경로("rlm/rag-prompt")를 적어 주면 됩니다.

예시 코드에서 사용한 프롬프트는 RAG 서비스를 적용하기 위한 프롬프트입니다. 다음과 같이 ① 시스템 명령어(You are an assistant…) ② 질문(Question) ③ 맥락(Context) ④ 답변(Answer)으로 구성되어 있습니다. ② 질문에 사용자의 질문을 넣고, ③ 맥락에 검색할 문서를 넣으면 LLM이 해당 문서 기반으로 답변을 생성합니다.

🔗 예시 코드의 RAG 프롬프트: https://smith.langchain.com/hub/rlm/rag-prompt

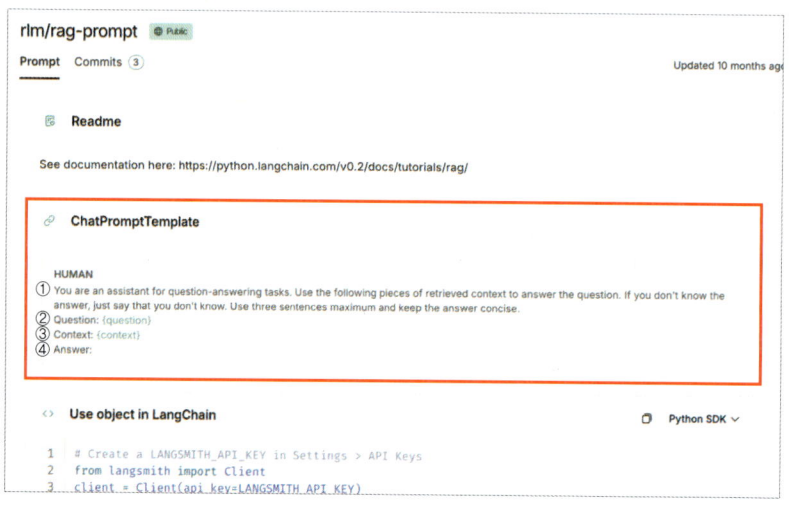

```
main.py
#Retriever
llm = ChatOpenAI(temperature=0)
retriever_from_llm = MultiQueryRetriever.from_llm(
    retriever=db.as_retriever(), llm=llm
)

#Prompt Template
prompt = hub.pull("rlm/rag-prompt")
```

03 검색된 문서를 합치고 답변을 생성하는 LLM 체인을 만듭니다. 우선 `format_docs()` 함수를 통해 검색된 문서를 2개의 줄바꿈 기호("\n\n")로 구분하여 결합합니다. 그리고 LLM 체인을 만들기 위해 프롬프트 인스턴스(`prompt`), LLM 인스턴스(`llm`), 출력 파서

(StrOutputParser)를 순서대로 연결합니다. 이때 프롬프트 인스턴스의 파라미터를 설정해야 합니다. context에 검색된 문서를 결합한 결과(retriever_from_llm | format_docs)를, question에 사용자 질문(RunnablePassthrough)을 전달합니다.

> **궁금해요 RunnablePassthrough란?**
>
> RunnablePassthrough 인스턴스는 랭체인 문법의 일종으로, invoke() 함수의 사용자 입력을 그대로 전달하는 역할입니다. 예를 들어, rag_chain.invoke("아내가 먹고 싶어하는 음식은 무엇이야?")라는 함수가 호출되면, "아내가 먹고 싶어하는 음식은 무엇이야?"라는 문자열이 LLM 체인에 그대로 전달됩니다.

main.py

```python
#Prompt Template
prompt = hub.pull("rlm/rag-prompt")

#Generate
def format_docs(docs):
    return "\n\n".join(doc.page_content for doc in docs)
rag_chain = (
    {"context": retriever_from_llm | format_docs, "question": RunnablePassthrough()}
    | prompt
    | llm
    | StrOutputParser()
)
```

04 rag_chain.invoke() 함수를 통해 LLM 체인을 실행하여 사용자 질문에 대한 답변을 생성합니다. 결과를 확인하기 위해 print() 함수를 호출해 봅시다. 전체 코드는 다음과 같습니다.

main.py

```python
from langchain_community.document_loaders import PyPDFLoader
from langchain_text_splitters import RecursiveCharacterTextSplitter
from langchain_openai import OpenAIEmbeddings
from langchain_chroma import Chroma
from langchain.retrievers.multi_query import MultiQueryRetriever
from langchain_openai import ChatOpenAI
```

```python
from langchain import hub
from langchain_core.output_parsers import StrOutputParser
from langchain_core.runnables import RunnablePassthrough
from dotenv import load_dotenv
load_dotenv()

#Loader
loader = PyPDFLoader("unsu.pdf")
pages = loader.load_and_split()

#Splitter
text_splitter = RecursiveCharacterTextSplitter(
    # Set a really small chunk size, just to show.
    chunk_size=300,
    chunk_overlap=20,
    length_function=len,
    is_separator_regex=False,
)
texts = text_splitter.split_documents(pages)

#Embedding
embeddings_model = OpenAIEmbeddings(
    model="text-embedding-3-large",
    # With the `text-embedding-3` class
    # of models, you can specify the size
    # of the embeddings you want returned.
    # dimensions=1024
)

#Chroma DB
db = Chroma.from_documents(texts, embeddings_model)

#Retriever
llm = ChatOpenAI(temperature=0)
retriever_from_llm = MultiQueryRetriever.from_llm(
    retriever=db.as_retriever(), llm=llm
)

#Prompt Template
prompt = hub.pull("rlm/rag-prompt")

#Generate
def format_docs(docs):
```

```
    return "\n\n".join(doc.page_content for doc in docs)
rag_chain = (
    {"context": retriever_from_llm | format_docs, "question": RunnablePassthrough()}
    | prompt
    | llm
    | StrOutputParser()
)

#Question
result = rag_chain.invoke("아내가 먹고 싶어하는 음식은 무엇이야?")
print(result)
```

05 터미널을 열어 다음 명령어를 실행합니다. 결과를 보면 사용자 질문인 "아내가 먹고 싶어하는 음식은 무엇이야?"에 대한 답변으로 "설렁탕이 아내가 먹고 싶어하는 음식입니다."가 출력된 것을 확인할 수 있습니다.

명령어
```
python main.py
```

결과

아내가 먹고 싶어하는 음식은 설렁탕이다. 남편을 졸라서 마시고 싶다고 했다. 설렁탕 국물을 마시고 싶어했다.

프런트엔드 구현

본격적으로 ChatPDF 서비스의 프런트엔드를 구현해 봅시다. ChatPDF 서비스의 화면은 ChatPDF 제목, 파일 업로드 필드, "PDF에게 질문해보세요" 헤더, 사용자가 질문을 입력하는 필드, [질문하기] 버튼, 답변을 출력하는 부분으로 구성되어 있습니다.

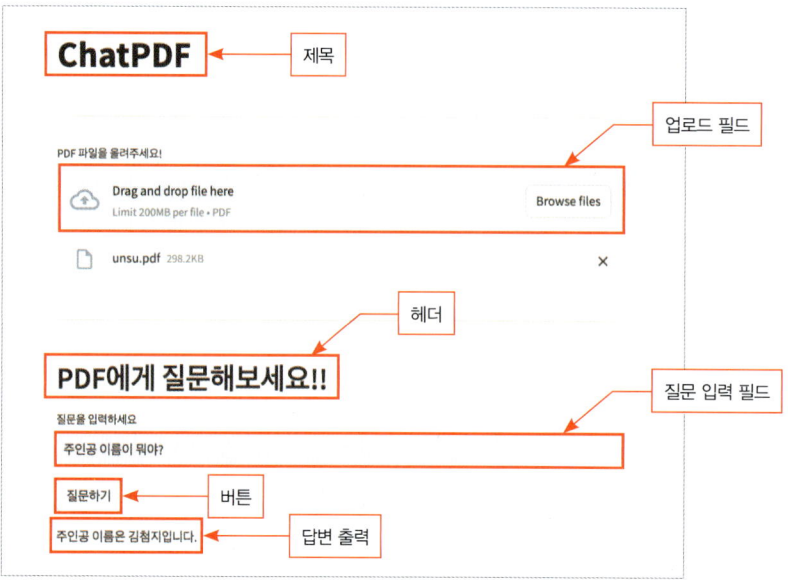

제목 설정

st.title() 함수를 이용하여 ChatPDF라는 제목을 설정합니다. 그리고 st.write("---")를 호출하여 제목 아래에 구분선을 표시합니다.

```python
# main.py
from langchain_community.document_loaders import PyPDFLoader
from langchain_text_splitters import RecursiveCharacterTextSplitter
from langchain_openai import OpenAIEmbeddings
from langchain_chroma import Chroma
from langchain.retrievers.multi_query import MultiQueryRetriever
from langchain_openai import ChatOpenAI
from langchain import hub
from langchain_core.output_parsers import StrOutputParser
from langchain_core.runnables import RunnablePassthrough
import streamlit as st
from dotenv import load_dotenv
load_dotenv()

#제목
st.title("ChatPDF")
st.write("---")
```

```python
#Loader
loader = PyPDFLoader("unsu.pdf")
pages = loader.load_and_split()

#Splitter
text_splitter = RecursiveCharacterTextSplitter(
    # Set a really small chunk size, just to show.
    chunk_size=300,
    chunk_overlap=20,
    length_function=len,
    is_separator_regex=False,
)
texts = text_splitter.split_documents(pages)

#Embedding
embeddings_model = OpenAIEmbeddings(
    model="text-embedding-3-large",
    # With the `text-embedding-3` class
    # of models, you can specify the size
    # of the embeddings you want returned.
    # dimensions=1024
)

#Chroma DB
db = Chroma.from_documents(texts, embeddings_model)

#Retriever
llm = ChatOpenAI(temperature=0)
retriever_from_llm = MultiQueryRetriever.from_llm(
  retriever=db.as_retriever(), llm=llm
)

#Prompt Template
prompt = hub.pull("rlm/rag-prompt")

#Generate
def format_docs(docs):
   return "\n\n".join(doc.page_content for doc in docs)
rag_chain = (
   {"context": retriever_from_llm | format_docs, "question": RunnablePassthrough()}
    | prompt
    | llm
    | StrOutputParser()
```

```
)

#Question
result = rag_chain.invoke("아내가 먹고 싶어하는 음식은 무엇이야?")
print(result)
```

파일 업로드 설정

01 Streamlit 공식 문서 [API Reference] 페이지의 Input Widgets(입력 위젯)에서 [File Uploader]를 클릭한 뒤 st.file_uploader() 함수의 예시 코드를 확인해 봅시다. st.file_uploader()를 통해 파일 업로드 필드를 생성한 뒤, 사용자가 업로드한 파일을 uploaded_file이라는 변수에 저장합니다. 그리고 if 문을 통해 사용자가 파일을 업로드했을 때 실행할 동작을 지정합니다.

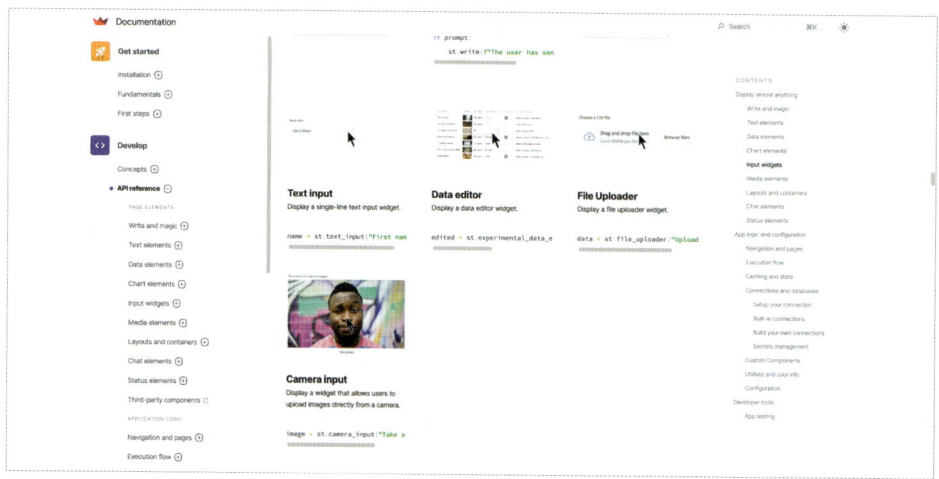

> Streamlit 예시 코드

```python
import streamlit as st
import pandas as pd
from io import StringIO

uploaded_file = st.file_uploader("Choose a file") //파일 업로드 필드
if uploaded_file is not None: //사용자가 파일을 업로드했을 때 실행할 동작
    # To read file as bytes:
    bytes_data = uploaded_file.getvalue()
    st.write(bytes_data)

    # To convert to a string based IO:
    stringio = StringIO(uploaded_file.getvalue().decode("utf-8"))
    st.write(stringio)

    # To read file as string:
    string_data = stringio.read()
    st.write(string_data)

    # Can be used wherever a "file-like" object is accepted:
    dataframe = pd.read_csv(uploaded_file)
    st.write(dataframe)
```

02 unsu.pdf를 불러오는 기존 코드를 삭제하고, 다음과 같이 `st.file_uploader()` 함수를 호출하여 파일 업로드 필드를 생성합니다. 함수의 첫 번째 파라미터는 파일 업로드 필드의 레이블이며, 필수값입니다. 두 번째 파라미터인 `type`은 업로드를 허용할 파일 형식이며, 옵션값입니다(지정하지 않을 경우 모든 파일 형식을 업로드할 수 있습니다).

> main.py

```python
from langchain_community.document_loaders import PyPDFLoader
from langchain_text_splitters import RecursiveCharacterTextSplitter
from langchain_openai import OpenAIEmbeddings
from langchain_chroma import Chroma
from langchain.retrievers.multi_query import MultiQueryRetriever
from langchain_openai import ChatOpenAI
from langchain import hub
from langchain_core.output_parsers import StrOutputParser
from langchain_core.runnables import RunnablePassthrough
import streamlit as st
```

```python
from dotenv import load_dotenv
load_dotenv()

#제목
st.title("ChatPDF")
st.write("---")

#파일 업로드
uploaded_file = st.file_uploader("PDF 파일을 올려주세요!", type=['pdf'])
st.write("---")

#Splitter
text_splitter = RecursiveCharacterTextSplitter(
    # Set a really small chunk size, just to show.
    chunk_size=300,
    chunk_overlap=20,
    length_function=len,
    is_separator_regex=False,
)
texts = text_splitter.split_documents(pages)

#Embedding
embeddings_model = OpenAIEmbeddings(
    model="text-embedding-3-large",
    # With the `text-embedding-3` class
    # of models, you can specify the size
    # of the embeddings you want returned.
    # dimensions=1024
)

#Chroma DB
db = Chroma.from_documents(texts, embeddings_model)

#Retriever
llm = ChatOpenAI(temperature=0)
retriever_from_llm = MultiQueryRetriever.from_llm(
    retriever=db.as_retriever(), llm=llm
)

#Prompt Template
prompt = hub.pull("rlm/rag-prompt")

#Generate
def format_docs(docs):
```

```
    return "\n\n".join(doc.page_content for doc in docs)
rag_chain = (
    {"context": retriever_from_llm | format_docs, "question": RunnablePassthrough()}
    | prompt
    | llm
    | StrOutputParser()
)

#Question
result = rag_chain.invoke("아내가 먹고 싶어하는 음식은 무엇이야?")
print(result)
```

03 사용자가 업로드한 파일을 불러오는 `pdf_to_document()` 함수를 구현합니다. 우선 파일을 처리하기 위해 임시 파일을 생성해야 합니다. `tempfile.TemporaryDirectory()` 함수를 통해 임시로 사용할 디렉터리를 생성합니다. `os.path.join()` 함수는 임시 디렉터리의 경로와 업로드된 파일의 이름을 결합하여 `temp_filepath` 변수에 저장합니다. 그리고 `f.write()` 함수를 통해 업로드한 파일의 내용을 `temp_filepath`에 씁니다. 바로 아래에는 이전에 작성한 Document Loader 코드를 붙여 넣는데, 이때 `PyPDFLoader()` 함수의 파라미터로 `temp_filepath`를 전달합니다.

main.py

```
from langchain_community.document_loaders import PyPDFLoader
from langchain_text_splitters import RecursiveCharacterTextSplitter
from langchain_openai import OpenAIEmbeddings
from langchain_chroma import Chroma
from langchain.retrievers.multi_query import MultiQueryRetriever
from langchain_openai import ChatOpenAI
from langchain import hub
from langchain_core.output_parsers import StrOutputParser
from langchain_core.runnables import RunnablePassthrough
import streamlit as st
import tempfile
import os
from dotenv import load_dotenv
load_dotenv()

#제목
st.title("ChatPDF")
```

```python
st.write("---")

#파일 업로드
uploaded_file = st.file_uploader("PDF 파일을 올려주세요!", type=['pdf'])
st.write("---")

def pdf_to_document(uploaded_file):
    temp_dir = tempfile.TemporaryDirectory()
    temp_filepath = os.path.join(temp_dir.name, uploaded_file.name)
    with open(temp_filepath, "wb") as f:
        f.write(uploaded_file.getvalue())
    loader = PyPDFLoader(temp_filepath)
    pages = loader.load_and_split()
    return pages

#Splitter
text_splitter = RecursiveCharacterTextSplitter(
    # Set a really small chunk size, just to show.
    chunk_size=300,
    chunk_overlap=20,
    length_function=len,
    is_separator_regex=False,
)
texts = text_splitter.split_documents(pages)

#Embedding
embeddings_model = OpenAIEmbeddings(
    model="text-embedding-3-large",
    # With the `text-embedding-3` class
    # of models, you can specify the size
    # of the embeddings you want returned.
    # dimensions=1024
)

#Chroma DB
db = Chroma.from_documents(texts, embeddings_model)

#Retriever
llm = ChatOpenAI(temperature=0)
retriever_from_llm = MultiQueryRetriever.from_llm(
    retriever=db.as_retriever(), llm=llm
)

#Prompt Template
prompt = hub.pull("rlm/rag-prompt")
```

```
#Generate
def format_docs(docs):
    return "\n\n".join(doc.page_content for doc in docs)
rag_chain = (
    {"context": retriever_from_llm | format_docs, "question": RunnablePassthrough()}
    | prompt
    | llm
    | StrOutputParser()
)

#Question
result = rag_chain.invoke("아내가 먹고 싶어하는 음식은 무엇이야?")
print(result)
```

04 사용자가 파일을 업로드했을 경우에만 서비스 코드를 실행하도록 변경해 보겠습니다. if 문에서는 사용자가 파일을 업로드했을 때 실행할 동작을 지정합니다. 우선 `pdf_to_document()` 함수를 호출하여 결과값을 **pages**라는 변수에 저장합니다. 바로 아래에 Text Splitter, Embedding, Vector Store, Retriever, Generator 서비스 코드를 옮겨 넣습니다.

main.py

```
from langchain_community.document_loaders import PyPDFLoader
from langchain_text_splitters import RecursiveCharacterTextSplitter
from langchain_openai import OpenAIEmbeddings
from langchain_chroma import Chroma
from langchain.retrievers.multi_query import MultiQueryRetriever
from langchain_openai import ChatOpenAI
from langchain import hub
from langchain_core.output_parsers import StrOutputParser
from langchain_core.runnables import RunnablePassthrough
import streamlit as st
import tempfile
import os
from dotenv import load_dotenv
load_dotenv()

#제목
st.title("ChatPDF")
```

```python
st.write("---")

#파일 업로드
uploaded_file = st.file_uploader("PDF 파일을 올려주세요!", type=['pdf'])
st.write("---")

def pdf_to_document(uploaded_file):
    temp_dir = tempfile.TemporaryDirectory()
    temp_filepath = os.path.join(temp_dir.name, uploaded_file.name)
    with open(temp_filepath, "wb") as f:
        f.write(uploaded_file.getvalue())
    loader = PyPDFLoader(temp_filepath)
    pages = loader.load_and_split()
    return pages

#업로드된 파일 처리
if uploaded_file is not None:
    pages = pdf_to_document(uploaded_file)

    #Splitter
    text_splitter = RecursiveCharacterTextSplitter(
        # Set a really small chunk size, just to show.
        chunk_size=300,
        chunk_overlap=20,
        length_function=len,
        is_separator_regex=False,
    )
    texts = text_splitter.split_documents(pages)

    #Embedding
    embeddings_model = OpenAIEmbeddings(
        model="text-embedding-3-large",
        # With the `text-embedding-3` class
        # of models, you can specify the size
        # of the embeddings you want returned.
        # dimensions=1024
    )

    #Chroma DB
    db = Chroma.from_documents(texts, embeddings_model)

    #Retriever
    llm = ChatOpenAI(temperature=0)
    retriever_from_llm = MultiQueryRetriever.from_llm(
```

```
        retriever=db.as_retriever(), llm=llm
)

#Prompt Template
prompt = hub.pull("rlm/rag-prompt")

#Generate
def format_docs(docs):
    return "\n\n".join(doc.page_content for doc in docs)
rag_chain = (
    {"context": retriever_from_llm | format_docs, "question": RunnablePassthrough()}
    | prompt
    | llm
    | StrOutputParser()
)

#Question
result = rag_chain.invoke("아내가 먹고 싶어하는 음식은 무엇이야?")
print(result)
```

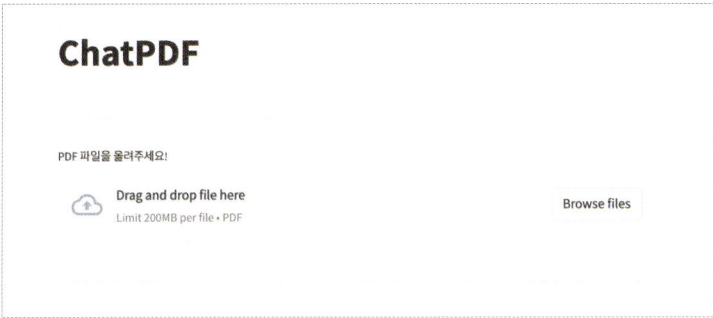

사용자 입력 필드 설정

사용자에게 질문을 입력받은 뒤 Retriever 코드를 통해 관련 문서를 검색해야 합니다. Streamlit 공식 문서 [API Reference] 페이지의 Input Widgets(입력 위젯)에서 [Text Input]을 클릭한 뒤, 예시 코드를 참조하여 st.text_input()을 통해 사용자 입력 필드를 추가합니다. 추가로, st.header() 함수를 사용하여 "PDF에게 질문해보세요!!"라는 헤더도 추가해 보겠습니다.

st.text_input() 함수를 실행하면 사용자 질문이 question이라는 변수에 저장됩니다. rag_chain.invoke() 함수의 파라미터로 question을 전달하면 LLM 체인에 사용자 질문이 전달됩니다.

main.py

```python
from langchain_community.document_loaders import PyPDFLoader
from langchain_text_splitters import RecursiveCharacterTextSplitter
from langchain_openai import OpenAIEmbeddings
from langchain_chroma import Chroma
from langchain.retrievers.multi_query import MultiQueryRetriever
from langchain_openai import ChatOpenAI
from langchain import hub
from langchain_core.output_parsers import StrOutputParser
from langchain_core.runnables import RunnablePassthrough
import streamlit as st
import tempfile
import os
from dotenv import load_dotenv
load_dotenv()

#제목
st.title("ChatPDF")
st.write("---")

#파일 업로드
uploaded_file = st.file_uploader("PDF 파일을 올려주세요!", type=['pdf'])
st.write("---")

def pdf_to_document(uploaded_file):
    temp_dir = tempfile.TemporaryDirectory()
    temp_filepath = os.path.join(temp_dir.name, uploaded_file.name)
    with open(temp_filepath, "wb") as f:
        f.write(uploaded_file.getvalue())
    loader = PyPDFLoader(temp_filepath)
    pages = loader.load_and_split()
    return pages

#업로드된 파일 처리
if uploaded_file is not None:
    pages = pdf_to_document(uploaded_file)

    #Splitter
```

```python
text_splitter = RecursiveCharacterTextSplitter(
    # Set a really small chunk size, just to show.
    chunk_size=300,
    chunk_overlap=20,
    length_function=len,
    is_separator_regex=False,
)
texts = text_splitter.split_documents(pages)

#Embedding
embeddings_model = OpenAIEmbeddings(
    model="text-embedding-3-large",
    # With the `text-embedding-3` class
    # of models, you can specify the size
    # of the embeddings you want returned.
    # dimensions=1024
)

#Chroma DB
db = Chroma.from_documents(texts, embeddings_model)

#User Input
st.header("PDF에게 질문해보세요!!")
question = st.text_input("질문을 입력하세요")

#Retriever
llm = ChatOpenAI(temperature=0)
retriever_from_llm = MultiQueryRetriever.from_llm(
    retriever=db.as_retriever(), llm=llm
)

#Prompt Template
prompt = hub.pull("rlm/rag-prompt")

#Generate
def format_docs(docs):
    return "\n\n".join(doc.page_content for doc in docs)
rag_chain = (
    {"context": retriever_from_llm | format_docs, "question": RunnablePassthrough()}
    | prompt
    | llm
    | StrOutputParser()
)
```

```
#Question
result = rag_chain.invoke(question)
print(result)
```

실행 버튼 설정

사용자가 질문을 입력한 다음 [질문하기] 버튼을 누르면 관련 문서가 검색되어야 합니다. Streamlit 공식 문서 [API Reference] 페이지의 [Input Widgets]에서 [Button]을 클릭한 뒤, st.button() 함수의 예시 코드를 참조하여 다음과 같이 작성합니다. 사용자가 버튼을 클릭했을 경우에만 서비스 코드가 실행되도록 들여쓰기를 주의하길 바랍니다.

main.py
```python
from langchain_community.document_loaders import PyPDFLoader
from langchain_text_splitters import RecursiveCharacterTextSplitter
from langchain_openai import OpenAIEmbeddings
from langchain_chroma import Chroma
from langchain.retrievers.multi_query import MultiQueryRetriever
from langchain_openai import ChatOpenAI
from langchain import hub
from langchain_core.output_parsers import StrOutputParser
from langchain_core.runnables import RunnablePassthrough
import streamlit as st
import tempfile
import os
from dotenv import load_dotenv
load_dotenv()

#제목
st.title("ChatPDF")
st.write("---")

#파일 업로드
uploaded_file = st.file_uploader("PDF 파일을 올려주세요!", type=['pdf'])
st.write("---")

def pdf_to_document(uploaded_file):
    temp_dir = tempfile.TemporaryDirectory()
    temp_filepath = os.path.join(temp_dir.name, uploaded_file.name)
    with open(temp_filepath, "wb") as f:
```

```python
        f.write(uploaded_file.getvalue())
    loader = PyPDFLoader(temp_filepath)
    pages = loader.load_and_split()
    return pages

#업로드된 파일 처리
if uploaded_file is not None:
    pages = pdf_to_document(uploaded_file)

    #Splitter
    text_splitter = RecursiveCharacterTextSplitter(
        # Set a really small chunk size, just to show.
        chunk_size=300,
        chunk_overlap=20,
        length_function=len,
        is_separator_regex=False,
    )
    texts = text_splitter.split_documents(pages)

    #Embedding
    embeddings_model = OpenAIEmbeddings(
        model="text-embedding-3-large",
        # With the `text-embedding-3` class
        # of models, you can specify the size
        # of the embeddings you want returned.
        # dimensions=1024
    )

    #Chroma DB
    db = Chroma.from_documents(texts, embeddings_model)

    #User Input
    st.header("PDF에게 질문해보세요!!")
    question = st.text_input("질문을 입력하세요")

    if st.button("질문하기"):
        #Retriever
        llm = ChatOpenAI(temperature=0)
        retriever_from_llm = MultiQueryRetriever.from_llm(
            retriever=db.as_retriever(), llm=llm
        )

        #Prompt Template
        prompt = hub.pull("rlm/rag-prompt")
```

```
#Generate
def format_docs(docs):
    return "\n\n".join(doc.page_content for doc in docs)
rag_chain = (
    {"context": retriever_from_llm | format_docs, "question": RunnablePassthrough()}
    | prompt
    | llm
    | StrOutputParser()
)

#Question
result = rag_chain.invoke(question)
print(result)
```

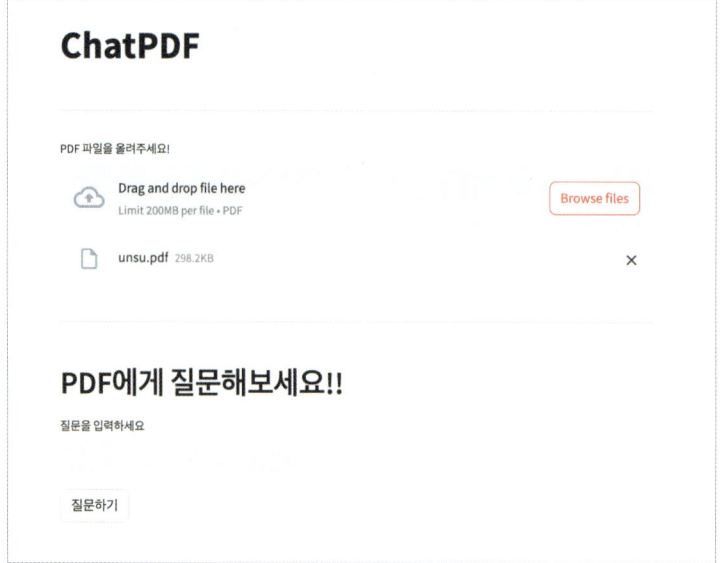

답변 출력 설정

사용자 질문에 대한 GPT 모델의 답변을 출력합니다. `st.write()` 함수의 파라미터로 LLM 체인을 실행하는 `rag_chain.invoke(question)` 함수의 결과값인 `result`를 전달합니다.

```
main.py
from langchain_community.document_loaders import PyPDFLoader
from langchain_text_splitters import RecursiveCharacterTextSplitter
from langchain_openai import OpenAIEmbeddings
from langchain_chroma import Chroma
from langchain.retrievers.multi_query import MultiQueryRetriever
from langchain_openai import ChatOpenAI
from langchain import hub
from langchain_core.output_parsers import StrOutputParser
from langchain_core.runnables import RunnablePassthrough
import streamlit as st
import tempfile
import os
from dotenv import load_dotenv
load_dotenv()

#제목
st.title("ChatPDF")
st.write("---")

#파일 업로드
uploaded_file = st.file_uploader("PDF 파일을 올려주세요!", type=['pdf'])
st.write("---")

def pdf_to_document(uploaded_file):
    temp_dir = tempfile.TemporaryDirectory()
    temp_filepath = os.path.join(temp_dir.name, uploaded_file.name)
    with open(temp_filepath, "wb") as f:
        f.write(uploaded_file.getvalue())
    loader = PyPDFLoader(temp_filepath)
    pages = loader.load_and_split()
    return pages

#업로드된 파일 처리
if uploaded_file is not None:
    pages = pdf_to_document(uploaded_file)

    #Splitter
    text_splitter = RecursiveCharacterTextSplitter(
        # Set a really small chunk size, just to show.
        chunk_size=300,
        chunk_overlap=20,
        length_function=len,
```

```python
        is_separator_regex=False,
    )
    texts = text_splitter.split_documents(pages)

    #Embedding
    embeddings_model = OpenAIEmbeddings(
        model="text-embedding-3-large",
        # With the `text-embedding-3` class
        # of models, you can specify the size
        # of the embeddings you want returned.
        # dimensions=1024
    )

    #Chroma DB
    db = Chroma.from_documents(texts, embeddings_model)

    #User Input
    st.header("PDF에게 질문해보세요!!")
    question = st.text_input("질문을 입력하세요")

    if st.button("질문하기"):
        #Retriever
        llm = ChatOpenAI(temperature=0)
        retriever_from_llm = MultiQueryRetriever.from_llm(
            retriever=db.as_retriever(), llm=llm
        )

        #Prompt Template
        prompt = hub.pull("rlm/rag-prompt")

        #Generate
        def format_docs(docs):
            return "\n\n".join(doc.page_content for doc in docs)
        rag_chain = (
            {"context": retriever_from_llm | format_docs, "question": RunnablePassthrough()}
            | prompt
            | llm
            | StrOutputParser()
        )

        #Question
        result = rag_chain.invoke(question)
        st.write(result)
```

로딩 애니메이션 설정

01 GPT 모델의 답변이 생성되는 중 로딩 애니메이션을 표시해 보겠습니다. Streamlit 공식 문서 [API Reference]를 참조하여, 다음과 같이 [질문하기] 버튼 바로 아래에서 st.spinner() 함수를 호출합니다.

```python
# main.py
from langchain_community.document_loaders import PyPDFLoader
from langchain_text_splitters import RecursiveCharacterTextSplitter
from langchain_openai import OpenAIEmbeddings
from langchain_chroma import Chroma
from langchain.retrievers.multi_query import MultiQueryRetriever
from langchain_openai import ChatOpenAI
from langchain import hub
from langchain_core.output_parsers import StrOutputParser
from langchain_core.runnables import RunnablePassthrough
import streamlit as st
import tempfile
import os
from dotenv import load_dotenv
load_dotenv()
```

```python
#제목
st.title("ChatPDF")
st.write("---")

#파일 업로드
uploaded_file = st.file_uploader("PDF 파일을 올려주세요!", type=['pdf'])
st.write("---")

def pdf_to_document(uploaded_file):
    temp_dir = tempfile.TemporaryDirectory()
    temp_filepath = os.path.join(temp_dir.name, uploaded_file.name)
    with open(temp_filepath, "wb") as f:
        f.write(uploaded_file.getvalue())
    loader = PyPDFLoader(temp_filepath)
    pages = loader.load_and_split()
    return pages

#업로드된 파일 처리
if uploaded_file is not None:
    pages = pdf_to_document(uploaded_file)

    #Splitter
    text_splitter = RecursiveCharacterTextSplitter(
        # Set a really small chunk size, just to show.
        chunk_size=300,
        chunk_overlap=20,
        length_function=len,
        is_separator_regex=False,
    )
    texts = text_splitter.split_documents(pages)

    #Embedding
    embeddings_model = OpenAIEmbeddings(
        model="text-embedding-3-large",
        # With the `text-embedding-3` class
        # of models, you can specify the size
        # of the embeddings you want returned.
        # dimensions=1024
    )

    #Chroma DB
    db = Chroma.from_documents(texts, embeddings_model)

    #User Input
```

```python
st.header("PDF에게 질문해보세요!!")
question = st.text_input("질문을 입력하세요")

if st.button("질문하기"):
    with st.spinner('Wait for it...'):
        #Retriever
        llm = ChatOpenAI(temperature=0)
        retriever_from_llm = MultiQueryRetriever.from_llm(
            retriever=db.as_retriever(), llm=llm
        )

        #Prompt Template
        prompt = hub.pull("rlm/rag-prompt")

        #Generate
        def format_docs(docs):
            return "\n\n".join(doc.page_content for doc in docs)
        rag_chain = (
            {"context": retriever_from_llm | format_docs, "question": RunnablePassthrough()}
            | prompt
            | llm
            | StrOutputParser()
        )

        #Question
        result = rag_chain.invoke(question)
        st.write(result)
```

실전 배포

이제 ChatPDF 서비스를 누구나 쓸 수 있게 배포할 차례입니다.

Chroma sqlite3 에러 대응

Streamlit Community Cloud를 통해 서비스를 배포하기 전 Chroma 라이브러리의 sqlite3 에러 대응 코드를 추가해야 합니다(24년 7월 기준으로 Streamlit Community Cloud의 내장 sqlite3과 Chroma 간 호환성 에러가 발생합니다).

다음과 같이 **main.py** 파일 상단에 sqlite3 대신 pysqlite3을 사용하는 코드를 추가합니다. Streamlit Community Cloud에 배포하기 위해 **requirements.txt** 파일에도 `pysqlite3-binary` 패키지를 추가하길 바랍니다.

main.py
```python
__import__('pysqlite3')
import sys
sys.modules['sqlite3'] = sys.modules.pop('pysqlite3')

from langchain_community.document_loaders import PyPDFLoader
from langchain_text_splitters import RecursiveCharacterTextSplitter
from langchain_openai import OpenAIEmbeddings
from langchain_chroma import Chroma
from langchain.retrievers.multi_query import MultiQueryRetriever
from langchain_openai import ChatOpenAI
from langchain import hub
from langchain_core.output_parsers import StrOutputParser
from langchain_core.runnables import RunnablePassthrough
import streamlit as st
import tempfile
import os
#from dotenv import load_dotenv
#load_dotenv()

(...코드 생략...)
```

Chroma 캐시 에러 대응

첫 실행 이후 다음 에러가 발생한다면, 클라이언트 캐시를 삭제하는 코드를 추가하길 바랍니다.

> 에러 내용
>
> Could not connect to tenant default_tenant. Are you sure it exists?

> main.py
>
> ```
> (...코드 생략...)
>
>     #Embedding
>     embeddings_model = OpenAIEmbeddings(
>         model="text-embedding-3-large",
>         # With the `text-embedding-3` class
>         # of models, you can specify the size
>         # of the embeddings you want returned.
>         # dimensions=1024
>     )
>
>     import chromadb
>     chromadb.api.client.SharedSystemClient.clear_system_cache()
>
>     #Chroma DB
>     db = Chroma.from_documents(texts, embeddings_model)
>
> (...코드 생략...)
> ```

Streamlit Community Cloud 코드 배포

01 Streamlit Community Cloud 웹사이트(https://streamlit.io/cloud) 우측의 [Create app] 버튼을 클릭합니다. 다음 화면에서는 깃허브 리포지터리와 연동하기 위해 [Deploy a public app from GitHub] 버튼을 클릭합니다.

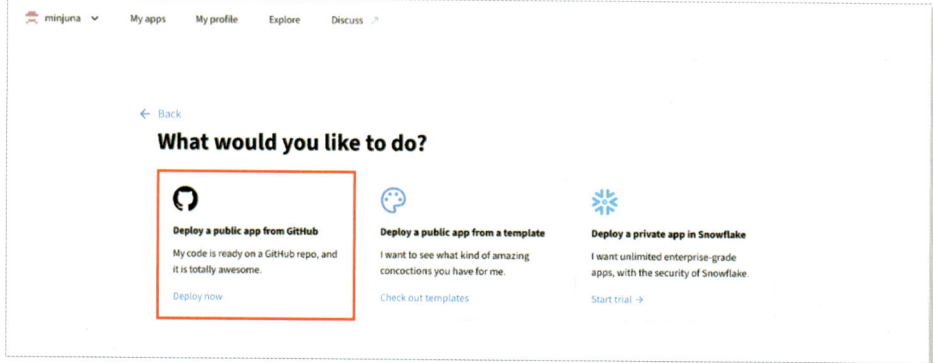

02 배포 화면에서 다음과 같이 리포지터리, 브랜치, 메인 파일 경로, 앱 URL 항목을 설정합니다.

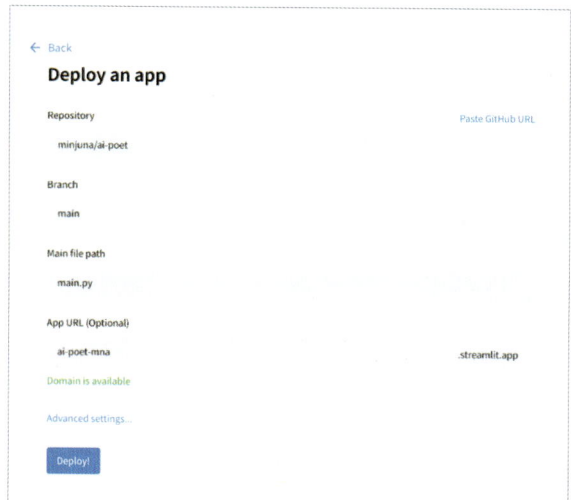

03 앞서 기본 항목을 설정한 뒤 하단의 [Advanced settings...]를 클릭하여 세부 설정 화면으로 이동합니다. 6장과 동일하게 코드에서 사용한 파이썬 버전과 API 키(TOML 형식)를 입력합니다. 세부 항목을 설정한 뒤 [Save] 버튼을 클릭하고 [Deploy!] 버튼을 눌러 배포를 완료합니다.

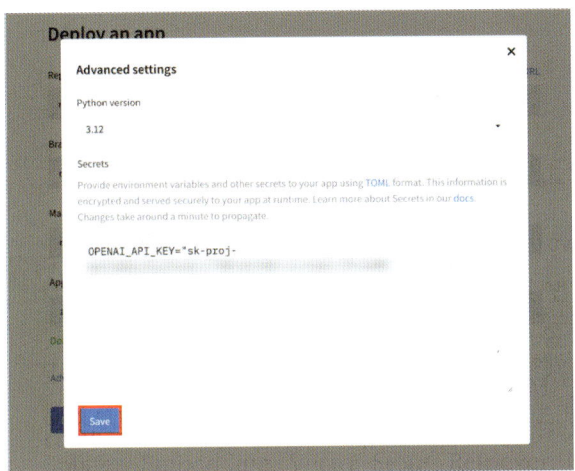

웹 서비스 수익화

잘 만들어진 서비스가 장기적으로 운영되기 위해서는 수익 모델이 필요합니다. LLM 서비스의 API 비용을 최소화하고 추가 수익을 달성하는 방법을 살펴보겠습니다.

API 키 입력받기

ChatPDF에서 사용하는 OpenAI 모델에 대한 API 키를 사용자에게 직접 입력받으면 추가 비용 없이 LLM 서비스를 운영할 수 있습니다.

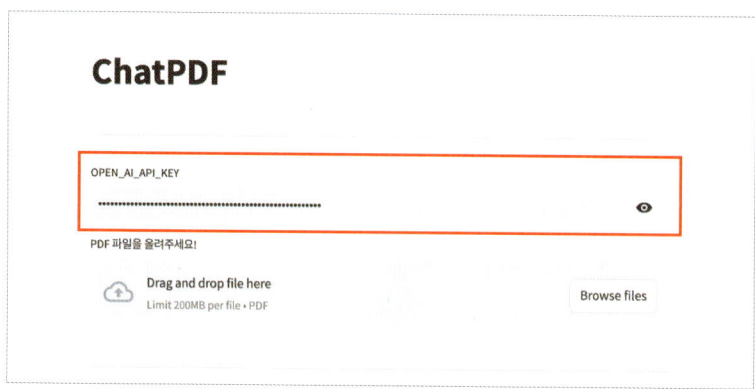

01 Streamlit의 `st.text_input()` 함수를 호출하여 API 키 입력 필드를 추가합니다. 이때 `st.text_input()` 함수의 type이라는 인자는 입력 필드의 종류를 나타내며, 해당 인자에 password라는 값을 설정하면 사용자가 입력 중인 텍스트를 **마스킹(Masking, 숨김 처리)**할 수 있습니다. 사용자가 입력한 API 키는 `openai_key`라는 변수에 저장됩니다.

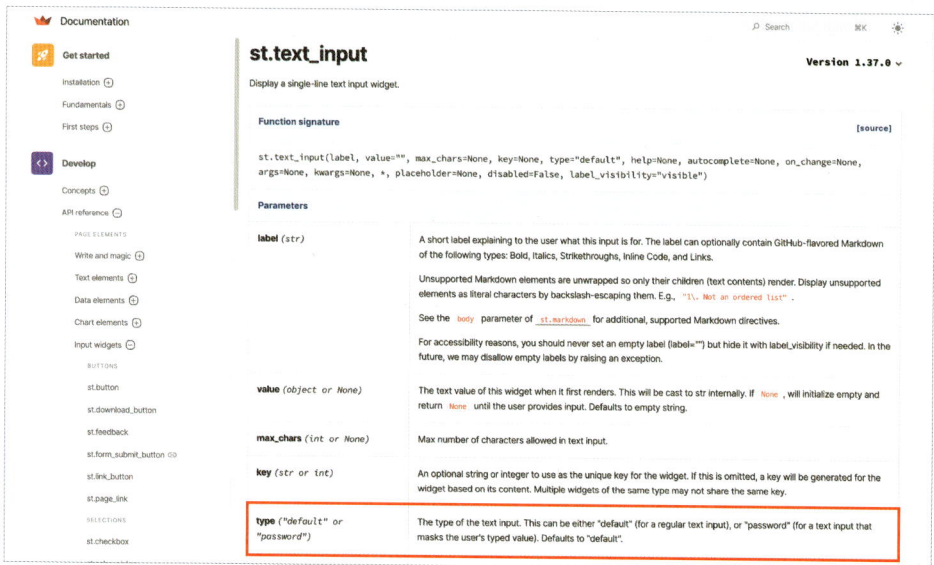

```
main.py

from langchain_community.document_loaders import PyPDFLoader
from langchain_text_splitters import RecursiveCharacterTextSplitter
from langchain_openai import OpenAIEmbeddings
from langchain_chroma import Chroma
from langchain.retrievers.multi_query import MultiQueryRetriever
from langchain_openai import ChatOpenAI
from langchain import hub
from langchain_core.output_parsers import StrOutputParser
from langchain_core.runnables import RunnablePassthrough
import streamlit as st
import tempfile
import os
#from dotenv import import load_dotenv
#load_dotenv()

#제목
st.title("ChatPDF")
st.write("---")

#OpenAI 키 입력받기
openai_key = st.text_input('OPEN_AI_API_KEY', type="password")
(...코드 생략...)
```

02 openai_key에 저장된 API 키를 OpenAI 임베딩 모델 및 GPT 모델을 초기화하는 코드에 추가합니다.

```
main.py

(...코드 생략...)
#OpenAI 키 입력받기
openai_key = st.text_input('OPEN_AI_API_KEY', type="password")

#파일 업로드
uploaded_file = st.file_uploader("PDF 파일을 올려주세요!", type=['pdf'])
st.write("---")

def pdf_to_document(uploaded_file):
    temp_dir = tempfile.TemporaryDirectory()
    temp_filepath = os.path.join(temp_dir.name, uploaded_file.name)
    with open(temp_filepath, "wb") as f:
```

```python
        f.write(uploaded_file.getvalue())
    loader = PyPDFLoader(temp_filepath)
    pages = loader.load_and_split()
    return pages

#업로드된 파일 처리
if uploaded_file is not None:
    pages = pdf_to_document(uploaded_file)

    #Splitter
    text_splitter = RecursiveCharacterTextSplitter(
        # Set a really small chunk size, just to show.
        chunk_size=300,
        chunk_overlap=20,
        length_function=len,
        is_separator_regex=False,
    )
    texts = text_splitter.split_documents(pages)

    #Embedding
    embeddings_model = OpenAIEmbeddings(
        model="text-embedding-3-large",
        openai_api_key=openai_key
        # With the `text-embedding-3` class
        # of models, you can specify the size
        # of the embeddings you want returned.
        # dimensions=1024
    )
(…코드 생략…)
```

후원 링크 삽입하기

Buy me a coffee를 이용하여 ChatPDF에 후원 페이지 링크를 삽입해 보겠습니다. Buy me a coffee는 웹 사이트 배너를 통해 누구든 후원금을 보낼 수 있는 해외 서비스입니다.

🔗 Buy me a coffee 공식 웹 사이트: https://buymeacoffee.com/

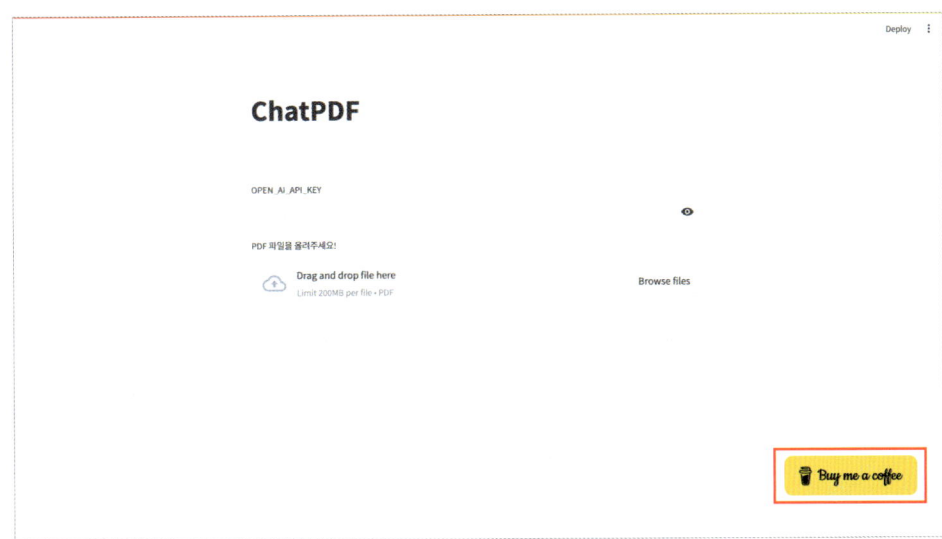

01 서비스를 이용하기 위해 회원가입을 진행합니다. 가입 시 입력한 **계정 ID**를 기반으로 후원 페이지 링크가 완성됩니다(https://buymeacoffee.com/{계정 ID}).

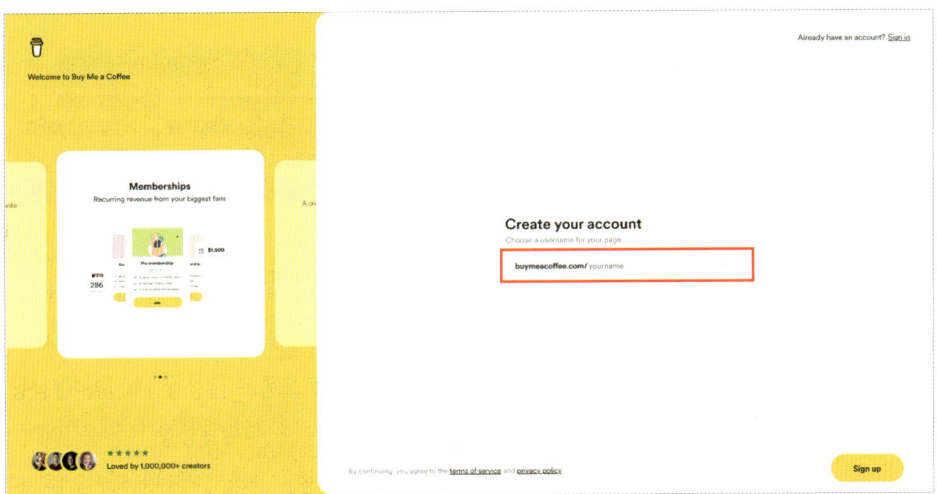

02 `streamlit-extras`라는 Streamlit 구성 요소 라이브러리를 이용하여 ChatPDF에 Buy me a coffee 배너를 추가해 보겠습니다. 우선 VS Code의 터미널에 다음 명령어를 입

력하여 `streamlit-extras` 라이브러리를 설치합니다. 추가로, Streamlit Community Cloud에 코드를 배포하기 위해서는 requirements.txt 파일에서 패키지 목록을 업데이트 해야 합니다.

🔗 streamlit-extras: https://extras.streamlit.app/

> 명령어
> ```
> pip install streamlit-extras
> ```

> **❓ 궁금해요** **Protobuf 에러 대응**
>
> 24년 7월 기준으로 Streamlit Community Cloud의 내장 protobuf와 streamlit-extras 간 호환성 에러가 발생합니다. requirements.txt 파일에 protobuf 버전을 "protobuf~=3.19.0"으로 지정하면 에러를 해결할 수 있습니다.

03 import 키워드를 통해 streamlit_extras.buy_me_a_coffee 라이브러리를 불러온 뒤 `button()` 함수를 통해 Buy me a coffee 배너를 추가합니다. 함수의 인자인 `username`에는 **계정 ID**를 전달합니다. `floating` 인자의 값을 `True`로 설정하면 배너가 스크롤을 따라 화면에 떠다니게 됩니다. `width` 인자는 배너의 가로 크기를 나타냅니다.

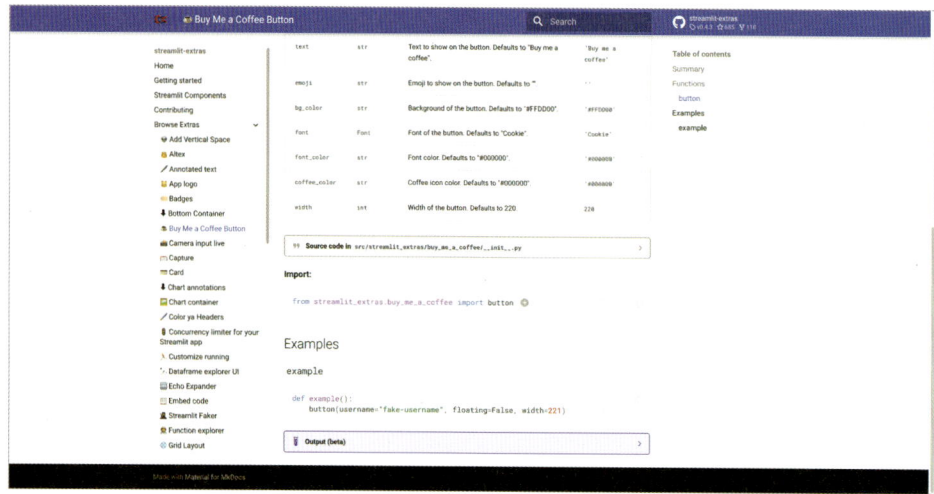

main.py

```python
from langchain_community.document_loaders import PyPDFLoader
from langchain_text_splitters import RecursiveCharacterTextSplitter
from langchain_openai import OpenAIEmbeddings
from langchain_chroma import Chroma
from langchain.retrievers.multi_query import MultiQueryRetriever
from langchain_openai import ChatOpenAI
from langchain import hub
from langchain_core.output_parsers import StrOutputParser
from langchain_core.runnables import RunnablePassthrough
import streamlit as st
import tempfile
import os
from streamlit_extras.buy_me_a_coffee import button
#from dotenv import load_dotenv
#load_dotenv()

#제목
st.title("ChatPDF")
st.write("---")

#OpenAI 키 입력받기
openai_key = st.text_input('OPEN_AI_API_KEY', type="password")

#파일 업로드
uploaded_file = st.file_uploader("PDF 파일을 올려주세요!", type=['pdf'])
st.write("---")

#Buy me a coffee
button(username="{계정 ID}", floating=True, width=221)

def pdf_to_document(uploaded_file):
    temp_dir = tempfile.TemporaryDirectory()
    temp_filepath = os.path.join(temp_dir.name, uploaded_file.name)
    with open(temp_filepath, "wb") as f:
        f.write(uploaded_file.getvalue())
    loader = PyPDFLoader(temp_filepath)
    pages = loader.load_and_split()
    return pages

(...코드 생략...)
```

스트리밍 구현

지금까지 구현한 ChatPDF는 사용자가 질문을 입력한 뒤 LLM의 답변이 나오기까지 딜레이가 발생하는 구조입니다. 체감 딜레이 시간을 줄이기 위해 **LLM 답변을 토큰 단위로 실시간 출력하는 스트리밍 방식**을 구현해 보겠습니다. LLM이 토큰을 생성할 때마다 화면에 표시할 텍스트를 처리하는 `StreamHandler` 클래스를 생성한 뒤, LLM 체인의 콜백 함수로 `StreamHandler`를 연결해야 합니다.

StreamHandler 클래스 생성

`import` 키워드를 통해 `BaseCallbackHandler` 함수를 불러온 뒤, `BaseCallbackHandler`를 상속받는 `StreamHandler` 클래스를 생성합니다. `__init__` 함수는 `StreamHandler` 클래스의 생성자로, 객체가 생성될 때 초기화 작업을 수행합니다. `self.container`는 텍스트를 담을 Streamlit 컨테이너이고, `self.text`는 LLM에서 받은 텍스트를 저장하는 변수로 기본값은 빈 문자열입니다.

> **Tip.** Streamlit 컨테이너는 UI 요소를 하나의 블록처럼 묶어 화면에 출력할 수 있도록 해줍니다. 다음 예시 코드와 그림을 살펴 봅시다. "This is inside the container" 텍스트와 차트는 컨테이너 안에, "This is outside the container" 텍스트는 바깥에 위치해 있어 시각적으로 영역이 분리되었습니다. 이렇게 컨테이너를 활용하면 특정 영역만 반복적으로 업데이트할 수 있습니다.

```
import streamlit as st

with st.container():
    st.write("This is inside the container")

    # You can call any Streamlit command, including custom components:
    st.bar_chart(np.random.randn(50, 3))

st.write("This is outside the container")
```

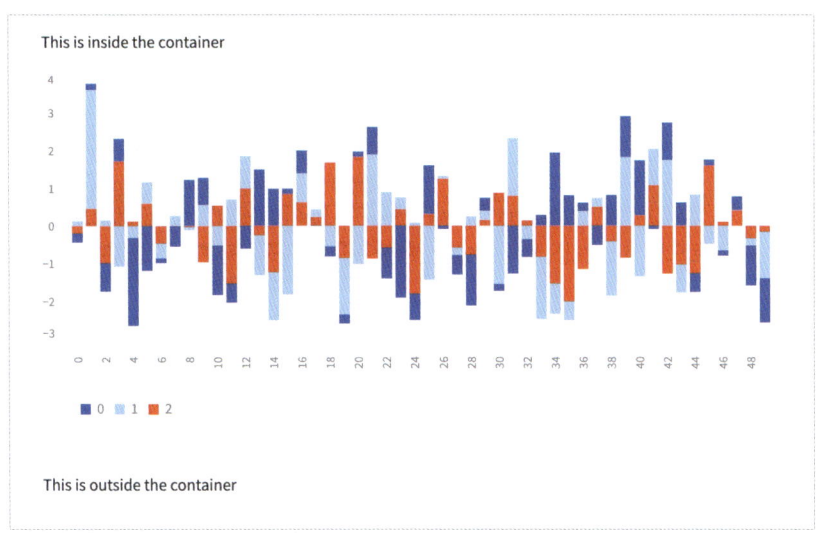

on_llm_new_token은 LLM에서 새로운 토큰을 받을 때마다 호출되는 함수입니다. self.text
+= token에서는 새로운 토큰을 누적된 텍스트에 추가합니다.

self.container.markdown(self.text)에서는 지금까지 누적된 텍스트를 마크다운 형식으로 Streamlit 컨테이너에 업데이트합니다.

```
main.py
#Chroma DB
db = Chroma.from_documents(texts, embeddings_model)

#스트리밍 처리할 Handler 생성
class StreamHandler(BaseCallbackHandler):
    def __init__(self, container, initial_text=""):
        self.container = container
        self.text=initial_text
    def on_llm_new_token(self, token: str, **kwargs) -> None:
        self.text+=token
        self.container.markdown(self.text)

#User Input
st.header("PDF에게 질문해보세요!!")
question = st.text_input("질문을 입력하세요")
```

StreamHandler 연결

01 기존 Generator 코드를 삭제하고 화면 하단에 LLM 답변을 실시간으로 출력할 공간을 만듭니다. st.empty()는 Streamlit에서 빈 컨테이너를 생성하는 함수입니다. 컨테이너는 chat_box라는 변수에 저장되고, 이후 LLM의 답변이 해당 컨테이너에 동적으로 표시됩니다. StreamHandler(chat_box)에서는 LLM이 생성하는 새로운 토큰을 실시간으로 처리하여 chat_box에 업데이트합니다.

```python
# main.py
from langchain_community.document_loaders import PyPDFLoader
from langchain_text_splitters import RecursiveCharacterTextSplitter
from langchain_openai import OpenAIEmbeddings
from langchain_chroma import Chroma
from langchain.retrievers.multi_query import MultiQueryRetriever
from langchain_openai import ChatOpenAI
from langchain import hub
from langchain_core.output_parsers import StrOutputParser
from langchain_core.runnables import RunnablePassthrough
import streamlit as st
import tempfile
import os
from streamlit_extras.buy_me_a_coffee import button
from langchain.callbacks.base import BaseCallbackHandler
#from dotenv import load_dotenv
#load_dotenv()

#제목
st.title("ChatPDF")
st.write("---")

#OpenAI 키 입력받기
openai_key = st.text_input('OPEN_AI_API_KEY', type="password")

#파일 업로드
uploaded_file = st.file_uploader("PDF 파일을 올려주세요!", type=['pdf'])
st.write("---")

#Buy me a coffee
```

```python
button(username="{계정 ID}", floating=True, width=221)

def pdf_to_document(uploaded_file):
    temp_dir = tempfile.TemporaryDirectory()
    temp_filepath = os.path.join(temp_dir.name, uploaded_file.name)
    with open(temp_filepath, "wb") as f:
        f.write(uploaded_file.getvalue())
    loader = PyPDFLoader(temp_filepath)
    pages = loader.load_and_split()
    return pages

#업로드된 파일 처리
if uploaded_file is not None:
    pages = pdf_to_document(uploaded_file)

    #Splitter
    text_splitter = RecursiveCharacterTextSplitter(
        # Set a really small chunk size, just to show.
        chunk_size=300,
        chunk_overlap=20,
        length_function=len,
        is_separator_regex=False,
    )
    texts = text_splitter.split_documents(pages)

    #Embedding
    embeddings_model = OpenAIEmbeddings(
        model="text-embedding-3-large",
        openai_api_key=openai_key
        # With the `text-embedding-3` class
        # of models, you can specify the size
        # of the embeddings you want returned.
        # dimensions=1024
    )

    #Chroma DB
    db = Chroma.from_documents(texts, embeddings_model)

    #스트리밍 처리할 Handler 생성
    class StreamHandler(BaseCallbackHandler):
        def __init__(self, container, initial_text=""):
            self.container = container
            self.text=initial_text
        def on_llm_new_token(self, token: str, **kwargs) -> None:
```

```
            self.text+=token
            self.container.markdown(self.text)

    #User Input
    st.header("PDF에게 질문해보세요!!")
    question = st.text_input("질문을 입력하세요")

    if st.button("질문하기"):
        with st.spinner('Wait for it...'):
            #Retriever
            llm = ChatOpenAI(temperature=0, openai_api_key=openai_key)
            retriever_from_llm = MultiQueryRetriever.from_llm(
                retriever=db.as_retriever(), llm=llm
            )

            #Prompt Template
            prompt = hub.pull("rlm/rag-prompt")

            #Generate
            chat_box = st.empty()
            stream_handler = StreamHandler(chat_box)

            #Question
            result = rag_chain.invoke(question)
```

02 LLM 답변을 생성할 차례입니다. `generate_llm` 변수는 LLM 체인에서 답변을 생성할 **ChatOpenAI** 인스턴스입니다. 함수의 인자로 `streaming=True`를 전달하여 스트리밍 모드를 활성화하고, `callbacks=[stream_handler]`를 전달하여 LLM 토큰을 처리하는 stream_handler를 콜백 함수로 설정합니다.

마지막으로 LLM 체인을 구성하는 `rag_chain` 변수에 `generate_llm`을 연결한 뒤, 기존에 답변 결과를 표시하던 `st.write(result)` 코드는 삭제합니다. 전체 코드는 다음과 같습니다.

main.py

```
from langchain_community.document_loaders import PyPDFLoader
from langchain_text_splitters import RecursiveCharacterTextSplitter
from langchain_openai import OpenAIEmbeddings
from langchain_chroma import Chroma
```

```python
from langchain.retrievers.multi_query import MultiQueryRetriever
from langchain_openai import ChatOpenAI
from langchain import hub
from langchain_core.output_parsers import StrOutputParser
from langchain_core.runnables import RunnablePassthrough
import streamlit as st
import tempfile
import os
from streamlit_extras.buy_me_a_coffee import button
from langchain.callbacks.base import BaseCallbackHandler
#from dotenv import load_dotenv
#load_dotenv()

#제목
st.title("ChatPDF")
st.write("---")

#OpenAI 키 입력받기
openai_key = st.text_input('OPEN_AI_API_KEY', type="password")

#파일 업로드
uploaded_file = st.file_uploader("PDF 파일을 올려주세요!", type=['pdf'])
st.write("---")

#Buy me a coffee
button(username="{계정 ID}", floating=True, width=221)

def pdf_to_document(uploaded_file):
    temp_dir = tempfile.TemporaryDirectory()
    temp_filepath = os.path.join(temp_dir.name, uploaded_file.name)
    with open(temp_filepath, "wb") as f:
        f.write(uploaded_file.getvalue())
    loader = PyPDFLoader(temp_filepath)
    pages = loader.load_and_split()
    return pages

#업로드된 파일 처리
if uploaded_file is not None:
    pages = pdf_to_document(uploaded_file)

    #Splitter
    text_splitter = RecursiveCharacterTextSplitter(
        # Set a really small chunk size, just to show.
        chunk_size=300,
```

```python
        chunk_overlap=20,
        length_function=len,
        is_separator_regex=False,
)
texts = text_splitter.split_documents(pages)

#Embedding
embeddings_model = OpenAIEmbeddings(
    model="text-embedding-3-large",
    openai_api_key=openai_key
    # With the `text-embedding-3` class
    # of models, you can specify the size
    # of the embeddings you want returned.
    # dimensions=1024
)

#Chroma DB
db = Chroma.from_documents(texts, embeddings_model)

#스트리밍 처리할 Handler 생성
class StreamHandler(BaseCallbackHandler):
    def __init__(self, container, initial_text=""):
        self.container = container
        self.text=initial_text
    def on_llm_new_token(self, token: str, **kwargs) -> None:
        self.text+=token
        self.container.markdown(self.text)

#User Input
st.header("PDF에게 질문해보세요!!")
question = st.text_input("질문을 입력하세요")

if st.button("질문하기"):
    with st.spinner('Wait for it...'):
        #Retriever
        llm = ChatOpenAI(temperature=0, openai_api_key=openai_key)
        retriever_from_llm = MultiQueryRetriever.from_llm(
            retriever=db.as_retriever(), llm=llm
        )

        #Prompt Template
        prompt = hub.pull("rlm/rag-prompt")
```

```python
#Generate
chat_box = st.empty()
stream_handler = StreamHandler(chat_box)
generate_llm = ChatOpenAI(model="gpt-4o-mini",temperature=0, openai_api_key=openai_key, streaming=True, callbacks=[stream_handler])
def format_docs(docs):
    return "\n\n".join(doc.page_content for doc in docs)
rag_chain = (
    {"context": retriever_from_llm | format_docs, "question": RunnablePassthrough()}
    | prompt
    | generate_llm
    | StrOutputParser()
)

#Question
result = rag_chain.invoke(question)
```

03 완성된 코드를 실행하면, 다음과 같이 LLM 답변이 토큰 단위로 생성되는 것을 확인할 수 있습니다.

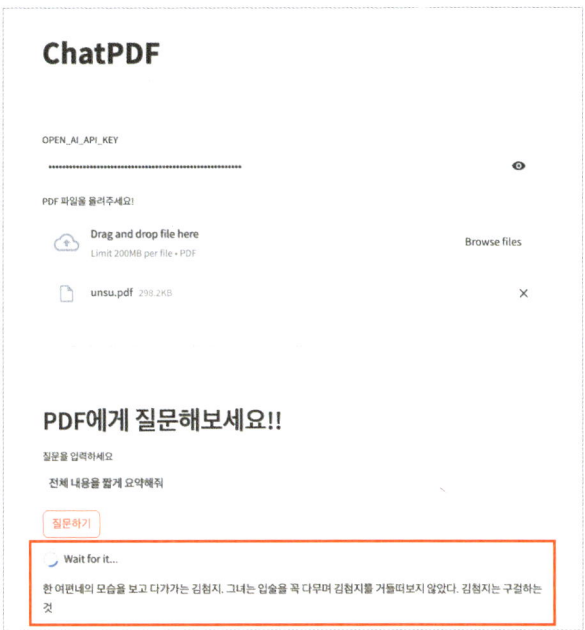

08 현진건 작가님 봇 만들기

OpenAI Responses API를 통해 '운수 좋은 날' 소설을 기반으로 사용자 질문에 대한 답변을 제공하는 현진건 작가님 봇을 만들어 보겠습니다. 서비스 구조는 ChatPDF와 유사하지만, 한 번의 질문과 답변으로 끝나지 않고 여러 차례에 걸쳐 대화를 나누는 **멀티턴(Multi-turn)** 방식으로 구현해 봅시다.

▎학습 목표

대화형 AI 애플리케이션을 만들기 위해 OpenAI Responses API와 랭체인의 차이점을 익힙니다.

▎핵심 키워드

- OpenAI Responses API
- 파일 검색(File search)
- 벡터 저장소(Vector Store)
- 멀티턴 방식

구현할 서비스 구조

① 사용자가 질문을 입력합니다.
② 파일 검색(File Search) 도구에서 벡터 저장소(Vector Store)를 참조하여 연관 데이터를 검색합니다.
③ 찾은 데이터를 바탕으로 GPT 모델이 답변을 생성합니다.
④ 사용자가 후속 질문을 입력합니다.
⑤ 지금까지 저장된 대화를 참고하여 적합한 답변을 생성합니다.

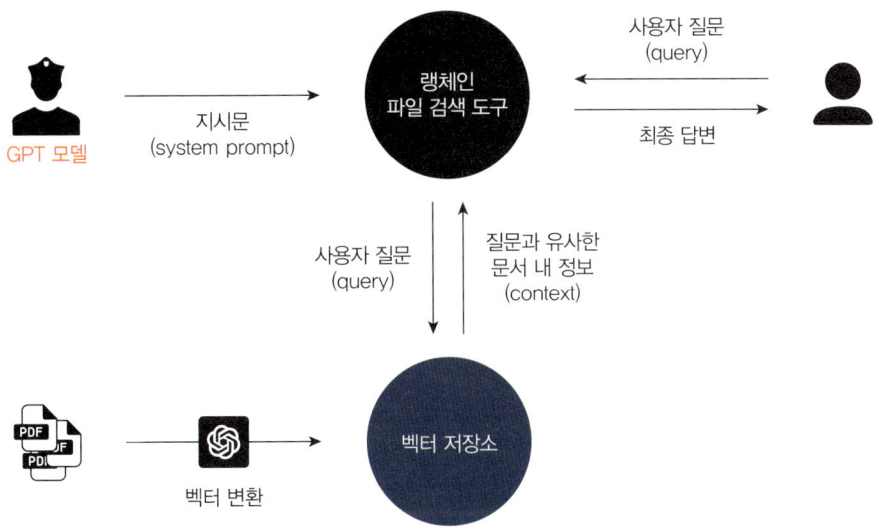

Responses API란

OpenAI Responses API는 개발자가 자신의 애플리케이션에 **사용자 대신 독립적으로 작업을 수행하는 AI 에이전트를 적용할 수 있는 서비스**입니다. GPT 등 OpenAI LLM을 쉽게 연동할 수 있을 뿐만 아니라, Responses API를 한 번만 호출해도 복잡한 단계의 작업을 자동화할 수 있습니다. 또한 내장 개발 도구(Tools)를 활용하여 웹 검색(Web Search)과 파일 검색(File Search)을 연동해 더 정확하고 빠른 답변을 얻거나, 함수 호출(Function calling)을 통해 직접 구현한 함수를 연동하여 고도화된 AI 애플리케이션을 만들 수 있습니다.

Responses API vs 랭체인

OpenAI Responses API와 랭체인 모두 대화형 AI 애플리케이션을 만들 수 있는 서비스이지만, 제공하는 개발 도구와 구현 자유도가 다릅니다.

- **Responses API**: OpenAI LLM을 기반으로 대화형 AI 애플리케이션을 쉽고 빠르게 구축할 수 있도록 설계된 API입니다. 코드를 직접 작성하지 않고도 웹 기반 인터페이스인 '플레이그라운드'를 통해 애플리케이션에 필요한 코드를 바로 생성할 수 있습니다. 또한, 내장된 파일 검색(File Search) 도구를 사용하면 문서 기반 질문에 답하는 문서 검색기(Retriever)를 애플리케이션에 연동할 수 있습니다.
- **랭체인**: 더 복잡한 애플리케이션 개발, 배포, 유지 보수를 위한 프레임워크입니다. 랭체인에서는 OpenAI, Meta, Anthropic 등의 LLM을 포함해 1000개 이상의 서드파티 개발 도구를 연동할 수 있습니다. 다양한 도구를 지원하기 때문에 Responses API보다 구현 난이도가 높지만, 그만큼 자유롭게 내가 원하는 애플리케이션을 구현할 수 있습니다.

Responses API와 랭체인의 비교

	Responses API	랭체인
구현 난이도	단순하고 쉬운 편	복잡한 편
개발 도구 다양성	다양성 낮음	1000개 이상의 개발 도구 지원
설계 자유도	제한된 범위에서 설계	복잡한 로직 설계 가능

Responses API를 배우는 이유

구조가 단순한 서비스를 만들 때는 OpenAI Responses API가 더 쉽고 빠릅니다. 단일 API 호출 안에 필요한 요소들을 모두 포함해 처리할 수 있기 때문입니다. 예를 들어 7장에서는 랭체인을 기반으로 LLM 체인, 프롬프트 템플릿, 벡터 저장소(Vector Store), 문서 검색기(Retriever)를 각각 따로 구성해야 했습니다. 반면 OpenAI Responses API는 이 모든 과정을 하나의 요청으로 통합할 수 있어 구현이 훨씬 단순해집니다. 두 방식을 비교해 보면, OpenAI Responses API와 랭체인이 어떤 상황에 더 적합한지 자연스럽게 이해할 수 있을 것입니다.

OpenAI 플레이그라운드로 파일 검색 도구 이해하기

OpenAI 플레이그라운드를 활용하여 현진건 작가님 봇의 서비스 구조를 파악해 봅시다.

01 인터넷 브라우저를 통해 OpenAI 플레이그라운드의 Prompts 페이지로 접속합니다.

🔗 OpenAI 플레이그라운드: https://platform.openai.com/playground/prompts

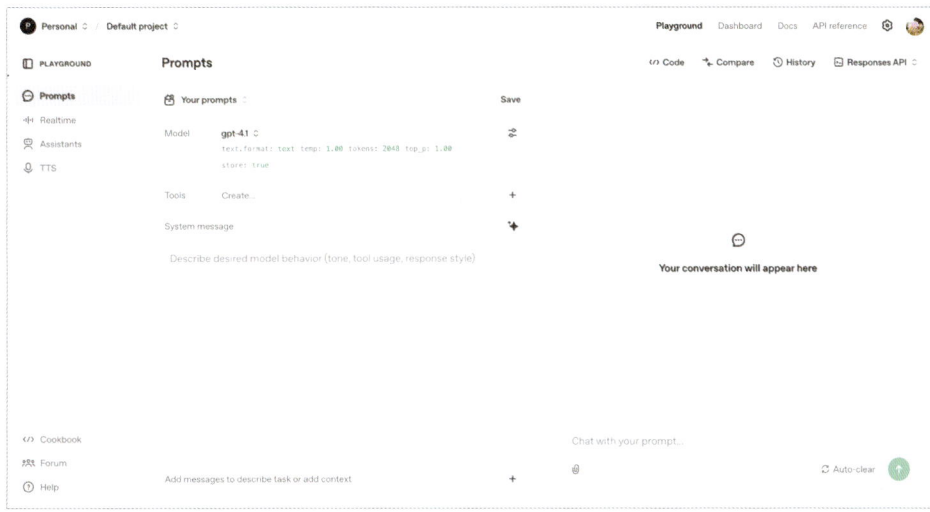

02 System message는 "당신은 소설 운수 좋은 날을 집필한 현진건 작가님입니다."로 설정합니다. 모델은 어떤 버전이든 무방하지만 모델별로 과금되는 비용 정책이 다르니 참고 바랍니다.

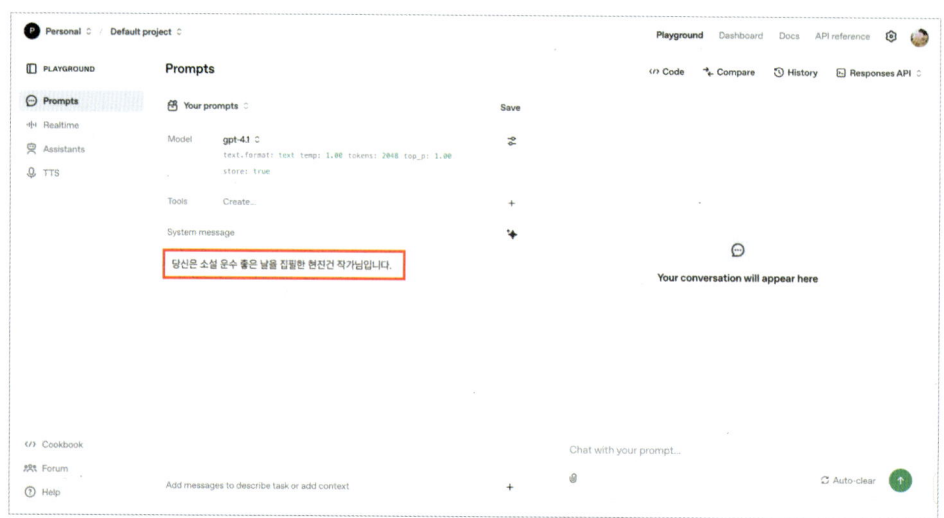

03 Tools 우측 [+] 버튼을 클릭하여 파일 검색(File search) 도구를 추가하고, 7장에서 활용한 운수 좋은 날 PDF(unsu.pdf) 파일을 업로드합니다.

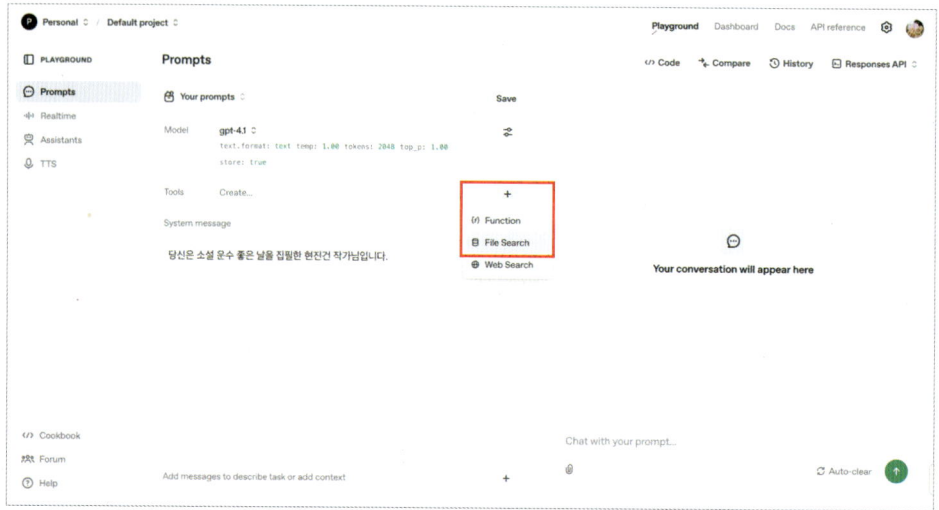

04 플레이그라운드에 업로드한 파일은 벡터 저장소(Vector Store)라는 단위로 관리되며, Responses API에서는 벡터 저장소 ID를 통해 파일을 검색합니다. 2025년 4월 기준 하

나의 벡터 저장소에는 최대 10000개 파일을 업로드할 수 있고, 한 번에 업로드할 수 있는 최대 파일 크기는 512MB입니다. 다음 그림에 표시된 벡터 저장소 ID는 추후 설명할 Responses API의 파라미터에 포함되니 반드시 기억해 두길 바랍니다.

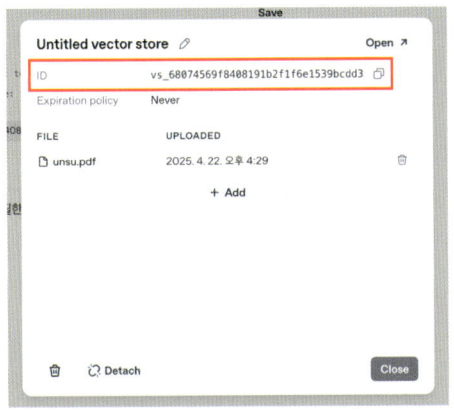

05 GPT 모델이 업로드 파일 기반으로 정확하게 검색해 주는지 확인해 봅시다. 우측 하단에 "아내가 먹고 싶어한 음식이 뭐야?"라는 질문을 입력하면, 다음과 같이 "내 아내가 먹고 싶어한 음식은 바로 '설렁탕'이야."라는 답변과 참조된 unsu.pdf 파일을 확인할 수 있습니다.

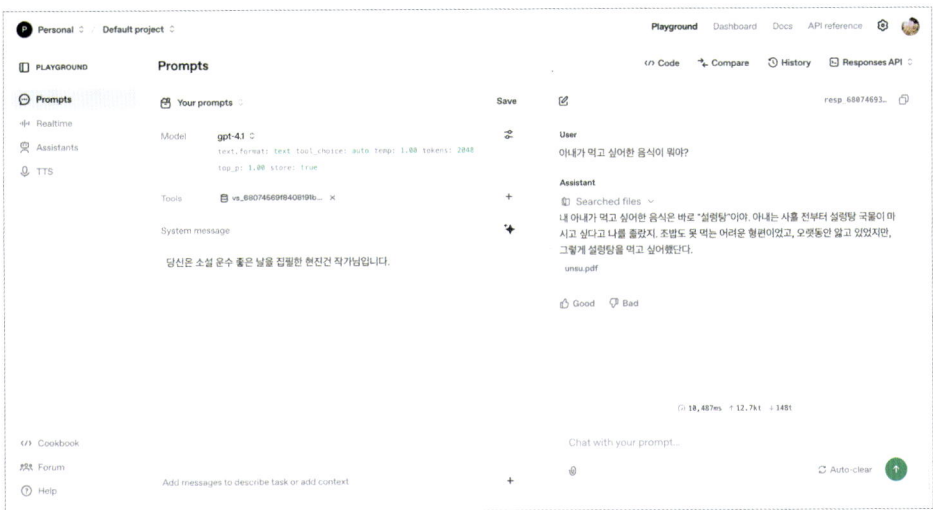

06 Responses API는 멀티턴 방식을 지원합니다. 예를 들어, "방금 뭐라고 했어?"라고 질문하면 다음과 같이 과거 대화를 참고한 상태로 후속 질문에 대한 답변을 받을 수 있습니다.

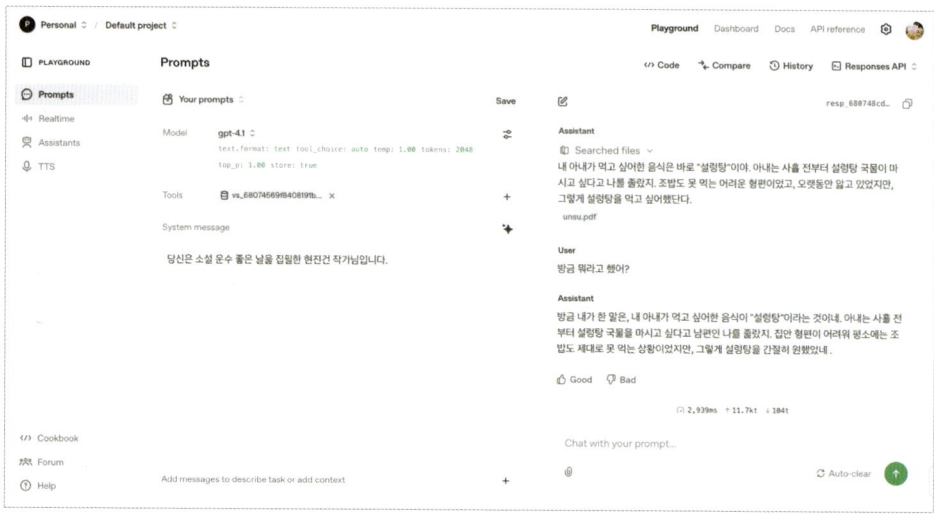

Responses API 연동

Responses API를 통해 현진건 작가님 봇을 구현해 봅시다.

프로젝트 생성

01 프로젝트 폴더를 생성합니다. 맥 사용자라면 파인더, 윈도우 사용자라면 탐색기에서 openairesponses라는 폴더를 생성합니다.

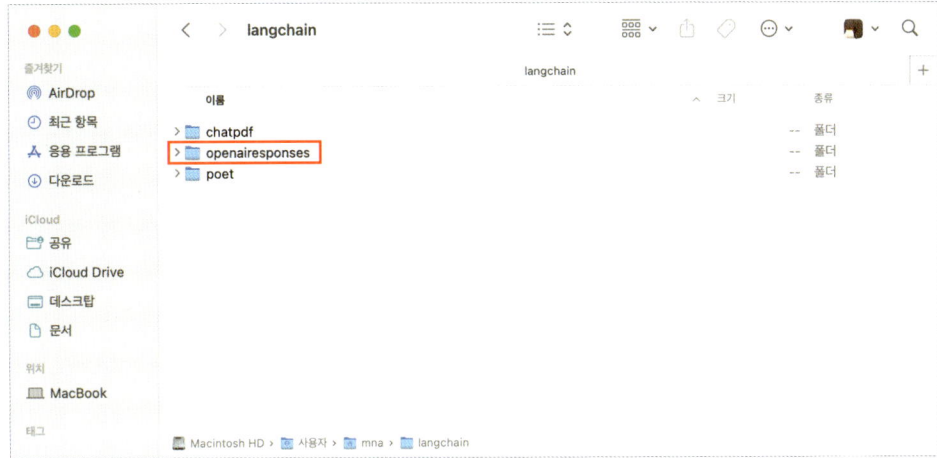

02 VS Code 상단 메뉴바에서 [파일 → 폴더 열기]를 클릭합니다. openairesponses 폴더를 열고 main.py와 .env 파일을 추가합니다. .env 파일에는 `OPENAI_API_KEY` 환경변수에 OpenAI API 키를 저장하고, main.py 파일에는 `load_dotenv()` 함수를 통해 .env 파일의 환경변수를 불러오는 코드를 추가합니다.

.env
```
OPENAI_API_KEY={API 키}
```

main.py
```
from dotenv import load_dotenv
load_dotenv()
```

질문에 대한 답변 생성

01 인터넷 브라우저를 통해 OpenAI 개발자 플랫폼의 Docs 페이지로 접속합니다. 좌측 패널에서 [BUILT-IN TOOLS - File search]를 클릭하여 파일 검색 기반으로 답변을 생성하는 API 코드를 복사합니다.

🔗 OpenAI 개발자 플랫폼 - File search :
https://platform.openai.com/docs/guides/tools-file-search

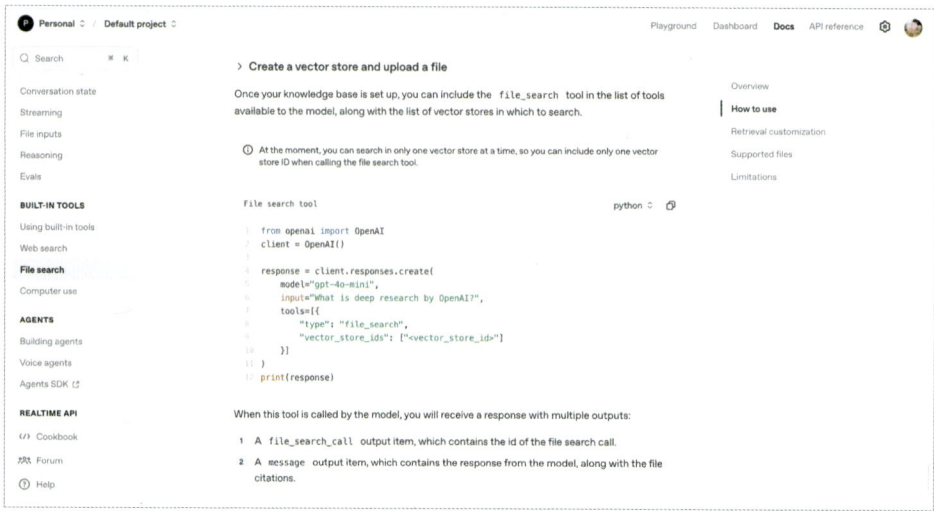

02 예시 코드에 나온 Responses API의 파라미터를 살펴 보겠습니다.

- model: 사용할 GPT 모델 버전을 설정합니다. 다음 코드에서는 gpt-4o-mini로 설정했습니다.
- input: 답변을 생성하기 위한 입력값입니다. 예를 들어 "아내가 먹고 싶어한 음식이 뭐야?"라는 질문을 입력합니다.
- tools: 답변을 생성할 때 사용할 개발 도구입니다. 파일 검색 도구를 사용할 경우, type에 `file_search`를, vector_store_ids에 벡터 저장소 ID를 입력합니다. OpenAI 플레이그라운드에서 unsu.pdf 파일을 업로드한 벡터 저장소 ID를 넣으면 됩니다.

main.py

```python
from openai import OpenAI
from dotenv import load_dotenv
load_dotenv()

client = OpenAI()

response = client.responses.create(
    model="gpt-4o-mini",
    input="아내가 먹고 싶어한 음식이 뭐야?",
    tools=[{
        "type": "file_search",
        "vector_store_ids": ["{벡터 저장소 ID}"]
    }]
```

```
)
print(response)
```

03 플레이그라운드에서 System message에 넣었던 역할을 코드에도 반영해 봅시다. API 파라미터로 instruction을 추가하고 "당신은 소설 운수 좋은 날을 집필한 현진건 작가님입니다."라는 문장을 입력합니다. 추가로, API 호출 결과를 출력할 때 response.output_text를 통해 GPT 모델의 답변만 출력되도록 코드를 수정합니다.

main.py
```python
from openai import OpenAI
from dotenv import load_dotenv
load_dotenv()

client = OpenAI()

response = client.responses.create(
    model="gpt-4o-mini",
    instructions="당신은 소설 운수 좋은 날을 집필한 현진건 작가님입니다.",
    input="아내가 먹고 싶어한 음식이 뭐야?",
    tools=[{
        "type": "file_search",
        "vector_store_ids": ["{벡터 저장소 ID}"]
    }]
)
print(response.output_text)
```

04 터미널을 열어 다음 명령어를 실행합니다. API 호출 결과 중 GPT 모델의 답변 문장만 출력되어야 합니다.

명령어
```
python main.py
```

결과

아내가 먹고 싶어한 음식은 설렁탕입니다. 그녀는 사흘 전부터 설렁탕 국물이 마시고 싶다고 남편에게 졸랐다고 합니다.

후속 질문의 답변 생성

01 Responses API의 `previous_response_id` 파라미터에 직전 응답의 ID 값(`response.id`)을 전달하면 지난 대화의 맥락 기반으로 답변을 생성할 수 있습니다.

> 💡 **Tip.** previous_response_id 파라미터를 활용할 경우, API를 호출할 때마다 지난 대화의 길이만큼 입력 토큰 수가 늘어납니다. 이에 따라 추가 비용이 발생할 수 있으니 참고 바랍니다.

main.py
```python
from openai import OpenAI
from dotenv import load_dotenv
load_dotenv()

client = OpenAI()

response = client.responses.create(
  model="gpt-4o-mini",
  instructions="당신은 소설 운수 좋은 날을 집필한 현진건 작가님입니다.",
  input="아내가 먹고 싶어한 음식이 뭐야?",
  tools=[{
      "type": "file_search",
      "vector_store_ids": ["{벡터 저장소 ID}"]
  }]
)
print(response.output_text)

second_response = client.responses.create(
  previous_response_id=response.id,
  model="gpt-4o-mini",
  instructions="당신은 소설 운수 좋은 날을 집필한 현진건 작가님입니다.",
  input="방금 뭐라고 했어?",
  tools=[{
      "type": "file_search",
      "vector_store_ids": ["{벡터 저장소 ID}"]
  }]
)
print(second_response.output_text)
```

02 터미널을 열어 다음 명령어를 실행합니다. "방금 뭐라고 했어?"라는 후속 질문을 입력했을 때 직전 답변과 유사하게 답변해야 합니다.

명령어

```
python main.py
```

결과

아내가 먹고 싶어한 음식은 설렁탕입니다. 그녀는 사흘 전부터 설렁탕 국물이 마시고 싶다고 남편에게 졸랐다고 합니다.
아내가 먹고 싶어한 음식은 설렁탕입니다. 그녀는 설렁탕 국물을 마시고 싶다고 남편에게 졸랐습니다.

프런트엔드 구현

Streamlit을 통해 현진건 작가님 봇과 채팅하는 화면을 구현해보겠습니다.

제목 설정

01 import 키워드를 통해 streamlit 라이브러리를 불러온 뒤, `st.header()` 함수를 이용하여 "현진건 작가님과의 대화"라는 제목을 설정합니다.

main.py

```python
import streamlit as st
from dotenv import load_dotenv
load_dotenv()

#제목 설정
st.header("현진건 작가님과의 대화")
```

02 다음 명령어를 실행하여 웹 페이지 제목이 잘 나오는지 확인합니다.

명령어

```
streamlit run main.py
```

현진건 작가님과의 대화

대화 히스토리 초기화

Streamlit의 **Session State(세션 상태)** 기능을 이용하여 대화 히스토리를 저장하고 관리해 보겠습니다. Streamlit은 기본적으로 버튼 클릭과 같은 이벤트가 발생할 때마다 코드를 재실행하여 매번 화면을 다시 그리는 구조입니다. 따라서 코드가 다시 실행될 때 사용자가 입력한 질문이나 API 응답이 사라져 버리는 문제가 있습니다. 이때 `st.session_state`라는 변수에 필요한 값을 저장하면 새로운 이벤트가 발생해도 저장된 값이 유지됩니다.

01 Streamlit 공식 문서 [API Reference] 페이지의 [Session State] 내용을 참조하여 코드를 구현합니다. Session State 기능의 핵심은 `st.session_state`라는 오브젝트입니다. `st.session_state`에 앱에서 관리할 상태 값을 딕셔너리처럼 키-값 쌍으로 저장하고 불러올 수 있습니다.

🔗 Streamlit API Reference – Session State :
https://docs.streamlit.io/develop/api-reference/caching-and-state/st.session_state

02 다음 코드에서는 st.session_state에 기존 대화 히스토리(chat_history)가 없을 경우 st.session_state.chat_history 배열을 초기화합니다. 이후 대화가 진행되면 chat_history에 사용자 질문과 LLM 답변이 저장되며, 코드가 재실행되더라도 계속해서 동일한 대화 히스토리를 참조하게 됩니다.

```python
# main.py
import streamlit as st
from dotenv import load_dotenv
load_dotenv()

#제목 설정
st.header("현진건 작가님과의 대화")

#대화 히스토리 초기화
if 'chat_history' not in st.session_state:
    st.session_state.chat_history = []
```

사용자 질문 출력

01 Streamlit 공식 문서 [API Reference] 페이지에서 st.chat_input() 함수의 예시 코드를 살펴 봅시다. 화면 하단에서 사용자가 질문을 입력하면, 사용자 질문이 prompt라는 변수에 저장되어 st.write() 함수를 통해 화면에 **프롬프트** 내용이 출력됩니다.

🔗 Streamlit API Reference – Chat Input : https://docs.streamlit.io/develop/api-reference/chat/st.chat_input

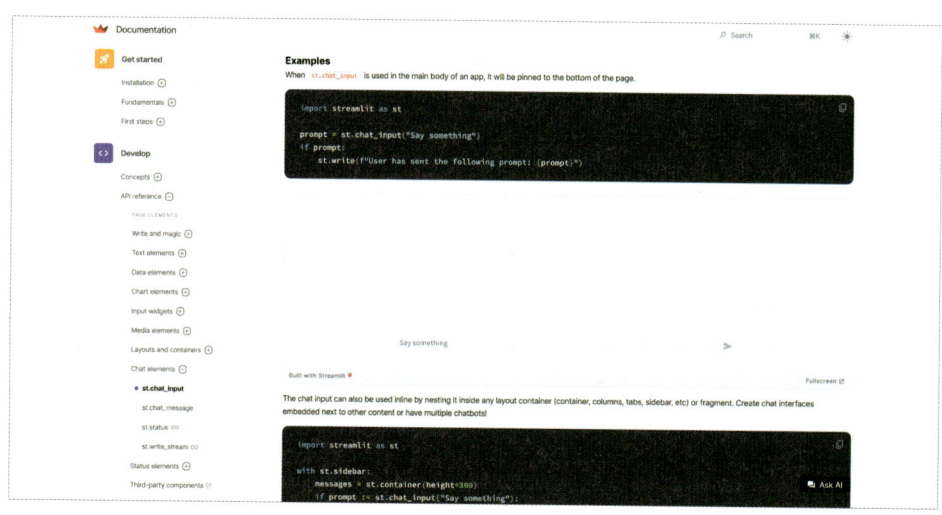

main.py

```python
import streamlit as st
from dotenv import load_dotenv
load_dotenv()

#제목 설정
st.header("현진건 작가님과의 대화")

#대화 히스토리 초기화
if 'chat_history' not in st.session_state:
    st.session_state.chat_history = []

#질문 입력
prompt = st.chat_input("물어보고 싶은 것을 입력하세요!")
if prompt:
    st.write(f"User has sent the following prompt: {prompt}")
```

02 Streamlit으로 띄운 웹 페이지로 돌아가 "Hello"라는 질문을 입력해 봅시다. 상단에 "User has sent the following prompt: Hello"와 같이 출력되는 것을 확인할 수 있습니다.

03 이제 사용자 질문을 채팅 UI 형태로 표현해 보도록 하겠습니다. Streamlit 공식 문서 [API Reference] 페이지에서 `st.chat_message()` 함수의 예시 코드를 살펴 봅시다. 기본적으로 with 문을 사용하여 메시지 내용을 출력하는 구조이며, 함수 파라미터로 'user' 또는 'assistant'를 전달하여 메시지 왼쪽의 아바타를 설정할 수 있습니다.

🔗 Streamlit API Reference – Chat Message :
https://docs.streamlit.io/develop/api-reference/chat/st.chat_message

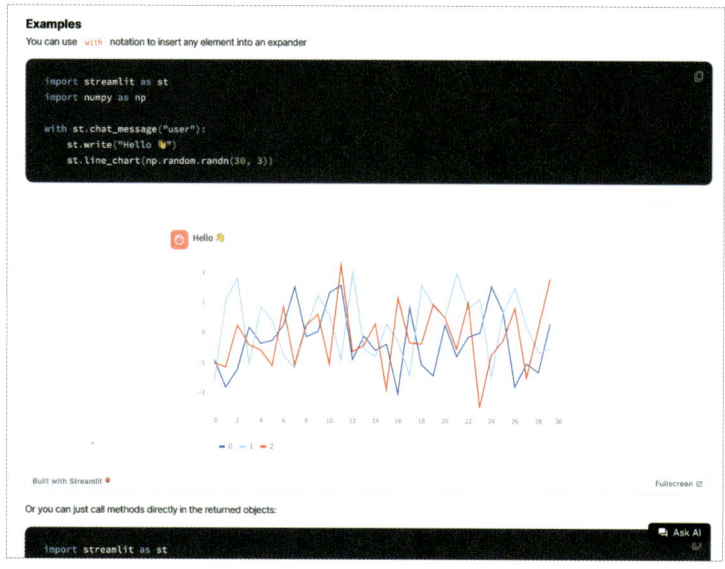

04 st.chat_message() 함수 파라미터에는 사용자를 뜻하는 'user'를 전달하고, st.write() 함수에는 사용자 질문인 prompt를 전달합니다. 마지막으로 st.session_state.chat_history 배열에 append() 함수를 호출하여 현재 출력하는 메시지의 역할(role)과 내용(content)를 딕셔너리 형태로 저장해 줍니다.

main.py

```
import streamlit as st
from dotenv import load_dotenv
load_dotenv()

#제목 설정
st.header("현진건 작가님과의 대화")

#대화 히스토리 초기화
if 'chat_history' not in st.session_state:
    st.session_state.chat_history = []

#질문 입력
prompt = st.chat_input("물어보고 싶은 것을 입력하세요!")
if prompt:
    #사용자 질문 출력 및 히스토리 저장
    with st.chat_message('user'):
```

```
        st.write(prompt)
    st.session_state.chat_history.append({'role': 'user', 'content': prompt})
```

05 Streamlit으로 띄운 웹 페이지에서 하단에 질문을 입력하면 채팅 UI로 출력되는 것을 확인할 수 있습니다.

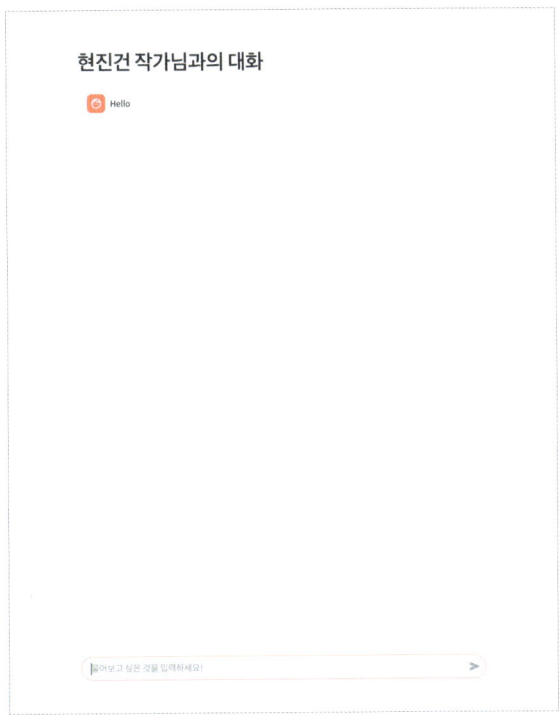

첫 번째 질문의 답변 출력

사용자 질문에 대한 답변을 출력해 봅시다. 첫 번째 질문인 경우 답변을 바로 생성해도 되지만, 두 번째 질문부터는 지난 대화의 맥락을 고려한 뒤 답변을 생성해야 합니다.

01 우선 첫 번째 질문에 대한 코드를 작성해 봅시다. import 키워드를 통해 OpenAI 라이브러리를 불러온 뒤, `OpenAI()` 인스턴스를 초기화하여 `client` 변수에 저장합니다. 지난 대화의 존재 여부는 `Session State` 전역 변수의 `response_id`라는 키로 관리합니다.

st.session_state에 response_id 키가 없다면, 즉 if 문의 조건을 만족한다면 지난 대화가 아직 없다는 의미입니다. if 문 아래 client.responses.create() 함수의 input 파라미터에는 사용자 질문인 prompt를 전달합니다. 결과적으로 함수 호출 결과인 response에 LLM의 답변이 저장됩니다.

main.py
```python
from openai import OpenAI
import streamlit as st
from dotenv import load_dotenv
load_dotenv()

client = OpenAI()

#제목 설정
st.header("현진건 작가님과의 대화")

#대화 히스토리 초기화
if 'chat_history' not in st.session_state:
    st.session_state.chat_history = []

#질문 입력
prompt = st.chat_input("물어보고 싶은 것을 입력하세요!")
if prompt:
    #사용자 질문 출력 및 히스토리 저장
    with st.chat_message('user'):
        st.write(prompt)
    st.session_state.chat_history.append({'role': 'user', 'content': prompt})

    #지난 대화가 없을 때
    if 'response_id' not in st.session_state:
        response = client.responses.create(
            model="gpt-4o-mini",
            instructions="당신은 소설 운수 좋은 날을 집필한 현진건 작가님입니다.",
            input=prompt,
            tools=[{
                "type": "file_search",
                "vector_store_ids": ["{벡터 저장소 ID}"]
            }]
        )
```

02 response에 저장된 LLM 답변을 출력할 차례입니다. st.chat_message() 함수 파라미터에는 LLM을 뜻하는 'assistant'를 전달하고, st.write() 함수에는 LLM 답변인 response.output_text를 전달합니다. st.session_state.chat_history 배열에 append() 함수를 호출하여 메시지 역할(role)과 내용(content)을 딕셔너리 형태로 저장해 줍니다. 마지막으로, 사용자가 후속 질문을 했을 때 지난 대화의 맥락을 고려하기 위해 Session State의 response_id 키에 현재 메시지의 응답 ID인 response.id를 저장합니다.

```python
# main.py
from openai import OpenAI
import streamlit as st
from dotenv import load_dotenv
load_dotenv()

client = OpenAI()

#제목 설정
st.header("현진건 작가님과의 대화")

#대화 히스토리 초기화
if 'chat_history' not in st.session_state:
    st.session_state.chat_history = []

#질문 입력
prompt = st.chat_input("물어보고 싶은 것을 입력하세요!")
if prompt:
    #사용자 질문 출력 및 히스토리 저장
    with st.chat_message('user'):
        st.write(prompt)
    st.session_state.chat_history.append({'role': 'user', 'content': prompt})

    #지난 대화가 없을 때
    if 'response_id' not in st.session_state:
        response = client.responses.create(
            model="gpt-4o-mini",
            instructions="당신은 소설 운수 좋은 날을 집필한 현진건 작가님입니다.",
            input=prompt,
            tools=[{
                "type": "file_search",
                "vector_store_ids": ["{벡터 저장소 ID}"]
```

```
            }]
        )

    #LLM 답변 출력 및 히스토리 저장
    with st.chat_message('assistant'):
        st.write(response.output_text)
    st.session_state.chat_history.append({'role': 'assistant', 'content': response.output_text})
    st.session_state.response_id = response.id
```

03 Streamlit으로 띄운 웹 페이지에서 하단에 질문을 입력하면 질문과 답변이 차례로 출력되는 것을 확인할 수 있습니다.

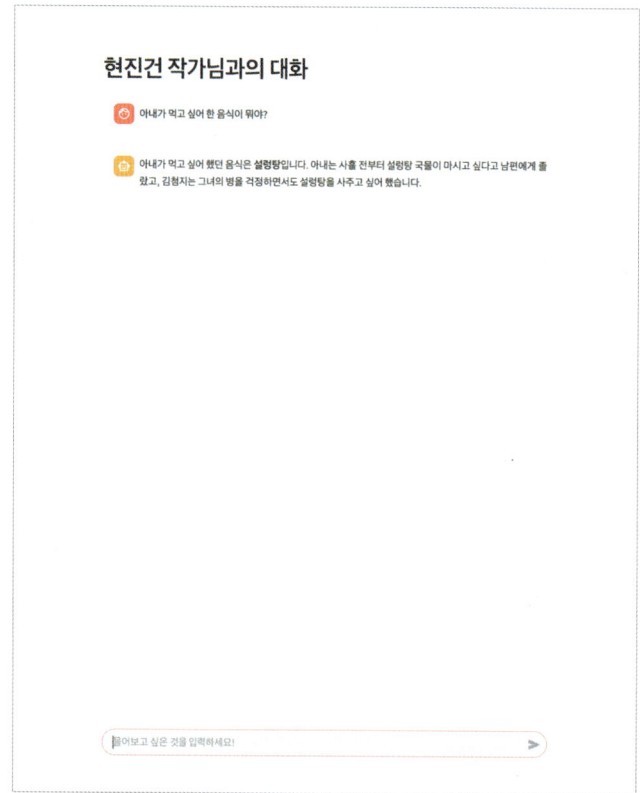

후속 질문의 답변 출력

01 후속 질문에 대한 코드를 작성해 봅시다. Responses API를 호출하여 답변을 생성하기 전에 for 문을 통해 `st.session_state.chat_history` 배열에 저장된 대화 히스토리를 출력합니다.

`response_id`로 지난 대화 존재 여부를 판별하는 if 문 아래에 else 문을 추가하여 후속 질문에 대한 답변을 생성합니다. 이때, 지난 대화의 맥락을 참조하기 위해 Responses API의 `previous_response_id` 파라미터에 `st.session_state.response_id`를 전달합니다.

main.py
```python
from openai import OpenAI
import streamlit as st
from dotenv import load_dotenv
load_dotenv()

client = OpenAI()

#제목 설정
st.header("현진건 작가님과의 대화")

#대화 히스토리 초기화
if 'chat_history' not in st.session_state:
    st.session_state.chat_history = []

#지난 대화 히스토리 출력
if 'response_id' in st.session_state:
    for message in st.session_state.chat_history:
        with st.chat_message(message['role']):
            st.write(message['content'])

#질문 입력
prompt = st.chat_input("물어보고 싶은 것을 입력하세요!")
if prompt:
    #사용자 질문 출력 및 히스토리 저장
    with st.chat_message('user'):
        st.write(prompt)
    st.session_state.chat_history.append({'role': 'user', 'content': prompt})

    #지난 대화가 없을 때
    if 'response_id' not in st.session_state:
```

```python
        response = client.responses.create(
            model="gpt-4o-mini",
            instructions="당신은 소설 운수 좋은 날을 집필한 현진건 작가님입니다.",
            input=prompt,
            tools=[{
                "type": "file_search",
                "vector_store_ids": ["{벡터 저장소 ID}"]
            }]
        )

    #지난 대화가 있을 때
    else:
        response = client.responses.create(
            previous_response_id=st.session_state.response_id,
            model="gpt-4o-mini",
            instructions="당신은 소설 운수 좋은 날을 집필한 현진건 작가님입니다.",
            input=prompt,
            tools=[{
                "type": "file_search",
                "vector_store_ids": ["{벡터 저장소 ID}"]
            }]
        )

    #LLM 답변 출력 및 히스토리 저장
    with st.chat_message('assistant'):
        st.write(response.output_text)
    st.session_state.chat_history.append({'role': 'assistant', 'content': response.output_text})
    st.session_state.response_id = response.id
```

03 Streamlit으로 띄운 웹 페이지에서 첫 번째 질문에 이어 "방금 뭐라고 했어?"라는 후속 질문을 입력하면 직전 답변과 유사하게 답변하는 것을 확인할 수 있습니다.

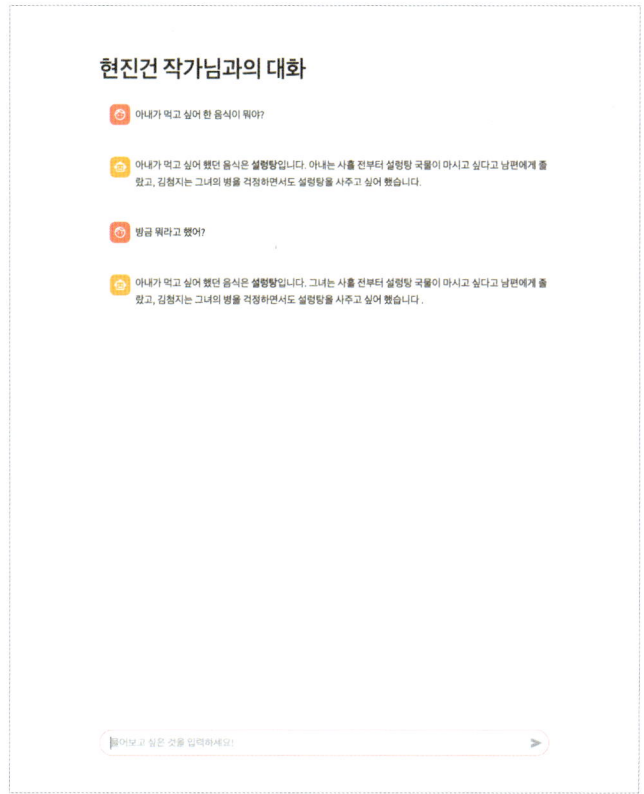

로딩 애니메이션 설정

사용자가 질문을 입력하고 어시스턴트의 답변을 받기까지 약간의 지연이 발생합니다. 답변이 처리 중이라는 것을 알리기 위해 로딩 스피너를 표시해 보겠습니다.

01 Streamlit 공식 문서 [API Reference] 페이지에서 **st.spinner()** 함수의 예시 코드를 참고하여, 다음과 같이 Responses API를 호출하는 부분 바로 위에 로딩 스피너를 추가합니다. 전체 코드는 다음과 같습니다.

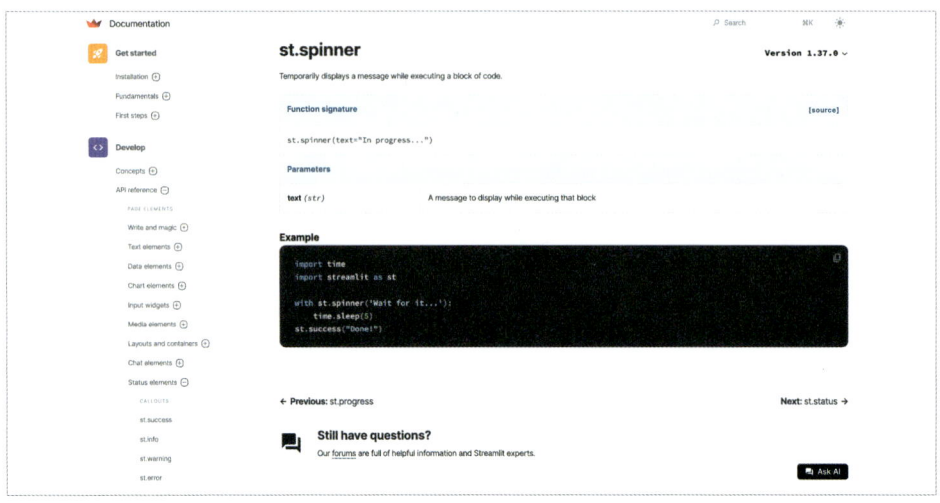

main.py

```python
from openai import OpenAI
import streamlit as st
from dotenv import load_dotenv
load_dotenv()

client = OpenAI()

#제목 설정
st.header("현진건 작가님과의 대화")

#대화 히스토리 초기화
if 'chat_history' not in st.session_state:
    st.session_state.chat_history = []

#지난 대화 히스토리 출력
if 'response_id' in st.session_state:
    for message in st.session_state.chat_history:
        with st.chat_message(message['role']):
            st.write(message['content'])

#질문 입력
prompt = st.chat_input("물어보고 싶은 것을 입력하세요!")
if prompt:
    #사용자 질문 출력 및 히스토리 저장
```

```python
with st.chat_message('user'):
    st.write(prompt)
st.session_state.chat_history.append({'role': 'user', 'content': prompt})

#지난 대화가 없을 때
if 'response_id' not in st.session_state:
    with st.spinner('Wait for it...'):
        response = client.responses.create(
            model="gpt-4o-mini",
            instructions="당신은 소설 운수 좋은 날을 집필한 현진건 작가님입니다.",
            input=prompt,
            tools=[{
                "type": "file_search",
                "vector_store_ids": ["{벡터 저장소 ID}"]
            }]
        )

#지난 대화가 있을 때
else:
    with st.spinner('Wait for it...'):
        response = client.responses.create(
            previous_response_id=st.session_state.response_id,
            model="gpt-4o-mini",
            instructions="당신은 소설 운수 좋은 날을 집필한 현진건 작가님입니다.",
            input=prompt,
            tools=[{
                "type": "file_search",
                "vector_store_ids": ["{벡터 저장소 ID}"]
            }]
        )

#LLM 답변 출력 및 히스토리 저장
with st.chat_message('assistant'):
    st.write(response.output_text)
st.session_state.chat_history.append({'role': 'assistant', 'content': response.output_text})
st.session_state.response_id = response.id
```

02 Streamlit으로 띄운 웹 페이지로 동작을 확인해 봅시다. 다음과 같이 답변을 처리하는 중에 로딩 스피너가 표시되어야 합니다.

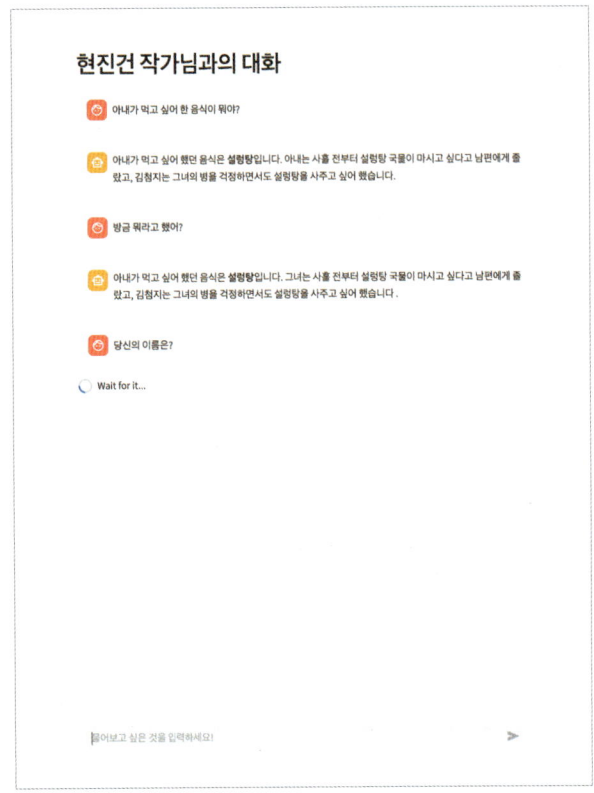

Part 04

RAG 기법을 활용한 유사성 검색 서비스

Chapter 09 FAISS 인덱스 생성

Chapter 10 FAISS VectorDB로 유사성 검색 구현

Chapter 11 RAG 기반 대규모 텍스트 검색 구현

09 FAISS 인덱스 생성

텍스트 데이터를 청크 단위로 나누고, 각 청크를 임베딩 벡터로 변환한 후 FAISS를 활용해 유사성 검색이 가능한 인덱스를 생성합니다. 생성된 인덱스를 저장하고 재사용하는 방식도 실습합니다.

| 학습 목표

텍스트 데이터를 로딩하고 청크 분할, 임베딩 벡터 생성, FAISS 인덱스 구축 및 저장 과정을 단계별로 실습합니다.

| 핵심 키워드

- FAISS
- OpenAIEmbeddings
- TextLoader
- CharacterTextSplitter
- 임베딩
- 벡터 데이터베이스

이번 장에서는 텍스트 파일을 불러와 텍스트를 작은 청크로 나눈 후, 이를 임베딩(숫자 벡터)으로 변환하여 FAISS 인덱스를 생성하고 저장하는 과정을 설명합니다. 이를 통해 대규모 텍스트 데이터를 효율적으로 검색할 수 있습니다. 다음 이미지는 이 과정의 전체적인 흐름을 시각화한 것입니다. 그림에서 보이는 RAG$^{Retrieval-Augmented\ Generation}$ 프로세스는 네 가지 주요 단계, **Load(로드), Split(분할), Embed(임베딩), Store(저장)**으로 구성됩니다.

> 💡 **Tip.** 청크는 큰 문서를 '일정 길이로 잘라낸 텍스트 조각'을 뜻합니다. 이 작업을 청크 분할(chunking)이라고도 부릅니다.

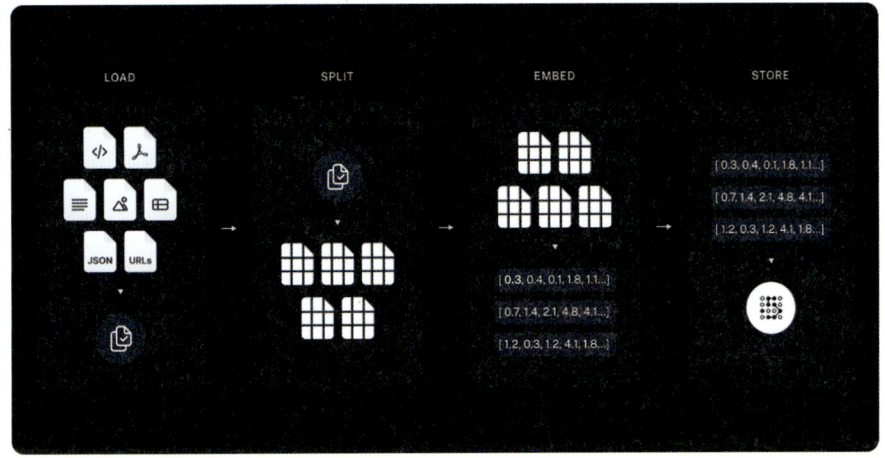

RAG(Retrieval-Augmented Generation): Load - Split - Embed - Store

FAISS란

FAISS$^{Facebook\ AI\ Similarity\ Search}$는 Facebook AI에서 만든 라이브러리로 대규모 벡터 데이터에서 유사한 항목을 빠르게 찾아주는 역할을 합니다. 이름 그대로 'Similarity Search', 즉 비슷한 것을 검색하는 데 특화되어 있으며 자연어 처리, 추천 시스템, 이미지 검색 등 다양한 분야에서 활용됩니다.

자연어 문장을 벡터(숫자 배열)로 변환한 뒤 수많은 벡터 중에서 가장 비슷한 문장을 찾고자 할 때 매우 유용합니다. 특히 수십만, 수백만 개의 데이터가 있는 상황에서도 고속으로 유사도를 계산하고 검색할 수 있어 실시간 처리나 검색 엔진 구성에 널리 사용됩니다.

정확도를 약간 희생하더라도 속도를 극대화하는 근사 최근접 이웃(Approximate Nearest Neighbor, ANN) 알고리즘을 기반으로 하며 CPU뿐만 아니라 GPU 가속도 지원하여 대용량 벡터 처리에 최적화되어 있습니다.

예를 들어 사용자가 "회의 자료 공유 부탁드립니다"라는 문장을 입력했을 때, 과거에 "5월 회의 자료 보내드립니다"라는 문장과 유사하다는 것을 시스템이 판단해 자동 분류하거나 관련 응답을 제시하는 기능을 구현할 수 있습니다. 이때 문장 간 유사도를 판단하기 위해서는 두 문장을 벡터로 바꾸고, 이 벡터들 사이의 거리를 비교해야 합니다.

하지만 수많은 문장 벡터 중에서 유사한 벡터를 일일이 비교하는 것은 시간이 오래 걸리는 작업입니다. FAISS는 이런 상황에서 유사한 벡터를 짧은 시간 안에 찾아내는 역할을 하며 이메일 자동 분류기, 문서 검색기, 챗봇 등의 시스템에서 핵심적인 역할을 합니다.

기본 환경 설정

01 먼저 필요한 라이브러리와 환경 변수를 설정합니다. dotenv 라이브러리는 OpenAI API 키를 로드하는 데 사용되며, FAISS와 OpenAI 임베딩 클래스를 불러와 텍스트 데이터를 처리합니다.

```python
# restaurant_rag1.py
from langchain_text_splitters import CharacterTextSplitter
from langchain_openai import OpenAIEmbeddings
from langchain_community.vectorstores import FAISS
from langchain_community.document_loaders import TextLoader
import os
from dotenv import import load_dotenv
load_dotenv()
OPENAI_API_KEY = os.getenv("OPENAI_API_KEY")
```

02 FAISS 벡터 데이터베이스를 컴퓨터 환경에 맞추어 설치합니다. 사용 중인 컴퓨터 환경에 맞춰 CPU 또는 GPU 버전을 설치해 주세요. 만약 GPU가 탑재되어 있다면, 벡터 검색 속도가 CPU보다 훨씬 빠르므로 GPU 버전을 선택해 진행하는 것을 권장합니다. 여기서는 CPU 버전으로 진행했습니다.

> 명령어
```
pip install faiss-cpu
pip install faiss-gpu
```

텍스트 데이터 청크 분할

01 텍스트 데이터를 로드하여 문서 객체로 변환합니다. 이 예제에서는 **restaurants.txt** 파일에 저장된 텍스트 데이터를 TextLoader 클래스를 통해 로드합니다. **restaurants.txt** 파일은 가상 레스토랑과 관련해 자주 묻는 질문과 답변을 Q&A 형식으로 모아 둔 데이터셋으로 메뉴, 이벤트, 영업시간, 주차, 분위기 등 고객이 궁금해할 만한 100여 가지 항목을 한국어로 상세히 설명한 FAQ 자료입니다.

해당 파일은 다음 깃허브 링크에서 다운로드 받을 수 있습니다.

🔗 https://github.com/sw-woo/hanbit-langchain/blob/main/chapter%2007~09/restaurants.txt

> restaurant_rag1.py
```python
# 현재 파이썬 스크립트 실행 위치 반환
current_dir = os.path.dirname(os.path.abspath(__file__))
# 현재 파이썬 스크립트 실행 위치에 있는 "restaurant-faiss" 폴더 경로
restaurant_faiss = os.path.join(current_dir, "restaurant-faiss")
# TextLoader 클래스를 사용하여 "restaurant.txt"라는 파일에서 텍스트를 로드합니다.
# 윈도우 사용자는 경로 문제 시 "loader = TextLoader(f'{current_dir}\\restaurant.txt',
encoding='utf-8')" 문구를 사용하면 됩니다.
loader = TextLoader(f'{current_dir}/restaurants.txt')
# 파일의 내용을 document 객체로 로드합니다.
documents = loader.load()
```

- **TextLoader**: 지정된 파일 경로에서 텍스트 파일을 로드하는 클래스입니다. 이 클래스는 텍스트 데이터를 문서 객체로 변환합니다.
- **documents**: 로드된 텍스트가 담긴 문서(Documents) 객체입니다.

02 로드된 텍스트를 일정한 크기의 청크로 나누는 과정을 거칩니다. 청크 분할은 나중에 임베딩과 검색 효율성을 높이는 데 중요한 역할을 합니다.

restaurant_rag1.py

```
# 텍스트를 300자 단위로 나누고, 연속된 청크 사이에 50자의 겹침을 두어 텍스트를 분할하는 text
splitter 객체를 생성합니다.
text_splitter = CharacterTextSplitter(chunk_size=300, chunk_overlap=50)
# 로드된 문서를 지정된 크기와 겹침에 따라 더 작은 청크로 분할합니다.
docs = text_splitter.split_documents(documents)
```

- **CharacterTextSplitter**: 텍스트를 일정한 크기(chunk_size)로 분할하며, 연속된 청크 간에 겹침(chunk_overlap)을 추가하여 문맥을 유지합니다.
- **docs**: 분할된 텍스트 청크의 목록입니다. 각 청크는 이후 임베딩과 검색 작업에 사용됩니다.

03 다음 단계에서는 텍스트를 임베딩(숫자 벡터)으로 변환합니다. 임베딩은 텍스트의 의미를 고차원 벡터 공간에서 숫자 벡터로 표현한 것으로, 이를 통해 텍스트 간의 유사성을 계산할 수 있습니다. 이러한 벡터 표현은 유사성 검색과 같은 작업에서 매우 중요한 역할을 합니다.

restaurant_rag1.py

```
embeddings = OpenAIEmbeddings(api_key=OPENAI_API_KEY)
```

- **OpenAIEmbeddings**: OpenAI의 언어 모델을 활용하여 텍스트를 고차원 임베딩 벡터로 변환하는 클래스입니다. OpenAI API를 통해 GPT 모델을 사용하여 텍스트의 의미를 숫자 벡터로 표현합니다. 이 벡터들은 텍스트 간의 유사성을 평가하거나 검색할 때 사용됩니다.

임베딩 벡터는 텍스트, 이미지, 오디오 같은 비정형 데이터의 복잡한 의미를 수치화해 벡터 간의 거리나 내적을 통해 데이터 간 유사도를 계산할 수 있게 합니다.

텍스트 청크 분할

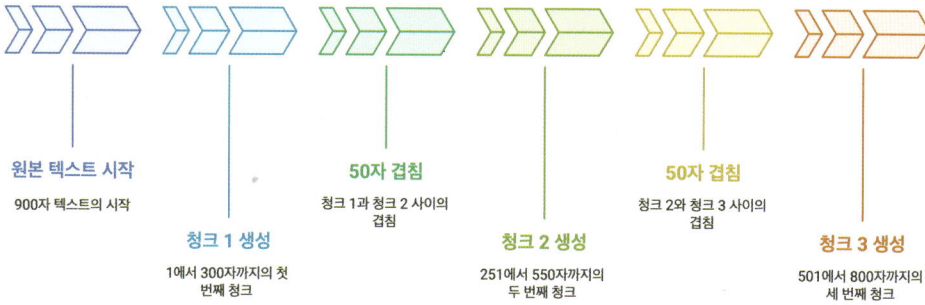

텍스트 청킹 프로세스

chunk_size는 텍스트를 한 번에 잘라 넣는 길이를 의미합니다. 값을 크게 설정하면(예: 512~1024 토큰, 약 2~4000자) 모델이 넓은 문맥을 그대로 볼 수 있어 장문 요약이나 해설형 질문에 유리합니다. 다만 임베딩 시간이 길어지고 GPU, RAM 사용량이 늘어나 검색이 느려질 수 있습니다. 반대로 값을 작게 설정하면(128~256토큰, 약 500~1000자) 키워드 매칭이 세밀해지고 인덱스 용량과 쿼리 속도가 줄어드는 장점이 있지만, 문장이 중간에서 끊겨 맥락이 손실될 위험이 있습니다. 보통 모델의 최대 토큰 한도(예: 4000 토큰)와 하드웨어 여유를 확인한 뒤, 128~512 토큰 구간에서 여러 후보를 골라 A/B 테스트로 최적값을 찾습니다.

chunk_overlap은 앞 청크 끝부분을 다음 청크에 일부 복사해 두는 길이를 가리킵니다. 이 겹침 덕분에 경계에서 문장이 끊겨도 앞뒤 연결 고리가 유지되고, 키워드가 경계에 걸려도 검색 누락이 줄어듭니다. 일반적으로 chunk_size의 10~20%(예: chunk_size 256 토큰이면 25~50 토큰)에서 시작해 문맥이 자주 끊기면 overlap을 늘리고, 속도가 느리면 줄이는 식으로 조정합니다.

실무에서 자주 쓰이는 예시는 다음과 같습니다.

- 기술 매뉴얼처럼 장문이 많은 자료: chunk_size 800, overlap 80으로 절차 설명이 끊기지 않도록 설정합니다.
- FAQ, 키워드 검색처럼 빠른 응답이 중요한 경우: chunk_size 200, overlap 20으로 RAM과 속도를 최적화합니다.
- 메모리가 작은 모바일 기기: chunk_size 128, overlap 12로 최소화하고, 복잡한 요청은 클라우드 모델로 넘깁니다.
- 대용량 GPU 서버에서 최고 품질 한국어 RAG를 목표로 할 때: chunk_size 1024, overlap 150까지 늘려 문맥을 최대한 보존합니다.

튜닝 절차는 ① 데이터 길이, 질문 유형 분석 → ② overlap 10%로 시작해 리콜과 지연 시간 측정 → ③ recall, mAP, 평균 속도, GPU 메모리 등을 기록하며 실험 반복 → ④ 품질이 좋지만 느리면 두 값을 줄이고, 품질이 부족하면 하나씩 늘려 균형점을 찾는 순서로 진행합니다. 마지막으로 분산 인코딩과 캐싱을 적용해 운영 환경에서도 속도를 안정화하면 됩니다.

정리하면, chunk_size를 키우면 문맥 보존이 좋아지고 줄이면 시간과 메모리가 절약됩니다. chunk_overlap은 문맥을 잇는 안전판으로 10~20% 범위에서 시작해 조정하며 두 파라미터를 데이터 특성과 하드웨어, 질문 패턴에 맞춰 함께 최적화해야 검색 정확도와 성능을 균형 있게 얻을 수 있습니다.

> **❓ 궁금해요** **Recall과 mAP**
>
> - **Recall(재현율)**: '정답을 놓치지 않고 얼마만큼 챙겼나?'를 보는 지표입니다. (예: 관련 문서가 20개인데 검색 결과에 15개가 들어 있으면 재현율 15/20=0.75)
> - **mAP(mean Average Precision)**: '가져온 정답을 얼마나 앞쪽(상위 순위)에 잘 배열했나?'를 평가합니다. 한 쿼리마다 정답이 등장할 때마다의 정밀도(precision)를 누적해 평균을 내면 AP(Average Precision)가 됩니다. 여러 쿼리의 AP를 다시 평균을 내면 mAP가 됩니다. mAP 값이 1.0에 가까울수록 정답을 맨 위부터 보기 좋게 정렬했다는 뜻입니다.
>
> 두 값을 함께 보면 검색 시스템이 정답을 얼마나 많이, 그리고 얼마나 앞에 보여 주는지 한눈에 파악할 수 있습니다.

인덱스 생성

01 생성된 임베딩 벡터를 사용하여 FAISS 인덱스를 생성하고, 이를 로컬 디렉터리에 저장합니다. FAISS는 벡터 데이터를 저장하고 검색하는 벡터 데이터베이스 역할을 합니다.

restaurant_rag1.py
```python
db = FAISS.from_documents(docs, embeddings)
# 생성된 FAISS 인덱스를 나중에 사용할 수 있도록 "restaurant-faiss"라는 로컬 디렉터리에 저장합니다.
db.save_local(restaurant_faiss)
print("레스토랑 임베딩 저장 완료", restaurant_faiss)
```

- **FAISS.from_documents**: 텍스트 청크(docs)와 해당 임베딩 벡터(embeddings)를 사용하여 FAISS 인덱스를 생성합니다. FAISS는 벡터 데이터를 효율적으로 저장하고, 이후 유사성을 기반으로 검색할 수 있는 인덱스를 만듭니다.
- **save_local**: 생성된 FAISS 인덱스를 로컬 디렉터리에 저장하는 메서드입니다. 인덱스는 파일로 저장되어, 나중에 로드하여 재사용하거나 빠르게 검색할 수 있습니다. 이는 특히 대규모 벡터 데이터를 다루는 환경에서 성능을 극대화하는 데 매우 유용합니다.

FAISS는 벡터 데이터가 메모리(RAM)에 모두 적재되지 않는 경우에도 사용할 수 있는 여러 알고리즘을 포함하고 있으며, CPU와 GPU 모두에서 동작합니다. 특히, GPU를 활용한 벡터 연산은 매우 빠른 성능을 제공합니다.

FAISS는 벡터 데이터베이스로서 대규모 벡터 데이터를 저장하고, 이 데이터에 대한 유사성 검색을 수행하는 데 최적화되어 있습니다. 유클리드 거리$^{Euclidean\ distance}$ 또는 점곱$^{Dot\ Product}$을 기준으로 벡터 간의 유사성을 비교할 수 있으며, 코사인 유사성도 지원합니다. 또한 벡터 데이터를 압축하거나 효율적인 검색을 위해 인덱스 구조를 추가하는 방법들도 제공합니다.

실행이 성공적으로 완료되면 다음 그림에서 보이는 것처럼 restaurant-faiss라는 이름의 폴더에 index.faiss와 index.pkl이라는 두 개의 파일 객체가 생성됩니다. 이 파일들이 존재한다면 FAISS 인덱스가 정상적으로 생성된 것입니다.

- **index.faiss**: FAISS 라이브러리가 생성한 인덱스 파일로 벡터 데이터가 저장되어 있습니다.
- **index.pkl**: 파이썬의 pickle 형식으로 저장된 메타데이터 파일로 인덱스와 관련된 추가 정보를 포함합니다.

이 두 파일이 성공적으로 생성되었다면 벡터 데이터베이스가 올바르게 설정된 것입니다. 이제 이 인덱스를 활용하여 텍스트 유사성 검색을 수행할 수 있습니다.

10 FAISS VectorDB로 유사성 검색 구현

OpenAI 임베딩과 FAISS 벡터 데이터베이스를 사용하여 텍스트 데이터를 처리하고 유사성 검색을 수행하는 방법을 살펴봅니다. 이번 예제는 비동기 프로그래밍을 통해 검색 작업을 효율적으로 수행하는 방법을 소개합니다. 또한 FAISS 인덱스를 활용하여 텍스트 데이터를 관리하고, 대규모 데이터셋에서도 빠르고 정확한 검색을 구현할 수 있는 방법을 다룹니다.

▌학습 목표

FAISS를 활용한 문서 검색과 LangChain Retriever, LLM을 조합한 RAG 흐름을 설계하는 방법을 익힙니다.

▌핵심 키워드

- FAISS
- 유사성 검색
- OpenAIEmbeddings
- 임베딩 벡터

다음 이미지에서 볼 수 있듯 검색 프로세스는 주어진 질문(쿼리)Question에 대해 유사한 문서를 데이터베이스에서 검색Retrieve하는 단계로 이루어집니다. 이 과정에서 쿼리는 임베딩 벡터로 변환되어 벡터 데이터베이스에 저장된 문서와 비교되며 가장 유사한 문서들이 반환됩니다.

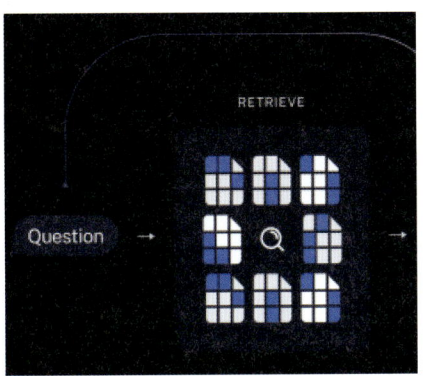

쿼리 기반 유사 문서 검색

01 OpenAI 임베딩을 초기화하고 로컬에 저장된 FAISS 인덱스를 로드합니다. 이 인덱스는 벡터 데이터를 포함하며, 쿼리와의 유사성 검색을 수행하는 데 사용됩니다.

```python
# restaurant_rag2.py
from langchain_openai import OpenAIEmbeddings
from langchain_community.vectorstores import FAISS
import asyncio
import os
from dotenv import load_dotenv
load_dotenv()
OPENAI_API_KEY = os.getenv("OPENAI_API_KEY")
current_dir = os.path.dirname(os.path.abspath(__file__))
# main()이라는 비동기 함수를 정의합니다.
async def main():
    # 환경 변수에서 가져온 OpenAI API 키를 사용하여 OpenAIEmbeddings 클래스를 초기화합니다.
    embeddings = OpenAIEmbeddings(api_key=OPENAI_API_KEY)
    # 지정된 임베딩을 사용하여 로컬에 저장된 FAISS 인덱스를 로드합니다.
    # allow_dangerous_deserialization=True 옵션은 역직렬화를 허용합니다.
    load_db = FAISS.load_local(f'{current_dir}/restaurant-faiss', embeddings, allow_dangerous_deserialization=True)
```

이 코드는 로컬 파일 시스템에서 FAISS 인덱스를 로드하고, 이를 사용해 유사성 검색을 수행할 준비를 합니다. `allow_dangerous_deserialization=True` 옵션은 인덱스를 안전하게 로드하기 위해 필요합니다.

02 이제 사용자가 검색하고자 하는 쿼리 문자열을 정의하고, FAISS 인덱스를 사용해 가장 유사한 문서를 검색합니다. 이 예제에서는 "음식점의 룸 서비스는 어떻게 운영되나요?"라는 질문을 사용하여 유사한 문서를 찾습니다.

restaurant_rag2.py
```python
# 검색할 쿼리 문자열을 정의합니다.
query = "음식점의 룸 서비스는 어떻게 운영되나요?"
# `query` 변수는 사용자가 검색하려는 질문이나 문장을 담고 있습니다.
# `k=2`는 가장 유사한 문서 2개를 반환하도록 지정합니다.
result = load_db.similarity_search(query, k=2)
# 검색 결과를 출력합니다.
print(result, "\n")
```

`similarity_search` 메서드를 사용하여 주어진 쿼리와 가장 유사한 문서 두 개를 검색합니다. 검색 결과는 리스트 형태로 반환되며 지정된 쿼리 문자열과 가장 유사한 두 개의 문서가 검색됩니다. 예제에서는 "음식점의 룸 서비스는 어떻게 운영되나요?"라는 질문에 대한 유사한 답변을 포함하는 문서들이 반환됩니다. 검색 결과는 다음과 같은 형식으로 나타납니다.

```
[Document(metadata={'source': '.../restaurants.txt'}, page_content='Q: ...'),
 Document(metadata={'source': '.../restaurants.txt'}, page_content='Q: ...')]
```

반환된 결과에는 검색된 문서의 메타데이터와 콘텐츠가 포함되어 있습니다. 이 출력은 검색이 성공적으로 수행되었음을 나타냅니다.

임베딩 벡터로 문서 유사도 검색

01 쿼리 문자열을 임베딩 벡터로 변환한 후, 이를 사용해 비동기 방식으로 유사한 문서를 검색합니다. 비동기 방식은 대규모 데이터셋에서 검색 성능을 극대화하는 데 도움이 됩니다. 먼저 `embed_query` 메서드를 통해 쿼리를 임베딩 벡터로 변환합니다. 이 임베딩 벡터는 텍

트의 의미를 숫자 벡터로 표현한 것입니다. 해당 벡터는 출력되어 벡터 형태로 확인할 수 있습니다.

restaurant_rag2.py

```python
# 쿼리를 임베딩 벡터로 변환합니다.
embedding_vector_query = embeddings.embed_query(query)
print("Query vector: ", embedding_vector_query, "\n")
```

02 이후 asimilarity_search_by_vector 메서드를 통해 벡터 기반의 비동기 검색이 수행됩니다. 검색된 문서 중 가장 유사한 첫 번째 문서가 출력됩니다. 이는 벡터 기반 검색이 성공적으로 수행되었음을 나타냅니다.

```python
# 임베딩 벡터를 사용하여 비동기 방식으로 유사 문서를 검색합니다.
docs = await load_db.asimilarity_search_by_vector(embedding_vector_query)
# 검색된 문서 중 첫 번째 문서를 출력합니다.
print(docs[0])
```

03 추가로 OpenAIEmbeddings 클래스가 기본으로 호출하는 모델 **text-embedding-ada-002**는 항상 길이 1536의 고정-차원 벡터를 반환합니다. 모델 입력이 한 문장이든 수천 토큰이든 결과 벡터의 차원 수(1536)는 변하지 않으며, 이는 OpenAI가 벡터 검색, 유사도 계산용으로 설계한 표준 크기입니다.

```
Query vector: [0.03593069687485695, -0.013562981970608234, ... ]
```

04 출력된 문서의 내용은 다음과 같습니다. 이 결과는 사용자가 입력한 쿼리와 가장 유사한 문서의 내용과 메타데이터를 포함합니다.

```
Document(metadata={'source': '.../restaurants.txt'}, page_content='Q: ...')
```

05 최종적으로 다음 예시처럼 출력됩니다.

```
[Document(id='7badd743-c57c-48a5-8992-faa194148833', metadata={'source': '/Users/usermackbookpro/hanbit-langchain/chapter 07~09/restaurants.txt'}, page_content='Q: 음식
```

점의 룸 서비스는 어떻게 운영되나요?\nA: 음식점은 룸 서비스를 제공하고 있으며, 객실 내에서 메뉴를 주문하고 편안한 분위기에서 음식을 즐길 수 있도록 서비스하고 있습니다.\n\nQ: 이 음식점에서 인기 있는 해산물 요리는 무엇인가요?\nA: 인기 있는 해산물 요리로는 해산물 파스타와 해산물 그릴이 있습니다. 신선한 해산물과 특제 소스가 조화를 이루어 맛있는 요리를 제공합니다.'),

스크립트 실행

스크립트가 직접 실행될 때, `asyncio.run(main())`을 사용해 `main()` 함수를 실행합니다. 이를 통해 비동기 함수가 호출되고, 전체 검색 프로세스가 시작됩니다.

restaurant_rag2.py

```
if __name__ == "__main__":
    asyncio.run(main())
```

실행 결과

[Document(id='7badd743-c57c-48a5-8992-faa194148833', metadata={'source': '/Users/usermackbookpro/hanbit-langchain/chapter 07~09/restaurants.txt'}, page_content='Q: 음식점의 룸 서비스는 어떻게 운영되나요?\nA: 음식점은 룸 서비스를 제공하고 있으며, 객실 내에서 메뉴를 주문하고 편안한 분위기에서 음식을 즐길 수 있도록 서비스하고 있습니다.\n\nQ: 이 음식점에서 인기 있는 해산물 요리는 무엇인가요?\nA: 인기 있는 해산물 요리로는 해산물 파스타와 해산물 그릴이 있습니다. 신선한 해산물과 특제 소스가 조화를 이루어 맛있는 요리를 제공합니다.'), Document(id='58fe45aa-9232-4c50-a050-9115f7ec36a9', metadata={'source': '/Users/usermackbookpro/hanbit-langchain/chapter 07~09/restaurants.txt'}, page_content='Q: 이 음식점에서 제공하는 특별한 코스 요리가 있나요?\nA: 네, 주문 시 특별 코스 요리도 제공하고 있습니다. 다양한 음식을 한 번에 즐길 수 있는 좋은 기회입니다.\n\nQ: 음식점의 주방은 어떻게 열려 있나요? 손님들이 조리 과정을 볼 수 있나요?\nA: 음식점은 개방적인 주방을 지니고 있어 고객들이 조리 과정을 직접 볼 수 있습니다. 신선한 재료와 정교한 조리과정을 직접 확인할 수 있어 인기가 있습니다.')]

Query vector: [0.03589647635817528, -0.013520479202270508, 0.011477911844849586, -0.01858077570796013, -0.012571673840284348, 0.004351986572146416, 0.0011011745082214475, -0.0018943166360259056, -0.016314184293150902, 0.0168149434030056, -0.018976110965013504, -0.0031577434856444597, -0.02556503936648369, -0.019938094541430473, -0.01980631612241268, 0.005682949908077717, 0.028042476624250412, -0.009395810775458813, 0.014917331747710705, -0.015088643878698349, 0.00611452478915453, -0.016709519550204277, -0.00591356260702014, 0.005682949908077717, 0.0028513583820313215, 0.012729807756841183, 0.0017065322026610374,

```
-0.00800554733723402, 0.0096659567207098, 0.017526548355817795, 0.0320485457777977,
-0.007208286784589291, … …

page_content='Q: 음식점의 룸 서비스는 어떻게 운영되나요?
A: 음식점은 룸 서비스를 제공하고 있으며, 객실 내에서 메뉴를 주문하고 편안한 분위기에서 음식을
즐길 수 있도록 서비스하고 있습니다.

Q: 이 음식점에서 인기 있는 해산물 요리는 무엇인가요?
A: 인기 있는 해산물 요리로는 해산물 파스타와 해산물 그릴이 있습니다. 신선한 해산물과 특제 소
스가 조화를 이루어 맛있는 요리를 제공합니다.' metadata={'source': '/Users/usermackbookpro/
hanbit-langchain/chapter 07~09/restaurants.txt'}
```

이 장에서는 OpenAI 임베딩과 FAISS 벡터 데이터베이스를 활용하여 텍스트 데이터를 비동기적으로 검색하는 방법을 소개했습니다. 실행된 스크립트는 사용자가 입력한 쿼리를 벡터로 변환하고 이를 바탕으로 유사한 문서를 검색합니다. 각 검색 단계의 결과를 통해, FAISS를 활용한 효율적인 텍스트 유사성 검색의 실행 과정과 결과를 이해할 수 있었습니다.

11 RAG 기반 대규모 텍스트 검색 구현

이 장에서는 RAG 기법을 사용하여 대규모 텍스트 데이터를 처리하고, 이를 기반으로 질문에 대한 적절한 답변을 생성하는 방법을 다룹니다. OpenAI의 언어 모델과 FAISS를 활용하여 대규모 데이터에서 관련 정보를 빠르게 검색하고 이를 바탕으로 AI 비서가 질문에 답변하는 시스템을 구축해 보겠습니다.

학습 목표

Load → Split → Embed → Store 과정을 통해 데이터를 준비하고, Question → Retrieve 단계를 통해 관련 문맥을 검색하여 프롬프트에 넣은 후 다시 LLM 모델에 전달하여 답변을 생성하는 RAG의 모든 과정을 학습합니다.

핵심 키워드

- RAG
- StrOutputParser
- RunnablePassthrough

기본 환경 설정

01 이 장에서 사용할 라이브러리를 임포트합니다. 필요한 라이브러리에는 OpenAI API, FAISS, 그리고 텍스트 처리를 위한 다양한 도구들이 포함됩니다.

restaurant_rag3.py
```python
from langchain_text_splitters import CharacterTextSplitter
from langchain_openai import OpenAIEmbeddings, OpenAI
from langchain_community.vectorstores import FAISS
from langchain_community.document_loaders import TextLoader
from langchain_core.prompts import PromptTemplate
from langchain_core.output_parsers import StrOutputParser
from langchain_core.runnables import RunnablePassthrough
import os
from dotenv import load_dotenv
```

- **CharacterTextSplitter**: 텍스트를 작은 단위로 나누는 데 사용됩니다.
- **OpenAIEmbeddings**: 텍스트를 임베딩 벡터로 변환하는 클래스입니다.
- **TextLoader**: 텍스트 파일을 로드하는 데 사용됩니다.
- **PromptTemplate**: AI 모델에 보낼 프롬프트를 템플릿으로 정의합니다.
- **StrOutputParser**: AI 모델의 출력을 처리합니다.
- **RunnablePassthrough**: 데이터 흐름에서 특정 값을 그대로 전달합니다.
- **os, dotenv**: 환경 변수와 파일 경로 처리를 위한 표준 라이브러리입니다.

02 OpenAI API 키를 안전하게 관리하기 위해 .env 파일에서 API 키를 로드합니다. 이 API 키는 OpenAI의 언어 모델을 사용하기 위해 필요합니다.

restaurant_rag3.py
```python
load_dotenv()
OPENAI_API_KEY = os.getenv("OPENAI_API_KEY")
```

03 현재 작업 중인 디렉터리를 기반으로 텍스트 파일과 FAISS 인덱스가 저장될 경로를 설정합니다.

```
restaurant_rag3.py
current_dir = os.path.dirname(os.path.abspath(__file__))
restaurants_text = os.path.join(current_dir, 'restaurants.txt')
restaurant_faiss = os.path.join(current_dir, "restaurant-faiss")
```

FAISS 인덱스 생성

01 텍스트 데이터를 기반으로 FAISS 인덱스를 생성합니다. 이 과정은 RAG의 Load → Split → Embed → Store의 첫 부분에 해당하며, 텍스트 데이터를 처리하여 검색 가능한 형태로 변환하는 것을 목표로 합니다.

```
restaurant_rag3.py
def create_faiss_index():
    # TextLoader를 사용하여 "restaurants.txt" 파일에서 텍스트를 로드합니다.
    loader = TextLoader(os.path.join(current_dir, "restaurants.txt"))
    documents = loader.load()
    # 텍스트를 300자 단위로 나누고, 연속된 청크 사이에 50자의 겹침을 두어 텍스트를 분할합니다.
    text_splitter = CharacterTextSplitter(chunk_size=300, chunk_overlap=50)
    chunks = text_splitter.create_documents(documents)
    # OpenAI API를 사용하여 임베딩을 생성합니다.
    embeddings = OpenAIEmbeddings(api_key=OPENAI_API_KEY)
    # Faiss 인덱스를 생성하고 저장합니다.
    db = FAISS.from_documents(chunks, embeddings)
    db.save_local(restaurant_faiss)
    print("Faiss Index created and saved")
```

02 이미 생성된 FAISS 인덱스(벡터 데이터베이스)를 로드합니다. 이 과정은 RAG의 **Retrieve** 단계로 연결되며, 사용자가 입력한 질문과 관련된 문서를 검색하기 위한 준비 단계입니다. 여기서 `allow_dangerous_deserialization=True`는 인덱스를 로드하기 위해 사용됩니다.

```
restaurant_rag3.py
def load_faiss_index():
    embeddings = OpenAIEmbeddings(api_key=OPENAI_API_KEY)
    load_db = FAISS.load_local(
```

```
        restaurant_faiss, embeddings, allow_dangerous_deserialization=True)
    return load_db
```

문서 포매팅과 답변 생성

01 FAISS를 사용하여 검색된 문서들을 하나의 문자열로 합칩니다. 이 과정은 Retrieve된 문서를 AI 모델이 처리할 수 있는 형태로 준비하는 단계입니다. 검색된 문서들을 하나의 텍스트 블록으로 결합하여, AI 모델이 이 텍스트를 기반으로 답변을 생성할 수 있도록 합니다.

restaurant_rag3.py
```
def format_docs(docs):
    return "\n\n".join(doc.page_content for doc in docs)
```

02 이제 사용자의 질문에 대해 AI가 답변을 생성하는 과정을 살펴보겠습니다. 이 단계는 Retrieve된 텍스트^{context}를 프롬프트에 포함시켜 LLM 모델에 전달하여 최종적으로 답변을 생성하는 RAG의 핵심 부분입니다.

restaurant_rag3.py
```
def answer_question(db, query):
    # OpenAI 언어 모델 초기화
    llm = OpenAI(api_key=OPENAI_API_KEY)
    # 사용자 정의 프롬프트 템플릿 생성
    prompt_template = """
    당신은 유능한 AI 비서입니다. 주어진 맥락 정보를 바탕으로 사용자의 질문에 정확하고 도움이 되는 답변을 제공해야 합니다.
    맥락: {context}
    질문: {question}
    답변을 작성할 때 다음 지침을 따르세요:
    1. 주어진 맥락 정보에 있는 내용만을 사용하여 답변하세요.
    2. 맥락 정보에 없는 내용은 답변에 포함하지 마세요.
    3. 질문과 관련이 없는 정보는 제외하세요.
    4. 답변은 간결하고 명확하게 작성하세요.
    5. 불확실한 경우, "주어진 정보로는 정확한 답변을 드릴 수 없습니다."라고 말하세요.
    답변:
    """
```

```python
    prompt = PromptTemplate(
        template=prompt_template,
        input_variables=["context", "question"]
    )
    qa_chain = (
        {
            "context": db.as_retriever() | format_docs,
            "question": RunnablePassthrough(),
        }
        | prompt
        | llm
        | StrOutputParser()
    )
    # 질문에 대한 답변 생성
    result = qa_chain.invoke(query)
    return result
```

- **OpenAI**: OpenAI의 언어 모델을 초기화합니다.
- **PromptTemplate**: 프롬프트 템플릿을 정의하여, AI가 질문에 답변할 때 따를 지침을 제공합니다.
- **qa_chain**: 검색된 문서들(context)과 사용자 질문을 함께 사용해 답변을 생성하는 파이프라인을 구성합니다.

메인 함수 작성

마지막으로 전체 프로세스를 실행하는 메인 함수를 작성합니다.

restaurant_rag3.py
```python
def main():
    # FAISS 인덱스가 없으면 생성
    if not os.path.exists(restaurant_faiss):
        create_faiss_index()
    # Faiss 인덱스를 로드합니다.
    db = load_faiss_index()
    while True:
        query = input("레스토랑에 대해서 궁금한 점을 물어보세요 (종료하려면 'quit' 입력): ")
        if query.lower() == 'quit':
            break
        answer = answer_question(db, query)
        print(f"답변: {answer}\n")
if __name__ == "__main__":
```

main()

main 함수는 FAISS 인덱스가 존재하지 않을 경우 이를 생성하고 로드합니다. 이후 사용자의 질문을 입력받고, answer_question 함수를 통해 AI가 답변을 생성합니다. 사용자는 quit을 입력하여 프로그램을 종료할 수 있습니다.

이상으로 RAG 기반 텍스트 검색 및 답변 생성 시스템 구축 과정을 알아보았습니다. 이 장에서는 RAG 기반 텍스트 검색과 답변 시스템을 예제로 살펴보며, 문서를 청크로 나누고 임베딩해 FAISS 인덱스에 저장한 뒤 LLM으로 답변을 생성하는 전체 흐름을 익혔습니다. 코드를 이해했다면 레스토랑 FAQ 대신 의료, 금융, 고객 지원 등 어떤 도메인이든 손쉽게 FAQ 챗봇으로 확장할 수 있습니다. 나아가 FAISS를 Weaviate, Milvus 같은 다른 벡터 DB로 바꾸거나 Llama와 GPT-4o 등 다양한 LLM을 연결하고, 프롬프트 템플릿을 목적에 맞게 조정하면 훨씬 빠르고 정밀한 RAG 파이프라인을 구축할 수 있습니다. 필요에 따라 이러한 옵션을 조합해 최적의 시스템으로 발전시켜 보길 바랍니다.

Part 05

고급 RAG 기법을 활용한 뉴스 검색 서비스

Chapter 12 Multiquery 기반 뉴스 검색 시스템 만들기
Chapter 13 하이브리드 검색 시스템 만들기

12 Multiquery 기반 뉴스 검색 시스템 만들기

네이버 경제 뉴스를 기반으로 한 RAG 시스템을 구축하는 과정을 알아봅니다. 단순한 문서 검색을 넘어, **multiquery**와 **unique-union** 기법을 활용하여 더욱 정밀하고 효율적인 정보 검색 및 응답 생성을 목표로 합니다.

| 학습 목표

웹에서 원하는 정보를 자동으로 수집(크롤링)하고, 수집한 텍스트 데이터를 전처리한 뒤 의미 기반으로 검색할 수 있도록 벡터 임베딩을 생성하는 과정을 배웁니다. 또한 다양한 관점의 질문을 생성하는 multiquery 기법과 다양성을 고려한 MMR 알고리즘을 활용하여 검색 품질을 높이는 방법을 익힙니다. 중복 데이터를 제거하고 GPT-4 기반 언어 모델과 연결하여 정밀한 답변을 생성하는 Retrieval Chain을 구축해보며 실전 수준의 고도화된 질의응답 시스템 설계 능력을 기릅니다.

| 핵심 키워드

- Multiquery
- Unique-union
- MMR
- WebBaseLoader & BeautifulSoup
- RecursiveCharacterTextSplitter
- 프롬프트 템플릿

Multiquery + Unique-union 기법

패키지 설치 및 JupyterLab 환경 설정

우선 필요한 파이썬 패키지들을 설치하고, 개발 및 실험 환경으로서 JupyterLab을 구성할 예정입니다. JupyterLab은 데이터 분석, 머신러닝 모델 개발, 코드 작성 등 다양한 작업을 지원하는 직관적인 인터페이스와 확장 기능을 제공하여 복잡한 개발 과정을 체계적으로 관리할 수 있도록 돕습니다. 지금부터 JupyterLab을 활용한 실습을 자주 진행할 예정이므로, **파일 확장자가 .ipynb인 예제는 주피터 노트북 환경에서 실행해 주시길 바랍니다.** 또한 책에 포함된 예제 코드(.py .ipynb)에는 실습 과정을 보다 자세히 이해할 수 있도록 추가 주석이 함께 작성되어 있으니 참고하길 바랍니다.

01 파이썬 가상 환경을 활성화한 후, 다음 명령어로 JupyterLab을 설치합니다.

명령어
```
pip install jupyterlab
```

02 설치가 완료되면, `jupyter lab` 명령어로 JupyterLab을 실행할 수 있습니다.

03 hanbit-langchain/chapter 12~13/ 폴더 위치에서 `jupyter lab` 명령어를 입력하면, 다음 그림처럼 JupyterLab 인터페이스가 나타납니다.

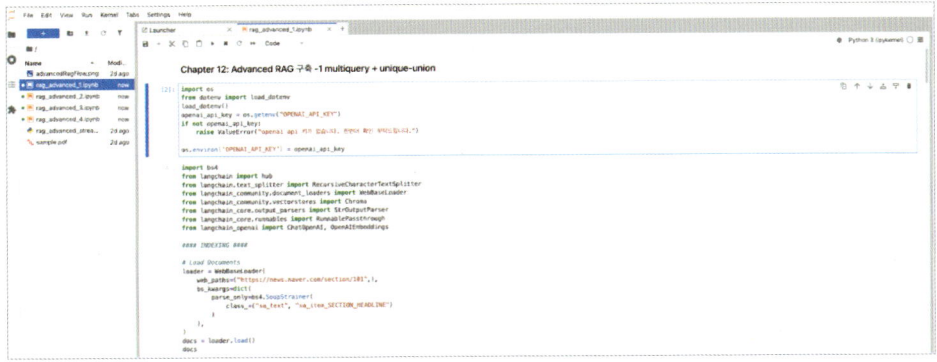

04 dotenv 라이브러리를 사용하여 환경 변수를 설정합니다. 여기서는 OpenAI API 키를 불러와 설정합니다. 만약 API 키가 설정되지 않았다면 오류를 발생시켜 사용자가 이를 확인할 수 있도록 합니다.

```
rag_advanced_1.ipynb
import os
from dotenv import load_dotenv
load_dotenv()
openai_api_key = os.getenv("OPENAI_API_KEY")

if not openai_api_key:
    raise ValueError("OpenAI API 키가 없습니다. 한번 더 확인 부탁드립니다.")

os.environ['OPENAI_API_KEY'] = openai_api_key
```

문서 로딩과 분할

01 WebBaseLoader와 BeautifulSoup을 사용하여 네이버 경제 뉴스 페이지에서 특정 클래스의 텍스트만 파싱해 기사를 로드합니다. 이 예제에서는 경제 섹션에서 기사를 가져옵니다. 다음 보이는 이미지는 우리가 기사를 가져올 사이트입니다. 클래스명이 sa_text, sa_item_SECTION_HEADLINE인 두 클래스의 데이터를 가져옵니다.

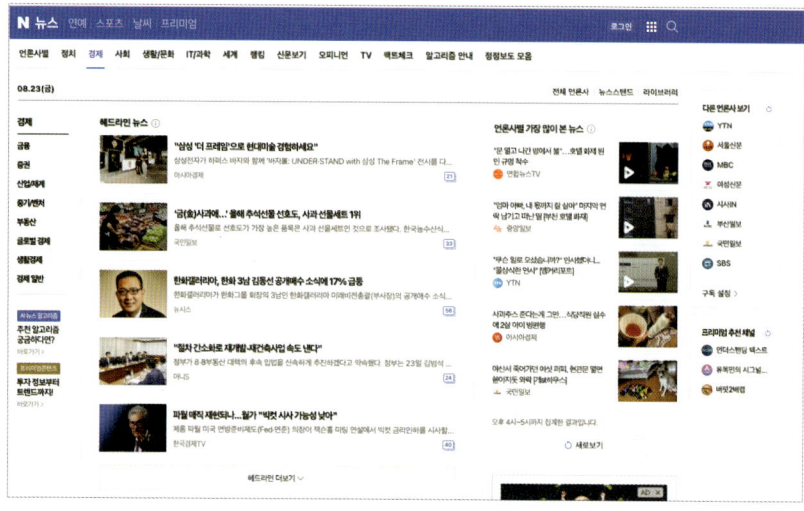

```
rag_advanced_1.ipynb

import bs4
from langchain import hub
from langchain.text_splitter import RecursiveCharacterTextSplitter
from langchain_community.document_loaders import WebBaseLoader
from langchain_community.vectorstores import Chroma
from langchain_core.output_parsers import StrOutputParser
from langchain_core.runnables import RunnablePassthrough
from langchain_openai import ChatOpenAI, OpenAIEmbeddings

#### INDEXING ####

# Load Documents
loader = WebBaseLoader(
    web_paths=("https://news.naver.com/section/101",),
    bs_kwargs=dict(
        parse_only=bs4.SoupStrainer(
            class_=("sa_text", "sa_item_SECTION_HEADLINE")
        )
    ),
)
docs = loader.load()
```

02 로드된 문서를 토큰 단위로 분할합니다. `tiktoken` 인코더를 사용하여 텍스트를 300자 단위로 분할하고, 청크 간 50자의 겹침을 둡니다. 이 방법은 GPT와 같은 토큰 기반 모델에서 효과적으로 텍스트를 처리하는 데 유리합니다.

```
rag_advanced_1.ipynb

# Split
text_splitter = RecursiveCharacterTextSplitter.from_tiktoken_encoder(
```

```
    chunk_size=300,
    chunk_overlap=50)
splits = text_splitter.split_documents(docs)
```

벡터 스토어 구축 및 문서 검색 설정

01 분할된 문서 청크에 대해 OpenAI 임베딩을 생성하고, 이를 Chroma 벡터 스토어에 저장합니다. 이 벡터 스토어는 나중에 유사한 문서를 검색할 때 사용됩니다.

rag_advanced_1.ipynb
```
vectorstore = Chroma.from_documents(documents=splits,embedding=OpenAIEmbeddings())
```

02 MMR^{Maximal Marginal Relevance} 알고리즘은 정보 검색에서 다양성을 확보하면서도 사용자 쿼리와 가장 관련성이 높은 문서를 선택하는 데 사용됩니다. 이 알고리즘은 유사성이 높지만 서로 중복되지 않는 문서를 선택하여 정보의 다양성을 보장합니다.

rag_advanced_1.ipynb
```
# 최종적으로 상위 1개 문서만 반환합니다
retriever = vectorstore.as_retriever(
    search_type="mmr", # MMR 알고리즘을 사용하여 검색
    search_kwargs={'k':1,'fetch_k':4} # 상위 1개의 문서를 반환하지만, 고려할 문서는 4개로 설정
)
```

이 코드 블록은 retriever를 설정하는 과정에서 MMR 알고리즘을 사용하는 방법을 보여줍니다. 이때 search_kwargs를 통해 검색 조건을 세부적으로 조정할 수 있습니다. 각 매개변수는 다음과 같은 의미를 가집니다.

- **search_type="mmr"**: MMR 알고리즘을 사용합니다. 이 설정은 검색 과정에서 선택된 문서들 사이의 다양성을 높이면서도 사용자 쿼리에 가장 관련성 높은 문서를 우선순위로 두도록 합니다.
- **search_kwargs={'k': 1, 'fetch_k': 4}**
  - **k**: 반환할 문서의 개수를 의미합니다. 여기서 k=1로 설정하면, 최종적으로 사용자에게 반환되는 문서의 수는 1개입니다. 즉, MMR 알고리즘이 고려한 문서들 중 가장 관련성이 높은 단 하나의 문서만을 반환합니다.

- **fetch_k**: MMR 알고리즘이 고려할 문서의 수를 설정합니다. 전체 문서 중에서 4개의 문서를 먼저 선택한 후 이 중에서 최종적으로 반환할 k개의 문서를 결정합니다. 이 과정에서 다양성과 관련성을 모두 고려하여 가장 적합한 문서를 반환합니다.
- **예시**: 사용자가 "국채에 관한 정보를 알려줘"라는 질문을 했을 때, **fetch_k=4**로 설정되어 있으므로 관련성이 높은 4개의 문서가 먼저 선택됩니다. 그런 다음 MMR 알고리즘이 이 4개의 문서 중에서 가장 적합하고 중복되지 않은 1개의 문서를 **k=1**로 반환하게 됩니다. 이 설정은 문서들이 서로 매우 유사할 때 유용합니다.

질문에 대한 답변 생성

01 프롬프트는 LLM에게 작업의 맥락을 제공하는 중요한 요소입니다. 여기서는 `hub.pull()` 메서드를 통해 "sungwoo/ragbasic"이라는 미리 정의된 프롬프트 템플릿을 가져옵니다.

rag_advanced_1.ipynb

```python
prompt = hub.pull("sungwoo/ragbasic")
```

이 템플릿은 질문에 대한 답변을 생성할 때 사용할 기본 구조를 제공합니다. 랭체인의 hub 기능을 이용하면 재사용 가능한 프롬프트 템플릿을 쉽게 가져와 활용할 수 있습니다. 프롬프트는 LangChain Hub(smith.langchain.com/hub)에서 많은 예시를 볼 수 있고 여기서 사용 중인 프롬프트는 다음 주소에서 확인할 수 있습니다.

🔗 https://smith.langchain.com/hub/sungwoo/ragbasic

02 다음 코드는 RAG 체인을 구성하여 사용자의 질문에 대한 답변을 생성하는 과정입니다. 이 체인을 실행하면 "국채 관련한 정보를 알려줘"라는 질문에 대해 답변이 생성됩니다. 답변은 매번 실행될 때마다 입력된 데이터와 LLM의 모델 상태에 따라 다르게 나타날 수 있습니다.

rag_advanced_1.ipynb

```python
# LLM
llm = ChatOpenAI(model_name="gpt-4o-mini", temperature=0)

# Post-processing
def format_docs(docs):
    formatted = "\n\n".join(doc.page_content for doc in docs)
    return formatted
```

```python
# Chain
rag_chain = (
    {"context": retriever | format_docs, "question": RunnablePassthrough()}
    | prompt
    | llm
    | StrOutputParser()
)

# Question
rag_chain.invoke("국채 관련한 정보를 알려줘")
```

벡터 데이터베이스 문서 확인

이 단계에서는 벡터 데이터베이스에서 특정 질문에 대한 관련 문서를 검색하고, 가져온 문서들을 확인하는 과정을 다룹니다. 여기서는 다양한 검색 전략을 사용하여 문서를 검색하고 그 결과를 살펴봅니다.

01 먼저 벡터 데이터베이스에서 관련 문서를 검색합니다. 다음 코드는 "국채 관련한 정보를 알려줘"라는 질문을 바탕으로 관련 문서를 검색하여 docs 변수에 저장합니다.

rag_advanced_1.ipynb
```python
docs = retriever.invoke("국채 관련한 정보를 알려줘")
docs
```

02 실행하면 검색된 문서들을 확인할 수 있습니다.

```
[Document(metadata={'source': 'https://news.naver.com/section/101'}, page_content='전격 시행된 정부의 '가계부채 관리 강화 방안'에 따라 29일 서울 부동산 시장은 충격에 빠진 모습이다. 시장에선 이번 대책의 파급 효과, 후속 대책 여부 등을 지켜보기 위해 당분간 매도·매수자들이 관망하면서 매매거\n\n\n한겨레\n\n3시간전')]
```

MMR 알고리즘으로 문서를 검색하는 방법

① 더 높은 다양성을 가진 문서 검색

다음 코드는 MMR 알고리즘을 사용하여 상위 6개의 문서를 검색합니다. `lambda_mult` 값을 0.25로 설정하여 문서 간의 다양성을 높입니다. 이 값은 0에 가까울수록 다양성을 더 우선시하여 중복을 줄입니다.

```python
# rag_advanced_1.ipynb
retriever = vectorstore.as_retriever(
    search_type="mmr",  # MMR(Maximal Marginal Relevance) 알고리즘을 사용하여 검색
    search_kwargs={'k': 6, 'lambda_mult': 0.25} # 상위 6개의 문서를 검색하고, 다양성을 높이기 위해 lambda 값을 0.25로 설정
)
```

② 더 많은 문서를 고려하여 상위 문서만 반환

다음 코드는 50개의 문서를 고려하여 검색을 수행하지만, 최종적으로 상위 5개의 문서만 반환합니다. 이 방법은 보다 넓은 범위에서 검색을 수행한 후 가장 적합한 문서들만 선택하는 데 유리합니다.

```python
retriever = vectorstore.as_retriever(
    search_type="mmr",  # MMR 알고리즘을 사용하여 검색
    search_kwargs={'k': 5, 'fetch_k': 50}  # 상위 5개의 문서를 반환하지만, 고려할 문서는 50개로 설정)
```

③ 특정 임계값 이상의 유사도 점수를 가진 문서만 검색

다음 코드에서는 유사도 점수가 0.8 이상인 문서들만 검색하여 반환합니다. 이 방법은 정확도가 높은 문서만 가져오고자 할 때 유용합니다.

```python
retriever = vectorstore.as_retriever(
    search_type="similarity_score_threshold",  # 유사도 점수 기반 검색
    search_kwargs={'score_threshold': 0.8}  # 유사도 점수가 0.8 이상인 문서만 검색
```

④ 가장 유사한 문서 하나만 검색

마지막으로, 이 설정은 데이터셋에서 가장 유사한 문서 하나만 검색합니다. 질문에 대해 가장 관련성이 높은 단일 문서를 반환할 때 유용합니다.

```
retriever = vectorstore.as_retriever(search_kwargs={'k': 1})
```

이렇듯 다양한 검색 전략을 사용하여 벡터 데이터베이스에서 관련 문서를 효과적으로 검색할 수 있습니다. 이를 통해 원하는 정보에 다각도로 접근할 수 있으며, 문서의 다양성과 정확성을 조절할 수 있습니다. 그리고 유사도 기반 검색 외에도 MMR, Hybrid, Threshold 기반 검색의 특징 및 차이점은 다음과 같습니다.

- **Top-k Similarity**: 가장 간단하고 빠릅니다. FAQ처럼 질문과 정답이 1:1에 가깝다면 이 방법만으로 충분한 경우가 많습니다.
- **MMR**: 첫 번째 결과만 보는 게 아니라 다양한 논거와 예시가 필요하다면 MMR이 빛을 발합니다. lambda_mult를 0(=유사도만)~0.5(=다양성 중시) 사이에서 조정해 균형을 맞춥니다. fetch_k를 k보다 크게 두면 더 넓은 후보(예: 50개)에서 2차 선별 후 최종 k개를 돌려주므로 품질이 안정됩니다.
- **Hybrid**: 키워드 검색(BM25)과 벡터 검색을 섞어 '정확한 단어 매칭'과 '의미적 유사도'를 동시에 충족합니다. 법률 조항 번호, 상품 코드처럼 정확한 토큰이 포함된 검색어에서 성능이 좋아지는 경향이 있습니다.
- **Similarity-Score Threshold**: '유사도가 0.8 이상인 문서만 보여 줘'처럼 정확도 필터가 필요할 때 사용합니다. 노이즈가 많은 대용량 코퍼스에서 쓸모가 크지만, 임계값을 너무 높이면 아무 문서도 안 나올 수 있으니 데이터 분포를 보고 조정해야 합니다.

Multiquery + Unique-union

네이버 경제 기사를 기반으로 한 Advanced RAG 시스템을 구축하는 과정에서 **Multi-query**와 **Unique-union** 전략을 결합하는 방법을 다룹니다. Unique-union 전략은 Multi-query를 통해 수집한 여러 결과 중 중복되는 문서를 제거하고 유일한 문서만 남기는 방식입니다. 이를 통해 유사한 내용을 반복하지 않고 풍부한 정보만 남길 수 있고, GPT가 중복된 내용을 읽고 '중요한 정보'라고 잘못 판단하는 현상을 방지합니다. 이를 통해 하나의 질문에 대해 다양한 각도에서 문서를 검색하고, 중복된 결과를 제거하여 보다 정확한 정보를 제공할 수 있습니다.

01 문서를 로드하고 분할하는 과정부터 시작합니다. 먼저 네이버 경제 기사를 로드하고 텍스트를 분할합니다.

rag_advanced_1.ipynb

```python
import bs4
from langchain import hub
from langchain.text_splitter import RecursiveCharacterTextSplitter
from langchain_community.document_loaders import WebBaseLoader
from langchain_community.vectorstores import Chroma
from langchain_core.output_parsers import StrOutputParser
from langchain_core.runnables import RunnablePassthrough
from langchain_openai import ChatOpenAI, OpenAIEmbeddings

#### INDEXING ####

loader = WebBaseLoader(
    web_paths=("https://news.naver.com/section/101",),
    bs_kwargs=dict(
        parse_only=bs4.SoupStrainer(
            class_=("sa_text", "sa_item_SECTION_HEADLINE")
        )
    ),
)
docs = loader.load()
# Split
from langchain.text_splitter import RecursiveCharacterTextSplitter
text_splitter = RecursiveCharacterTextSplitter.from_tiktoken_encoder(
    chunk_size=300,
    chunk_overlap=50)

# Make splits
splits = text_splitter.split_documents(docs)
```

02 로드한 문서들을 임베딩하고 검색을 위한 준비를 합니다.

rag_advanced_1.ipynb

```python
# Index
from langchain_openai import OpenAIEmbeddings
from langchain_community.vectorstores import Chroma
vectorstore = Chroma.from_documents(documents=splits, embedding=OpenAIEmbeddings())
retriever = vectorstore.as_retriever()
```

다음 그림은 사용자가 입력한 질문이 다양한 관점의 쿼리(Q1, Q2, Q3)로 변환된 후, 각 쿼리에서 검색된 문서들이 Unique-union 또는 RAG Fusion 과정을 거쳐 중복이 제거된 고유한 문서들로 통합되는 과정을 보여줍니다. 이 통합된 문서들은 최종적으로 LLM에게 전달되어 질문에 대한 답변을 생성하게 됩니다.

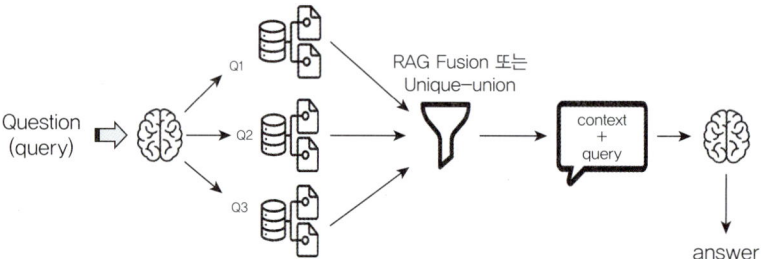

중복이 제거된 고유한 문서들로 통합되는 과정

다음 부분에서 선택적으로 영어와 한국어를 선택해서 사용해봐도 됩니다.

rag_advanced_1.ipynb

```python
from langchain.prompts import ChatPromptTemplate
# Multi Query: Different Perspectives
# template = """You are an AI language model assistant. Your task is to generate five
# different versions of the given user question to retrieve relevant documents from a vector
# database. By generating multiple perspectives on the user question, your goal is to help
# the user overcome some of the limitations of the distance-based similarity search.
# Provide these alternative questions separated by newlines. Original question: {question}"""
# prompt_perspectives = ChatPromptTemplate.from_template(template)

template = """
당신은 AI 언어 모델 조수입니다. 당신의 임무는 주어진 사용자 질문에 대해 벡터 데이터베이스에서 관련 문서를 검색할 수 있도록 다섯 가지 다른 버전을 생성하는 것입니다.
사용자 질문에 대한 여러 관점을 생성함으로써, 거리 기반 유사성 검색의 한계를 극복하는 데 도움을 주는 것이 목표입니다.
각 질문은 새 줄로 구분하여 제공하세요. 원본 질문: {question}
"""
prompt_perspectives = ChatPromptTemplate.from_template(template)
from langchain_core.output_parsers import StrOutputParser
from langchain_openai import ChatOpenAI
```

```python
generate_queries = (
    prompt_perspectives
    | ChatOpenAI(model_name="gpt-4o-mini",temperature=0)
    | StrOutputParser()
    | (lambda x: x.split("\n"))
)
generated_query = generate_queries.invoke("집값의 향방?")
generated_query
```

03 이 코드를 실행하면 입력된 질문과 관련하여 다양한 각도에서 5가지 질문이 생성된 것을 확인할 수 있습니다. 생성된 질문들은 다음과 같습니다.

```
['집값의 미래 전망은 어떻게 될까요?  ',
 '현재 집값의 추세와 앞으로의 변화는 어떤 영향을 받을까요?  ',
 '부동산 시장에서 집값이 오를지 내릴지에 대한 예측은 무엇인가요?  ',
 '경제적 요인들이 집값에 미치는 영향은 어떤 것들이 있을까요?  ',
 '향후 몇 년간 집값의 변동성을 어떻게 분석할 수 있을까요?  ']
```

이러한 질문들은 기본 질문에 대한 다양한 관점을 반영하여, 보다 폭넓은 검색 결과를 얻을 수 있게 도와줍니다.

04 `get_unique_union` 함수를 정의합니다. 이 함수는 여러 리스트에 포함된 문서들 중에서 중복된 문서를 제거하고, 고유한 문서들만 남겨 반환합니다.

rag_advanced_1.ipynb

```python
from langchain.load import dumps, loads
def get_unique_union(documents: list[list]):
    """ 고유한 문서들의 합집합을 생성하는 함수입니다. """
    
    # 리스트의 리스트를 평탄화하고, 각 문서를 문자열로 직렬화합니다.
    flattened_docs = [dumps(doc) for sublist in documents for doc in sublist]
    
    # 중복된 문서를 제거하고 고유한 문서만 남깁니다.
    unique_docs = list(set(flattened_docs))
    
    # 고유한 문서를 원래의 문서 객체로 변환하여 반환합니다.
    return [loads(doc) for doc in unique_docs]
```

- **documents**는 문서들의 리스트를 포함하는 리스트입니다. 각 문서들은 특정 질문을 바탕으로 검색된 결과들입니다.
- **get_unique_union** 함수는 먼저 리스트의 리스트를 단일 리스트로 평탄화flatten합니다. 이 과정에서 각 문서를 직렬화(문자열로 변환)하여 처리합니다. 이는 문서들의 중복 여부를 쉽게 비교할 수 있도록 하기 위함입니다.

05 집값의 향방을 묻는 질문을 question 변수에 할당합니다.

```
rag_advanced_1.ipynb
question = "집값의 향방?"
```

06 문서 검색 체인을 구성합니다. 다음 문장은 세 가지 주요 단계를 연결하여 전체 검색 프로세스를 정의합니다.

```
rag_advanced_1.ipynb
retrieval_chain = generate_queries | retriever.map() | get_unique_union
```

- **generate_queries**: 사용자가 입력한 질문을 바탕으로 다양한 관점에서 다섯 가지의 검색 쿼리를 생성합니다. 이는 보다 넓은 범위의 문서를 검색할 수 있게 해줍니다.
- **retriever.map()**: 생성된 각 쿼리를 사용하여 관련 문서들을 검색합니다. 각 쿼리는 개별적으로 문서 검색을 수행하며, 결과로 문서들의 리스트를 반환합니다.

07 앞서 정의된 retrieval_chain을 실행하여 실제로 문서를 검색하고, 고유한 문서들을 반환합니다.

```
rag_advanced_1.ipynb
docs = retrieval_chain.invoke({"question": question})
```

- **invoke()** 메서드는 사용자가 정의한 질문을 입력으로 받아 체인을 실행합니다. 이 과정에서 다섯 가지의 쿼리를 생성하고 각 쿼리에 대해 관련 문서를 검색한 후, 중복된 문서를 제거한 고유한 문서 리스트를 반환합니다.
- 반환된 docs는 중복이 제거된 고유한 문서들의 리스트입니다.

08 검색된 고유 문서들의 개수와 문서를 출력합니다. 이 출력된 문서들은 다양한 쿼리에 대해 검색된 결과들이 종합된 것입니다.

rag_advanced_1.ipynb

```
#개수 출력
len(docs)
#문서 출력
docs
```

출력 결과

```
[Document(metadata={'source': 'https://news.naver.com/section/101'}, page_content=
"적극적 자산 효율화로 주주가치 높인 日기업 올림푸스·삿포로홀딩스 등 경영개선 요구에 먼저 '행동'
신규 핵심사업 적극 키우고 잉여 부동산은 과감히 팔아 자산매각 꺼리는 韓 기업들 행동주의 펀드 방
어하려면 그들처럼 과\n\n매일경제"),
 Document(metadata={'source': 'https://news.naver.com/section/101'}, page_content=
'디지털타임스\n\n1시간전\n\n\n\n\n\n\n\n\n부동산 시장에 '영끌 리턴'.. "집값 불씨 살아났나,
또 터지나?"')]
```

이 과정은 generate_queries, retriever.map(), get_unique_union의 세 단계를 통해 체계적으로 이루어지며, 최종적으로 사용자가 필요로 하는 고유한 정보를 제공합니다.

final_rag_chain 구현

사용자가 입력한 질문과 관련된 문서를 검색하고, 이를 바탕으로 LLM을 사용하여 답변을 생성하는 전체 과정을 자동화할 것입니다. 이 과정은 프롬프트 템플릿을 사용하여 LLM에 적절한 입력을 제공하고 검색된 문서와 결합된 정보를 바탕으로 답변을 생성합니다. 최종적으로 사용자는 질문에 대한 관련성 높은 답변을 받을 수 있습니다. 이 방법은 특히 대규모 데이터셋에서 빠르고 정확한 답변을 생성하는 데 유용합니다.

rag_advanced_1.ipynb

```python
from langchain_openai import ChatOpenAI
from langchain_core.runnables import RunnablePassthrough

# RAG
template = """다음 맥락을 바탕으로 질문에 답변하세요:
```

```
{context}

질문: {question}
"""

prompt = ChatPromptTemplate.from_template(template)

llm = ChatOpenAI(model_name="gpt-4o-mini", temperature=0)

final_rag_chain = (
    {"context": retrieval_chain,
     "question": RunnablePassthrough()}
    | prompt
    | llm
    | StrOutputParser()
)

final_rag_chain.invoke(question)
```

> 출력 결과
>
> '현재 서울 아파트값은 급등세를 보이고 있으며, 정부는 이에 대응하기 위해 대출 규제를 강화하고 있습니다. 정책대출 한도가 줄어들 것으로 예상되며, 이는 집값 상승의 원인으로 지적된 바 있습니다. 또한, 정부의 고강도 부동산 대책이 발표되면서 부산을 포함한 지방 광역시의 부동산 시장도 위축될 것으로 우려되고 있습니다. 이러한 대출 규제와 정부의 강력한 시그널은 시장에 큰 영향을 미치고 있으며, 매도·매수자들이 관망하는 상황이 이어지고 있습니다. 따라서 집값의 향방은 정부의 정책과 시장 반응에 따라 변동성이 클 것으로 보입니다.'

RAG 체인 구성 부분을 상세히 다시 살펴봅시다. 이 단계에서는 최종적으로 질문에 대한 답변을 생성하는 체인을 구성합니다. 체인은 다음과 같은 순서로 구성됩니다.

① Context와 Question 설정
- retrieval_chain은 사용자의 질문에 따라 관련된 문서를 검색하고, 이를 context로 설정합니다.
- RunnablePassthrough는 사용자의 질문을 그대로 전달하여 question으로 설정합니다.

② **프롬프트 생성**: 설정된 context와 question을 사용하여 프롬프트를 생성합니다. 이 프롬프트는 앞서 정의한 템플릿을 기반으로 만들어지며, LLM에게 전달되어 입력됩니다.

③ **답변 생성**: 생성된 프롬프트는 llm에 전달되며, 이를 바탕으로 답변을 생성합니다.

④ **출력 파싱**: 최종적으로 생성된 답변은 StrOutputParser를 통해 파싱되어 사용자에게 반환됩니다.

이런 과정을 거쳐서 RAG 시스템을 구축하면 사용자는 신뢰성 높은 답변을 높은 확률로 생성 받을 수 있게 됩니다.

Multiquery + RAG-Fusion 기법

텍스트 데이터 벡터화

이번에는 네이버 경제 기사 페이지에서 데이터를 로드하고, 이를 처리하여 효율적인 검색을 위한 벡터 스토어로 구조화하는 과정을 다룹니다.

01 먼저 WebBaseLoader를 사용하여 지정된 웹 페이지에서 HTML 데이터를 가져옵니다. 이때 bs4.SoupStrainer를 활용하여 특정 HTML 클래스(sa_text, sa_item_SECTION_HEADLINE)에 해당하는 요소만을 필터링합니다. 이렇게 불필요한 데이터를 걸러내어 필요한 부분만 가져오게 됩니다.

```
rag_advanced_2.ipynb

import bs4
from langchain import hub
from langchain.text_splitter import RecursiveCharacterTextSplitter
from langchain_community.document_loaders import WebBaseLoader
from langchain_community.vectorstores import Chroma
from langchain_core.output_parsers import StrOutputParser
from langchain_core.runnables import RunnablePassthrough
from langchain_openai import ChatOpenAI, OpenAIEmbeddings
from langchain.prompts import ChatPromptTemplate

#### INDEXING ####

loader = WebBaseLoader(
    web_paths=("https://news.naver.com/section/101",),
    bs_kwargs=dict(
        parse_only=bs4.SoupStrainer(
            class_=("sa_text", "sa_item _SECTION_HEADLINE")
        )
    ),
)
docs = loader.load()
```

```python
# Split
from langchain.text_splitter import RecursiveCharacterTextSplitter
text_splitter = RecursiveCharacterTextSplitter.from_tiktoken_encoder(
    chunk_size=300,
    chunk_overlap=50)

# Make splits
splits = text_splitter.split_documents(docs)

# Index
from langchain_openai import OpenAIEmbeddings
from langchain_community.vectorstores import Chroma
vectorstore = Chroma.from_documents(documents=splits,
                                    embedding=OpenAIEmbeddings())
retriever = vectorstore.as_retriever()
```

이 과정을 통해 웹 페이지에서 가져온 텍스트 데이터를 효과적으로 분할하고 벡터화하여 검색에 최적화된 상태로 준비할 수 있습니다. 덕분에 검색 및 응답 생성 과정에서 더 빠르고 정확한 결과를 얻을 수 있습니다.

Multi-query 생성

사용자가 입력한 질문을 다양한 관점에서 해석하여 여러 개의 검색 쿼리를 생성하는 과정입니다. 이 방법은 단일 쿼리로는 포착하기 어려운 다양한 문서를 검색할 수 있도록 도와줍니다. 이를 통해 검색 범위를 넓히고 더 포괄적인 정보 수집이 가능해집니다.

01 다음과 같은 프롬프트 템플릿을 정의하여 주어진 질문을 바탕으로 여러 개의 검색 쿼리를 생성할 수 있도록 합니다. 여기서 영어/한국어 버전의 템플릿을 선택할 수 있고 질문의 개수를 프롬프트를 통해 결정할 수 있습니다. 예시는 4개의 쿼리를 생성합니다.

rag_advanced_2.ipynb

```
# RAG-Fusion: 관련 검색 쿼리 생성
# template = """You are a helpful assistant that generates multiple search queries
based on a single input query. \n
# Generate multiple search queries related to: {question} \n
```

```
# Output (4 queries):"""
template = """"당신은 주어진 하나의 질문을 기반으로 여러 검색 쿼리를 생성하는 유용한 조수입
니다. \n
다음 질문과 관련된 여러 검색 쿼리를 생성하세요: {question} \n
출력 (4개의 쿼리):"""
prompt_rag_fusion = ChatPromptTemplate.from_template(template)
```

02 이 템플릿을 바탕으로 사용자가 입력한 질문에 대해 4개의 서로 다른 쿼리를 생성하는 과정을 설정합니다. ChatOpenAI 모델을 사용하여 이 템플릿을 처리하고, 생성된 쿼리들은 StrOutputParser를 통해 텍스트로 파싱된 후 각각의 줄로 나누어집니다.

rag_advanced_2.ipynb

```
from langchain_core.output_parsers import StrOutputParser
from langchain_openai import ChatOpenAI

generate_queries = (
    prompt_rag_fusion
    | ChatOpenAI(temperature=0)
    | StrOutputParser()
    | (lambda x: x.split("\n"))
)
```

이 과정을 통해 생성된 쿼리들은 질문을 여러 관점에서 해석한 결과입니다. 예를 들어 "집값의 향방?"이라는 질문이 입력되었을 때 다음과 같은 4개의 검색 쿼리가 생성될 수 있습니다.

- 집값의 미래 전망은 어떻게 될까요?
- 현재 집값의 추세와 앞으로의 변화는 어떤 영향을 받을까요?
- 부동산 시장에서 집값의 상승과 하락 추세는 어떤가요?
- 집값에 영향을 미치는 경제적 요인은 어떤 것들이 있을까요?

이렇게 생성된 쿼리들은 검색 범위를 넓혀 더 많은 관련 문서를 찾을 수 있게 도와줍니다.

RAG Fusion 적용

RAG Fusion은 여러 개의 검색 쿼리에서 반환된 결과를 결합하여 최종적으로 가장 관련성 높은 문서를 선택하는 기법입니다. 이 방법은 다양한 쿼리로부터 도출된 문서들을 종합함으로써

중복된 문서를 제거하고 검색의 정확도를 높이는 데 유용합니다. RAG Fusion의 핵심은 다양한 검색 결과를 결합해 순위를 재조정하고 이 과정에서 최종적인 관련 문서를 선별하는 것입니다. 먼저 RRF$^{\text{Reciprocal Rank Fusion}}$ 알고리즘을 사용하여 RAG Fusion을 구현합니다.

RRF는 정보 검색 시스템에서 여러 순위 리스트를 결합하는 효과적인 방법입니다. 이 알고리즘은 순위가 높은 문서에 더 높은 가중치를 부여하며 여러 검색 쿼리의 결과를 종합하여 문서의 최종 순위를 계산합니다. RRF는 각 문서의 순위에 따라 점수를 할당하고, 이 점수를 바탕으로 문서를 재정렬합니다. 점수는 다음과 같은 공식으로 계산됩니다.

$$\text{RRF 점수} = \frac{1}{k + \text{순위}}$$

여기서 k는 정해진 상수로 일반적으로 60으로 설정됩니다. 이 공식은 순위가 낮을수록(문서가 상위에 있을수록) 더 높은 점수를 부여합니다. 이를 통해 여러 검색 결과를 결합할 때 상위에 위치한 문서들이 최종 순위에서 더 높은 위치를 차지하도록 유도합니다.

```
rag_advanced_2.ipynb
from langchain.load import dumps, loads

def reciprocal_rank_fusion(results: list[list], k=60, top_n=2):
    """
    여러 개의 순위가 매겨진 문서 리스트를 받아, RRF(Reciprocal Rank Fusion) 공식을 사용하여
    문서의 최종 순위를 계산하는 함수입니다. k는 RRF 공식에서 사용되는 선택적 파라미터이며,
    top_n은 반환할 우선순위가 높은 문서의 개수입니다.
    """

    # 각 고유한 문서에 대한 점수를 저장할 딕셔너리를 초기화합니다.
    fused_scores = {}

    # 순위가 매겨진 문서 리스트를 순회합니다.
    for docs in results:
        # 리스트 내의 각 문서와 그 문서의 순위를 가져옵니다.
        for rank, doc in enumerate(docs):
            # 문서를 문자열 형식으로 직렬화하여 딕셔너리의 키로 사용합니다(문서가 JSON 형식으로 직렬화될 수 있다고 가정).
            doc_str = dumps(doc)
            # 해당 문서가 아직 딕셔너리에 없으면 초기 점수 0으로 추가합니다.
            if doc_str not in fused_scores:
```

```
            fused_scores[doc_str] = 0
        # 문서의 현재 점수를 가져옵니다(이전에 계산된 점수).
        previous_score = fused_scores[doc_str]
        # RRF 공식을 사용하여 문서의 점수를 업데이트합니다: 1 / (순위 + k)
        fused_scores[doc_str] += 1 / (rank + k)

# 문서들을 계산된 점수에 따라 내림차순으로 정렬하여 최종적으로 재정렬된 결과를 얻습니다.
reranked_results = [
    (loads(doc), score)
    for doc, score in sorted(fused_scores.items(), key=lambda x: x[1], reverse=True)
]

# 재정렬된 결과에서 우선순위가 높은 top_n 개의 문서만 반환합니다.
return reranked_results[:top_n]
```

이 함수는 각 검색 쿼리의 결과에서 문서를 순위에 따라 재정렬합니다. 각 문서의 순위가 낮을수록(더 상위에 위치할수록) 더 높은 점수를 받게 되며 이 점수는 여러 쿼리 결과에서 종합됩니다. 그 결과 최종적으로 사용자에게 제공되는 문서 리스트는 가장 관련성이 높은 문서들로 구성됩니다.

결과적으로 RAG Fusion은 정보 검색과 문서 처리에서 매우 강력한 도구로 다양한 쿼리를 통해 다각적으로 질문에 접근하는 시스템을 구축하는 데 핵심적인 역할을 합니다. 이를 통해 더욱 정교하고 신뢰성 있는 답변을 제공할 수 있게 됩니다.

Multiquery + RAG-Fusion 체인 구성

01 RAG-Fusion 체인을 구성하면 다양한 검색 쿼리를 생성하고 이 쿼리를 통해 얻은 문서들을 결합하여 최종적으로 가장 유의미한 문서들을 선정하게 됩니다. 이 체인은 다음과 같은 단계로 구성됩니다.

① **쿼리 생성(generate_queries)**: 주어진 질문에 대해 여러 검색 쿼리를 생성합니다. 이 단계에서는 하나의 질문을 여러 방향으로 확장하여 검색 범위를 넓히는 것이 목표입니다.

② **문서 검색(retriever.map())**: 생성된 각 쿼리에 대해 관련 문서들을 검색합니다. 각 쿼리로부터 다양한 문서들이 반환되며, 이 문서들은 잠재적으로 중복되거나 유사한 내용을 포함할 수 있습니다.

③ **RRF 알고리즘 적용(reciprocal_rank_fusion)**: 여러 쿼리로부터 검색된 문서들을 RRF 알고리즘을 통해 결합하여 최종 순위를 계산합니다. 이 알고리즘은 각 문서의 순위를 평가하고, 가장 중요한 문서들을 재정렬합니다.

```
rag_advanced_2.ipynb
```
```
retrieval_chain_rag_fusion = generate_queries | retriever.map() | reciprocal_rank_
fusion

# 체인을 실행하여 질문에 대해 검색된 문서들을 가져옵니다.
question = "향후 집값에 대해서 알려줘"
docs = retrieval_chain_rag_fusion.invoke({"question": question})

# 검색된 고유 문서들의 개수를 출력합니다.
len(docs)

# 검색된 고유 문서들을 출력합니다.
docs
```

02 체인을 실행한 결과, 다음과 같이 검색된 문서들이 출력됩니다.

```
[(Document(metadata={'source': 'https://news.naver.com/section/101'}, page_content='"모
기지 금리 인하로 美주택시장 개선…비싼 가격, 공급 부족 문제는 여전" 미국의 \'고금리 장기화\'가
마무리되고 다음 달 기준금리 인하가 시작될 것이라는 전망이 힘을 얻으면서, 채권 투자 등이 유망할
것이라는 견해가\n\n연합뉴스\n\n56분전'),
  0.06585580821434867),
 (Document(metadata={'source': 'https://news.naver.com/section/101'}, page_content='제
수용품 가격이 대부분 오르면서 올해 추석 차례를 지내는 데 드는 비용이 작년보다 9% 더 든다는 분석
이 나왔다. 26일 가격조사기관 한국물가협회에 따르면, 지난 22일 기준 전국 17개 시도 전통시장에서
28개 차\n\n조선일보\n\n\n\n15\n개의 관련뉴스 더보기'),
  0.04841269841269841)]
```

이 결과는 question에 해당하는 질문과 관련해 다양한 쿼리를 통해 검색된 문서들입니다. 각 문서는 RRF 알고리즘을 통해 점수가 매겨졌으며, 해당 점수에 따라 문서들이 정렬되어 있습니다. 이 방법을 통해 사용자에게 가장 관련성이 높은 문서들이 제공될 수 있습니다.

최종 RAG 체인 구성 및 실행

이 단계에서는 사용자가 입력한 질문에 대한 최종 답변을 생성하기 위해 RAG 체인을 구성하고 실행합니다. 이 체인은 앞서 설명한 RAG Fusion 과정을 통해 검색된 문서들을 바탕으로, LLM을 사용하여 답변을 생성하는 전체 프로세스를 자동화합니다.

> rag_advanced_2.ipynb

```python
from langchain_openai import ChatOpenAI
from langchain_core.runnables import RunnablePassthrough

# RAG
template = """다음 맥락을 바탕으로 질문에 답변하세요:

{context}

질문: {question}
"""

prompt = ChatPromptTemplate.from_template(template)

llm = ChatOpenAI(model_name="gpt-4o-mini", temperature=0)

final_rag_chain = (
    {"context": retrieval_chain_rag_fusion,
     "question": RunnablePassthrough()}
    | prompt
    | llm
    | StrOutputParser()
)

final_rag_chain.invoke(question)
```

이 코드에서 중요한 부분인 `final_rag_chain` 부분만 자세히 알아 보겠습니다.

① Context와 Question 설정
- context는 `retrieval_chain_rag_fusion`에서 반환된 결과를 받아옵니다. 이 `retrieval_chain_rag_fusion`은 앞서 설명한 여러 쿼리에서 검색된 문서들을 RAG Fusion을 통해 결합한 최종 결과입니다. 즉, context는 사용자 질문과 가장 관련성이 높은 문서들의 내용을 담고 있습니다.
- question은 `RunnablePassthrough()`를 통해 그대로 전달됩니다. 이는 사용자가 입력한 질문을 그대로 받아서 다음 단계로 넘겨주는 역할을 합니다. 이 과정에서 question은 별도의 처리 없이 그대로 유지되며, 이 질문이 LLM에 입력됩니다.

② 프롬프트 생성
설정된 context와 question을 기반으로 프롬프트를 생성합니다. 여기서는 이전에 정의한 프롬프트 템플릿을 사용하여, LLM에게 전달할 텍스트를 생성합니다. 프롬프트 템플릿은 사용자가 제공한 질문과 검색된 문서의 내용을 결합하여, LLM이 답변을 생성하는 데 필요한 맥락을 제공합니다.

③ LLM을 통한 답변 생성
프롬프트가 생성된 후 LLM으로 전달됩니다. LLM은 이 프롬프트를 기반으로 답변을 생성하게 됩니다. temperature 설정을 낮게 설정하여 모델이 일관되고 신뢰성 있는 답변을 생성하도록 구성됩니다.

④ **출력 파싱**: 최종적으로 생성된 답변은 StrOutputParser를 통해 파싱됩니다. 이는 LLM이 생성한 텍스트를 정리하고 사용자가 읽기 쉽게 변환하는 과정입니다. 이 파싱 과정을 통해 생성된 답변은 깔끔한 형식으로 사용자에게 전달됩니다.

> **출력 결과**
>
> '현재의 대출 규제와 가계부채 관리 강화 방안으로 인해 서울 부동산 시장이 충격을 받고 있는 상황입니다. 주택담보대출 한도가 6억원으로 제한되면서 갭투자자들이 어려움을 겪고 있으며, 매도·매수자들이 관망세를 보이고 있습니다. 이러한 상황은 단기적으로 집값에 하락 압력을 가할 수 있습니다. 그러나 향후 집값의 변화는 정부의 추가 대책이나 시장의 반응에 따라 달라질 수 있으므로, 지속적인 모니터링이 필요합니다.

이 과정은 전체 RAG Fusion 체인의 핵심 부분으로 검색된 문서들을 바탕으로 최종 답변을 생성하는 데 있어 매우 중요한 역할을 합니다. 사용자가 입력한 질문에 대한 가장 관련성 높은 답변을 생성하기 위해, 검색된 문서의 맥락과 질문이 결합된 프롬프트가 LLM으로 전달되고 이를 통해 최종적으로 사용자가 필요로 하는 정보를 제공할 수 있습니다.

13 하이브리드 검색 시스템 만들기

Hybrid Search를 활용한 Advanced RAG 시스템 구축 방법을 배웁니다. Hybrid Search는 서로 다른 검색 알고리즘을 조합하여 검색 정확도와 효율성을 극대화하는 기법입니다. 이 장에서는 특히 BM25와 Chroma 기반의 벡터 검색을 결합하여 보다 정교한 문서 검색을 구현하는 방법을 다룹니다. 또한 이를 Streamlit 웹 애플리케이션으로 배포하는 전체 프로세스를 학습합니다.

| 학습 목표

BM25Retriever와 Chroma 기반 검색기를 조합하고, Streamlit UI에서 질문을 입력받아 실시간으로 응답을 생성하는 전체 흐름을 구현합니다.

| 핵심 키워드

- Hybrid Search
- BM25
- EnsembleRetriever
- RAG Fusion
- RRF

Hybrid Search를 활용한 고급 RAG 시스템 구축

01 .env 파일에서 OpenAI API 키를 불러와 환경 변수로 설정하고, 기능 개발을 위해 랭체인 관련 모듈들을 가져와 환경 설정을 진행합니다.

rag_advanced_3.ipynb

```python
from langchain.retrievers.multi_query import MultiQueryRetriever
from langchain_openai import ChatOpenAI
from langchain_openai import OpenAIEmbeddings
from langchain.vectorstores import Chroma
from langchain.text_splitter import RecursiveCharacterTextSplitter
from langchain.document_loaders import PyPDFLoader
from dotenv import load_dotenv
import os
from dotenv import load_dotenv

load_dotenv()
openai_api_key = os.getenv("OPENAI_API_KEY")

if not openai_api_key:
    raise ValueError("OpenAI API 키가 없습니다. 한번 더 확인 부탁드립니다.")

os.environ['OPENAI_API_KEY'] = openai_api_key
```

02 PDF 문서를 로드한 후, 이를 텍스트로 변환하고 필요한 분할 작업을 수행합니다. 여기서는 `PyPDFLoader`를 사용하여 PDF 파일을 로드하고 `RecursiveCharacterTextSplitter`를 이용해 문서를 일정한 길이로 분할합니다.

> **Tip.** sample.pdf는 다음 링크에서 다운로드하세요.
> https://github.com/sw-woo/hanbit-langchain/blob/main/chapter%2012~13/sample.pdf

rag_advanced_3.ipynb

```python
# Loader
loader = PyPDFLoader("sample.pdf")
pages = loader.load_and_split()
pages

# Split
```

```
text_splitter = RecursiveCharacterTextSplitter.from_tiktoken_encoder(
    chunk_size=300,
    chunk_overlap=50)

texts = text_splitter.split_documents(pages)
texts
```

03 Chroma는 문서의 벡터를 기반으로 검색을 수행하는 벡터 데이터베이스입니다. MMR 알고리즘을 사용하여 문서 검색을 최적화할 수 있습니다. 코드에서 MMR 알고리즘을 사용하여 벡터 스토어에서 문서를 검색하는 과정을 설정합니다.

rag_advanced_3.ipynb
```
# Embedding
embeddings_model = OpenAIEmbeddings()
# load it into Chroma
vectorstore = Chroma.from_documents(texts, embeddings_model)
chroma_retriever = vectorstore.as_retriever(
    search_type="mmr", # MMR 알고리즘을 사용하여 검색
    search_kwargs={'k':1,'fetch_k':4} # 상위 1개의 문서를 반환하지만, 고려할 문서는 4개로 설정
)
```

Chroma와 같은 벡터 데이터베이스에서 MMR 알고리즘을 적용함으로써 검색의 정확성과 다양성을 극대화할 수 있습니다.

지금부터 BM25와 Chroma 기반의 벡터 검색을 결합하여 하이브리드 검색 시스템을 구축하는 방법을 다룹니다. 하이브리드 검색은 두 가지 이상의 검색 알고리즘을 조합하여 각각의 장점을 살리고, 단점을 보완하는 방식으로 검색 정확도를 높입니다. 여기에서는 BM25 검색과 벡터 기반 검색의 조합을 통해 보다 효율적이고 정교한 검색 시스템을 구현합니다.

BM25 검색기

BM25[Best Matching 25]는 전통적인 정보 검색 모델로, TF-IDF[Term Frequency-Inverse Document Frequency]와 유사한 방식으로 작동합니다. BM25는 사용자가 입력한 검색 질의[query]와 문서 간의 관련성을 점수화하여 문서의 순위를 매깁니다. 이 모델은 문서 내 검색 단어의 빈도와 문서의 전체 길이

를 고려하여 과도하게 긴 문서가 높은 점수를 받지 않도록 합니다. BM25의 주요 특징은 다음과 같습니다.

- **단어 빈도(Term Frequency)**: : 특정 단어가 문서에 얼마나 자주 등장하는지 계산합니다. 특정 단어가 많이 등장할수록 그 단어는 문서의 주요 주제를 나타낸다고 할 수 있습니다.
- **역문서 빈도(Inverse Document Frequency)**: 특정 단어가 전체 문서 집합에서 얼마나 흔하지 않은지 측정합니다. 흔하지 않은 단어일수록 그 단어는 중요한 정보로 간주됩니다.
- **문서 길이 정규화(Document Length Normalization)**: 문서 길이를 보정하는 기능입니다. 즉 너무 긴 문서는 불리하게, 너무 짧은 문서는 유리하게 가중치를 조절합니다. 이는 문서가 길수록 단지 단어 수가 많다는 이유만으로 쿼리 단어가 더 자주 등장할 수 있어, 실제 관련성과 무관하게 높은 점수를 받을 위험이 있기 때문입니다.

BM25 공식

BM25의 기본 수식은 다음과 같습니다.[1]

$$\text{score}(D, Q) = \sum_{i=1}^{n} \text{IDF}(q_i) \cdot \frac{f(q_i, D) \cdot (k_1 + 1)}{f(q_i, D) + k_1 \cdot \left(1 - b + b \cdot \frac{|D|}{\text{avgdl}}\right)},$$

- $f(q_i, D)$는 문서 D에서 검색어 q_i가 나타난 빈도입니다.
- $|D|$는 문서 D의 길이(단어 수)이며, avgdl은 전체 문서 집합에서 문서의 평균 길이입니다.
- $k1$과 b는 조정 가능한 파라미터로, 일반적으로 $k1$은 1.2에서 2.0 사이의 값을, b는 0.75 정도의 값을 사용합니다.
- $IDF(qi)$는 검색어 qi의 역문서 빈도 값으로, 특정 검색어가 전체 문서 중 얼마나 드문지를 나타냅니다.

BM25 설정

01 BM25Retriever 사용을 위한 라이브러리를 설치합니다.

> 명령어
> ```
> pip install rank_bm25
> ```

> **Tip.** JupyterLab에서 설치하려면 !pip install rank_bm25 명령어를 사용합니다.

---
[1] 출처: https://en.wikipedia.org/wiki/Okapi_BM25

02 문서를 검색할 준비를 하고, 질문과 가장 관련 있는 문서 2개를 찾을 수 있게 설정합니다.

```
rag_advanced_3.ipynb

from langchain.retrievers import BM25Retriever, EnsembleRetriever
# Initialize the BM25 retriever
bm25_retriever = BM25Retriever.from_documents(texts)
bm25_retriever.k = 2  # Retrieve top 2 results
print("type of bm25", type(bm25_retriever))
```

```
출력 결과

type of bm25 <class 'langchain_community.retrievers.bm25.BM25Retriever'>
```

BM25의 실제 활용

BM25는 검색 엔진, 정보 검색 시스템, 그리고 전통적인 텍스트 기반 데이터베이스에서 매우 널리 사용되고 있습니다. 예를 들어 네이버, 구글과 같은 대형 검색 엔진에서도 사용되며 특히 대규모 문서 데이터베이스에서 검색어의 관련성을 빠르고 정확하게 평가하는 데 큰 도움을 줍니다.

01 이제 BM25 모델을 Chroma 기반의 벡터 검색과 결합하여 전통적인 키워드 검색과 최신 벡터 기반 검색의 장점을 모두 살린 하이브리드 검색 시스템을 구현해보겠습니다.

```
rag_advanced_3.ipynb

ensemble_retriever = EnsembleRetriever( retrievers=[bm25_retriever, chroma_retriever],
weights=[0.2, 0.8] )
```

- **EnsembleRetriever**: 여러 개의 검색기를 결합하여, 다양한 검색 기법의 장점을 모두 활용할 수 있도록 하는 역할을 합니다.
- **retrievers=[bm25_retriever, chroma_retriever]**: 여기서는 두 가지 검색 기법, 즉 BM25 검색기와 Chroma 기반의 벡터 검색기를 결합하고 있습니다.
- **weights=[0.2, 0.8]**: 각 검색기에 가중치를 부여하여 최종 검색 결과에 반영되는 비율을 설정합니다. BM25 검색기에는 0.2의 가중치를, Chroma 검색기에는 0.8의 가중치를 부여하여 벡터 검색의 결과가 최종 결과에 더 큰 영향을 미치도록 설정했습니다.

> rag_advanced_3.ipynb

```
# 예시 고객 문의
query = "에코프로에 대해서 알려줘"

# 관련 문서/제품 검색
docs = ensemble_retriever.invoke(query)

# 각 문서에서 페이지 내용을 추출하여 출력
# for doc in docs:
#     print(doc.page_content)

# 검색된 문서들 출력
docs
```

- **invoke(query)**: 사용자가 입력한 질의에 대해 가장 관련성이 높은 문서를 검색합니다.
- **docs**: 검색된 문서들의 리스트입니다. 각 문서는 **Document** 객체로, 페이지 내용(**page_content**), 메타데이터(**metadata**) 등을 포함합니다.

> 출력 결과

```
[Document(metadata={'creationdate': '2024-07-03T03:24:25+00:00', 'creator': 'Chromium', 'moddate': '2024-07-03T03:24:25+00:00', 'page': 1, 'page_label': '2', 'producer': 'Skia/PDF m125', 'source': 'sample.pdf', 'title': '경제 : 네이버 뉴스', 'total_pages': 4}, page_content='에코프로 공급물량 신청 사이트?…" 사\n기입니다"\n33분전영풍, 고려아연 황산 취급 중단에 법적\n대응\n34분전\n한국경제TV\n 한겨레\n뉴스1\n 한국일보\n문화일보\n 데일리안\n오마이뉴스\n SBS Biz\n문화일보\n 문화일보\nSBS Biz\n 더팩트'),
 Document(metadata={'producer': 'Skia/PDF m125', 'creator': 'Chromium', 'creationdate': '2024-07-03T03:24:25+00:00', 'title': '경제 : 네이버 뉴스', 'moddate': '2024-07-03T03:24:25+00:00', 'source': 'sample.pdf', 'total_pages': 4, 'page': 3, 'page_label': '4'}, page_content='이 콘텐츠의 저작권은 저작권자 또는 제공처에 있으며, 이를 무단 이용하는 경우 저작권법 등에 따라 법적 책임을  질 수 있습니다 .'),
 Document(metadata={'producer': 'Skia/PDF m125', 'creator': 'Chromium', 'creationdate': '2024-07-03T03:24:25+00:00', 'title': '경제 : 네이버 뉴스', 'moddate': '2024-07-03T03:24:25+00:00', 'source': 'sample.pdf', 'total_pages': 4, 'page': 1, 'page_label': '2'}, page_content='논의 시작할까\n32분전\'진격의 채권개미\' 올 들어 5조 쏴쏠\n이…편법 영업도 기승\n33분전\n한화시스템, 405 억  초소형 온실가스\n관측 위성 사업 수주\n33분전분양 가뭄… 과천·마포에  청약통장  17\n만개 \'우르르 \'\n33분전\n에코프로 공급물량 신청 사이트 ?…" 사\')]
```

> rag_advanced_3.ipynb

```
from langchain.prompts import ChatPromptTemplate
from langchain_core.runnables import RunnablePassthrough
```

```python
from langchain_core.output_parsers import StrOutputParser

template = """다음 맥락을 바탕으로 질문에 답변하세요:

{context}

질문: {question}
"""

prompt = ChatPromptTemplate.from_template(template)

# LLM
llm = ChatOpenAI(model_name="gpt-4o-mini", temperature=0)

# Post-processing
def format_docs(docs):
    formatted = "\n\n".join(doc.page_content for doc in docs)
    return formatted

# Chain
rag_chain = (
    {"context": ensemble_retriever | format_docs, "question": RunnablePassthrough()}
    | prompt
    | llm
    | StrOutputParser()
)

# Question
rag_chain.invoke("에코프로에 대해서 알려줘")
```

- **format_docs**: 이 함수는 검색된 문서들을 하나의 문자열로 결합하는 역할을 합니다. 검색된 문서의 내용(page_content)을 \n\n로 구분하여 하나의 큰 context로 만듭니다. 이 context가 LLM에 제공되어 답변을 생성하는 데 사용됩니다.

- **rag_chain**: 전체 체인을 구성하는 부분입니다. 이 체인은 단계적으로 검색된 문서들을 LLM에게 전달하여 최종 답변을 생성합니다.
  - context 설정: ensemble_retriever는 사용자의 질의에 대해 관련 문서를 검색합니다. 검색된 문서들은 format_docs 함수를 통해 포매팅됩니다.
  - question 설정: RunnablePassthrough는 사용자의 질문을 그대로 전달합니다.
  - prompt 생성: 포매팅된 문서와 질문을 바탕으로 프롬프트가 생성됩니다.
  - LLM을 통한 답변 생성: 생성된 프롬프트는 LLM에 전달되어 최종 답변이 생성됩니다.
  - 결과 파싱: StrOutputParser를 사용하여 LLM의 출력을 파싱합니다.

> **실행 결과**
>
> '에코프로는 주로 환경 관련 기술 및 제품을 개발하고 공급하는 기업으로, 특히 전지 및 배터리 재료와 관련된 사업을 운영하고 있습니다. 이 회사는 리튬 이온 배터리의 주요 원료인 양극재를 생산하며, 전기차 및 에너지 저장 시스템(ESS) 등에서 사용되는 배터리의 핵심 부품을 공급합니다. 에코프로는 지속 가능한 발전과 친환경 기술에 중점을 두고 있으며, 최근에는 공급물량 신청과 관련된 이슈가 언급되고 있습니다. \n\n또한, 에코프로는 경쟁사와의 법적 분쟁이나 시장 변화에 대응하기 위해 다양한 전략을 모색하고 있으며, 이는 기업의 성장과 안정성에 중요한 영향을 미칠 수 있습니다.'

Hybrid Search와 **RAG** 기법을 결합하여, 사용자의 질의에 대해 더욱 정확하고 맥락에 맞는 답변을 생성하는 과정을 보여줍니다. BM25와 벡터 검색의 조합을 통해 검색된 문서들은 LLM에 전달되어 최종적인 답변이 생성되며, 이 과정은 LLM이 주어진 문맥을 이해하고 그에 따라 응답을 생성할 수 있도록 돕습니다.

Multiquery + Hybrid Search + RAG Fusion 기법

01 .env 파일에서 OpenAI API 키를 불러와 환경 변수로 설정하고, 기능 개발을 위해 랭체인 관련 모듈들을 가져와 환경 설정을 진행합니다.

```
rag_advanced_4.ipynb

import bs4
from langchain.text_splitter import RecursiveCharacterTextSplitter
from langchain_community.document_loaders import WebBaseLoader
from langchain_community.vectorstores import Chroma
from langchain_core.output_parsers import StrOutputParser
from langchain_core.runnables import RunnablePassthrough
from langchain_openai import ChatOpenAI, OpenAIEmbeddings

import os
from dotenv import load_dotenv
load_dotenv()
openai_api_key = os.getenv("OPENAI_API_KEY")

if not openai_api_key:
    raise ValueError("OpenAI API 키가 없습니다. 한 번 더 확인 부탁드립니다.")

os.environ['OPENAI_API_KEY'] = openai_api_key
```

```
#### INDEXING ####

loader = WebBaseLoader(
    web_paths=("https://news.naver.com/section/101",),
    bs_kwargs=dict(
        parse_only=bs4.SoupStrainer(
            class_=("sa_text", "sa_item_SECTION_HEADLINE")
        )
    ),
)
docs = loader.load()


# Split
from langchain.text_splitter import RecursiveCharacterTextSplitter
text_splitter = RecursiveCharacterTextSplitter.from_tiktoken_encoder(
    chunk_size=300,
    chunk_overlap=50)

# Make splits
splits = text_splitter.split_documents(docs)
```

임베딩 생성 및 벡터 스토어 설정

01 이제 분할된 텍스트를 임베딩하고 벡터 스토어에 저장합니다. OpenAI의 임베딩 모델을 사용하여 문서의 임베딩을 생성한 후, Chroma 벡터 스토어에 저장합니다.

rag_advanced_4.ipynb

```
# Index
from langchain_openai import OpenAIEmbeddings
from langchain_community.vectorstores import Chroma
vectorstore = Chroma.from_documents(documents=splits, embedding=OpenAIEmbeddings())
```

02 MMR 알고리즘을 사용하여 문서를 검색할 수 있도록 벡터 검색기를 설정합니다.

rag_advanced_4.ipynb

```
chroma_retriever = vectorstore.as_retriever(
```

```
    search_type="mmr", # MMR 알고리즘을 사용하여 검색
    search_kwargs={'k':1,'fetch_k':4} # 상위 1개의 문서를 반환하지만, 고려할 문서는 4개로
설정
)
```

Hybrid Search 설정 및 Multi-query 생성

다음 단계에서는 사용자의 질문에 대해 다양한 관점에서 검색 쿼리를 생성하고, 이를 기반으로 하이브리드 검색을 수행합니다.

01 먼저 BM25와 Chroma 기반의 벡터 검색기를 결합한 하이브리드 검색 시스템을 설정합니다. BM25는 텍스트 기반 검색에 강점을 지니며, Chroma는 벡터 기반의 유사성을 활용한 검색에 특화되어 있습니다.

rag_advanced_4.ipynb
```
from langchain.retrievers import BM25Retriever, EnsembleRetriever
# Initialize the BM25 retriever
bm25_retriever = BM25Retriever.from_documents(splits)
bm25_retriever.k = 2  # Retrieve top 2 results

print("type of bm25", type(bm25_retriever))

ensemble_retriever = EnsembleRetriever(
    retrievers=[bm25_retriever, chroma_retriever], weights=[0.2, 0.8]
)

# 예시 고객 문의
query = "향후 집값에 대해서 알려줘"

# 관련 문서/제품 검색
docs = ensemble_retriever.invoke(query)

# 각 문서에서 페이지 내용을 추출하여 출력
# for doc in docs:
#     print(doc.page_content)

# 검색된 문서들 출력
docs
```

02 사용자의 질문에 대해 여러 개의 쿼리를 생성하는 `generate_queries` 체인을 구성합니다.

rag_advanced_4.ipynb

```python
from langchain.prompts import ChatPromptTemplate
from langchain_core.output_parsers import StrOutputParser
from langchain_openai import ChatOpenAI
template = """
당신은 AI 언어 모델 조수입니다. 당신의 임무는 주어진 사용자 질문에 대해 벡터 데이터베이스에서
관련 문서를 검색할 수 있도록 다섯 가지 다른 버전을 생성하는 것입니다. 사용자 질문에 대한 여러
관점을 생성함으로써, 거리 기반 유사성 검색의 한계를 극복하는 데 도움을 주는 것이 목표입니다.
각 질문은 새 줄로 구분하여 제공하세요. 원본 질문: {question}
"""
prompt_perspectives = ChatPromptTemplate.from_template(template)
generate_queries = (
    prompt_perspectives
    | ChatOpenAI(model_name="gpt-4o-mini",temperature=0)
    | StrOutputParser()
    | (lambda x: x.split("\n"))
)
```

RAG Fusion 적용

RAG Fusion 기법을 사용하여 검색된 결과들을 결합하고 중복된 문서를 제거하는 작업을 진행합니다.

rag_advanced_4.ipynb

```python
from langchain.load import dumps, loads
def reciprocal_rank_fusion(results: list[list], k=60, top_n=2):
    """
    여러 개의 순위가 매겨진 문서 리스트를 받아, RRF(Reciprocal Rank Fusion) 공식을 사용하여
    문서의 최종 순위를 계산하는 함수입니다. k는 RRF 공식에서 사용되는 선택적 파라미터이며,
    top_n은 반환할 우선순위가 높은 문서의 개수입니다.
    """

    # 각 고유한 문서에 대한 점수를 저장할 딕셔너리를 초기화합니다.
    fused_scores = {}

    # 순위가 매겨진 문서 리스트를 순회합니다.
    for docs in results:
```

```python
        # 리스트 내의 각 문서와 그 문서의 순위를 가져옵니다.
        for rank, doc in enumerate(docs):
            # 문서를 문자열 형식으로 직렬화하여 딕셔너리의 키로 사용합니다(문서가 JSON 형식으로 직렬화될 수 있다고 가정).
            doc_str = dumps(doc)
            # 해당 문서가 아직 딕셔너리에 없으면 초기 점수 0으로 추가합니다.
            if doc_str not in fused_scores:
                fused_scores[doc_str] = 0
            # 문서의 현재 점수를 가져옵니다(이전에 계산된 점수).
            previous_score = fused_scores[doc_str]
            # RRF 공식을 사용하여 문서의 점수를 업데이트합니다: 1 / (순위 + k)
            fused_scores[doc_str] += 1 / (rank + k)

    # 문서들을 계산된 점수에 따라 내림차순으로 정렬하여 최종적으로 재정렬된 결과를 얻습니다.
    reranked_results = [
        (loads(doc), score)
        for doc, score in sorted(fused_scores.items(), key=lambda x: x[1], reverse=True)
    ]

    # 재정렬된 결과에서 우선순위가 높은 top_n 개의 문서만 반환합니다.
    return reranked_results[:top_n]

# RAG-Fusion 체인을 구성합니다.
# generate_queries: 질문에 대해 여러 검색 쿼리를 생성합니다.
# retriever.map(): 생성된 쿼리로 관련 문서들을 검색합니다.
# reciprocal_rank_fusion: 검색된 문서들을 RRF 알고리즘을 통해 결합하여 최종 순위를 계산합니다.
retrieval_chain_rag_fusion = generate_queries | ensemble_retriever.map() | reciprocal_rank_fusion

# 체인을 실행하여 질문에 대한 검색된 문서들을 가져옵니다.
question = "향후 집값에 대해서 알려줘"
docs = retrieval_chain_rag_fusion.invoke({"question": question})

# 검색된 고유 문서들의 개수를 출력합니다.
len(docs)

# 검색된 고유 문서들을 출력합니다.
docs
```

이 코드에서는 여러 쿼리로 검색된 결과들을 결합하여 최종적으로 가장 높은 순위의 문서 2개를 반환합니다.

최종 RAG 체인 구성 및 답변 생성

최종적으로 구성된 RAG 체인을 통해 사용자가 입력한 질문에 대한 답변을 생성합니다.

rag_advanced_4.ipynb

```python
from langchain_openai import ChatOpenAI
from langchain_core.runnables import RunnablePassthrough

# RAG
template = """다음 맥락을 바탕으로 질문에 답변하세요:

{context}

질문: {question}
"""

prompt = ChatPromptTemplate.from_template(template)

llm = ChatOpenAI(model_name="gpt-4o-mini", temperature=0)

final_rag_chain = (
    {"context": retrieval_chain_rag_fusion,
     "question": RunnablePassthrough()}
    | prompt
    | llm
    | StrOutputParser()
)

final_rag_chain.invoke(question)
```

실행 결과

'현재 정부의 '가계부채 관리 강화 방안'과 초고강도 대출 규제가 시행됨에 따라, 서울 부동산 시장은 충격을 받고 있으며 매도·매수자들이 관망하는 상황입니다. 이러한 대책은 과열된 수도권 부동산 시장을 진정시킬 것으로 평가되고 있지만, 여유 자금이 부족한 신혼부부와 젊은 층의 내 집 마련은 더욱 어려워질 가능성이 있습니다. \n\n따라서 향후 집값은 단기적으로 안정세를 보일 수 있지만, 젊은 층의 구매력이 감소하면서 중장기적으로는 집값 상승에 제약이 있을 것으로 예상됩니다. 시장의 반응과 후속 대책에 따라 변동성이 클 수 있으니 지속적인 관찰이 필요합니다.'

retrieval_chain_rag_fusion은 사용자의 질문에 따라 여러 쿼리로 검색된 문서들을 결합하고, 최종적으로 가장 관련성 높은 문서들을 선택하는 과정입니다. 이 결과를 context로 설정하여, LLM이 답변을 생성할 때 참고할 문서들을 제공합니다.

이 과정을 통해 사용자는 Multi-query, Hybrid Search, 그리고 RAG Fusion의 결합된 결과로부터 정확하고 신뢰성 있는 답변을 제공받을 수 있습니다. 이 시스템은 복잡한 질문을 다룰 때 특히 유용하며, 다양한 RAG 알고리즘을 조합하여 검색 성능을 극대화할 수 있는 강력한 도구입니다.

Multiquery + Hybrid Search + RAG Fusion + Streamlit 기법

앞서 만들었던 ChatPDF를 응용해보겠습니다. Multiquery, Hybrid Search, RAG Fusion을 결합하여 Streamlit을 활용한 실시간 웹 애플리케이션을 구축하는 방법을 알아보겠습니다.

01 먼저 예제에서 사용할 주요 라이브러리들을 설치하겠습니다. 다음 명령어를 순서대로 실행해 주세요.

명령어
```
pip install langchain langchain-community langchain-core langchain-openai streamlit
pip install streamlit-extras pypdf rank_bm25 tiktoken faiss-cpu
```

02 코드를 실행하기 위해 먼저 필요한 라이브러리와 도구를 설치해야 합니다. 다음 명령어를 통해 필요한 패키지를 설치합니다.

rag_advanced_streamlit.py
```python
import os
import tempfile
import streamlit as st
from langchain_openai import ChatOpenAI, OpenAIEmbeddings
from langchain_core.output_parsers import StrOutputParser
from langchain_core.runnables import RunnablePassthrough
from langchain.prompts import ChatPromptTemplate
from langchain.document_loaders import PyPDFLoader
from langchain.text_splitter import RecursiveCharacterTextSplitter
from langchain.retrievers import BM25Retriever, EnsembleRetriever
from langchain_core.output_parsers import StrOutputParser
from streamlit_extras.buy_me_a_coffee import button
from langchain.load import dumps, loads
from langchain_community.vectorstores import FAISS
import faiss
from langchain_community.docstore.in_memory import InMemoryDocstore


# 'Buy me a coffee' 버튼을 초기화합니다. username에 각자 username을 입력해주세요!
button(username="swpheus14", floating=True, width=221)
```

03 Streamlit을 활용해 사용자 인터페이스를 구성하고, OpenAI API 키 입력 및 사용할 GPT 모델을 선택할 수 있는 항목을 추가해보겠습니다.

rag_advanced_streamlit.py

```python
# 제목과 지침 설정
st.title("ChatPDF with Multiquery+hybridSearch+RagFusion")
st.write("---")
st.write("PDF 파일을 업로드하고 내용을 기반으로 질문하세요.")

# OpenAI API 키 입력
openai_key = st.text_input('OpenAI API 키를 입력해주세요!', type="password")

# GPT 모델 선택
model_choice = st.selectbox(
    '사용할 GPT 모델을 선택하세요:',
    ['gpt-3.5-turbo', 'gpt-4o-mini', 'gpt-4o']
)
```

04 이제 사용자가 업로드한 PDF 파일을 분석할 수 있도록 준비하겠습니다. 먼저 Streamlit을 이용해 PDF 파일을 업로드할 수 있는 인터페이스를 만들고, 업로드된 PDF 파일을 랭체인이 처리할 수 있는 문서 형태로 변환하는 함수를 정의합니다. 이어서, 변환된 문서에서 필요한 텍스트만 추출해 사용할 수 있도록 포매팅하는 함수도 함께 정의합니다.

rag_advanced_streamlit.py

```python
# 파일 업로드
uploaded_file = st.file_uploader("PDF 파일을 업로드해주세요!", type=['pdf'])
st.write("---")

# PDF를 문서로 변환하는 함수
def pdf_to_document(uploaded_file):
    temp_dir = tempfile.TemporaryDirectory()
    temp_filepath = os.path.join(temp_dir.name, uploaded_file.name)
    with open(temp_filepath, "wb") as f:
        f.write(uploaded_file.getvalue())
    loader = PyPDFLoader(temp_filepath)
    pages = loader.load_and_split()
    return pages

# 문서를 포맷하는 함수
def format_docs(docs):
    return "\n\n".join(doc.page_content for doc in docs)
```

여기서는 `file_uploader`를 통해 PDF 파일을 업로드받고, 이를 임시 디렉터리에 저장한 뒤 텍스트로 변환하여 문서 리스트로 반환하는 함수인 `pdf_to_document`를 정의합니다.

05 PDF에서 추출된 텍스트를 일정한 크기로 분할하고, 이를 임베딩하여 벡터 스토어에 저장합니다.

```
rag_advanced_streamlit.py
# 파일이 업로드되었는지 확인
if uploaded_file is not None:
    pages = pdf_to_document(uploaded_file)

    # 문서를 청크로 분할
    text_splitter = RecursiveCharacterTextSplitter.from_tiktoken_encoder(
        chunk_size=500,
        chunk_overlap=50
    )

    splits = text_splitter.split_documents(pages)
```

- **if uploaded_file is not None**: 파일이 업로드되었는지 확인합니다.
- **pages**: pdf_to_document 함수를 사용하여 PDF 파일을 페이지별로 로드합니다. 각 페이지는 Document 객체로 반환됩니다.
- **text_splitter**: RecursiveCharacterTextSplitter를 사용하여 문서를 청크로 분할합니다. from_tiktoken_encoder 메서드를 사용하여 토큰 단위로 텍스트를 분할하는 분할기를 생성합니다.
  - from_tiktoken_encoder: 이 클래스 메서드는 OpenAI의 tiktoken 토크나이저를 활용하여 텍스트를 토큰 단위로 분할합니다. 일반적인 문자 단위 분할보다 토큰 단위 분할은 언어 모델의 토큰화 방식과 일치하여 더 정확한 청크 분할이 가능합니다. 이를 통해 각 청크의 토큰 수를 정확하게 제어할 수 있습니다.
  - chunk_size: 각 청크의 최대 길이(토큰 수 기준).
  - chunk_overlap: 청크 간의 중첩되는 토큰 수.
- **splits**: text_splitter.split_documents(pages)를 호출하여 분할된 문서 청크의 리스트를 생성합니다. 각 청크는 원본 문서의 일부를 포함하는 Document 객체입니다. 이 과정에서 문서는 지정된 토큰 크기와 중첩에 따라 청크로 분할됩니다.

> **궁금해요 왜 from_tiktoken_encoder를 사용하나요?**
>
> 일반적인 텍스트 분할은 문자(character) 또는 단어(word) 단위로 이루어집니다. 그러나 GPT 모델과 같은 언어 모델은 입력을 처리할 때 토큰 단위로 처리합니다. tiktoken은 OpenAI에서 제공하는 토크나이저로 GPT 모델이 사용하는 토큰화 방식과 동일합니다. 따라서 from_tiktoken_encoder를 사용하면 모델의 토큰화 방식에 맞춰 텍스트를 분할할 수 있어 각 청크가 모델의 토큰 제한을 초과하지 않도록 효과적으로 관리할 수 있습니다.

06 PDF에서 분할된 텍스트 청크에 대해 임베딩을 생성하고, 이를 효율적으로 검색하기 위해 FAISS 인덱스를 설정합니다.

```python
# rag_advanced_streamlit.py
    # 임베딩 및 FAISS 설정
embeddings_model = OpenAIEmbeddings(openai_api_key=openai_key)

    # 임베딩 벡터의 차원 계산 ex)1536 차원
embedding_dimension = len(OpenAIEmbeddings(openai_api_key=openai_key).embed_query("hello world"))

    # FAISS 인덱스 생성
    index = faiss.IndexFlatL2(len(OpenAIEmbeddings(openai_api_key=openai_key).embed_query("hello world")))

    # 벡터 스토어 생성
    vectorstore = FAISS(
        embedding_function=embeddings_model,
        index=index,
        docstore=InMemoryDocstore(),
        index_to_docstore_id={}
    )

    # 문서 청크를 벡터 스토어에 추가
    vectorstore.add_documents(documents=splits, ids=range(len(splits)))
```

① **embeddings_model**
- OpenAIEmbeddings를 사용하여 텍스트 청크를 벡터로 변환합니다.
- openai_api_key를 사용하여 OpenAI API에 접근합니다.

② 임베딩 벡터의 차원 계산

- "hello world" 예시 문장을 임베딩하여 벡터의 차원을 계산합니다.
- 일반적으로 OpenAI의 임베딩 모델은 1536차원의 벡터를 생성합니다.

③ FAISS 인덱스 생성

- faiss.IndexFlatL2를 사용하여 L2 거리 기반의 인덱스를 생성합니다.
- embedding_dimension을 사용하여 벡터의 차원을 지정합니다.

④ 벡터 스토어 생성

- FAISS 클래스를 사용하여 벡터 스토어를 생성합니다.
- embedding_function: 텍스트를 벡터로 변환하는 함수로, embeddings_model.embed_query를 사용합니다.
- docstore: 메모리를 사용하는 InMemoryDocstore를 초기화합니다.

⑤ 문서 청크를 벡터 스토어에 추가

- add_documents 메서드를 사용하여 분할된 문서 청크를 벡터 스토어에 추가합니다.
- splits는 앞서 분할한 문서 청크들의 리스트이며, 각 청크에 고유한 ID를 부여합니다.

07 BM25와 Chroma 기반 벡터 검색기를 결합한 하이브리드 검색 시스템을 구성합니다.

rag_advanced_streamlit.py

```python
    #FAISS 리트리버 생성
    faiss_retriever = vectorstore.as_retriever(search_type="mmr",  # MMR 알고리즘을 사용하여 검색
                    # 상위 1개의 문서를 반환하지만, 고려할 문서는 4개로 설정
                    search_kwargs={'k': 1, 'fetch_k': 4})
    
    # BM25 리트리버 설정
    bm25_retriever = BM25Retriever.from_documents(splits)
    bm25_retriever.k = 2
    
    # 앙상블 리트리버 설정
    ensemble_retriever = EnsembleRetriever(
        retrievers=[bm25_retriever, faiss_retriever],
        weights=[0.2, 0.8]
    )
```

① **FAISS 리트리버 생성(faiss_retriever)**
- **역할**: 벡터 스토어에서 쿼리에 가장 유사한 문서를 검색합니다.
- **방식**: vectorstore.as_retriever 메서드를 사용하여 벡터 스토어를 검색 기능을 제공하는 리트리버로 변환합니다.
- **예시**: 사용자가 질문을 입력하면, faiss_retriever는 벡터 스토어에서 쿼리와 가장 유사한 상위 4개의 문서를 검색합니다. 그런 다음 MMR 알고리즘을 적용하여 이 4개의 문서 중에서 중복을 최소화하고 가장 관련성 높은 1개의 문서를 최종적으로 선택합니다.

② **BM25 리트리버 설정(bm25_retriever)**
- **역할**: 전통적인 BM25 알고리즘을 사용하여 텍스트 기반의 문서 검색을 수행합니다.
- **방식**: BM25Retriever.from_documents(splits)를 사용하여 분할된 문서 청크(splits)로부터 BM25 리트리버를 생성합니다.

③ **앙상블 리트리버 설정(ensemble_retriever)**
- **역할**: 두 개의 리트리버(BM25와 FAISS 리트리버)를 결합하여 하이브리드 검색을 수행합니다.
- **방식**: EnsembleRetriever를 사용하여 여러 리트리버의 결과를 통합합니다.
- **매개변수**
  - retrievers=[bm25_retriever, faiss_retriever]: 결합할 리트리버들의 리스트를 지정합니다.
  - weights=[0.2, 0.8]: 각 리트리버의 가중치를 설정하여 검색 결과에 대한 기여도를 조절합니다. 여기서는 BM25 리트리버에 20%, FAISS 리트리버에 80%의 가중치를 부여합니다.
- **하이브리드 검색의 이점**: BM25 리트리버는 키워드 매칭에 강하며, 전통적인 정보 검색 기법으로 쿼리와 문서 간의 용어 일치를 기반으로 합니다. FAISS 리트리버는 임베딩 벡터를 사용하여 의미적 유사성을 기반으로 검색합니다. 두 리트리버를 결합하면, 키워드 매칭과 의미적 유사성을 모두 고려하여 더 정확하고 풍부한 검색 결과를 얻을 수 있습니다.

08 사용자의 질문을 바탕으로 여러 쿼리를 생성하고, 이 쿼리들을 통해 얻은 결과를 RAG Fusion 기법으로 결합하여 최종 답변을 생성합니다.

rag_advanced_streamlit.py

```
# RAG-Fusion을 위한 쿼리 생성
template = """
당신은 AI 언어 모델 조수입니다. 목표는 주어진 사용자 질문과 관련해 벡터 데이터베이스에서 관련 문서를 검색할 수 있도록 다섯 가지 다른 버전을 생성하는 것입니다.
사용자 질문에 대한 여러 관점을 생성함으로써, 거리 기반 유사성 검색의 한계를 극복하는 데 도움을 주는 것이 목표입니다.
각 질문은 새 줄로 구분하여 제공하세요. 원본 질문: {question}
```

```python
"""
    prompt_perspectives = ChatPromptTemplate.from_template(template)

    generate_queries = (
        prompt_perspectives
        | ChatOpenAI(model_name=model_choice, temperature=0, openai_api_key=openai_key)
        | StrOutputParser()
        | (lambda x: x.split("\n"))
    )

    # Reciprocal Rank Fusion 함수
    def reciprocal_rank_fusion(results: list[list], k=60, top_n=2):
        fused_scores = {}
        for docs in results:
            for rank, doc in enumerate(docs):
                doc_str = dumps(doc)
                if doc_str not in fused_scores:
                    fused_scores[doc_str] = 0
                fused_scores[doc_str] += 1 / (rank + k)

        reranked_results = [
            (loads(doc), score)
            for doc, score in sorted(fused_scores.items(), key=lambda x: x[1], reverse=True)
        ]

        return reranked_results[:top_n]
```

09 이제 reciprocal_rank_fusion 함수를 통해 여러 검색 결과를 결합하여 최종 순위를 매기고, 최종적으로 LLM을 사용해 답변을 생성합니다.

```
rag_advanced_streamlit.py
    # RAG-Fusion Chain 설정
    retrieval_chain_rag_fusion = generate_queries | ensemble_retriever.map() | reciprocal_rank_fusion

    # Final RAG Chain 설정
    template = """다음 맥락을 바탕으로 질문에 답변하세요:
```

```
    {context}

    질문: {question}
    """
    prompt = ChatPromptTemplate.from_template(template)
    llm = ChatOpenAI(model_name=model_choice, temperature=0, openai_api_key=openai_key)

    final_rag_chain = (
        {"context": retrieval_chain_rag_fusion, "question": RunnablePassthrough()}
        | prompt
        | llm
        | StrOutputParser()
    )
```

10 사용자의 질문을 입력받고, RAG 체인을 통해 답변을 생성하여 화면에 출력합니다.

rag_advanced_streamlit.py
```
# User question input
st.header("PDF에 질문하세요!")
question = st.text_input('질문을 입력하세요')


if st.button('질문하기(ASK)'):
    with st.spinner('답변 생성 중...'):
        result = final_rag_chain.invoke(question)
        st.write(result)
```

사용자가 질문을 입력하면, `final_rag_chain`이 실행되어 최종 답변을 생성하고 이를 화면에 출력합니다. `streamlit run rag_advanced_streamlit.py` 명령어로 실행하면 다음 그림처럼 직관적인 인터페이스로 결과를 확인할 수 있으며, 사용자가 직접 PDF 파일을 업로드하고 질문에 대한 답변을 실시간으로 받아볼 수 있습니다. 여기서는 예시로 저자의 자격증 PDF 파일을 첨부한 뒤 질문을 해봤습니다. 다음과 같은 결과물을 볼 수 있었습니다.

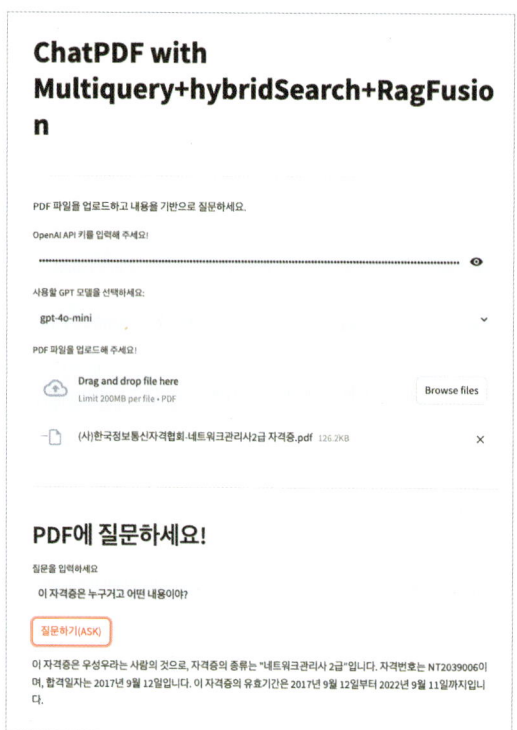

이 장에서는 Multiquery, Hybrid Search, RAG Fusion을 결합하여 Streamlit을 활용한 실시간 웹 애플리케이션을 구축하는 방법을 설명했습니다. 이 시스템은 PDF 문서를 기반으로 사용자의 질문에 대한 신뢰성 있는 답변을 생성하며 배포가 용이한 Streamlit을 통해 쉽게 웹 인터페이스로 구현할 수 있습니다. 이를 통해 다양한 응용 분야에서 검색 및 응답 시스템을 구축할 수 있습니다.

Part 06

멀티모달 데이터를 활용한 통합형 서비스

Chapter 14 멀티모달 데이터 RAG 시스템 만들기
Chapter 15 FashionRAG: 이미지 기반 스타일링 어시스턴트
Chapter 16 시/소설 생성 서비스 만들기

14 멀티모달 데이터 RAG 시스템 만들기

텍스트, 이미지, 표 등 다양한 데이터를 포함한 PDF 문서를 분석하고, 관련 정보를 종합하여 답변하는 멀티모달 RAG 시스템을 구축합니다. 시각 데이터와 텍스트 데이터를 함께 처리하는 복합 워크플로를 실습합니다.

| 학습 목표

다중 벡터 검색기를 사용해 관련 이미지를 조회하고 이미지 요약을 검증한 뒤 텍스트와 시각 정보를 모두 활용한 멀티모달 RAG 체인을 통해 최적의 답변을 생성하는 과정을 실습합니다. 영어로 생성된 답변을 한국어로 번역하는 워크플로까지 통합하여, 실제 서비스에 가까운 멀티모달 질의응답 시스템의 구축을 목표로 합니다.

| 핵심 키워드

- 멀티모달 RAG 체인
- 오픈 소스 모델 번역 체인
- Final Answer Pipeline
- 다중 벡터 검색기
- VLM

멀티모달 RAG 개요

RAG는 텍스트 생성 시 관련 정보를 미리 정의된 지식 기반으로부터 검색한 다음, 그 정보를 바탕으로 텍스트를 생성하는 기술입니다. 일반적인 RAG는 텍스트를 기반으로 하지만 **멀티모달 RAG**는 텍스트뿐만 아니라 이미지, 표와 같은 다양한 요소를 동시에 처리하여 정보를 검색하고 이를 활용해 더욱 정교한 답변을 생성합니다.

이 장에서는 **PDF 문서**에서 추출한 텍스트, 표, 이미지 데이터를 분할하고 해당 데이터를 요약하여 검색 및 답변 생성에 활용하는 방법을 설명합니다. 멀티모달 RAG의 핵심은 다양한 형태의 데이터를 효율적으로 처리하여 멀티모달 데이터를 기반으로 한 더 나은 답변을 제공하는 데 있습니다.

다음 그림은 PDF 파일로부터 텍스트, 테이블, 이미지 요소가 추출되어 최종 답변이 생성되는 과정을 보여줍니다.

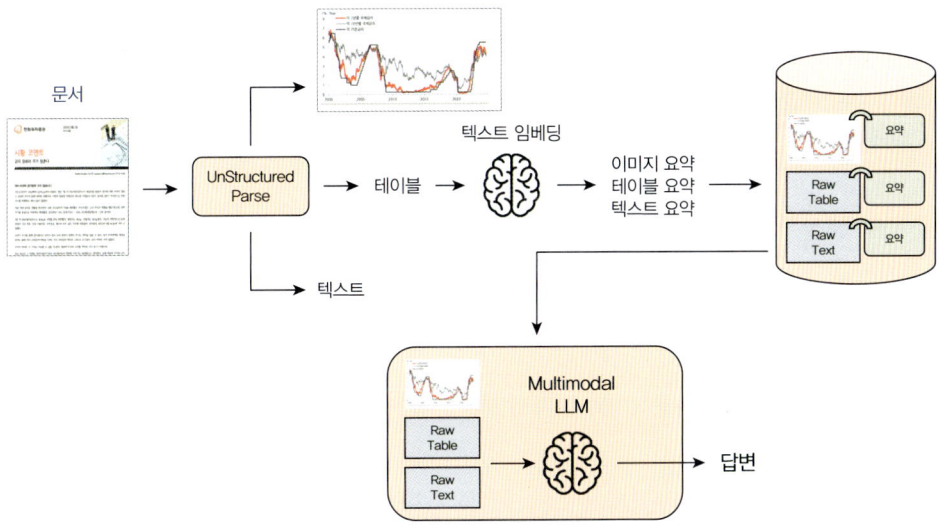

멀티모달 RAG 아키텍처

① 문서의 데이터 파싱

우선 Unstructured Parser를 통해 PDF 파일로부터 텍스트, 테이블, 이미지와 같은 요소를 추출합니다. 이 요소들은 각각 요약되어 나중에 검색 시스템을 통해 활용될 수 있도록 저장됩니다.

- **텍스트**: 텍스트는 일정한 크기로 분할되어 각각의 텍스트 블록에 대한 요약을 생성합니다. 이렇게 생성된 텍스트 요약은 검색을 최적화하기 위해 임베딩 형태로 변환되어 저장됩니다. 이를 통해 효율적인 검색이 가능해집니다.
- **이미지**: 이미지는 이미지 요약을 생성하며, 이 요약은 검색을 위한 임베딩에 사용됩니다.
- **테이블**: 표는 테이블 요약으로 변환되며, 마찬가지로 임베딩을 통해 검색에 최적화됩니다.

② 데이터 저장 및 검색

추출한 데이터는 **요약 데이터베이스**에 저장됩니다. 이 데이터베이스에는 원본 텍스트, 테이블, 이미지가 저장되며 각각의 요약본도 함께 인덱싱됩니다. 사용자가 질문을 할 때는 검색 엔진이 이 요약본을 바탕으로 관련된 데이터를 빠르게 검색하고, 원본 데이터를 제공하는 방식으로 작동합니다.

③ 답변 생성

검색된 요약본을 활용하여 **멀티모달 LLM**이 답변을 생성합니다. 이때 실제 생성에는 요약된 정보뿐만 아니라 원본 텍스트, 테이블, 이미지가 그대로 활용됩니다. 이를 통해 LLM은 더 깊이 있는 분석과 종합적인 답변을 제공할 수 있습니다.

패키지 설치 및 JupyterLab 환경 설정

멀티모달 RAG 시스템을 구현하기 위해 여러 필수 패키지를 설치하고 이를 효율적으로 개발 및 테스트하기 위해 JupyterLab 환경을 구성하겠습니다. 이 과정에서 텍스트, 이미지, PDF와 같은 다양한 형식의 데이터를 처리할 수 있도록 여러 파이썬 패키지를 설치할 것입니다. 이 패키지들은 텍스트 및 이미지 추출, 데이터 처리, 인공지능 모델 구현 등 다양한 작업을 지원합니다. 또한 JupyterLab을 통해 코드를 실행하고 개발하는 환경을 구축함으로써 코드 실험과 수정이 용이한 환경을 만듭니다.

01 파이썬 가상 환경을 활성화한 후 JupyterLab을 설치합니다.

명령어
```
pip install jupyterlab
```

02 설치가 완료되면 다음 명령어로 JupyterLab을 실행할 수 있습니다.

명령어
```
jupyter lab
```

`jupyter lab` 명령어를 다음 폴더 위치에서 입력하면 다음 그림처럼 화면이 출력됩니다.

🔗 chapter 14/langchain-pdf-multimodal-openSource

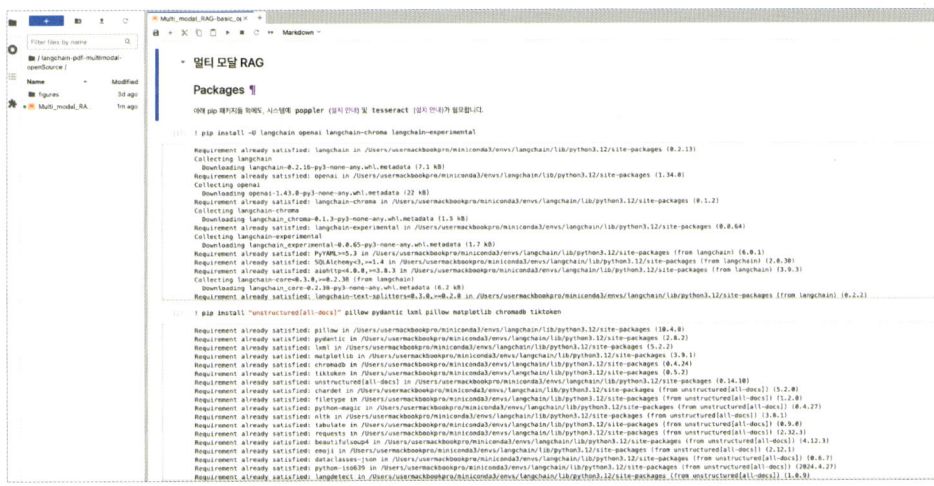

이제 다양한 데이터 유형을 처리하고, 검색 및 생성 작업을 지원하는 패키지를 설치해야 합니다. 또한 시스템에는 PDF 파일을 처리하기 위한 **Poppler**와 이미지에서 텍스트를 추출하기 위한 **Tesseract**도 필요합니다.

14 멀티모달 데이터 RAG 시스템 만들기 **299**

Poppler 패키지 다운로드

Poppler 패키지는 PDF 파일을 이미지로 변환할 때 필요한 라이브러리입니다. PDF 문서에서 이미지를 추출할 때 사용됩니다.

🔗 공식 홈페이지: https://pdf2image.readthedocs.io/en/latest/installation.html

① macOS 설치

명령어
```
brew install poppler
```

② 윈도우 설치

01 가장 최신 버전의 Poppler 패키지를 다음 링크에서 .zip 파일로 다운로드합니다.

🔗 https://github.com/oschwartz10612/poppler-windows/releases/

02 다운로드한 Poppler 패키지의 압축을 풀고, 압축이 풀린 디렉터리를 원하는 시스템의 위치로 이동시킵니다.

03 Poppler 디렉터리 내의 bin/ 폴더를 시스템의 환경 변수(Path)에 추가합니다. 이 작업을 통해 명령 프롬프트에서 Poppler 도구들을 쉽게 사용할 수 있게 됩니다.

04 명령 프롬프트(cmd)를 열고, 다음 명령어를 실행하여 Poppler가 제대로 설치되었는지 확인합니다. 이 명령어를 실행했을 때 도움말이 표시되면 Poppler가 성공적으로 설치된 것입니다. 예를 들어, 실행 결과에 `pdftoppm version X.X.X`와 같은 버전 정보가 표시되면 설치에 성공한 것입니다.

명령어
```
pdftoppm -h
```

Tesseract 패키지 다운로드

Tesseract 패키지는 이미지에서 텍스트를 추출하는 OCR^{Optical Character Recognition} 엔진입니다. 이미지 기반의 텍스트 추출을 위해 사용됩니다. 다음 지시에 따라 다운로드를 진행합니다.

① macOS 설치

명령어
```
brew install tesseract
```

② 윈도우 설치

01 Tesseract 5.4.0 버전의 설치 프로그램은 다음 링크에서 다운로드받을 수 있습니다. 이 설치 프로그램에는 Tesseract의 학습 도구도 포함되어 있으며, 32비트와 64비트 설치 프로그램 모두 제공됩니다.

🔗 https://github.com/UB-Mannheim/tesseract/wiki

Tesseract at UB Mannheim

The Mannheim University Library (UB Mannheim) uses Tesseract to perform text recognition (OCR = optical character recognition) for historical German newspapers (Allgemeine Preußische Staatszeitung, Deutscher Reichsanzeiger). The latest results with text from more than 700000 pages are available online.

Tesseract installer for Windows

Normally we run Tesseract on Debian GNU Linux, but there was also the need for a Windows version. That's why we have built a Tesseract installer for Windows.

WARNING: Tesseract should be either installed in the directory which is suggested during the installation or in a new directory. The uninstaller removes the whole installation directory. If you installed Tesseract in an existing directory, that directory will be removed with all its subdirectories and files.

The latest installers can be downloaded here:

- tesseract-ocr-w64-setup-5.4.0.20240606.exe (64 bit)
There are also older versions for 32 and 64 bit Windows available.

In addition, we also provide documentation which was generated by Doxygen.

Tesseract를 시스템 전역에서 사용할 수 있도록, 환경 변수(Path)에 Tesseract 실행 파일 경로를 추가해야 합니다. 보통 Tesseract 실행 파일은 C:\Program Files\Tesseract-OCR에 설치되며 해당 경로를 윈도우의 환경 변수에 추가합니다. 이를 위해서 다음 과정을 따릅니다.

02 윈도우 검색 창에 '환경 변수'를 입력하고 [시스템 환경 변수 편집]을 클릭합니다.

03 [환경 변수] 버튼을 클릭한 후, [사용자 또는 시스템 변수]를 선택하고 'Path'를 편집합니다.

04 [새로 만들기]를 클릭하고 C:\Program Files\Tesseract-OCR 경로를 추가한 뒤 [확인]을 클릭해 설정을 완료합니다.

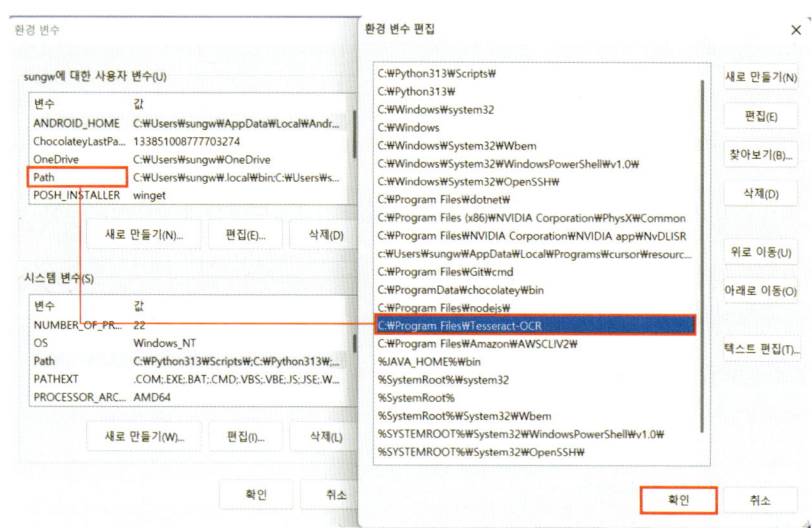

05 명령 프롬프트에서 tesseract 또는 tesseract -v 명령어를 실행하여 설치가 제대로 되었는지 확인합니다. 정상적으로 설치되었다면 Tesseract의 버전 정보가 출력됩니다.

기타 주요 패키지 설치

그리고 다음과 같은 패키지들을 설치할 예정입니다. 각 패키지의 필요와 역할부터 알아봅시다.

- **LangChain-Chroma**: 임베딩 기반 벡터 검색 엔진으로, 고성능의 벡터 데이터베이스를 제공하여 대용량의 임베딩 데이터를 효율적으로 관리하고 검색할 수 있습니다. 멀티모달 RAG에서 Chroma는 텍스트, 이미지, 테이블 등의 임베딩을 저장하고 검색을 최적화하여 적절한 데이터를 빠르게 찾는 데 사용되며 사용자 요청에 맞는 최적의 데이터를 반환합니다.

- **LangChain-Experimental**: 랭체인의 실험적 모듈로 최신 기능과 실험적 도구들을 제공하여 랭체인의 성능을 확장시킵니다. 멀티모달 RAG에서 이 모듈을 사용하여 다양한 최신 기능들을 활용해 데이터 검색 및 처리를 최적화하고 더욱 정교한 멀티모달 검색을 구현합니다.

- **Unstructured**: 여러 형태의 문서(PDF, Word, HTML, 텍스트 등)에서 구조화되지 않은 데이터를 추출하는 라이브러리입니다. 이를 통해 문서에서 텍스트, 테이블, 이미지 등의 요소를 쉽게 추출할 수 있습니다. 멀티모달 RAG에서 PDF 파일이나 문서로부터 데이터를 분리해내고, 이를 임베딩하여 검색 가능한 형식으로 변환합니다. 이 데이터는 나중에 검색을 통해 모델이 응답을 생성하는 데 사용됩니다.
- **Pillow**: 이미지 처리를 위한 파이썬 라이브러리로 이미지 열기, 편집, 저장 등 다양한 작업을 지원합니다. 멀티모달 RAG에서 PDF에서 추출한 이미지 파일을 처리하고 이를 임베딩할 때 필요한 이미지 전처리 작업(크기 조정, 형식 변환 등)에 사용됩니다.
- **Pydantic**: 데이터 유효성 검사와 데이터 모델링을 위한 라이브러리입니다. 파이썬의 데이터 구조를 쉽게 정의하고 입력 데이터의 유효성을 검사할 수 있도록 도와줍니다. 멀티모달 RAG에서 복잡한 데이터 구조(예: 텍스트, 이미지, 테이블 등)를 처리할 때 데이터를 일관되게 유지하고 모델 간 데이터 전송을 정확하게 관리합니다.
- **Lxml**: XML 및 HTML을 파싱하고 조작하기 위한 라이브러리입니다. 이를 사용하면 웹 문서나 XML 기반 문서에서 데이터를 추출할 수 있습니다. 멀티모달 RAG에서는 XML 또는 HTML 구조로 된 문서에서 데이터를 추출하고 처리하는 데 사용됩니다. 특히 웹 기반 문서에서 유용합니다.
- **Matplotlib**: 파이썬에서 데이터를 시각화하는 데 사용되는 대표적인 라이브러리입니다. 멀티모달 RAG에서 테이블이나 이미지의 시각적 데이터를 처리하고, 이를 시각적으로 표현하는 데 활용될 수 있습니다. 또한, 데이터 분석 결과를 그래프로 시각화하는 데 유용합니다.
- **Tiktoken**: OpenAI의 GPT 모델을 위한 토큰화 라이브러리입니다. 멀티모달 RAG에서 텍스트 데이터를 적절한 크기로 분할하고, 이를 효율적으로 GPT 모델에 전달하는 데 사용됩니다. 이를 통해 모델이 더 효율적으로 데이터를 처리하고, 검색 결과를 반영한 텍스트 생성을 수행합니다.

주요 패키지 설치 명령어 1

```
pip install -U langchain openai langchain-chroma langchain-experimental
```

주요 패키지 설치 명령어 2

```
pip install pillow pydantic lxml pillow matplotlib chromadb tiktoken "unstructured[all-docs]"
```

> **Tip.** Jupyter Notebook, Lab 환경에서는 명령어 앞에 !를 붙여 패키지를 설치해야 합니다.

데이터 추출 및 분할

데이터 추출

PDF 파일에서 텍스트, 이미지, 테이블을 추출하는 방법을 알아봅니다. unstructured 패키지를 사용하여 PDF 파일을 처리하고, 텍스트와 테이블을 분할한 후 이를 멀티모달 검색 시스템에 활용합니다.

01 PDF 파일에서 표, 텍스트, 이미지와 같은 요소를 추출하기 위해 다음과 같은 패키지를 사용합니다.

Multi_modal_RAG-basic_openSource.ipynb
```python
from langchain_text_splitters import CharacterTextSplitter
from unstructured.partition.pdf import partition_pdf
```

02 `extract_pdf_elements` 함수는 PDF 파일에서 이미지, 테이블, 텍스트 블록을 추출합니다. 파일 경로와 파일 이름을 입력하면 PDF의 내용을 블록 단위로 분할하며 이미지를 추출하고 테이블 구조를 분석합니다. 또한 텍스트는 최대 4000자로 분할되어 저장됩니다.

Multi_modal_RAG-basic_openSource.ipynb
```python
def extract_pdf_elements(path, fname):
    """
    PDF 파일에서 이미지, 테이블, 텍스트 블록을 추출합니다.
    path: 파일 경로 (이미지 파일이 저장될 위치)
    fname: 파일 이름
    """
    return partition_pdf(
        filename=path + fname,
        extract_images_in_pdf=True,      # PDF에서 이미지를 추출
        infer_table_structure=True,       # 테이블 구조를 추론
        chunking_strategy="by_title",     # 타이틀을 기준으로 텍스트를 블록으로 분할
        max_characters=4000,              # 최대 4000자로 텍스트 블록을 제한
        new_after_n_chars=3800,           # 3800자 이후에 새로운 블록 생성
        combine_text_under_n_chars=2000,  # 2000자 이하의 텍스트는 결합
        image_output_dir_path=path,       # 이미지가 저장될 경로 설정
    )
```

03 추출한 PDF의 요소들은 텍스트와 테이블로 분류됩니다. categorize_elements 함수는 PDF에서 추출한 요소들을 순회하면서 테이블 요소는 tables 리스트에, 텍스트 요소는 texts 리스트에 저장합니다.

Multi_modal_RAG-basic_openSource.ipynb
```python
def categorize_elements(raw_pdf_elements):
    """
    PDF에서 추출한 요소들을 테이블과 텍스트로 분류합니다.
    raw_pdf_elements: unstructured.documents.elements 리스트
    """
    tables = []
    texts = []
    for element in raw_pdf_elements:
        if "unstructured.documents.elements.Table" in str(type(element)):
            tables.append(str(element))   # 테이블 요소를 저장
        elif "unstructured.documents.elements.CompositeElement" in str(type(element)):
            texts.append(str(element))    # 텍스트 요소를 저장
    return texts, tables
```

04 다음 코드의 목적은 스크립트가 실행되는 현재 디렉터리와 PDF 파일이 저장될 경로를 확인하는 것입니다. 이를 통해 파일의 경로를 명확히 하고, 작업 중에 파일을 정확히 읽어들이거나 저장할 수 있도록 경로를 설정합니다. os.getcwd() 함수는 현재 작업 디렉터리의 경로를 반환합니다. 즉, 이 코드를 실행 중인 스크립트가 위치한 디렉터리를 찾습니다.

Multi_modal_RAG-basic_openSource.ipynb
```python
import os
current_directory = os.getcwd()
```

06 PDF 파일 경로를 설정합니다. 여기서 fname은 처리할 PDF 파일의 이름을 나타냅니다. 여기에서는 **invest.pdf**로 설정되어 있습니다. fpath는 PDF 파일이 저장될 폴더의 경로를 나타냅니다. os.path.dirname(current_directory)는 현재 디렉터리의 부모 디렉터리 경로를 반환하며, 그 안의 'invest/'라는 하위 폴더를 가리키도록 설정합니다. 이렇게 설정하면 PDF 파일이 부모 디렉터리의 'invest' 폴더 안에 위치한다고 가정하게 됩니다. 이처럼 파일 경로를 정확하게 지정함으로써 파일 입출력을 손쉽게 처리할 수 있습니다.

```
Multi_modal_RAG-basic_openSource.ipynb
fname = "invest.pdf"
fpath = os.path.join(os.path.dirname(current_directory), "invest/")
```

07 이제 경로를 출력합니다. 다음 코드를 통해 사용자는 작업 중인 파일이 어디에 위치해 있는지, 그리고 PDF 파일을 어디에 저장할지 쉽게 확인할 수 있으며 파일 경로 설정에서 발생할 수 있는 문제를 사전에 방지할 수 있습니다.

```
Multi_modal_RAG-basic_openSource.ipynb
print("현재 스크립트의 위치:", current_directory)
print("pdf 위치:", fpath)
```

데이터 분할

PDF 파일에서 텍스트와 테이블을 추출한 후, 텍스트를 일정한 크기로 분할하여 데이터 처리를 진행하는 과정입니다. 특히 텍스트 데이터를 효율적으로 처리하기 위해 텍스트를 2000자 단위로 분할하는 작업을 수행합니다.

01 PDF 파일에서 텍스트, 이미지, 테이블 등의 요소를 추출합니다. extract_pdf_elements(fpath, fname) 함수는 주어진 경로(fpath)에 위치한 PDF 파일(fname)에서 해당 요소들을 가져옵니다. 추출된 요소들은 리스트로 반환됩니다.

```
Multi_modal_RAG-basic_openSource.ipynb
raw_pdf_elements = extract_pdf_elements(fpath, fname)
```

02 PDF에서 추출한 요소들은 categorize_elements 함수를 통해 텍스트와 테이블로 구분합니다. 이 함수는 PDF의 각 요소를 분석하여 텍스트는 texts 리스트에, 테이블은 tables 리스트에 저장합니다. 이를 통해 각 요소를 적절히 분리하여 처리할 수 있게 됩니다.

```
Multi_modal_RAG-basic_openSource.ipynb

texts, tables = categorize_elements(raw_pdf_elements)
```

03 텍스트 분할을 설정합니다. `CharacterTextSplitter.from_tiktoken_encoder()` 함수는 텍스트 데이터를 일정 크기 단위로 나누는 텍스트 분할기를 설정합니다. 여기서 `chunk_size=2000`은 각 텍스트 블록의 최대 크기를 2000자로 설정하는 것이며, `chunk_overlap=200`은 청크 간 200자의 겹침을 허용하여 중요한 정보를 잃지 않도록 합니다.

```
Multi_modal_RAG-basic_openSource.ipynb)

text_splitter = CharacterTextSplitter.from_tiktoken_encoder(
    chunk_size=2000, chunk_overlap=200
)
```

04 텍스트를 결합 및 분할합니다. `joined_texts = " ".join(texts)`은 텍스트 리스트에 포함된 모든 텍스트를 하나의 긴 문자열로 결합합니다. 그 후, `text_splitter.split_text(joined_texts)`를 통해 결합된 텍스트를 2000자 단위로 분할합니다. 이렇게 분할된 텍스트 블록은 `texts_2k_token` 리스트에 저장됩니다.

```
Multi_modal_RAG-basic_openSource.ipynb

joined_texts = " ".join(texts)
texts_2k_token = text_splitter.split_text(joined_texts)
```

05 텍스트 분할 결과를 확인합니다. 여기서는 원래 텍스트 리스트(`texts`)와 분할된 텍스트 블록(`texts_2k_token`)의 개수를 출력합니다. 이를 통해 텍스트가 얼마나 많은 블록으로 나뉘었는지 확인할 수 있습니다.

```
Multi_modal_RAG-basic_openSource.ipynb

print(len(texts_2k_token))
print(len(texts))
```

06 원본 텍스트와 분할된 텍스트의 첫 번째 요소를 출력하고, 각 데이터의 타입을 확인합니다. 이를 통해 데이터가 정상적으로 처리되고 있는지 확인할 수 있습니다.

Multi_modal_RAG-basic_openSource.ipynb
```
print(texts[0])
print(type(texts))
print(texts_2k_token[0])
print(type(texts_2k_token))
```

다중 벡터 검색기

다중 벡터 검색기Multi-Vector Retriever는 텍스트, 표, 이미지 등의 다양한 데이터를 요약하여 인덱싱하고, 원본 데이터를 검색하는 데 사용하는 기술입니다. 이미지와 같은 멀티모달 데이터를 포함하여 정보 검색을 효율적으로 처리할 수 있으며 생성된 요약본은 데이터를 빠르게 검색할 수 있도록 최적화됩니다. 이 과정에서 GPT-4 또는 Llama 3.1과 같은 대형 언어 모델을 사용하여 텍스트 및 표 데이터를 요약하고, 해당 요약본을 통해 원본 데이터를 검색하는 방식으로 동작합니다.

텍스트 및 표 요약

텍스트 및 표 요약은 GPT-4 또는 Llama 3.1 모델을 통해 생성됩니다. 특히 큰 텍스트 블록(예: 2k 토큰 청크)을 사용하는 경우에는 텍스트 요약이 매우 중요합니다. 요약된 텍스트와 표 데이터는 검색에 최적화되며, 이를 통해 원본 데이터(텍스트 또는 표)를 빠르고 정확하게 검색할 수 있습니다.

01 .env 파일에서 **OpenAI API** 키를 불러오고, 키가 없을 경우 오류 메시지를 출력합니다.

Multi_modal_RAG-basic_openSource.ipynb
```
import os
from dotenv import load_dotenv
load_dotenv()
openai_api_key = os.getenv("OPENAI_API_KEY")
```

```
if not openai_api_key:
    raise ValueError("OpenAI API 키가 없습니다. 한번 더 확인 부탁드립니다.")
```

02 GPT 모델을 사용하여 텍스트 및 표를 요약하는 데 필요한 설정입니다. 필요한 라이브러리와 모델을 불러옵니다. ChatOpenAI는 OpenAI의 GPT 모델을 사용하고, OllamaLLM은 Llama 3.1 모델을 사용하기 위한 설정입니다. 또한 `StrOutputParser`는 생성된 요약본을 파싱하는 데 사용됩니다.

Multi_modal_RAG-basic_openSource.ipynb

```python
from langchain_core.output_parsers import StrOutputParser
from langchain_core.prompts import ChatPromptTemplate
from langchain_openai import ChatOpenAI
from langchain_ollama.llms import OllamaLLM
```

03 텍스트 및 표 요약 함수를 생성합니다. `generate_text_summaries` 함수는 텍스트 및 표 데이터를 입력받아 해당 데이터의 요약본을 생성합니다. `texts`와 `tables`는 각각 텍스트 및 표 데이터를 담고 있는 리스트이며, `summarize_texts`는 텍스트를 요약할지 여부를 결정합니다.

Multi_modal_RAG-basic_openSource.ipynb

```python
def generate_text_summaries(texts, tables, summarize_texts=False):
    """
    텍스트 및 표 데이터를 요약하여 검색에 활용할 수 있는 요약본을 생성합니다.
    texts: 텍스트 리스트
    tables: 표 리스트
    summarize_texts: 텍스트 요약을 활성화할지 여부를 결정하는 불리언 값
    """

    # Prompt 영어 버전
    # prompt_text = """You are an assistant tasked with summarizing tables and text for retrieval. \
    # These summaries will be embedded and used to retrieve the raw text or table elements. \
    # Give a concise summary of the table or text that is well optimized for retrieval. Table or text: {element} """
```

```
# Prompt 한국어 버전
prompt_text_kor = """당신은 표와 텍스트를 요약하여 검색에 활용할 수 있도록 돕는 도우미입니다. \n
이 요약본들은 임베딩되어 원본 텍스트나 표 요소를 검색하는 데 사용될 것입니다. \n
주어진 표나 텍스트의 내용을 검색에 최적화된 간결한 요약으로 작성해주세요. 요약할 표 또는 텍스트: {element}"""

prompt = ChatPromptTemplate.from_template(prompt_text_kor)
```

이 코드에서는 한국어와 영어 프롬프트 템플릿 중 하나를 선택하여 사용할 수 있습니다. 기본적으로 한국어 프롬프트를 사용해 텍스트와 표 데이터를 요약하도록 설정되어 있습니다. 그러나 만약 한국어 프롬프트가 예상대로 작동하지 않거나 요약 결과가 부정확하게 나올 경우 주석 처리된 영어 프롬프트로 바꿔서 진행할 수 있습니다. 처음에는 한국어 프롬프트를 사용하여 요약 작업을 진행하고 만약 문제가 발생하면 영어 프롬프트로 변경하여 시도해 보는 것이 좋습니다. 그리고 요약의 정확도나 토크나이저 최적화가 중요한 경우에는 영문 프롬프트로 변경해 보는 것이 좋습니다.

04 다음 코드는 Llama 3.1 모델을 사용하여 텍스트와 표 데이터를 요약하는 체인을 설정하고 있습니다. 요약 체인은 세 가지 요소로 구성됩니다. 프롬프트(prompt), LLM(llamaModel), 그리고 출력 파서(StrOutputParser)입니다. 이 코드는 Llama 3.1 모델을 사용하여 데이터의 요약본을 생성합니다. 프롬프트(prompt)는 앞서 정의한 텍스트 또는 표 요약을 생성하기 위한 지침을 포함하고 있으며, Llama 3.1 모델은 요약을 처리하는 데 사용되는 LLM입니다. 마지막으로 StrOutputParser()는 생성된 요약본을 파싱하여 결과를 반환합니다.

Multi_modal_RAG-basic_openSource.ipynb

```
# 모델: GPT-4o-mini or Llama3.1 모델 사용
# model = ChatOpenAI(temperature=0, model="gpt-4o-mini")
llamaModel = OllamaLLM(model="llama3.1:8b")
summarize_chain = {"element": lambda x: x} | prompt | llamaModel | StrOutputParser()
```

05 Llama 3.1 모델 대신 GPT-4o-mini 모델을 사용할 수도 있습니다. `llamaModel`을 `model`로 변경하면 됩니다. 예를 들어 다음과 같이 GPT-4o-mini 모델을 사용하여 요약 체인을 설정할 수 있습니다.

Multi_modal_RAG-basic_openSource.ipynb
```python
model = ChatOpenAI(temperature=0, model="gpt-4o-mini")
summarize_chain = {"element": lambda x: x} | prompt | model | StrOutputParser()
```

06 텍스트 및 표 요약 결과를 저장할 리스트를 초기화합니다.

Multi_modal_RAG-basic_openSource.ipynb
```python
text_summaries = []
table_summaries = []
```

07 텍스트 데이터가 주어졌고 요약이 활성화된 경우 `summarize_chain`을 통해 텍스트 요약본을 생성합니다. 그렇지 않은 경우, 원본 텍스트 데이터를 그대로 사용합니다. 그리고 `max_concurrency`를 통해 병렬 처리의 최대 개수를 설정할 수 있습니다.

Multi_modal_RAG-basic_openSource.ipynb
```python
# 텍스트 요약을 활성화한 경우
if texts and summarize_texts:
    text_summaries = summarize_chain.batch(texts, {"max_concurrency": 5})
# 텍스트 요약을 사용하지 않는 경우
elif texts:
    text_summaries = texts

# 테이블 데이터 요약
if tables:
    table_summaries = summarize_chain.batch(tables, {"max_concurrency": 5})
```

테이블 데이터가 주어졌을 경우, 테이블 요약본도 같은 방식으로 생성됩니다.

Multi_modal_RAG-basic_openSource.ipynb
```python
return text_summaries, table_summaries
```

08 텍스트 및 테이블 요약본을 생성하고 확인합니다.

```
Multi_modal_RAG-basic_openSource.ipynb

text_summaries, table_summaries = generate_text_summaries(
    texts_2k_token, tables, summarize_texts=True
)
print(text_summaries)
print(table_summaries)
```

이 코드는 `generate_text_summaries` 함수를 호출하여 텍스트 및 테이블 데이터를 요약한 결과를 출력하는 역할을 합니다. 이를 통해 생성된 요약본이 검색에 적합하게 생성되었는지 확인할 수 있습니다. 다만 현재 예제에서는 `table_summaries` 부분이 빈 리스트([ ])로 나올 수 있습니다. 여러분이 직접 다양한 PDF 파일을 사용해 테스트하면서, 각기 다른 요약 결과를 확인해 보길 권합니다. 이를 통해 다양한 형태의 데이터를 요약하는 과정에서 얻는 결과를 비교하고 학습할 수 있습니다.

이미지 요약

이미지 데이터를 처리하기 위해서는 GPT-4 Vision 또는 LLaVA 모델을 사용합니다. 이를 위해 이미지를 Base64 형식으로 인코딩한 후, 모델을 통해 간결한 요약본을 생성합니다.

01 필요한 라이브러리를 불러옵니다. `Base64`는 이미지를 인코딩하고, `requests`는 HTTP 요청을 처리하며, `HumanMessage`는 메시지를 처리하는 데 사용됩니다.

```
Multi_modal_RAG-basic_openSource.ipynb)

import base64
import os
import requests
import json
from langchain_core.messages import HumanMessage
```

02 `encode_image(image_path)` 함수는 주어진 이미지 파일을 Base64 형식으로 인코딩합니다. 이는 이미지 데이터를 텍스트 형식으로 변환하여 전송하거나 저장할 때 사용하는 방식입니다.

```
Multi_modal_RAG-basic_openSource.ipynb

def encode_image(image_path):
    """이미지를 base64 문자열로 변환"""
    with open(image_path, "rb") as image_file:
        return base64.b64encode(image_file.read()).decode("utf-8")
```

03 `image_summarize(img_base64, prompt)` 함수는 OpenAI API를 호출하여 이미지를 요약합니다. 이때 이미지는 **Base64**로 인코딩된 형태로 전달되며, GPT-4 Vision 모델을 사용하여 이미지의 요약본을 생성합니다. 프롬프트는 이미지 설명을 포함하고 있으며 이를 통해 모델이 이미지 요약 작업을 수행할 수 있습니다.

```
Multi_modal_RAG-basic_openSource.ipynb

def image_summarize(img_base64, prompt):
    """이미지 요약 생성"""
    chat = ChatOpenAI(model="gpt-4-vision-preview", max_tokens=1024)

    msg = chat.invoke(
        [
            HumanMessage(
                content=[
                    {"type": "text", "text": prompt},
                    {
                        "type": "image_url",
                        "image_url": {"url": f"data:image/jpeg;base64,{img_base64}"},
                    },
                ]
            )
        ]
    )
    print(msg)
    return msg.content
```

04 이번에는 LLaVA 모델을 사용하여 이미지를 요약해 봅시다. `image_summarize_llava(img_base64, prompt)` 함수는 로컬 서버로 요청을 보내고, 이미지를 Base64로 인코딩한 데이터와 함께 프롬프트를 전달하여 요약을 생성합니다. 결과는 JSON 형식으로 반환됩니다.

```
Multi_modal_RAG-basic_openSource.ipynb

def image_summarize_llava(img_base64, prompt):
    """LLaVA를 사용하여 이미지 요약 생성"""
    payload = {
        "model": "llava:7b",
        "prompt": prompt,
        "images": [img_base64]
    }

    response = requests.post(
        "http://localhost:11434/api/generate", json=payload)


    print("Status Code: ", response.status_code)

    if response.status_code == 200:
        try:
            # 응답을 줄 단위로 처리
            full_response = ""
            for line in response.iter_lines():
                if line:
                    json_line = json.loads(line)
                    if 'response' in json_line:
                        full_response += json_line['response']
            print(full_response)
            return full_response
        except json.JSONDecodeError as e:
            return f"JSON 파싱 오류: {str(e)}\n응답 내용: {response.text}"
    else:
        return f"Error: {response.status_code}, {response.text}"
```

05 `generate_img_summaries(path)` 함수는 주어진 경로 내의 이미지 파일들을 Base64로 인코딩한 후, 각 이미지를 요약하여 리스트로 반환하는 역할을 합니다. 이 함수는 .jpg, .png, .jpeg 확장자를 가진 파일만 처리하며 두 가지 방법을 선택해 이미지 요약을 생성할 수 있습니다. 사용자는 OpenAI GPT-4 Vision 모델 또는 LLaVA 모델 중 하나를 선택해 사용할 수 있습니다.

```
Multi_modal_RAG-basic_openSource.ipynb

def generate_img_summaries(path):
    """
    이미지의 요약과 Base64 인코딩 문자열을 생성
    path: Unstructured에 의해 추출된 .jpg 파일의 경로
    """

    # Base64로 인코딩된 이미지를 저장할 리스트
    img_base64_list = []

    # 이미지 요약을 저장할 리스트
    image_summaries = []

    # Prompt_kor 한국어
    prompt_kor = """You are an assistant tasked with summarizing images for retrieval.
    These summaries will be embedded and used to retrieve the raw image. Provide a
concise summary of the image that is well optimized for retrieval.
    The summary should be written in Korean (Hangul)."""

    # Prompt 영어
    prompt = """You are an assistant tasked with summarizing images for retrieval.
    These summaries will be embedded and used to retrieve the raw image. Provide a
concise summary of the image that is well optimized for retrieval. """
```

또한 이미지 요약을 생성할 때 두 가지 언어 중 하나를 선택할 수 있습니다. 사용자는 `prompt_kor` 변수를 사용해 한국어로 요약을 생성하거나, `prompt` 변수를 사용해 영어로 요약을 생성할 수 있습니다. 요약이 필요한 환경에 따라 적절한 언어를 선택하여 모델에 전달할 수 있습니다.

06 이미지 파일 인코딩 및 요약을 생성합니다.

```
Multi_modal_RAG-basic_openSource.ipynb

    # 주어진 경로에서 파일 목록을 가져와 정렬한 후, 각 파일을 처리합니다.
    for img_file in sorted(os.listdir(path)):

        # 파일이 .jpg, .png, .jpeg 확장자 중 하나일 경우에만 처리합니다.
        if img_file.endswith((".jpg",".png",".jpeg")):

            # 파일의 전체 경로를 생성합니다.
            img_path = os.path.join(path, img_file)
```

```
# 이미지 파일을 Base64로 인코딩하여 문자열로 변환합니다.
base64_image = encode_image(img_path)

# 인코딩된 Base64 문자열을 리스트에 추가합니다.
img_base64_list.append(base64_image)

# LLaVA 모델을 사용하여 이미지 요약을 생성하고 리스트에 추가합니다.
# 또한, openai api의 image_summarize(base64_image, prompt_kor)
를 사용하여 대체할 수도 있습니다.
# 여기서는 한국어로 요약된 결과를 사용하고 있습니다.
        image_summaries.append(image_summarize_llava(base64_image, prompt_kor))
```

사용자는 필요에 따라 다음 두 모델 중 하나를 골라 사용할 수 있습니다. 예를 들어 LLaVA 모델이 더 적합한 경우 이를 사용해 이미지를 요약하고, 만약 Ollama를 통해서 LLaVA 모델이 준비되지 않은 상황이라면 OpenAI API로 대체하여 요약을 생성할 수 있습니다.

- **LLaVA 모델**: image_summarize_llava 함수를 사용해 LLaVA 모델을 호출하여 요약을 생성합니다. 이 경우, http://localhost:11434/api/generate로 요청을 보내고, LLaVA 서버에서 이미지를 처리한 후 요약을 반환합니다.
- **GPT-4 Vision 모델**: image_summarize 함수를 사용해 OpenAI GPT-4 Vision 모델을 호출할 수도 있습니다. 이 방법을 사용하면 OpenAI API를 통해 이미지 요약을 생성할 수 있습니다.

GPT-4 Vision과 LLaVA 모델의 비교

	GPT-4 Vision	LLaVA
개발사	OpenAI	UC Berkeley 등 오픈 소스 커뮤니티
기반 모델	GPT-4 (멀티모달)	LLaMA + CLIP 기반
비용	유료 (OpenAI API 사용 시 과금)	무료 (오픈 소스, 로컬 실행 가능)
API 제공	O (OpenAI API)	X (직접 서버 구성 필요)
성능	매우 높음 (정밀한 분석 및 서술)	중간~보통 (버전에 따라 다름)
장점	- 고정밀 이미지 해석 - 자연스러운 문장 생성 - 다양한 응용 가능	- 오픈 소스 - 무료 사용 가능 - 로컬에서 실행 가능
단점	- 비용 발생 - 모델 자체는 비공개 - 인터넷 필요	- 설명 수준이 단순 - 복잡한 맥락 처리에 한계가 있음

	GPT-4 Vision	LLaVA
이미지 요약 특성	– 복잡한 장면, 레이아웃, 관계 설명 우수 – 인간처럼 자연스러운 설명	– 간단한 개체 인식 및 설명에 적합 – 표현은 다소 직관적
활용 예시	전문 보고서, 논문, UI 해석, 시각장애인 보조 등	데모용 챗봇, 로컬 이미지 분석, 교육용 실습 등

07 이미지 파일들의 Base64 인코딩 리스트와 요약 리스트가 최종적으로 반환됩니다. 이를 통해 각 이미지에 대한 요약본을 얻을 수 있으며, 필요한 경우 검색 또는 분석 목적으로 활용할 수 있습니다.

Multi_modal_RAG-basic_openSource.ipynb
```
return img_base64_list, image_summaries
```

08 JupyterLab에서 확인해 보면 다음 그림처럼 생성되어 있습니다.

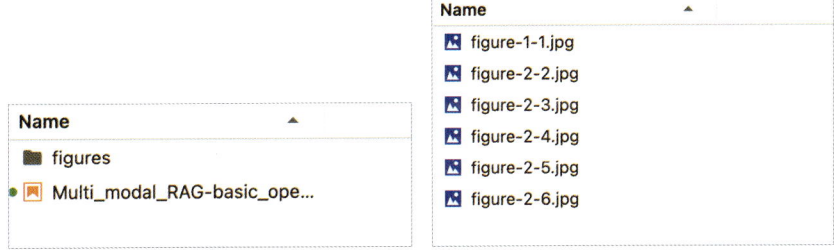

09 현재 디렉터리와 'figures' 폴더의 경로를 설정한 후 해당 디렉터리 내에 저장된 이미지 파일들에 대한 요약을 생성합니다. 이 코드를 실행하면 'figures' 폴더 내의 이미지들이 요약되고 각 이미지의 Base64 인코딩 값과 요약 결과가 리스트로 반환됩니다.

Multi_modal_RAG-basic_openSource.ipynb
```
# 현재 작업 디렉터리 경로를 찾습니다.
current_directory = os.getcwd()

# 현재 디렉터리를 기준으로 'figures' 폴더 경로를 설정합니다.
```

```python
# os.path.dirname를 사용하여 부모 디렉터리를 찾습니다.
figures_directory = os.path.join(current_directory, "figures")

print(figures_directory)

# 이미지 요약 생성
img_base64_list, image_summaries =generate_img_summaries(figures_directory)
len(img_base64_list)
len(image_summaries)
image_summaries[1]
```

10 이미지 요약 결과 예시는 다음과 같습니다.

```
len(img_base64_list)
7

len(image_summaries)
image_summaries[1]
" 이미지는 두 사람과 그들이 잠자는 문서(매뉴)가 있는 화면을 보여주는 것으로, 금융 또는 비즈니스 상황을 시각적으로 나타내는 요소들이 포함되어 있습니다. 문서에는 수익(income)과 부채(debt) 등의 금융 데이터가 표시되어 있으며, 그 아래에는 그래프와 대표적인 경로와 같은 디자인 요소들이 붙어 있습니다. 문서에는 '투명'이라는 글씨가 실제 텍스트로 작성되어 있으며, 그 아래에는 '투명', '재무', '비즈니스' 등의 키워드가 표시되어 있습니다.\n\n이미지의 주요 요소들은 두 사람(한 남자와 한 여성), 매뉴(투명 문서), 금융 데이터, 그래프, 대표적인 경로, 디자인 요소들, 텍스트가 포함됩니다. "
```

이 함수는 이미지 데이터를 효과적으로 인코딩하고, 사용자가 선택한 모델과 언어 프롬프트에 따라 요약을 생성합니다.

다중 벡터 검색기 생성

텍스트, 표, 이미지의 요약본을 색인화하고 검색 시 원본 이미지를 반환하는 다중 벡터 검색기 Multi-Vector Retriever를 생성하는 과정을 알아봅니다. 이 검색기는 다양한 데이터 유형(텍스트, 표, 이미지)을 통합적으로 처리할 수 있는 기능을 제공하여 멀티모달 검색을 가능하게 합니다.

01 검색기를 생성하고 데이터를 색인화하기 위해 필요한 주요 모듈을 임포트합니다.

Multi_modal_RAG-basic_openSource.ipynb
```python
import uuid
from langchain.retrievers.multi_vector import MultiVectorRetriever
```

```python
from langchain.storage import InMemoryStore
from langchain_chroma.vectorstores import Chroma
from langchain_core.documents import Document
from langchain_openai import OpenAIEmbeddings
from langchain_experimental.open_clip import OpenCLIPEmbeddings
```

- **uuid**: 고유 식별자(UUID)를 생성하는 데 사용됩니다. 각 문서에 고유한 ID를 부여합니다.
- **MultiVectorRetriever, InMemoryStore, Chroma, Document**: 벡터 기반 검색기와 관련된 모듈로, 검색 작업과 저장을 수행하는 데 사용됩니다.
- **OpenAIEmbeddings, OpenCLIPEmbeddings**: 각각 텍스트와 이미지를 임베딩하는 데 사용되는 함수입니다. 이번 과정에서는 비용 효율성을 위해 오픈 소스인 `OpenCLIPEmbeddings`를 활용합니다.

02 요약본을 색인화하고 원본 데이터를 반환하는 다중 벡터 검색기 생성 함수를 설정합니다.

Multi_modal_RAG-basic_openSource.ipynb

```python
def create_multi_vector_retriever(
    vectorstore, text_summaries, texts, table_summaries, tables, image_summaries, images
):
    """
    요약된 내용을 인덱싱하지만, 실제 검색 시 원본 이미지를 반환하는 검색기 생성
    """

    # 저장소 초기화
    store = InMemoryStore()
    id_key = "doc_id"

    # 다중 벡터 검색기 생성
    retriever = MultiVectorRetriever(
        vectorstore=vectorstore,
        docstore=store,
        id_key=id_key,
    )

    # 벡터 저장소와 문서 저장소에 문서를 추가하는 헬퍼 함수
    def add_documents(retriever, doc_summaries, doc_contents):
        doc_ids = [str(uuid.uuid4()) for _ in doc_contents]

        summary_docs = [
            Document(page_content=s, metadata={id_key: doc_ids[i]})
```

```
            for i, s in enumerate(doc_summaries)
        ]
        retriever.vectorstore.add_documents(summary_docs)
        retriever.docstore.mset(list(zip(doc_ids, doc_contents)))

    # 텍스트, 테이블, 이미지 추가
    # text_summaries가 비어 있지 않으면 추가
    if text_summaries:
        add_documents(retriever, text_summaries, texts)
    # table_summaries가 비어 있지 않으면 추가
    if table_summaries:
        add_documents(retriever, table_summaries, tables)
    # image_summaries가 비어 있지 않으면 추가
    if image_summaries:
        add_documents(retriever, image_summaries, images)

    return retriever
```

이 함수는 다음과 같은 작업을 수행합니다.

- **저장소 초기화**: InMemoryStore를 사용하여 임시 데이터를 저장할 저장소를 초기화합니다.
- **다중 벡터 검색기 생성**: MultiVectorRetriever를 사용해 텍스트, 표, 이미지의 요약본을 색인화할 검색기를 생성합니다.
- **헬퍼 함수 정의**: add_documents 함수는 요약본을 벡터 저장소와 문서 저장소에 추가합니다. 각 문서는 고유한 doc_id를 부여받고, 요약본과 원본 데이터가 함께 저장됩니다.

03 임베딩 모델을 설정하고 벡터 저장소를 초기화합니다. 이 예제에서는 OpenCLIPEmbeddings를 사용하여 이미지와 텍스트 데이터를 임베딩합니다. Chroma 벡터 저장소는 이러한 임베딩을 저장하고 검색하는 데 사용됩니다.

Multi_modal_RAG-basic_openSource.ipynb
```
# OpenCLIPEmbeddings 모델을 사용한 임베딩 설정
embedding = OpenCLIPEmbeddings()

# 요약본을 인덱싱하는 데 사용할 벡터 저장소 설정
vectorstore = Chroma(
    collection_name="mm_rag_finace", embedding_function=embedding
)
```

04 `create_multi_vector_retriever` 함수를 호출하여 다중 벡터 검색기를 생성합니다.

```
Multi_modal_RAG-basic_openSource.ipynb

retriever_multi_vector_img = create_multi_vector_retriever(
    vectorstore,
    text_summaries,
    texts_2k_token,
    table_summaries,
    tables,
    image_summaries,
    img_base64_list,
)
```

멀티모달 RAG 체인

앞선 단계에서는 텍스트, 표, 이미지의 요약본을 임베딩해 ChromaDB에 저장하고 원본 데이터를 되돌려 주는 다중 벡터 검색기를 구축했습니다. 이제 이 검색기를 LLM과 결합해 검색된 멀티모달 근거를 실시간으로 활용하는 멀티모달 RAG 체인을 만들고, 이를 통해 한국어로 투자 조언을 생성하는 전 과정을 살펴보겠습니다.

01 필요한 모듈을 임포트합니다.

```
Multi_modal_RAG-basic_openSource.ipynb

import io
import re
from IPython.display import HTML, display
from langchain_core.runnables import RunnableLambda, RunnablePassthrough
from langchain.prompts import ChatPromptTemplate
from PIL import Image
```

- **io**: 입출력 작업을 지원하는 모듈. 이 모듈은 파일이나 메모리에서 데이터를 읽고 쓰는 작업을 처리합니다. 특히, BytesIO는 메모리 상에서 바이트 기반 데이터를 읽고 쓰는 데 사용되며, 이미지 데이터를 처리할 때 매우 유용합니다.
- **re**: 문자열 패턴 매칭을 위한 정규 표현식 처리 모듈. 정규 표현식을 사용하여 문자열을 패턴에 맞게 처리합니다. Base64로 인코딩된 이미지 데이터를 확인하거나 다른 문자열 패턴을 인식할 때 사용됩니다.

- **IPython.display**: Jupyter 노트북 환경에서 이미지, HTML, 미디어 파일을 출력하는 데 사용. Jupyter 환경에서 시각적 요소(이미지, HTML 등)를 렌더링하여 보여주는 기능을 제공합니다. 이를 통해 노트북에서 이미지 또는 HTML 콘텐츠를 바로 확인할 수 있습니다.
- **langchain_core.runnables**: 체인에서 실행 가능한 작업을 정의하는 모듈. 실행 가능한 함수 또는 객체를 정의하고, 이를 체인에 추가하여 처리하는 기능을 제공합니다. 멀티모달 RAG 체인에서 데이터를 처리하거나 실행 가능한 작업들을 연결할 때 사용됩니다.
- **langchain.prompts**: 프롬프트 템플릿을 생성하는 모듈. 다양한 사용자 입력을 바탕으로 LLM과 상호작용할 수 있는 프롬프트 템플릿을 생성합니다. 이 모듈은 모델에 전달할 질문이나 작업 지시를 효율적으로 정의하는 데 사용됩니다.
- **PIL.Image**: 이미지 처리 라이브러리. Python Imaging Library(PIL)를 통해 이미지를 열고 크기 조정, 변환, 저장 등의 작업을 수행합니다. 이미지 데이터를 메모리 상에서 처리하거나 이를 변환하는 작업에 사용됩니다.

02 이미지를 처리하기 위한 여러 함수들을 정의합니다. 이미지가 Base64 형식으로 인코딩되어 있는지 확인하고, 필요에 따라 이미지를 리사이즈한 후 다시 Base64로 변환합니다. `lt_img_base64(img_base64)` 함수는 Base64로 인코딩된 이미지 문자열을 HTML 태그로 변환하여 Jupyter 노트북 내에서 시각적으로 표시합니다.

Multi_modal_RAG-basic_openSource.ipynb
```python
def plt_img_base64(img_base64):
    """base64로 인코딩된 문자열을 이미지로 표시"""
    # Base64 문자열을 소스로 하는 HTML img 태그 생성
    image_html = f'<img src="data:image/jpeg;base64,{img_base64}" />'
    # HTML을 렌더링하여 이미지를 표시
    display(HTML(image_html))
```

03 입력된 문자열이 Base64 형식인지 판별하기 위해 `looks_like_base64` 함수를 사용합니다.

Multi_modal_RAG-basic_openSource.ipynb
```python
def looks_like_base64(sb):
    """문자열이 base64 형식인지 확인"""
    return re.match("^[A-Za-z0-9+/]+[=]{0,2}$", sb) is not None
```

04 Base64 형식의 데이터가 이미지 데이터가 맞는지 **is_image_data** 함수를 사용해 확인합니다. 이미지 파일의 시그니처를 기반으로 이를 확인합니다.

Multi_modal_RAG-basic_openSource.ipynb

```python
def is_image_data(b64data):
    """
    base64 데이터가 이미지인지 확인 (데이터 시작 부분을 검사)
    """
    image_signatures = {
        b"\xff\xd8\xff": "jpg",
        b"\x89\x50\x4e\x47\x0d\x0a\x1a\x0a": "png",
        b"\x47\x49\x46\x38": "gif",
        b"\x52\x49\x46\x46": "webp",
    }
    try:
        header = base64.b64decode(b64data)[:8]
        for sig, format in image_signatures.items():
            if header.startswith(sig):
                return True
        return False
    except Exception:
        return False
```

05 이미지를 주어진 크기로 리사이즈하고, 다시 Base64로 변환하여 반환합니다. 이는 이미지 크기를 줄여 저장 공간을 줄이거나 네트워크 전송 시간을 단축하는 데 유용합니다.

Multi_modal_RAG-basic_openSource.ipynb

```python
def resize_base64_image(base64_string, size=(128, 128)):
    """
    Base64로 인코딩된 이미지를 크기 조정
    """
    # Base64 문자열을 디코딩
    img_data = base64.b64decode(base64_string)
    img = Image.open(io.BytesIO(img_data))

    # 이미지 크기 조정
    resized_img = img.resize(size, Image.LANCZOS)

    # 크기 조정된 이미지를 bytes 버퍼에 저장
```

```
        buffered = io.BytesIO()
        resized_img.save(buffered, format=img.format)

        # 크기 조정된 이미지를 Base64로 인코딩
        return base64.b64encode(buffered.getvalue()).decode("utf-8")
```

06 주어진 docs에서 Base64로 인코딩된 이미지와 텍스트 데이터를 분리하여 처리합니다. 이미지 데이터는 크기를 조정한 후 리스트에 저장하고 텍스트 데이터는 그대로 텍스트 리스트에 저장합니다. 이를 통해 이미지와 텍스트 데이터를 따로 다룰 수 있게 합니다.

Multi_modal_RAG-basic_openSource.ipynb
```
def split_image_text_types(docs):
    """
    Base64로 인코딩된 이미지를 크기 조정
    """
    b64_images = []
    texts = []
    for doc in docs:
        # 문서 유형이 Document일 경우 page_content 추출
        if isinstance(doc, Document):
            doc = doc.page_content
        if looks_like_base64(doc) and is_image_data(doc):
            doc = resize_base64_image(doc, size=(1300, 600))
            b64_images.append(doc)
        else:
            texts.append(doc)
    return {"images": b64_images, "texts": texts}

split_image_text_types():
```

07 투자 조언을 제공하는 멀티모달 분석을 위한 프롬프트 메시지를 생성합니다. `def img_prompt_func(data_dict)` 함수는 이미지와 텍스트 데이터를 포함한 `data_dict`을 받아 이를 바탕으로 프롬프트를 구성하여 투자 분석을 요청하는 메시지를 반환합니다. 여기서는 이미지와 텍스트가 함께 제공될 수 있으며 해당 데이터를 프롬프트로 변환하여 LLM이 처리할 수 있도록 합니다.

Multi_modal_RAG-basic_openSource.ipynb

```python
def img_prompt_func(data_dict):
    """
    주어진 맥락을 하나의 문자열로 결합하여 처리
    """
    formatted_texts = "\n".join(data_dict["context"]["texts"])
    messages = []

    # 이미지가 있는 경우 메시지에 추가
    if data_dict["context"]["images"]:
        for image in data_dict["context"]["images"]:
            image_message = {
                "type": "image_url",
                "image_url": {"url": f"data:image/jpeg;base64,{image}"},
            }
            messages.append(image_message)

    # 분석할 텍스트 추가
    text_message = {
        "type": "text",
        "text": (
            "You are financial analyst tasking with providing investment advice.\n"
            "You will be given a mixed of text, tables, and image(s) usually of charts or graphs.\n"
            "Use this information to provide investment advice related to the user question. \n"
            f"User-provided question: {data_dict['question']}\n\n"
            "Text and / or tables:\n"
            f"{formatted_texts}\n\n"
            "Please provide the final answer in Korean(hangul)."
        ),
    }
    messages.append(text_message)
    return [HumanMessage(content=messages)]
```

08 멀티모달 RAG 체인을 구성합니다. 텍스트와 이미지가 섞인 입력을 처리해서 질문에 답변할 수 있는 파이프라인을 만듭니다.

```
Multi_modal_RAG-basic_openSource.ipynb
def multi_modal_rag_chain(retriever):
    """
    다중 모드 RAG 체인 생성
    """

    # 다중 모드 LLM 설정
    model = ChatOpenAI(temperature=0, model="gpt-4-vision-preview", max_tokens=1024)
    llava_model = OllamaLLM(model="llava:7b")
    # RAG 파이프라인 설정
    chain = (
        {
            "context": retriever | RunnableLambda(split_image_text_types),
            "question": RunnablePassthrough(),
        }
        | RunnableLambda(img_prompt_func)
        | llava_model # model
        | StrOutputParser()
    )

    return chain
```

- **context**: 데이터를 처리하는 핵심 요소입니다. retriever는 검색된 데이터를 가져오며, 이 데이터는 텍스트와 이미지로 이루어져 있을 수 있습니다. 이 데이터를 RunnableLambda(split_image_text_types)를 통해 텍스트와 이미지로 각각 분리합니다.
  - split_image_text_types: 이 함수는 Base64로 인코딩된 이미지 데이터를 처리하고 텍스트와 이미지를 별도의 필드로 분리합니다. 이렇게 분리된 데이터는 이후 LLM으로 전달됩니다.
- **question**: 사용자가 입력한 질문을 직접 전달합니다. 여기서 RunnablePassthrough()는 사용자가 제공한 질문을 그대로 전달하는 역할을 합니다. 질문은 LLM에 의해 분석되며 최종 답변을 생성하는 데 사용됩니다.
- **img_prompt_func**: 텍스트와 이미지를 분석하기 위한 프롬프트를 생성하는 역할을 합니다. 텍스트와 이미지가 결합된 데이터를 LLM이 이해할 수 있도록 적절한 형식의 프롬프트로 변환합니다. 프롬프트는 사용자의 질문, 이미지, 그리고 추가 텍스트 정보들을 포함합니다.
- **llava_model**: 최종적으로 프롬프트를 받은 LLaVA 모델은 텍스트와 이미지 데이터를 기반으로 답변을 생성합니다. 모델은 주어진 질문과 데이터를 바탕으로 적절한 응답을 생성하며, 사용자는 분석된 결과를 받을 수 있습니다.
- **def multi_modal_rag_chain( )**: 텍스트, 이미지, 표 등의 데이터를 분석하기 위해 멀티모달 RAG 체인을 생성하는 함수입니다. RAG 체인은 다양한 형식의 데이터를 기반으로 추가적인 정보 검색 및 응답 생성을 처리하는데 사용됩니다. 이 함수는 GPT-4 Vision 또는 LLaVA 모델을 사용하여, 텍스트와 이미지 데이터를 처리하고 분석된 결과를 반환합니다.

영어를 한국어로 변환하는 RAG 체인

01 영어 텍스트를 한국어로 번역하기 위한 RAG 체인을 구성해 봅시다.

```
Multi_modal_RAG-basic_openSource.ipynb

def korean_convert_rag():
    """
    영어 텍스트를 한국어로 변환하는 RAG 체인
    """
# model = ChatOpenAI(model="gpt-3.5-turbo",temperature=0)
    llamaModel = OllamaLLM(model="llama3.1:8b")

    # 프롬프트 템플릿 설정
    prompt = ChatPromptTemplate.from_messages([
        ("system", "You are a helpful assistant that translates English to Korean."),
        ("human", "Translate the following English text to Korean: {english_text}")
    ])

    # RAG 파이프라인 설정
    chain = (
        {"english_text": RunnablePassthrough()}
        | prompt
        | llamaModel # 또는 다른 모델 사용 가능
        | StrOutputParser()
    )

    return chain
```

- **llamaModel = OllamaLLM(model="llama3.1:8b")**: 여기서는 open-source LLM 중 하나인 LLaMA 3.1을 사용하여 영어에서 한국어로 번역을 수행합니다. 기본적으로 비용을 절감할 수 있는 오픈 소스 모델을 사용하도록 설정되어 있습니다. llamaModel은 다른 모델로 쉽게 대체할 수 있으며, 만약 성능이 더 우수한 모델이 필요할 경우 GPT-4나 GPT-3.5와 같은 OpenAI 모델을 선택할 수 있습니다.
- **"system" 메시지**: LLM에게 주어진 역할을 설명하는 메시지로 영어 텍스트를 한국어로 번역하는 도우미 역할을 명확히 지시합니다.
- **"human" 메시지**: 번역할 텍스트가 담길 자리로 사용자가 입력한 영어 텍스트를 전달받아 번역 작업을 진행합니다.
- **RunnablePassthrough()**: english_text는 사용자가 입력한 영어 텍스트를 그대로 LLM에 전달합니다.
- **번역 작업**: 전달된 텍스트는 앞서 설정한 프롬프트와 함께 LLaMA 모델을 통해 번역됩니다.
- **결과 처리**: 번역된 결과는 StrOutputParser()를 통해 처리되며, 사용자가 이해할 수 있는 최종 한국어 텍스트로 반환됩니다.

02 체인을 생성하고 결합합니다.

```
Multi_modal_RAG-basic_openSource.ipynb
# RAG 체인 생성
chain_multimodal_rag = multi_modal_rag_chain(retriever_multi_vector_img)

# openSource model 사용 시 답변이 영어로 나온다면 korean_convert_rag 체인을 생성하여 RAG 진행
korean_convert_rag = korean_convert_rag()
final_multimodal_rag = chain_multimodal_rag | korean_convert_rag
```

- **RAG 체인 생성**: 먼저 멀티모달 RAG 체인을 생성하여 텍스트, 이미지, 표 데이터를 처리할 준비를 합니다. 이 체인은 사용자가 입력한 질문에 대한 답변을 한국어나 영어로 생성하게 됩니다.
- **번역 체인 결합**: 생성된 RAG 체인이 영어로 답변을 반환하는 경우 이 답변을 한국어로 변환하기 위해 `korean_convert_rag()` 함수를 호출합니다. 이렇게 두 체인을 결합하여 `final_multimodal_rag`가 완성됩니다.

조회 결과 확인 및 RAG 체인 실행

다음 코드는 사용자가 입력한 질문과 관련한 이미지를 검색하고, 이를 기반으로 RAG 체인을 통해 종합적인 답변을 생성하는 흐름을 다룹니다. 단계별로 어떻게 동작하는지 살펴보겠습니다.

01 먼저 사용자가 입력한 질의에 관련해 검색된 이미지를 반환하고 그 이미지를 표시하는 과정을 구현합니다.

```
Multi_modal_RAG-basic_openSource.ipynb
query = "주가변동률과 가장 관련 있는 자료를 찾아줘"
docs = retriever_multi_vector_img.invoke(query)
# 반환된 결과 개수 확인
len(docs)
# 첫 번째 문서를 이미지로 표시합니다.
plt_img_base64(docs[0])
```

- **retriever_multi_vector_img.invoke(query)**: 다중 벡터 검색기를 사용하여 질문과 관련된 이미지를 검색합니다. 텍스트, 표, 이미지의 요약본을 인덱싱하고 주어진 질의와의 유사도를 기반으로 관련 이미지를 반환합니다.

- **plt_img_base64(docs[0])**: Base64로 인코딩된 이미지 문자열을 HTML 태그로 변환하여 Jupyter 노트북 내에서 시각적으로 표시합니다.

02 검색된 이미지와 저장된 이미지가 질문과 연관성이 있는지 확인하는 과정입니다. 특히 저장된 이미지와 검색된 이미지의 일관성을 확인하고 이미지 요약이 질문과 어떤 관련이 있는지 검증합니다.

Multi_modal_RAG-basic_openSource.ipynb

```
# 저장된 이미지 확인
plt_img_base64(img_base64_list[3])

# 해당 이미지의 요약 확인
image_summaries[3]
```

- **plt_img_base64(img_base64_list[3])**: 저장된 이미지를 표시합니다. 이 과정은 실제 검색된 이미지가 데이터베이스에 저장된 이미지와 일치하는지 검증하는 데 사용됩니다.
- **image_summaries[3]**: 해당 이미지의 요약 내용을 확인하여, 이미지가 질문에 얼마나 관련 있는지 판단합니다.

03 이제 종합적인 답변을 제공하기 위해 멀티모달 RAG 체인을 실행합니다. RAG는 텍스트와 이미지 데이터를 모두 활용하여 최적의 답변을 생성하는 역할을 합니다.

Multi_modal_RAG-basic_openSource.ipynb

```
query = "코스피와 관련된 전망을 종합적으로 알려줘"
chain_multimodal_rag.invoke(query)
```

- **chain_multimodal_rag.invoke(query)**: 멀티모달 RAG 체인을 실행하여 사용자가 입력한 질문에 대한 종합적인 답변을 생성합니다. RAG는 텍스트, 표, 이미지 데이터를 함께 분석하여 답변을 생성합니다.

04 만약 오픈 소스 모델을 사용하여 답변이 영어로 반환되었다면, 영어로 생성된 답변을 한국어로 변환하는 체인까지 포함하여 최종적으로 한국어로 된 답변을 제공합니다.

Multi_modal_RAG-basic_openSource.ipynb

```
final_multimodal_rag.invoke(query)
```

- **final_multimodal_rag.invoke(query)**: 멀티모달 RAG 체인과 번역 체인을 결합한 최종 체인을 실행합니다. 이 체인은 RAG 체인에서 생성된 영어 답변을 한국어로 번역하여 최종적으로 한국어로 제공됩니다.

해당 코드는 다음 사항들을 고려해야 합니다.

- **조회**: 이미지를 조회할 때, 이미지 요약 및 텍스트 조각과의 유사성을 기반으로 조회가 수행됩니다. 텍스트 데이터가 많을 경우 이미지 조회가 실패할 가능성이 있으므로 이미지와 텍스트 데이터를 균형 있게 구성하는 것이 중요합니다.
- **이미지 크기**: 답변의 품질은 이미지 크기에 민감합니다. 적절한 크기의 이미지를 사용해야 하며, 너무 큰 이미지나 작은 이미지는 답변의 정확성에 영향을 미칠 수 있습니다.

05 최종 실행 결과는 다음과 같습니다.

> **결과**
>
> 'Here is the translation:\n\n코스피 관련 전망은 아래와 같습니다.\n\n1. 시장 전망: 국내 기업의 경영성과 정책적 지원, 세계적 경제 회복 및 기술 혁신이 있을 것으로 예상됩니다.\n2. 재무 전망: 국내 기업들의 실적적인 성과와 투자자 수입 제도, 세계적 경제 회복 및 기술 혁신에 따라 재무 전망은 긍정적이며 저축률의 대부분이 예상됩니다.\n3. 기업 전망: 국내 기업들의 경영력과 제품/서비스 제공을 바탕으로 성장하는 것으로 예상됩니다.\n4. 자산 관리 전망: 코스피 기업들의 주식 및 국내 기업의 경영력과 세계적 경제 회복 및 기술 혁신으로 인해 자산 관리 전망은 상대적으로 긍정적이며, 저축률의 대부분이 예상됩니다.\n\n이러한 전망은 불확실성과 시장 변동에 따라 수정될 수 있습니다. 투자자는 고객의 개개인적인 경험, 주식 및 기업의 특정 상황을 고려하여 자신에게 적절한 투기 전망과 관련된 고객사항에 대해 직접 상담을 받아야 합니다.\n\nNote: I translated "투기" as "투기" which means speculation or investment in general. If you want to be more specific, it could also be translated as "주식 투기" (stock market investing). Let me know if you need any further clarification!'

PDF 파일 내 텍스트, 표, 이미지 데이터를 분석하고 이를 바탕으로 멀티모달 RAG 체인을 생성하여 종합적인 답변을 제공하는 과정을 다뤘습니다. PDF에서 추출된 데이터를 텍스트 요약, 표 요약, 이미지 요약을 통해 사용자의 질문에 맞는 데이터를 검색하며 최종적으로 RAG 체인을 활용해 이 정보를 종합하여 답변을 생성합니다. 또한 생성된 답변이 영어일 경우 자동으로 한국어로 번역하여 사용자에게 제공할 수 있는 흐름을 구성했습니다. 이를 통해 사용자는 텍스트뿐만 아니라 이미지와 표와 같은 다양한 형식의 데이터를 효과적으로 분석하여 원하는 정보를 정확하게 얻을 수 있습니다.

15 FashionRAG: 이미지 기반 스타일링 어시스턴트

패션 관련 데이터를 다루는 멀티모달 RAG 어시스턴트인 FashionRAG의 구현을 알아봅니다. FashionRAG는 패션 관련 이미지와 텍스트를 활용해 사용자에게 스타일링 조언을 제공하는 시스템입니다. 이 시스템은 이미지 데이터셋을 로드하고, ChromaDB를 통해 벡터 기반의 이미지 검색을 수행하며 멀티모달 기능이 있는 GPT-4o 또는 GPT-4o-mini 모델을 활용해 텍스트와 이미지를 결합한 종합적인 패션 스타일링 추천 답변을 생성합니다.

| 학습 목표

패션 이미지와 텍스트를 벡터화하여 검색하고, GPT-4o 등의 모델을 활용해 이미지 기반 스타일링 조언을 생성하는 전체 흐름을 학습합니다.

| 핵심 키워드

- ChromaDB
- HuggingFace Fashionpedia 데이터셋

FashionRAG 시스템 이해

FashionRAG는 패션 데이터를 기반으로 사용자의 질문에 답변하는 멀티모달 시스템입니다. 이 시스템은 다음 두 가지 주요 기능을 수행합니다.

① **패션 이미지를 벡터 데이터베이스에 저장**: Fashionpedia와 같은 패션 데이터셋에서 이미지를 불러와 이를 벡터 형식으로 변환한 후 ChromaDB라는 벡터 데이터베이스에 저장합니다. 이미지를 벡터로 변환함으로써 이미지 간의 유사성을 계산할 수 있으며, 사용자가 입력한 질문에 적합한 이미지를 빠르고 정확하게 검색할 수 있습니다. 이 과정은 다음과 같은 세부 단계를 포함합니다.

- **데이터셋 불러오기 및 저장**: 허깅페이스의 datasets 라이브러리를 사용해 패션 데이터셋(Fashionpedia)을 로드하고, 이미지를 로컬 디스크에 저장합니다.
- **이미지 벡터화**: 각 이미지를 OpenCLIPEmbeddingFunction을 사용해 벡터로 변환합니다. 이 벡터는 이미지의 시각적 특징을 수치적으로 표현한 데이터로, ChromaDB에 저장되어 검색에 사용됩니다.
- **ChromaDB 설정 및 이미지 추가**: 벡터화된 이미지를 ChromaDB에 저장하고, 각 이미지에 고유한 ID와 경로(URI)를 부여합니다. 이렇게 저장된 이미지는 나중에 사용자의 질문과 연관된 이미지 검색에 활용됩니다.

② **이미지 검색 및 스타일링 조언 제공**: 사용자가 질문을 입력하면 시스템은 이를 바탕으로 벡터 데이터베이스에서 유사한 이미지를 검색하고, 해당 이미지를 기반으로 스타일링 조언을 제공합니다. 이 과정은 다음과 같이 이루어집니다.

- **사용자 질문 분석**: 사용자가 입력한 질문을 분석하고, 이를 통해 관련 패션 이미지를 찾기 위한 쿼리를 생성합니다.
- **이미지 검색**: 사용자의 질문에 따라 가장 유사한 이미지를 벡터 데이터베이스에서 검색합니다. 벡터 데이터베이스는 이미지의 시각적 유사성을 바탕으로 검색 결과를 반환합니다.
- **이미지 기반 스타일링 조언**: 검색된 이미지를 GPT-4o 또는 GPT-4o-mini와 같은 대형 언어 모델(LLM)에 입력하여, 이미지에 포함된 정보와 사용자의 질문을 조합해 스타일링 조언을 제공합니다. 이때, 모델은 이미지의 특정 부분을 참조하면서 패션 스타일에 대한 구체적인 아이디어를 제공합니다. 결과는 자연스러운 대화 형식으로 표현됩니다.
- **답변 번역 및 제공**: FashionRAG는 기본적으로 영어로 작동하기 때문에, 영어로 생성된 스타일링 조언을 한국어로 번역한 후 사용자가 이해할 수 있는 형태로 출력합니다.

이 두 가지 주요 기능은 FashionRAG가 패션 이미지를 효율적으로 관리하고 이를 바탕으로 사용자가 원하는 스타일링 조언을 제공하는 핵심적인 요소입니다.

Fashionpedia 데이터셋 로드

01 FashionRAG의 여러 모듈과 기능을 구현하는 데 필요한 패키지를 설치하겠습니다. ChromaDB는 이미지 데이터베이스를 관리하고, OpenAI와 랭체인 관련 패키지는 모델과 상호작용하며, datasets는 허깅페이스[HuggingFace]에서 Fashionpedia 데이터셋을 로드하는 데 사용됩니다.

명령어

```
pip install chromadb openai datasets langchain-core langchain-openai python-dotenv open-clip-torch
```

02 FashionRAG를 구축하는 데 필요한 모든 라이브러리를 불러옵니다.

langchain-fashion-multimodal-script.py

```python
import os
from dotenv import load_dotenv
import chromadb
import base64
from chromadb.utils.embedding_functions import OpenCLIPEmbeddingFunction
from chromadb.utils.data_loaders import ImageLoader
from datasets import load_dataset
from langchain_openai import ChatOpenAI
from langchain_core.prompts import ChatPromptTemplate
from langchain_core.output_parsers import StrOutputParser
```

각 라이브러리의 역할은 다음과 같습니다.

- **chromadb**: ChromaDB 벡터 데이터베이스를 관리하는 데 사용되며 이미지 데이터를 처리하고 검색합니다.
- **datasets**: 허깅페이스의 datasets 모듈로, FashionRAG에서 사용될 패션 데이터를 불러옵니다.
- **langchain_openai**: OpenAI API와의 상호작용을 위한 모듈로, 패션 관련 질문에 대해 GPT 모델을 사용해 답변을 생성합니다.
- **langchain_core.prompts**: 사용자로부터 입력받은 질문을 처리하고, 모델에 전달할 프롬프트를 생성합니다.
- **langchain_core.output_parsers**: 모델이 생성한 답변을 파싱하는 데 사용됩니다.

03 FashionRAG는 OpenAI API를 사용하여 GPT 모델을 호출하므로, OpenAI API Key 가 필요합니다. **.env** 파일에서 API 키를 불러오고, 환경 변수를 통해 API 키를 설정합니다. .env 파일에서 **OPENAI_API_KEY**를 가져와 환경 변수로 설정합니다. API 키가 설정되지 않았을 경우, 오류 메시지를 출력합니다.

langchain-fashion-multimodal-script.py

```python
# .env 파일에서 환경 변수 로드
load_dotenv()

# 환경 변수에서 OpenAI API 키 가져오기
OPENAI_API_KEY = os.getenv("OPENAI_API_KEY")

# API 키가 설정되지 않았을 경우 에러 설정
if not OPENAI_API_KEY:
    raise ValueError(".env 파일에 OPENAI_API_KEY가 설정되지 않았습니다.")

# OpenAI API 키 설정 (환경 변수 사용 권장)
os.environ["OPENAI_API_KEY"] = OPENAI_API_KEY
```

04 FashionRAG는 패션 관련 데이터를 처리하기 위해 **Fashionpedia** 데이터셋을 사용합니다. 이 데이터셋을 허깅페이스의 **datasets** 모듈을 통해 불러오고, 데이터를 저장할 폴더를 생성한 후, 해당 폴더에 이미지를 저장하는 기능을 구현합니다. `setup_dataset()` 함수는 Fashionpedia 데이터셋을 불러오고, 이미지를 저장할 폴더를 생성합니다.

langchain-fashion-multimodal-script.py

```python
# 스크립트 파일의 디렉터리 경로를 가져옵니다.
SCRIPT_DIR = os.path.dirname(os.path.abspath(__file__))

# 데이터셋을 설정하는 함수
def setup_dataset():
    # 패션 관련 데이터셋 불러오기
    dataset = load_dataset("detection-datasets/fashionpedia")
    # 데이터셋을 저장할 폴더 경로 설정
    dataset_folder = os.path.join(SCRIPT_DIR, 'fashion_dataset')
    # 폴더가 없으면 생성
    os.makedirs(dataset_folder, exist_ok=True)
    return dataset, dataset_folder
```

05 데이터셋에 포함된 이미지들을 로컬 폴더에 저장하는 코드를 작성합니다. save_images() 함수는 Fashionpedia 데이터셋의 이미지들을 지정된 폴더에 저장하는 기능을 담당합니다. 기본적으로 500개의 이미지를 저장하도록 설정되어 있습니다.

langchain-fashion-multimodal-script.py
```python
def save_images(dataset, dataset_folder, num_images=500):
    # 주어진 수의 이미지를 저장
    for i in range(num_images):
        image = dataset['train'][i]['image']
        image.save(os.path.join(dataset_folder, f'image_{i+1}.png'))
    print(f"Saved {num_images} images to {dataset_folder}")
```

06 FashionRAG는 이미지 벡터를 저장하고, 사용자가 입력한 질문에 맞는 이미지를 검색하기 위해 ChromaDB를 사용합니다. 다음 코드는 데이터베이스를 설정하고 이미지를 추가하는 과정입니다. setup_chroma_db() 함수는 **ChromaDB** 벡터 데이터베이스를 설정하고, 이미지를 처리할 로더 및 임베딩 함수를 초기화합니다. add_images_to_db() 함수는 로컬 폴더에서 PNG 파일을 읽어와, ChromaDB에 ID와 경로(URI)를 저장하는 기능을 수행합니다.

langchain-fashion-multimodal-script.py
```python
def setup_chroma_db():
    # 벡터 데이터베이스 저장 경로 설정
    vdb_path = os.path.join(SCRIPT_DIR, 'img_vdb')
    # Chroma 클라이언트 초기화
    chroma_client = chromadb.PersistentClient(path=vdb_path)
    # 이미지 로더 및 OpenCLIP 임베딩 함수 설정
    image_loader = ImageLoader()
    CLIP = OpenCLIPEmbeddingFunction()
    # 이미지 데이터베이스 생성 또는 가져오기
    image_vdb = chroma_client.get_or_create_collection(
        name="image", embedding_function=CLIP, data_loader=image_loader)
    return image_vdb

# 이미지를 데이터베이스에 추가하는 함수
def add_images_to_db(image_vdb, dataset_folder):
    ids = []
```

```
    uris = []
    # 폴더에서 이미지를 읽어와서 데이터베이스에 추가
    for i, filename in enumerate(sorted(os.listdir(dataset_folder))):
        if filename.endswith('.png'):
            file_path = os.path.join(dataset_folder, filename)
            ids.append(str(i))
            uris.append(file_path)
    image_vdb.add(ids=ids, uris=uris)
    print("이미지가 데이터베이스에 추가되었습니다.")
```

07 사용자가 입력한 질문을 바탕으로 데이터베이스에서 가장 관련성이 높은 이미지를 검색하고, 그 결과를 출력하는 기능을 구현합니다. `query_db()` 함수는 쿼리된 질문에 대해 가장 유사한 이미지 2개를 검색합니다. 그리고 `print_results()` 함수는 검색된 이미지의 ID, 경로, 유사도를 출력합니다.

langchain-fashion-multimodal-script.py

```python
# 데이터베이스에서 쿼리를 실행하는 함수
def query_db(image_vdb, query, results=2):
    # 주어진 쿼리를 실행하고, 상위 결과 반환
    return image_vdb.query(
        query_texts=[query],
        n_results=results,
        include=['uris', 'distances'])

# 결과를 출력하는 함수
def print_results(results):
    for idx, uri in enumerate(results['uris'][0]):
        print(f"ID: {results['ids'][0][idx]}")
        print(f"Distance: {results['distances'][0][idx]}")
        print(f"Path: {uri}")
        print("\n")
```

08 OpenAI의 GPT 모델을 사용하여 사용자의 질문을 영어로 번역하고, 다시 한국어로 변환하는 기능을 추가합니다. `translate()` 함수는 사용자가 입력한 질문을 영어로 번역하거나 영어로 답변된 내용을 한국어로 변환합니다.

```
langchain-fashion-multimodal-script.py
def translate(text, target_lang):
    # OpenAI의 ChatGPT 모델을 사용하여 번역
    translation_model = ChatOpenAI(model="gpt-3.5-turbo", temperature=0.0)
    # 번역에 사용할 프롬프트 생성
    translation_prompt = ChatPromptTemplate.from_messages([
        ("system", f"You are a translator. Translate the following text to {target_lang}."),
        ("user", "{text}")
    ])
    # 번역 체인 설정
    translation_chain = translation_prompt | translation_model | StrOutputParser()
    # 번역 결과 반환
    return translation_chain.invoke({"text": text})
```

09 setup_vision_chain() 함수는 GPT-4o 또는 GPT-4o-mini 모델을 사용하여 이미지를 기반으로 패션 및 스타일링 조언을 제공하는 비전 체인을 설정합니다. 이 체인은 사용자가 입력한 질문에 대한 답변을 생성할 때 이미지를 텍스트와 함께 분석하고, 사용자의 요청에 맞는 패션 조언을 제공합니다.

```
langchain-fashion-multimodal-script.py
# 시각적 정보를 처리하는 체인을 설정하는 함수
def setup_vision_chain():
    # GPT-4 모델을 사용하여 시각적 정보를 처리 gpt-4o or gpt-4o-mini 모델선택
    gpt4 = ChatOpenAI(model="gpt-4o-mini", temperature=0.0)
    parser = StrOutputParser()
    image_prompt = ChatPromptTemplate.from_messages([
        ("system", "You are a helpful fashion and styling assistant. Answer the user's question using the given image context with direct references to parts of the images provided. Maintain a more conversational tone, don't make too many lists. Use markdown formatting for highlights, emphasis, and structure."),
        ("user", [
            {"type": "text", "text": "What are some ideas for styling {user_query}"},
            {"type": "image_url", "image_url": "data:image/jpeg;base64,{image_data_1}"},
            {"type": "image_url", "image_url": "data:image/jpeg;base64,{image_data_2}"},
        ]),
    ])
    # 프롬프트, 모델, 파서 체인을 반환
    return image_prompt | gpt4 | parser
```

`image_prompt` 생성 부분에서 `ChatPromptTemplate` 클래스를 사용하여 모델에 전달할 프롬프트를 정의합니다. 이 프롬프트는 두 가지 주요 요소로 구성됩니다.

- **시스템 메시지**: 모델의 역할과 대화 스타일을 설정합니다. 이 프롬프트에서는 모델이 '패션 및 스타일링 어시스턴트'로서, 사용자의 질문에 대해 도움을 주는 역할을 맡습니다. 답변을 작성할 때는 사용자의 질문과 제공된 이미지에 대한 직접적인 참조를 포함하고 리스트 형식을 피하며, 보다 대화체로 답변하도록 요구합니다. 또한 강조하거나 구조화할 때는 마크다운 형식을 사용하도록 설정합니다.
- **사용자 메시지**: 사용자가 입력한 질문 및 이미지 데이터를 포함합니다. 예를 들어, 'What are some ideas for styling {user_query}'"라는 질문과 함께 두 개의 이미지가 포함됩니다. 이미지는 Base64 형식으로 인코딩되어 image_data_1과 image_data_2로 제공됩니다.
- **return image_prompt|gpt4|parser**: 프롬프트와 모델, 그리고 파서를 체인으로 연결합니다. 이 체인은 사용자의 질문과 함께 이미지를 분석하여 패션 조언을 제공하는 일련의 과정으로 동작합니다. 먼저 image_prompt에서 프롬프트를 구성하고, 다음 GPT4 모델이 답변을 생성한 뒤, 마지막으로 StrOutputParser가 그 결과를 파싱해 출력합니다.

Base64 인코딩

이미지를 LLM의 컨텍스트로 입력하려면, **Base64로 인코딩**하는 과정이 필요합니다. Base64는 텍스트 기반 시스템에서 안전하게 사용할 수 있는 64개의 ASCII 문자만을 사용하여 이진 데이터를 인코딩하는 방법입니다. 이 인코딩 방식은 전송 및 저장 과정에서 데이터 손상을 방지합니다. 모델이나 이를 호스팅하는 시스템이 이미지 데이터를 **텍스트 형식으로 처리**할 수 있게 되면 다음과 같은 이점이 있습니다.

- **호환성 유지**: 다양한 플랫폼이나 프로그래밍 언어에서 데이터를 일관되게 처리할 수 있도록 보장합니다.
- **데이터 전송 안정성**: 텍스트 기반 프로토콜을 통해 이미지를 안전하게 전송할 수 있습니다.
- **데이터 손상 방지**: 이진 데이터를 텍스트로 변환하여 전송 및 저장 과정에서 발생할 수 있는 손상을 예방합니다.

Base64 인코딩을 통해 이미지를 텍스트 문자열로 변환하면, 텍스트 전용 시스템에서도 데이터 전송 및 처리가 원활해집니다.

추가로 LLM에 이미지를 전달하려면 JPEG, PNG, GIF, WEBP 등의 지원 형식으로 20MB 미만이 되도록 압축하고, 가급적 1024×1024px 이하로 리사이징한 뒤 Base64로 인코딩해야 합니다. Base64는 원본보다 약 33% 길어지므로, 흔히 쓰이는 300KB짜리 웹용 JPEG라도 변환 후에는 약 10만 토큰이나 차지해 GPT-4o의 128k 토큰 한도에 거의 가깝게 됩니다. 이미지를 여러 장 넣거나 프롬프트 텍스트가 길면 곧바로 한도를 초과하므로 해상도와 품질, 개수를 꼭 조절해야 합니다. 제한을 넘기거나 인코딩이 손상되면 "unsupported image", "size exceeds 20971520 bytes", "bad Base64" 같은 400 오류가 발생하니, 압축 및 인코딩 검증 로직을 포함하는 것이 좋습니다.

01 `format_prompt_inputs()` 함수는 이미지를 Base64로 인코딩하고, 사용자의 질문과 함께 딕셔너리에 담아 체인에 전달할 수 있도록 포매팅합니다.

langchain-fashion-multimodal-script.py
```python
def format_prompt_inputs(data, user_query):
    inputs = {}

    # 사용자 질문을 딕셔너리에 추가
    inputs['user_query'] = user_query

    # 'uris' 리스트에서 첫 두 이미지 경로 가져오기
    image_path_1 = data['uris'][0][0]
    image_path_2 = data['uris'][0][1]

    # 첫 번째 이미지 인코딩
    with open(image_path_1, 'rb') as image_file:
        image_data_1 = image_file.read()
    inputs['image_data_1'] = base64.b64encode(image_data_1).decode('utf-8')

    # 두 번째 이미지 인코딩
    with open(image_path_2, 'rb') as image_file:
        image_data_2 = image_file.read()
    inputs['image_data_2'] = base64.b64encode(image_data_2).decode('utf-8')
    return inputs
```

- **사용자 질문 추가**: inputs 딕셔너리에 user_query 키로 사용자 질문을 추가합니다.
- **이미지 경로 추출**: 데이터에서 첫 번째와 두 번째 이미지의 경로를 가져옵니다.
- **이미지 읽기 및 인코딩**
    - 이미지 파일을 바이너리 모드로 읽어들입니다.
    - `base64.b64encode()`를 사용하여 이미지를 Base64로 인코딩합니다.
    - `.decode('utf-8')`을 통해 데이터를 문자열(utf-8)로 변환합니다.
- **딕셔너리 반환**: user_query, image_data_1, image_data_2를 포함한 딕셔너리(inputs)를 반환하여 체인에 전달할 수 있도록 합니다.

이렇게 준비된 딕셔너리(inputs)를 체인에 전달하면, LLM은 이미지와 텍스트를 동시에 고려하여 사용자에게 더욱 정확하고 풍부한 응답을 제공할 수 있습니다. 이는 멀티모달 데이터를 활용하여 모델의 이해도를 높이고 사용자 경험을 향상시키는 데 중요한 역할을 합니다.

메인 함수 – FashionRAG 실행

다음 메인 함수는 FashionRAG 시스템의 핵심으로 이미지 기반 패션 스타일링 조언을 제공하는 사용자 인터페이스 역할을 합니다. 이 함수는 패션 관련 데이터를 처리하고 사용자로부터 입력을 받아 GPT-4o 또는 GPT-4o-mini 모델을 사용하여 스타일링 조언을 생성합니다.

01 다음 스크립트는 패션 데이터셋 폴더가 존재하고 이미지 파일이 저장되어 있는지 확인합니다. 만약 데이터셋 폴더가 없거나 이미지 파일이 없는 경우, `setup_dataset()` 함수를 호출하여 데이터셋을 설정하고 이미지를 로컬에 저장합니다.

langchain-fashion-multimodal-script.py
```python
def main():
    # 데이터셋 폴더 및 이미지가 있는지 확인
    dataset_folder = os.path.join(SCRIPT_DIR, 'fashion_dataset')
    if not os.path.exists(dataset_folder) or not any(fname.endswith('.png') for fname in os.listdir(dataset_folder)):
        dataset, dataset_folder = setup_dataset()
        save_images(dataset, dataset_folder)
    else:
        print("데이터셋 폴더와 이미지가 이미 존재합니다. 데이터셋 설정을 건너뜁니다.")
```

- **setup_dataset()**: 패션 관련 데이터셋을 로드합니다.
- **save_images()**: 로드된 데이터셋에서 이미지를 로컬 폴더에 저장합니다.

02 이미지를 효율적으로 검색하기 위해 벡터 데이터베이스가 설정되어 있는지 확인합니다. 데이터베이스가 설정되어 있지 않다면 `setup_chroma_db()` 함수를 호출하여 벡터 데이터베이스를 생성하고, `add_images_to_db()`를 통해 이미지를 추가합니다.

langchain-fashion-multimodal-script.py
```python
vdb_path = os.path.join(SCRIPT_DIR, 'img_vdb')
if not os.path.exists(vdb_path) or not os.listdir(vdb_path):
```

```
        image_vdb = setup_chroma_db()
        add_images_to_db(image_vdb, dataset_folder)
else:
        print("벡터 데이터베이스가 이미 설정되어 있습니다. 데이터베이스 설정을 건너뜁니다.")
        image_vdb = setup_chroma_db()
```

- **setup_chroma_db( )**: 벡터 데이터베이스를 초기화합니다.
- **add_images_to_db( )**: 이미지 데이터를 벡터 데이터베이스에 추가합니다.
- 데이터베이스가 이미 존재할 경우, 설정 과정을 생략하고 데이터베이스를 로드합니다.

03 이미지를 기반으로 패션 스타일링 조언을 제공하기 위해 `vision_chain`을 설정합니다. `setup_vision_chain()` 함수를 호출하여 GPT-4o 또는 GPT-4o-mini 모델을 사용한 시각 정보 처리 체인을 생성합니다.

langchain-fashion-multimodal-script.py
```
vision_chain = setup_vision_chain()
```

04 사용자로부터 지속적으로 질문을 입력받기 위해 while 루프를 사용합니다. 사용자는 한국어로 패션에 대한 질문을 입력할 수 있으며 **'quit'**을 입력하면 프로그램이 종료됩니다.

langchain-fashion-multimodal-script.py
```
while True:
    print("\nFashionRAG가 여러분의 서비스를 위해 준비되었습니다!")
    print("오늘 어떤 스타일에 대해 조언을 받고 싶으신가요? (종료하려면 'quit' 입력)")
    query_ko = input("\n질문을 입력하세요: ")

    if query_ko.lower() == 'quit':
        break

    query_en = translate(query_ko, "English")
    results = query_db(image_vdb, query_en, results=2)
    prompt_input = format_prompt_inputs(results, query_en)
    response_en = vision_chain.invoke(prompt_input)
    response_ko = translate(response_en, "Korean")

    print("\n검색된 이미지:")
```

```
print_results(results)

print("\nFashionRAG의 응답:")
print(response_ko)
```

① 사용자 질문 입력
- query_ko: 사용자로부터 한국어로 질문을 입력받습니다.
- 'quit'을 입력하면 루프를 종료하고 프로그램이 종료됩니다.

② 질문 번역
- translate( ): 한국어 질문을 영어로 번역합니다.
- OpenAI의 GPT-3.5-turbo 모델을 사용하여 번역합니다.

③ 이미지 검색
- query_db( ): 벡터 데이터베이스에서 번역된 질문과 유사한 이미지를 검색합니다.
- results=2: 상위 2개의 이미지를 검색하도록 설정합니다.

④ 프롬프트 입력 포매팅
- format_prompt_inputs( ): 검색된 이미지와 번역된 질문을 GPT-4 모델에 전달할 수 있는 형식으로 포맷합니다.
- 이미지 인코딩: 이미지 파일을 Base64 형식으로 인코딩하여 모델에 전달합니다.

⑤ 스타일링 조언 생성
- vision_chain.invoke( ): GPT-4 모델을 호출하여 스타일링 조언을 생성합니다.
- 생성된 응답은 영어로 제공됩니다.

⑥ 응답 번역
- translate( ): 영어로 생성된 응답을 한국어로 번역합니다.

⑦ 결과 출력
- print_results( ): 검색된 이미지의 정보를 출력합니다.
- 번역된 패션 스타일링 조언을 출력합니다.

예시 흐름
- 사용자가 "하늘색 계열의 캐주얼한 여름 코디 추천해줘"라고 입력합니다.
- 질문이 영어로 번역되고, 해당하는 이미지를 데이터베이스에서 검색합니다.
- 검색된 이미지를 기반으로 GPT-4 모델이 스타일링 조언을 생성합니다.
- 생성된 영어 응답을 한국어로 번역하여 사용자에게 보여줍니다.

프로그램 실행

01 프로그램 실행을 위한 진입점은 main() 함수를 호출하여 설정됩니다. 이를 통해 스크립트가 직접 실행될 때만 main() 함수가 실행되며, 모듈로 임포트된 경우에는 실행되지 않습니다.

```
langchain-fashion-multimodal-script.py
if __name__ == "__main__":
    main()
```

if __name__ == "__main__": 구문은 파이썬 스크립트가 직접 실행될 때, 즉 명령어를 통해 독립적으로 실행될 경우에만 main() 함수를 호출합니다. 이 구문 덕분에 해당 스크립트가 다른 모듈에서 임포트되어 사용될 때는 main() 함수가 실행되지 않으며 독립적인 실행 시에만 프로그램이 정상적으로 동작합니다.

02 langchain-fashion-multimodal-script.py 스크립트가 있는 경로에서 다음 명령어를 입력하여 프로그램을 실행할 수 있습니다.

```
명령어
python langchain-fashion-multimodal-script.py
```

실행이 성공적으로 이루어지면 다음 화면과 같이 데이터셋과 데이터베이스 설정이 완료된 후 **"질문을 입력하세요:"** 라는 프롬프트가 표시됩니다. 이때, 예를 들어 **"하늘색 계열의 캐주얼한 여름 코디 추천해줘"** 와 같은 질문을 입력하면 프로그램은 해당 질문과 관련된 두 개의 이미지를 검색한 후, 최종적으로 의상 추천을 제공하는 답변을 생성합니다.

```
데이터셋 폴더와 이미지가 이미 존재합니다. 데이터셋 설정을 건너뜁니다.
벡터 데이터베이스가 이미 설정되어 있습니다. 데이터베이스 설정을 건너뜁니다.

FashionRAG가 여러분의 서비스를 위해 준비되었습니다!
오늘 어떤 스타일에 대해 조언을 받고 싶으신가요? (종료하려면 'quit' 입력)

질문을 입력하세요: 하늘색 계열의 캐주얼한 여름 코디 추천해줘

검색된 이미지:
ID: 132
Distance: 1.436256766319275
Path: /Users/usermackbookpro/langchain-python/langchain-python-book/langchain-fashion-multimodal/fashion_dataset/image_218.png

ID: 471
Distance: 1.4537229537963867
Path: /Users/usermackbookpro/langchain-python/langchain-python-book/langchain-fashion-multimodal/fashion_dataset/image_73.png

FashionRAG의 응답:
하늘색 톤의 캐주얼한 여름 착장을 위해, 제공해주신 이미지에서 영감을 받은 재미있는 아이디어 몇 가지를 소개합니다:

1. **상의**: 첫 번째 이미지에 있는 것과 비슷한 **연한 하늘색 탱크 탑**을 고려해보세요. 재미있는 그래픽이나 단순하고 솔리드한 디자인의 것을 선택하여 다양하게 활용할 수 있습니다.

2. **하의**: **연한 베이지나 카키색 반바지**와 매치해보세요. 첫 번째 이미지의 카고 반바지는 편안함과 스타일을 동시에 즐길 수 있는 좋은 옵션이지만, 더 캐주얼한 분위기를 위해 데님 반바지를 선택할 수도 있습니다.

3. **신발**: 보여지는 것과 같이 하얀색 스니커즈는 캐주얼한 룩에 완벽합니다. 또는 시원하고 편안한 분위기를 유지하기 위해 중립적인 톤의 **플랫 샌들**을 선택할 수도 있습니다.
```

03 프로그램이 검색한 이미지는 이미지의 파일 경로(Path)와 함께 표시됩니다. 표시된 경로를 **Ctrl + 마우스 왼쪽 클릭**하면 검색된 이미지를 확인할 수 있습니다. 이를 통해 사용자는 FashionRAG가 추천한 스타일링 이미지와 응답을 함께 확인할 수 있습니다.

04 프로그램을 종료하고 싶다면, quit 명령어를 입력하면 종료됩니다. 사용자가 quit을 입력하는 즉시 프로그램은 종료되며 더 이상 질문을 받지 않습니다.

이와 같이 FashionRAG는 텍스트와 이미지를 결합한 멀티모달 RAG 시스템으로 사용자 질문에 맞는 패션 이미지를 검색하고 GPT-4o 또는 GPT-4o-mini 모델을 통해 맞춤형 스타일링 조언을 제공합니다. 이를 통해 사용자는 이미지와 함께 직관적이고 풍부한 패션 정보를 얻을 수 있습니다. 또한 간편한 인터페이스로 사용자의 질문에 즉각적인 답변과 이미지를 제공하여 사용자 경험을 향상시킵니다. 이 챕터에서는 FashionRAG의 구조와 동작 원리를 통해 멀티모달 AI가 패션 스타일링 분야에서 어떻게 효과적으로 활용될 수 있는지 살펴보았습니다.

Streamlit을 이용하여 웹 애플리케이션 구현

01 앞선 과정을 잘 이해했다면 Streamlit 기술을 더해 화면으로 작동되는 Fashion RAG를 테스트해 볼 수 있습니다.

```python
# langchain-fashion-multimodal-streamlit.py
import os
import base64
import streamlit as st
from dotenv import load_dotenv
import chromadb
from chromadb.utils.embedding_functions import OpenCLIPEmbeddingFunction
from chromadb.utils.data_loaders import ImageLoader
from datasets import load_dataset
from langchain_openai import ChatOpenAI
from langchain_core.prompts import ChatPromptTemplate
from langchain_core.output_parsers import StrOutputParser

# .env 파일에서 환경 변수 로드
load_dotenv()

# 환경 변수에서 OpenAI API 키 가져오기
OPENAI_API_KEY = os.getenv("OPENAI_API_KEY")

# API 키가 설정되지 않았을 경우 에러 발생
if not OPENAI_API_KEY:
    raise ValueError(".env 파일에 OPENAI_API_KEY가 설정되지 않았습니다.")
```

```python
# OpenAI API 키 설정
os.environ["OPENAI_API_KEY"] = OPENAI_API_KEY

# 스크립트 파일의 디렉터리 경로 가져오기
SCRIPT_DIR = os.path.dirname(os.path.abspath(__file__))
# 데이터셋을 설정하는 함수
def setup_dataset():
    # 패션 관련 데이터셋 불러오기
    dataset = load_dataset("detection-datasets/fashionpedia")
    # 데이터셋을 저장할 폴더 경로 설정
    dataset_folder = os.path.join(SCRIPT_DIR, 'fashion_dataset')
    # 폴더가 없으면 생성
    os.makedirs(dataset_folder, exist_ok=True)
    return dataset, dataset_folder

# 데이터셋에서 이미지를 저장하는 함수
def save_images(dataset, dataset_folder, num_images=1000):
    # 주어진 수의 이미지를 저장
    for i in range(num_images):
        image = dataset['train'][i]['image']
        image.save(os.path.join(dataset_folder, f'image_{i+1}.png'))
    print(f"{num_images}개의 이미지를 {dataset_folder}에 저장했습니다.")

# Chroma 데이터베이스를 설정하는 함수
def setup_chroma_db():
    # 벡터 데이터베이스 저장 경로 설정
    vdb_path = os.path.join(SCRIPT_DIR, 'img_vdb')
    # Chroma 클라이언트 초기화
    chroma_client = chromadb.PersistentClient(path=vdb_path)
    # 이미지 로더 및 OpenCLIP 임베딩 함수 설정
    image_loader = ImageLoader()
    clip = OpenCLIPEmbeddingFunction()
    # 이미지 데이터베이스 생성 또는 가져오기
    image_vdb = chroma_client.get_or_create_collection(
        name="image", embedding_function=clip, data_loader=image_loader)
    return image_vdb

# 기존에 존재하는 이미지 IDs를 가져오는 함수
def get_existing_ids(image_vdb,dataset_folder):
    existing_ids = set()
    try:
        # dataset_folder 내의 이미지 파일 수 계산
        num_images = len([name for name in os.listdir(dataset_folder)])
        print(f"데이터 폴더 전체 이미지수:{num_images}")
```

```python
        records = image_vdb.query(
            query_texts=[""], n_results=num_images, include=["ids"])
        for record in records["ids"]:
            existing_ids.update(record)
            print(f"{len(record)} 존재 IDs")
    except Exception as e:
        print(f"{len(record)}개의 기존 IDs가 있습니다.")
    return existing_ids

# 이미지를 데이터베이스에 추가하는 함수
def add_images_to_db(image_vdb, dataset_folder):
    existing_ids = get_existing_ids(image_vdb,dataset_folder)
    ids = []
    uris = []
    # 폴더에서 이미지를 읽어와서 데이터베이스에 추가
    for i, filename in enumerate(sorted(os.listdir(dataset_folder))):
        if filename.endswith('.png'):
            img_id = str(i)
            if img_id not in existing_ids:
                file_path = os.path.join(dataset_folder, filename)
                ids.append(img_id)
                uris.append(file_path)
    if ids:
        image_vdb.add(ids=ids, uris=uris)
        print("새로운 이미지를 데이터베이스에 추가했습니다.")
    else:
        print("추가할 새로운 이미지가 없습니다.")

# 데이터베이스에서 쿼리를 실행하는 함수
def query_db(image_vdb, query, results=2):
    # 주어진 쿼리를 실행하고, 상위 결과 반환
    return image_vdb.query(
        query_texts=[query],
        n_results=results,
        include=['uris', 'distances'])

# 텍스트를 지정된 언어로 번역하는 함수
def translate(text, target_lang):
    # OpenAI의 ChatGPT 모델을 사용하여 번역
    translation_model = ChatOpenAI(model="gpt-3.5-turbo", temperature=0.0)
    # 번역에 사용할 프롬프트 생성
    translation_prompt = ChatPromptTemplate.from_messages([
        ("system", f"You are a translator. Translate the following text to{target_lang}."),
        ("user", "{text}")
```

```python
    ])
    # 번역 체인 설정
    translation_chain = translation_prompt | translation_model | StrOutputParser()
    # 번역 결과 반환
    return translation_chain.invoke({"text": text})

# 시각적 정보를 처리하는 체인을 설정하는 함수
def setup_vision_chain():
    # GPT-4 모델을 사용하여 시각적 정보를 처리하는 GPT-4o 또는 GPT-4o-mini 모델 선택
    gpt4 = ChatOpenAI(model="gpt-4o", temperature=0.0)
    parser = StrOutputParser()
    image_prompt = ChatPromptTemplate.from_messages([
        ("system", "You are a helpful fashion and styling assistant. Answer the user's question using the given image context with direct references to parts of the images provided. Maintain a more conversational tone, don't make too many lists. Use markdown formatting for highlights, emphasis, and structure."),
        ("user", [
            {"type": "text", "text": "What are some ideas for styling {user_query}"},
            {"type": "image_url", "image_url": "data:image/jpeg;base64,{image_data_1}"},
            {"type": "image_url", "image_url": "data:image/jpeg;base64,{image_data_2}"},
        ]),
    ])
    # 프롬프트, 모델, 파서 체인을 반환
    return image_prompt | gpt4 | parser

# 프롬프트 입력을 포맷하는 함수
def format_prompt_inputs(data, user_query):
    inputs = {}
    # 사용자 쿼리를 딕셔너리에 추가
    inputs['user_query'] = user_query
    image_path_1 = data['uris'][0][0]
    image_path_2 = data['uris'][0][1]
    with open(image_path_1, 'rb') as image_file:
        image_data_1 = image_file.read()
    inputs['image_data_1'] = base64.b64encode(image_data_1).decode('utf-8')
    with open(image_path_2, 'rb') as image_file:
        image_data_2 = image_file.read()
    inputs['image_data_2'] = base64.b64encode(image_data_2).decode('utf-8')
    return inputs

# 이미지를 Base64로 로드하는 함수
def load_image_as_base64(image_path):
    with open(image_path, "rb") as img_file:
        return base64.b64encode(img_file.read()).decode("utf-8")
```

```python
# Streamlit 앱을 실행하는 메인 함수
def main():
    st.set_page_config(page_title="FashionRAG", layout="wide")
    st.title("FashionRAG: 패션 및 스타일링 어시스턴트")
    # 데이터셋 폴더 및 이미지 존재 여부 확인
    dataset_folder = os.path.join(SCRIPT_DIR, 'fashion_dataset')
    if not os.path.exists(dataset_folder) or not any(fname.endswith('.png') for fname in os.listdir(dataset_folder)):
        with st.spinner("데이터셋 설정 및 이미지 저장 중..."):
            dataset, dataset_folder = setup_dataset()
            save_images(dataset, dataset_folder)
        st.success("데이터셋 설정 및 이미지 저장 중...")
    else:
        st.info("데이터셋이 설정되고 이미지가 저장되었습니다.")
    # 벡터 데이터베이스 설정 여부 확인
    vdb_path = os.path.join(SCRIPT_DIR, 'img_vdb')
    if not os.path.exists(vdb_path) or not os.listdir(vdb_path):
        with st.spinner("벡터 데이터베이스 설정 및 이미지 추가 중..."):
            image_vdb = setup_chroma_db()
            add_images_to_db(image_vdb, dataset_folder)
        st.success("벡터 데이터베이스 설정 및 이미지 추가가 완료되었습니다.")
    else:
        st.info("벡터 데이터베이스가 이미 설정되어 있습니다. 데이터베이스 설정을 건너뜁니다.")
        image_vdb = setup_chroma_db()
    vision_chain = setup_vision_chain()
    st.header("스타일링 조언을 받아보세요")
    query_ko = st.text_input("스타일링에 대한 질문을 입력하세요:")
    if query_ko:
        with st.spinner("번역 및 쿼리 진행 중..."):
            query_en = translate(query_ko, "English")
            results = query_db(image_vdb, query_en, results=2)
            prompt_input = format_prompt_inputs(results, query_en)
            response_en = vision_chain.invoke(prompt_input)
            response_ko = translate(response_en, "Korean")
        st.subheader("검색된 이미지:")
        for idx, uri in enumerate(results['uris'][0]):
            img_base64 = load_image_as_base64(uri)
            img_data_url = f"data:image/png;base64,{img_base64}"
            st.image(img_data_url, caption=f"ID: {results['ids'][0][idx]}", width=300)
        st.subheader("FashionRAG의 응답:")
        st.markdown(response_ko)

if __name__ == "__main__":
```

```
main()
```

02 chapter 15 폴더로 이동하여 다음 명령어를 실행합니다.

> 명령어
>
> ```
> streamlit run langchain-fashion-multimodal-streamlit.py
> ```

ID: 353

FashionRAG의 응답:

이제 이미지에서 영감을 받은 핑크 의상을 스타일링하는 몇 가지 아이디어를 제시해 드리겠습니다:

1. 캐주얼 핑크 룩:
   - 핑크 볼링 자켓을 간단한 흰색 상의와 매치해보세요.
   - 세련된 검정 앵클 부츠와 재미있는 양말을 추가하여 장난스러운 감성을 더하세요.
   - 배낭은 룩을 캐주얼하고 실용적으로 유지할 수 있습니다.

2. 시크한 핑크 코트 앙상블:
   - 부드러운 핑크색 코트를 청 디님 셔츠 위에 레이어링하여 세련된 대조를 만들어보세요.
   - 편안한 분위기를 연출하기 위해 낡은 진을 입어보세요.
   - 의상을 돋보이게 만들기 위해 밝은 하이힐로 색감을 더하세요.

3. 믹스 앤 매치:
   - 두 룩에서 요소를 결합해보세요: 핑크 자켓에 찢어진 진과 다채로운 신발을 매치해보세요.
   - 색상을 균형있게 유지하기 위해 중립적인 가방으로 액세서리를 추가하세요.

이러한 조합은 다양하고 트렌디한 핑크 의상을 만드는 데 도움이 될 수 있습니다!

이 코드를 실행하면 Streamlit 웹 애플리케이션에서 FashionRAG 시스템을 통해 패션 스타일링 조언을 받아볼 수 있습니다. 사용자가 질문을 입력하면 관련 이미지와 GPT-4 기반의 패션 조언을 한국어로 제공받습니다. 이를 통해 직관적인 웹 환경에서 패션 스타일링 어시스턴트로서의 기능을 경험할 수 있습니다.

16 시/소설 생성 서비스 만들기

사용자가 입력한 주제나 키워드를 바탕으로 시나 소설을 자동 생성하는 생성형 AI 서비스를 구현합니다. 다양한 모델 응답 구조를 처리하여 사용자에게 자연스럽게 결과를 전달하는 방법을 실습합니다.

| 학습 목표

- 이 장에서는 FastAPI와 LangServe를 활용하여 시와 소설을 생성하는 풀스택 애플리케이션을 구축하는 방법을 다룹니다. OpenAI와 Ollama의 언어 모델을 사용하여 사용자의 입력에 따라 창의적인 텍스트, 즉 시나 소설을 생성하는 API 서버를 개발합니다. 이 과정에서 API 경로 설정, 모델 연결, 프롬프트 템플릿 사용법을 배울 수 있습니다.

| 핵심 키워드

- FastAPI
- LangServe
- API 서버 구축
- Ollama

LangServe와 FastAPI로 애플리케이션 구성

01 본격적인 개발에 앞서, 애플리케이션 구동에 필요한 패키지를 설치해야 합니다. 터미널에서 다음 명령어를 실행하여 의존성 패키지를 설치하세요. 이후 .env 파일을 만들어서 OpenAI API 키를 설정합니다.

명령어
```
pip install fastapi uvicorn python-dotenv langchain_openai langchain_ollama pydantic langserve sse_starlette
```

02 애플리케이션이 구동되기 위해 필요한 모든 라이브러리를 불러옵니다. 각 라이브러리의 역할은 다음과 같습니다.

- **FastAPI**: API 서버를 구축하는 데 필요한 프레임워크
- **langchain**: 언어 모델을 통해 시나 소설을 생성하는 기능을 제공
- **uvicorn**: FastAPI 서버를 실행하는 데 사용
- **dotenv**: .env 파일에서 환경 변수를 로드
- **OllamaLLM, ChatOpenAI**: 각각 OpenAI와 Ollama 모델을 불러오는 클래스
- **add_routes**: LangServe에서 제공하는 경로 추가 함수

app.py
```python
# 필요한 모듈을 가져옵니다.
from fastapi import FastAPI
from langchain.prompts import ChatPromptTemplate
from langchain_ollama.llms import OllamaLLM
from langchain_openai import ChatOpenAI
from langserve import add_routes
import uvicorn

# dotenv 모듈을 사용하여 .env 파일에서 환경 변수를 로드합니다.
from dotenv import load_dotenv
import os

# .env 파일에서 API 키를 읽어옵니다.
load_dotenv()
OPENAI_API_KEY = os.getenv("OPENAI_API_KEY")
```

03 FastAPI 앱을 구성하고 애플리케이션의 기본 정보(제목, 버전, 설명)를 정의합니다.

```
app.py
app = FastAPI(
    title="Langchain Server",   # 애플리케이션의 제목을 설정합니다.
    version="0.1",              # 애플리케이션의 버전을 설정합니다.
    description="simple langchain API Server"  # 애플리케이션의 설명을 설정합니다.
)
```

04 이 프로젝트에서는 OpenAI의 GPT-3.5-turbo 모델과 Ollama의 Llama 3.1 모델을 사용하며 환경 변수에서 OpenAI API 키를 불러와 각 모델의 기본 설정을 진행합니다. 또한 OpenAI 모델은 GPT-4o와 같은 최신 모델이 출시될 경우 해당 모델로 쉽게 대체하여 사용할 수 있습니다. 이처럼 최신 모델로의 업그레이드를 통해 보다 향상된 성능을 경험할 수 있습니다.

```
app.py
# 여기서는 API 키, 온도 설정, 모델 이름을 파라미터로 제공합니다.
openAiModel = ChatOpenAI(
    api_key=OPENAI_API_KEY,  # OpenAI API 키를 사용하여 인증합니다.
    temperature=0.7,         # 응답의 창의성(무작위성) 수준을 설정합니다. 0.7은 중간 정도의
창의성을 의미합니다.
    model='gpt-3.5-turbo'    # 사용할 OpenAI 모델의 이름을 지정합니다.
)

# Ollama를 통해 llama3.1:8b 모델을 설정합니다.
llamaModel = OllamaLLM(model="llama3.1:8b")
```

05 `ChatPromptTemplate`을 사용하여 프롬프트 템플릿을 정의하고, `langserve add_routes` 함수를 사용하여 FastAPI 애플리케이션에 경로를 추가합니다. 사용자의 입력에 따라 다양한 응답을 생성하기 위해 프롬프트 템플릿을 설정합니다.

```
app.py
# 한국어 답변 보완을 위한 프롬프트 템플릿을 생성합니다.
prompt = ChatPromptTemplate.from_template("한국어로 답변을 작성해줘{input}")
```

```
# 소설 작성용 프롬프트 템플릿을 생성합니다.
prompt2 = ChatPromptTemplate.from_template("주제에 맞는 소설을 작성해줘 500자 이내로 작성해
 줘 {topic}")
# 시 작성용 프롬프트 템플릿을 생성합니다.
prompt3 = ChatPromptTemplate.from_template("주제에 맞는 시를 작성해줘 200자 이내로 작성해줘
 {topic}")
```

06 LangServe의 `add_routes` 함수를 통해 FastAPI 애플리케이션에 여러 API 경로를 추가합니다.

app.py
```
add_routes(
    app,
    prompt | openAiModel,  # ChatOpenAI 클래스의 인스턴스를 사용하여 OpenAI 모델과 상호작용
합니다.
    path="/openai",  # 이 경로로 요청이 들어오면 ChatOpenAI 인스턴스를 통해 처리됩니다.
)
add_routes(
    app,
    prompt | llamaModel,
    path="/llama",  # 이 경로로 요청이 들어오면 OllamaLLM 인스턴스를 통해 처리됩니다.
# 입력 형식을 지정합니다.
)
# 소설 작성 /openai/novel API 경로를 추가합니다.
add_routes(
    app,
    prompt2 | openAiModel,  # 프롬프트 템플릿과 모델을 결합하여 요청을 처리합니다.
    path="/openai/novel"  # 이 경로로 요청이 들어오면 소설을 작성합니다.
)
# 시 작성 /openai/poem API 경로를 추가합니다.
add_routes(
    app,
    prompt3 | openAiModel,  # 프롬프트 템플릿과 모델을 결합하여 요청을 처리합니다.
    path="/openai/poem"  # 이 경로로 요청이 들어오면 시를 작성합니다.
)
# 소설 작성 /llama/novel API 경로를 추가합니다.
add_routes(
    app,
    prompt2 | llamaModel,  # 프롬프트 템플릿과 모델을 결합하여 요청을 처리합니다.
    path="/llama/novel"  # 이 경로로 요청이 들어오면 소설을 작성합니다.
)
```

```
# 시 작성 /llama/poem API 경로를 추가합니다.
add_routes(
    app,
    prompt3 | llamaModel,  # 프롬프트 템플릿과 모델을 결합하여 요청을 처리합니다.
    path="/llama/poem"  # 이 경로로 요청이 들어오면 시를 작성합니다.
)
```

07 `if __name__ == "__main__":` 구문을 통해 스크립트가 직접 실행될 때 main() 함수를 호출합니다. 이를 통해 FastAPI 애플리케이션을 실행하며 Uvicorn을 사용하여 `localhost:8000`에서 서버가 구동됩니다.

app.py
```
# 애플리케이션을 실행합니다.
if __name__ == "__main__":
    # localhost:8000에서 애플리케이션을 실행합니다.
    uvicorn.run(app, host="localhost", port=8000)
```

08 FastAPI 서버를 실행하려면 터미널에서 `python app.py` 명령어를 입력해 서버를 구동시킬 수 있습니다. 서버가 성공적으로 실행되면 브라우저를 열고 http://localhost:8000/docs로 이동하면 FastAPI에서 제공하는 Swagger UI 형태의 API 명세서를 볼 수 있습니다. 이 명세서에서는 API가 제공하는 다양한 엔드포인트와 그에 대한 설명을 확인할 수 있습니다.

LangServe는 `add_routes(app, prompt | openAiModel, path="/openai")`처럼 체인을 FastAPI 애플리케이션에 등록하면서 실제 OpenAPI 문서를 자동으로 생성합니다. 이 과정에서 입력, 출력, 설정 스키마가 /input_schema, /output_schema, /config_schema 경로로 노출되며, 단일 호출(/invoke), 배치(/batch), 토큰 스트림(/stream), 실행 로그 스트리밍(/stream_log), 이벤트 스트리밍(/stream_events) 등 표준 엔드포인트가 함께 제공됩니다. 덕분에 개발자는 추가 코딩 없이도 Swagger UI(/docs)와 LangServe Playground(/openai/playground/)를 통해 체인의 REST 및 SSE 인터페이스를 즉시 테스트하고 문서화할 수 있습니다.

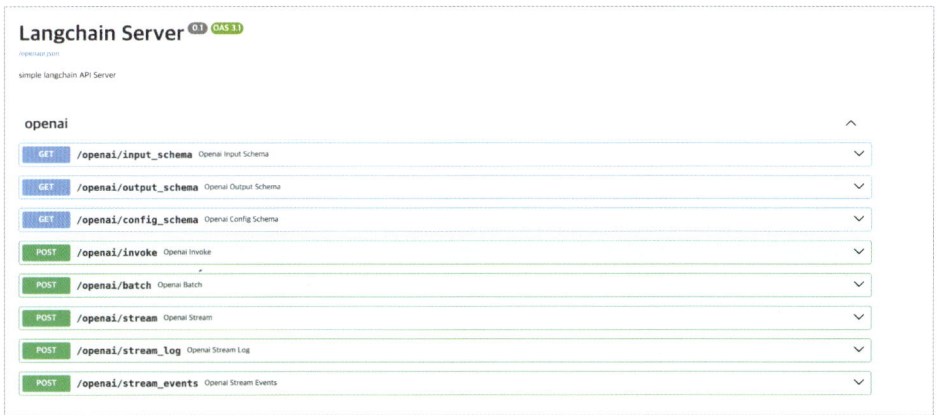

다음 두 개 링크로 접속하면 LangServe Playground라는 UI를 통해 간단히 질문을 입력하고 응답을 받을 수 있는 인터페이스를 제공합니다. 입력창에 질문을 넣고 실행하면 하단에 결과가 출력되는 방식입니다.

- http://localhost:8000/openai/playground
- http://localhost:8000/llama/playground

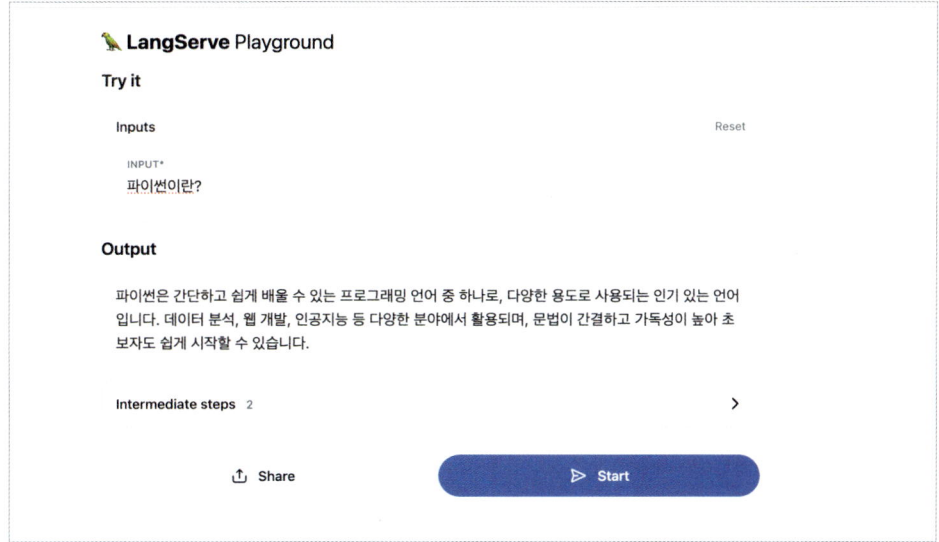

추가로 소설을 생성하려면 다음 경로에 접근해 특정 주제에 관한 소설을 작성할 수 있습니다.

🔗 http://localhost:8000/openai/novel
🔗 http://localhost:8000/llama/novel

이와 유사하게, 시를 생성하려면 다음 경로에 접속해 요청을 보낼 수 있습니다.

🔗 http://localhost:8000/openai/poem
🔗 http://localhost:8000/llama/poem

이러한 API는 주어진 주제에 따라 OpenAI 또는 LLaMA 모델을 사용해 텍스트를 생성합니다. 이 애플리케이션은 LangServe와 FastAPI를 사용하여 구축된 백엔드 애플리케이션입니다. 이로써 다양한 언어 모델을 활용한 텍스트 생성 API를 간단하고 효율적으로 제공할 수 있게 됩니다. 컴퓨터 사양에 따라 local LLM 작동 시 시간이 오래 걸릴 수는 있습니다.

OpenAI와 Ollama 모델의 비교

이번에는 FastAPI와 LangServe로 구성한 API 서버에 클라이언트 요청을 보내고 다양한 생성 모델의 결과를 확인하는 방법을 세부적으로 설명합니다. 앞서 구축한 시와 소설을 생성하는 API 서버를 클라이언트 측에서 어떻게 호출할 수 있는지 파이썬 코드를 통해 알아보겠습니다.

01 클라이언트 코드에서는 파이썬의 `requests` 라이브러리를 사용하여 FastAPI 서버로 요청을 보냅니다. 이 요청을 통해 OpenAI와 Ollama 모델에서 시와 소설을 생성하는 작업을 수행할 수 있습니다. 다음은 이를 구현한 클라이언트 코드입니다.

```
client.py
import requests

# 실행 명령어 : python client.py

response1 = requests.post("http://localhost:8000/openai/novel/invoke",
                          json={'input': {'topic': "행복에 대해서"}})
response2 = requests.post("http://localhost:8000/openai/poem/invoke",
                          json={'input': {'topic': "행복에 대해서"}})
response3 = requests.post("http://localhost:8000/llama/novel/invoke",
                          json={'input': {'topic': "행복에 대해서"}})
response4 = requests.post("http://localhost:8000/llama/poem/invoke",
```

```
                        json={'input': {'topic': "행복에 대해서"}})
print(response1.json())
print("\n")
print(response2.json())
print("\n")
print(response3.json())
print("\n")
print(response4.json())
```

`requests.post` 메서드를 사용하여 각각의 모델과 경로에 POST 요청을 보냅니다. 각 요청의 URL은 다음과 같습니다.

- **OpenAI 기반 소설 생성**: http://localhost:8000/openai/novel/invoke

  이 경로를 통해 OpenAI 모델에게 "행복에 대해서"라는 주제를 전달하여 짧은 소설을 생성합니다.

- **OpenAI 기반 시 생성**: http://localhost:8000/openai/poem/invoke

  이 경로를 통해 OpenAI 모델에게 "행복에 대해서"라는 주제를 전달하여 시를 생성합니다.

- **Ollama 기반 소설 생성**: http://localhost:8000/llama/novel/invoke

  이 경로를 통해 Ollama 모델에게 "행복에 대해서"라는 주제로 소설을 생성하도록 요청합니다.

- **Ollama 기반 시 생성**: http://localhost:8000/llama/poem/invoke

  이 경로를 통해 Ollama 모델에게 "행복에 대해서"라는 주제로 시를 생성하도록 요청합니다.

각각의 요청에 대해 JSON 형식의 데이터로 input 값을 전달하여 모델이 주제를 기반으로 텍스트를 생성하게 합니다. 생성된 결과는 `response.json()` 메서드를 사용해 출력합니다. 클라이언트 코드는 파이썬에서 `requests` 라이브러리를 사용하여 서버로 POST 요청을 보내는 방식으로 동작합니다. 각 요청은 해당 API 서버의 특정 경로에 전달되어, 모델에게 특정 작업(소설 혹은 시 생성)을 수행하도록 요청합니다. `response.json()`을 사용하여 서버로부터 전달받은 결과를 JSON 형식으로 출력하게 됩니다.

02 작성한 클라이언트 코드 파일을 client.py라는 이름으로 저장한 후, 터미널에서 다음 명령어를 입력하여 실행합니다.

명령어
```
python client.py
```

명령어를 실행하면 각각의 요청에 대한 응답 결과가 JSON 형태로 출력됩니다. 이 출력에는 주어진 주제에 맞추어 생성된 소설과 시의 내용이 포함됩니다. 각 요청에 대한 결과는 모델이 생성한 텍스트로 구성되며, 사용자는 이를 통해 다양한 스타일의 창작물을 비교 확인할 수 있습니다. 다음은 실제 실행 시 얻을 수 있는 예시 결과입니다. OpenAI 기반으로 생성된 데이터는 output 객체 안에 content 필드로 생성된 텍스트가 포함되어 있습니다.

실행 결과

```
    "output": {
        "content": "한 때 그는 행복을 찾기 위해 세계 일주를 떠났다. 그는 도시를 떠나 숲 속으로 들어가 산을 오르고 바다를 건너며 끝없는 여행을 이어갔다. 그러나 어디서도 진정한 행복을 찾지 못했다. 어느 날 그는 다시 고향으로 돌아왔다. 그리고 그가 찾던 행복은 고향에서 그의 가족과 친구들과 함께한 평범한 일상에 있었다. 행복은 어디에나 존재하는 것이 아니라 우리 주변에 있는 것이라는 것을 깨달았던 그는 이제 더 이상 행복을 찾지 않았다. 외부적인 것들에 의지하지 않고 내 안에 있는 것을 깨달았기 때문이다. 행복은 우리가 어디에 있든 존재할 수 있는 것이고, 우리 스스로 그것을 만들어 나갈 수 있는 것이다. 이제 그는 행복을 찾는 것이 아니라 행복을 만들어가는 것에 집중했고, 그로 인해 그의 삶은 더욱 풍요로워졌다. 이제 그는 매일같이 웃음 속에서 행복을 느끼며 살아가고 있었다. 행복은 우리 주변에 있고, 우리 스스로 만들어 나가야 하는 것이다. 이 소설은 우리가 행복을 찾는 것이 아니라 만들어 나갈 수 있는 것이라는 메시지를 전달하고자 한다. 함께 여행을 떠나는 것이 아니라 함께 행복을 만들어 나가는 것이 중요하다는 것을 알려주고자 한다. 그의 이야기는 모두가 행복을 만들어 나가는데 영감을 주었다. 이제 그는 행복한 삶을 살아가며 주변 사람들에게 행복을 전파하고 있었다. 그의 이야기는 끝없는 여정이었지만, 그것이 그에게 행복을 주었기에 그는 더 이상의 여정을 떠나지 않았다. 그는 이제 행복한 삶을 살아가며 주변 사람들에게 행복을 전파하고 있었다. 그의 이야기는 모두에게 영각을 줬으며, 그의 행복은 끝없이 이어질 것이다. 그가 깨달은 것처럼 행복은 우리 스스로 만들어 나가야 하는 것이다. 함께 행복을 만들어 나가며, 우리 모두가 더 행복한 세상을 만들어 나갈 수 있을 것이다. 함께 행복한 미래를 만들어 나가자.",
        "additional_kwargs": {
            "refusal": null
        },
        "response_metadata": {
            "token_usage": {
                "completion_tokens": 960,
                "prompt_tokens": 40,
                "total_tokens": 1000,
                "prompt_tokens_details": {
                    "cached_tokens": 0
                },
                "completion_tokens_details": {
                    "reasoning_tokens": 0
                }
            },
            "model_name": "gpt-3.5-turbo-0125",
```

```
                "system_fingerprint": null,
                "finish_reason": "stop",
                "logprobs": null
            },
            "type": "ai",
            "name": null,
            "id": "run-73c4b62a-4841-4344-a748-475631ea4cd7-0",
            "example": false,
            "tool_calls": [],
            "invalid_tool_calls": [],
            "usage_metadata": {
                "input_tokens": 40,
                "output_tokens": 960,
                "total_tokens": 1000
            }
        },
        "metadata": {
            "run_id": "3e9d0cb7-6e3d-4e9d-bc8e-1a64dd187265",
            "feedback_tokens": []
        }
    }
```

Ollama 모델의 응답은 output 필드에 직접 생성된 텍스트가 포함되어 있습니다.

실행 결과

```
{
    "output": "우리는 모두 행복을 찾아 헤매는 것 같습니다. 하지만, 그 행복은 어디에 있는 것일까요?\n\n그것은 아마도 우리가 사는 집의 정원에서 피어나는 꽃들 사이에 있는 것이 아닐까 합니다. 우리는 하루 종일 일과와 업무로 바쁘지만, 저녁시간이 되었을 때는 가족들과 함께 식사를 하며 행복감을 느낄 수 있습니다.\n\n그것은 또한 우리가 만난 사람들의 웃음과 이야기에서 발견될 수 있습니다. 우리는 모두 가지고 있는 고유한 경험과 감정들을 공유함으로써 서로의 행복을 나누고, 서로를 부강하게 합니다.\n\n물론이렇듯, 행복은 단순히 외적인 것들만으로는 충분하지 않습니다. 내면의 평온함과 자아에 대한 자신감도 그 속에서 풍기는 것입니다. 그것은 우리가 스스로에게 주는 사랑과 존중을 의미합니다.\n\n그것은 또한 시간의 흐름에도 불구하고 계속될 수 있는 것입니다. 우리는 오늘도 행복했으며, 내일도 행복할 수 있습니다. 그만큼 우리의 선택과 행동이 행복에 대한 지평을 열어주었습니다.\n\n기록하기를 멈추고, 다시 생각해 보면... 행복은 오히려 삶 그 자체에서 발견될 수 있는 것 같습니다.",
    "metadata": {
        "run_id": "7fca31d2-97c5-4fd9-b214-ac60f0dc5c12",
        "feedback_tokens": []
    }
}
```

이 예시 결과를 통해 OpenAI와 Ollama 모델의 JSON 응답 구조에 차이가 있음을 확인할 수 있습니다. 이러한 구조적 차이는 추후 Streamlit과 같은 프런트엔드 프레임워크에서 데이터를 처리하고 시각화할 때 중요한 고려 사항이 됩니다.

- **OpenAI 모델 응답 구조**: output 객체 내부에 content 필드로 생성된 텍스트가 포함됩니다. 추가 메타데이터가 다수 포함되어 있어, 필요한 정보만 추출하여 사용해야 합니다.
- **Ollama 모델 응답 구조**: output 필드에 직접 생성된 텍스트가 포함됩니다. 메타데이터는 상대적으로 간단하게 제공됩니다.

FastAPI와 LangServe를 활용한 클라이언트 요청 테스트를 통해 OpenAI와 Ollama 모델의 생성 방식과 결과물을 직접 확인할 수 있으며, 이를 바탕으로 목적에 맞는 모델을 선택하여 다양한 창작물의 가능성을 탐구할 수 있습니다.

Streamlit으로 인터페이스 구축

이번에는 FastAPI와 LangServe로 구성된 API 서버에 요청을 보내고, 생성된 텍스트를 시각적으로 확인할 수 있는 Streamlit 애플리케이션을 단계별로 구축하는 방법을 설명합니다. 이를 통해 사용자는 웹 브라우저에서 직관적으로 API를 테스트하고, 생성된 소설과 시를 손쉽게 확인하고 다운로드할 수 있습니다.

Ollama와 OpenAI 모델은 JSON 응답 객체의 구조가 다르기 때문에, 이를 효과적으로 처리하기 위해 별도의 Streamlit 애플리케이션 파일인 **streamlit_ollama.py**와 **streamlit_openAI.py**를 작성하였습니다. 먼저 **streamlit_ollama.py**를 기준으로 애플리케이션을 구축한 후, **streamlit_openAI.py**에서 데이터 처리 부분이 어떻게 다른지 설명하겠습니다. 지금부터 Streamlit을 사용하여 API 클라이언트를 구축하는 과정을 단계별로 살펴보겠습니다.

01 Streamlit과 HTTP 요청을 보내기 위한 **requests** 라이브러리를 임포트합니다.

```
streamlit_ollama.py
import streamlit as st
import requests
```

02 Streamlit 애플리케이션의 제목과 간단한 설명을 설정합니다. 이는 사용자에게 애플리케이션의 목적을 명확히 전달하는 역할을 합니다.

streamlit_ollama.py
```python
# Streamlit 애플리케이션의 제목과 설명을 설정합니다.
st.title("Langchain API Client Ollama")
st.write("주제에 맞는 소설과 시를 작성해주는 API 클라이언트입니다.")
```

03 사용자가 소설이나 시를 생성할 주제를 입력할 수 있는 텍스트 입력 상자를 만듭니다.

streamlit_ollama.py
```python
# 사용자가 입력할 주제를 받는 입력 상자를 만듭니다.
topic = st.text_input("주제를 입력하세요:")
```

04 사용자가 생성할 항목을 소설 또는 시 중에서 선택할 수 있도록 라디오 버튼을 추가합니다. 드롭다운 메뉴를 원할 경우 selectbox를 사용할 수도 있습니다.

streamlit_ollama.py
```python
# 사용자가 소설 또는 시를 선택할 수 있도록 라디오 버튼을 만듭니다.
option = st.radio("작성을 원하는 항목을 선택하세요:", ("소설", "시"))
# 또는 selectbox를 사용하여 드롭다운 메뉴로 사용할 수 있습니다.
# option = st.selectbox("작성을 원하는 항목을 선택하세요:", ("소설", "시"))
```

05 "작성 요청 보내기" 버튼을 만들고, 버튼 클릭 시 선택한 옵션에 따라 적절한 API 엔드포인트로 요청을 보냅니다. 이때, 입력한 주제는 JSON 형식으로 전달됩니다.

streamlit_ollama.py
```python
# 버튼을 만들어 사용자가 클릭하면 API 요청을 보내도록 합니다.
if st.button("작성 요청 보내기"):
    if option == "소설":
        # 소설 작성 API에 POST 요청을 보냅니다.
        response = requests.post("http://localhost:8000/llama/novel/invoke",
                                 json={'input': {'topic': topic}})
    else:
```

```
            # 시 작성 API에 POST 요청을 보냅니다.
            response = requests.post("http://localhost:8000/llama/poem/invoke",
                                    json={'input': {'topic': topic}})
```

06 API 응답을 받아 JSON 형식으로 파싱하고, 생성된 텍스트를 화면에 출력합니다. 또한 결과를 파일로 다운로드할 수 있는 버튼을 추가합니다.

streamlit_ollama.py
```
    # 응답을 JSON 형식으로 받아와서 출력합니다.
    if response.status_code == 200:
        st.write(f"### {option} 응답")
        content = response.json()
        st.write(content['output'])
        # content를 파일로 저장할 수 있도록 다운로드 버튼을 만듭니다.
        st.download_button(
            label="결과 다운로드",
            data=content["output"],
            file_name=f"{option}_result.txt",
            # mime은 Multipurpose Internet Mail Extensions의 약자로, 인터넷에서 전송되는 파일의 형식을 명시하는 데 사용되는 표준입니다.
            mime="text/plain"
        )
    else:
        st.write(f"{option} API 요청에 실패했습니다.")
```

07 모든 단계를 종합하면 최종적으로 다음과 같은 전체 코드가 됩니다. 이는 Ollama 모델을 기준으로 작성된 **streamlit_ollama.py** 파일의 전체 코드입니다.

streamlit_ollama.py
```
import streamlit as st
import requests

# Streamlit 애플리케이션의 제목과 설명을 설정합니다.
st.title("Langchain API Client Ollama")
st.write("주제에 맞는 소설과 시를 작성해주는 API 클라이언트입니다.")

# 사용자가 입력할 주제를 받는 입력 상자를 만듭니다.
topic = st.text_input("주제를 입력하세요:")
```

```python
# 사용자가 소설 또는 시를 선택할 수 있도록 라디오 버튼을 만듭니다.
option = st.radio("작성을 원하는 항목을 선택하세요:", ("소설", "시"))
# 또는 selectbox를 사용하여 드롭다운 메뉴로 사용할 수 있습니다.
# option = st.selectbox("작성을 원하는 항목을 선택하세요:", ("소설", "시"))

# 버튼을 만들어 사용자가 클릭하면 API 요청을 보내도록 합니다.
if st.button("작성 요청 보내기"):
    if option == "소설":
        # 소설 작성 API에 POST 요청을 보냅니다.
        response = requests.post("http://localhost:8000/llama/novel/invoke",
                                 json={'input': {'topic': topic}})
    else:
        # 시 작성 API에 POST 요청을 보냅니다.
        response = requests.post("http://localhost:8000/llama/poem/invoke",
                                 json={'input': {'topic': topic}})

    # 응답을 JSON 형식으로 받아서 출력합니다.
    if response.status_code == 200:
        st.write(f"### {option} 응답")
        content = response.json()
        st.write(content['output'])
        # content를 파일로 저장할 수 있도록 다운로드 버튼을 만듭니다.
        st.download_button(
            label="결과 다운로드",
            data=content["output"],
            file_name=f"{option}_result.txt",
            mime="text/plain"
        )
    else:
        st.write(f"{option} API 요청에 실패했습니다.")
```

08 OpenAI 모델의 JSON 응답 구조는 Ollama 모델과 다르기 때문에, 이를 처리하기 위해 별도의 Streamlit 애플리케이션 파일인 **streamlit_openAI.py**를 작성하였습니다. OpenAI 모델의 응답은 `output` 객체 내부에 `content` 필드로 생성된 텍스트가 포함되어 있어, 이를 별도로 추출해야 합니다.

streamlit_openAI.py
```python
import streamlit as st
import requests
```

```python
# Streamlit 애플리케이션의 제목과 설명을 설정합니다.
st.title("Langchain API Client OpenAI")
st.write("주제에 맞는 소설과 시를 작성해주는 API 클라이언트입니다.")

# 사용자가 입력할 주제를 받는 입력 상자를 만듭니다.
topic = st.text_input("주제를 입력하세요:")

# 사용자가 소설 또는 시를 선택할 수 있도록 라디오 버튼을 만듭니다.
option = st.radio("작성을 원하는 항목을 선택하세요:", ("소설", "시"))
# 또는 selectbox를 사용하여 드롭다운 메뉴로 사용할 수 있습니다.
# option = st.selectbox("작성을 원하는 항목을 선택하세요:", ("소설", "시"))

# 버튼을 만들어 사용자가 클릭하면 API 요청을 보내도록 합니다.
if st.button("작성 요청 보내기"):
    if option == "소설":
        # 소설 작성 API에 POST 요청을 보냅니다.
        response = requests.post("http://localhost:8000/openai/novel/invoke",
                                 json={'input': {'topic': topic}})
    else:
        # 시 작성 API에 POST 요청을 보냅니다.
        response = requests.post("http://localhost:8000/openai/poem/invoke",
                                 json={'input': {'topic': topic}})

    # 응답을 JSON 형식으로 받아와서 출력합니다.
    if response.status_code == 200:
        st.write(f"### {option} 응답")
        content = response.json().get('output', {}).get('content', '답변이 없습니다.')
        st.write(content)
        # content를 파일로 저장할 수 있도록 다운로드 버튼을 만듭니다.
        st.download_button(
            label="결과 다운로드",
            data=content,
            file_name=f"{option}_result.txt",
            mime="text/plain"
        )
    else:
        st.write(f"{option} API 요청에 실패했습니다.")
```

09 Streamlit 애플리케이션에서 이러한 JSON 응답을 처리할 때, 모델별로 응답 구조가 다르기 때문에 이를 구분하여 파싱해야 합니다. Ollama 모델의 응답 구조는 간단하여, output

필드에서 직접 텍스트를 추출할 수 있습니다. API로부터 받은 응답을 JSON 형식으로 파싱하여 content 변수에 저장합니다.

streamlit_ollama.py
```
content = response.json()
```

Ollama 모델의 경우 'output' 필드 안에 생성된 텍스트가 직접 포함됩니다. 'output' 필드에 담긴 생성된 텍스트를 화면에 출력합니다.

streamlit_ollama.py
```
st.write(content['output'])

if response.status_code == 200:
    st.write(f"### {option} 응답")
    content = response.json()
    st.write(content['output'])
    # content를 파일로 저장할 수 있도록 다운로드 버튼을 만듭니다.
    st.download_button(
        label="결과 다운로드",
        data=content["output"],
        file_name=f"{option}_result.txt",
        mime="text/plain"
    )
```

10 OpenAI 모델의 응답 구조는 output 객체 내부의 content 필드를 통해 텍스트를 추출해야 합니다. API로부터 받은 응답을 JSON 형식으로 파싱하고, 'output' 필드 내부의 'content' 필드에서 생성된 텍스트를 추출합니다. 만약 'content' 필드가 존재하지 않을 경우 '답변이 없습니다.'라는 기본 메시지를 사용합니다.

streamlit_openAI.py
```
content = response.json().get('output', {}).get('content', '답변이 없습니다.')
```

생성된 텍스트를 화면에 출력합니다.

```
streamlit_openAI.py
```

```python
st.write(content)

if response.status_code == 200:
    st.write(f"### {option} 응답")
    content = response.json().get('output', {}).get('content', '답변이 없습니다.')
    st.write(content)
    # content를 파일로 저장할 수 있도록 다운로드 버튼을 만듭니다.
    st.download_button(
        label="결과 다운로드",
        data=content,
        file_name=f"{option}_result.txt",
        mime="text/plain"
    )
```

11 Streamlit 애플리케이션을 실행하려면 터미널에서 다음 명령어를 입력합니다.

```
명령어
```

```
streamlit run streamlit_ollama.py
```

또는 OpenAI 모델을 사용하려면 다음 명령어를 입력합니다.

```
명령어
```

```
streamlit run streamlit_openAI.py
```

12 이 명령어를 실행하면 기본 웹 브라우저가 열리며 Streamlit 애플리케이션이 로드됩니다. 만약 브라우저가 자동으로 열리지 않는 경우, 터미널에 표시되는 URL을 복사하여 브라우저에 붙여 넣으면 됩니다. 앞에서 만들었던 FastAPI 백엔드 서버가 실행 중이어야 애플리케이션이 정상적으로 동작합니다.

```
You can now view your Streamlit app in your browser.

Local URL: http://localhost:8501
Network URL: http://192.168.0.14:8501

For better performance, install the Watchdog module:

$ xcode-select --install
$ pip install watchdog
```

Langchain API Client Ollama

주제에 맞는 소설과 시를 작성해주는 API 클라이언트입니다.

주제를 입력하세요:

사랑에 대해서

작성을 원하는 항목을 선택하세요:

◉ 소설
○ 시

작성 요청 보내기

소설 응답

사랑은 무엇일까?

어릴적부터 많은 사람이 말해주었듯이, 사랑은 세상에서 가장 아름다운 것이라고들 한다. 그러나 그 정의가 뭘까? 사랑을 생각하면 사람들은 자기를 잊고, 다른 사람을 생각하고, 모두를 위해서 노력할 수 있게 만들어 준다고 생각한다.

사랑이란 어떤 것도 아니면서, 모든 것이도 된다는 것 같다. 그것은 자유로운 마음에 이끄는 선물이다. 그저그랬다

내가 사랑하는 여자의 웃음은 세상에서 가장 아름답다. 그녀의 눈과 코와 입술의 형태가 모두 완벽하게 조합되어 보이기 때문이다.

사랑에 빠진 사람들은 그만한 이유가 있다. 사랑은 자기를 잊게 해준다. 자신을 생각하지 않고, 다른 사람을 생각할 수 있게 해준다. 마치 천국 같은 느낌이 들 정도로 자유롭고 순수하다.

그녀는 나에게 있어 완벽한 존재다. 내 생각과 믿음, 그리고 의지는 모두 그녀와 함께야만 가능하고, 그녀를 잃은 순간 모든 것이 무의미하게 된다.

사랑에 빠져 있는 것은 자기를 잊었을 때가 아니다. 그대신 다른 사람을 생각할 수 있게 해준다는 것을 의미한다. 그녀를 위해 내 삶을 바꾸어보는 것 자체가 가장 큰 사랑이다.

결과 다운로드

13 [결과 다운로드] 버튼을 누르면 다음 이미지처럼 동작합니다.

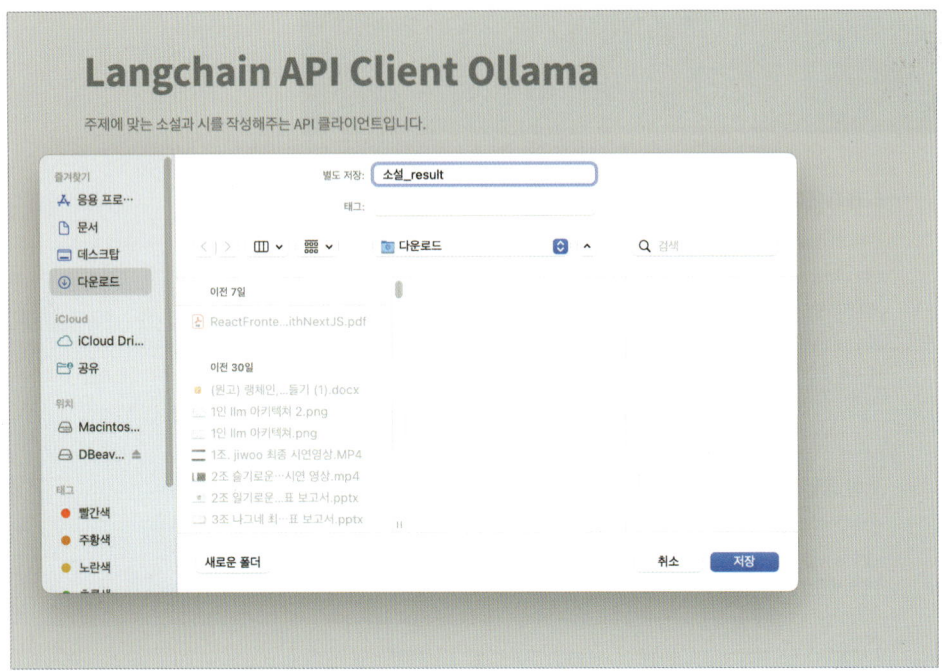

Ollama와 OpenAI 모델은 JSON 응답 객체의 구조가 다르기 때문에 이를 처리하는 코드도 각 모델의 구조에 맞게 별도로 작성해야 합니다. 이러한 접근 방식을 통해 두 모델의 응답을 효과적으로 처리하고 사용자에게 일관된 경험을 제공할 수 있습니다. 이를 통해 창의적인 작업을 보다 효과적으로 수행하고, 다양한 AI 모델의 가능성을 탐구할 수 있을 것입니다.

Part 07

랭그래프와 Agentic RAG를 활용한 에이전트

Chapter 17 도구를 사용하는 AI 에이전트 만들기

Chapter 18 랭그래프를 활용한 AI 에이전트 만들기

Chapter 19 Agentic RAG로 지능형 정보 검색 시스템 만들기

17 도구를 사용하는 AI 에이전트 만들기

검색, 계산, 문서 요약 등 다양한 기능을 가진 툴을 조합하여 사용자 질문에 능동적으로 대응하는 AI 에이전트를 구현합니다. 에이전트가 질문에 맞는 도구를 선택해 자동으로 처리하는 흐름을 구성합니다.

학습 목표

랭체인을 사용하여 다양한 외부 API와 데이터를 활용하는 에이전트를 구현하는 방법을 배웁니다. LLM을 중심으로 Wikipedia, arXiv 등 다양한 툴을 조합하여 사용자의 질문에 대한 답변을 제공하는 시스템을 만들 것입니다.

핵심 키워드

- AgentExecutor
- Wikipedia API
- arXiv API

랭체인에서 에이전트agent는 LLM이 주어진 목적을 달성하기 위해 여러 개의 도구(Tool)를 순차적으로 선택하고 실행하도록 구성된 동적 실행 엔진입니다. 에이전트는 사용자의 입력(질문 또는 명령)에 따라 어떤 도구를 사용할지 스스로 결정하고, 각 도구에서 얻은 정보를 바탕으로 다음 행동을 계획하며 최종 응답을 생성합니다.

시스템의 주요 구성 요소

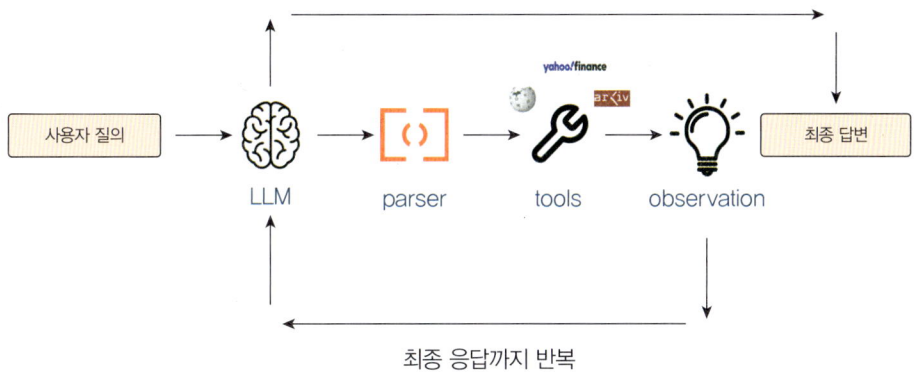

① **LLM**: 시스템의 중심으로, 사용자가 입력한 질문을 이해하고 적절한 도구를 호출해 데이터를 처리하는 역할을 합니다. 이 시스템에서는 OpenAI의 GPT 모델을 사용하여 자연어로 된 질문을 처리하고 다양한 툴과 상호작용할 수 있도록 합니다.

② **Parser(파서)**: LLM이 사용자 질문을 분석한 후 적절한 도구를 호출하는 역할을 합니다. 예를 들어, 논문 검색과 관련된 질문을 받으면 arXiv API를 호출하는 방식입니다.

③ **Tools(툴)**: 시스템에서 활용되는 실제 API들이며 각각의 툴은 특정한 목적을 가지고 데이터를 처리합니다. Wikipedia API, arXiv 논문 검색 API 등이 있으며 사용자의 질문에 맞는 정보를 검색하여 제공합니다.

④ **Observation(관찰)**: 툴이 반환한 결과를 LLM이 다시 분석하고 해석하는 단계입니다. 각 툴이 제공한 데이터를 바탕으로 LLM은 최종적인 답변을 만들어냅니다.

⑤ **최종 답변**: LLM이 도구로부터 받은 데이터를 바탕으로 사용자의 질문에 대한 답변을 생성하는 단계입니다. 사용자가 원하는 정보를 얻을 때까지, 이 과정은 툴 호출과 관찰 단계를 반복할 수 있습니다.

패키지 및 도구 설정

01 에이전트를 구현하기 위해 필요한 패키지를 설치합니다. 여기에서는 **Wikipedia API, arXiv 논문 검색 API**를 사용합니다. 에이전트 사용에 필요한 프롬프트를 LangChain Hub에서 내려받아 진행하겠습니다.

> **궁금해요** **LangChain Hub**
>
> 프롬프트, 체인, 에이전트 등 랭체인의 핵심 구성 요소들을 공유하고 탐색하며 관리할 수 있는 오픈 커뮤니티 플랫폼입니다. 이를 통해 사용자는 실무에 활용 가능한 다양한 프롬프트와 체인을 빠르게 확인하고 직접 다운로드하거나, 자신이 작성한 프롬프트를 업로드하여 기여할 수 있으며 파이썬 또는 JS/TS SDK를 통해 손쉽게 push/pull 기능을 사용할 수 있습니다.

명령어
```
pip install wikipedia  # Wikipedia API 사용 패키지
pip install arxiv  # arXiv 논문 검색 패키지
pip install langchainhub # langchainhub prompt 다운로드
```

02 에이전트는 LLM과 다양한 툴을 결합하여 사용자로부터 입력을 받았을 때 필요한 데이터를 가져오고, 그 데이터를 처리하여 답변을 제공합니다.

langchain_agent.py
```python
# Agents 생성을 위한 참조 Agent Executer
from langchain.agents import AgentExecutor

# 벡터 DB를 agent에게 전달하기 위한 tool 생성
from langchain.agents import create_openai_tools_agent

# langchainhub 에서 제공하는 prompt 사용
from langchain import hub
```

03 arXiv API를 사용하여 최신 논문을 검색하는 도구를 설정합니다. 사용자가 학술 자료를 요청했을 때 arXiv API에서 논문을 검색하고 결과를 제공합니다.

```
langchain_agent.py
```
```
# arXiv 논문 검색을 위한 tool 생성
from langchain_community.utilities import arXivAPIWrapper
from langchain_community.tools import arXivQueryRun
```

04 네이버 뉴스에서 최신 기사를 로드하고 이를 벡터화하여 검색이 가능한 형태로 만듭니다. OpenAI의 임베딩을 사용하여 FAISS 벡터 스토어에 저장하고, 이 데이터를 검색할 수 있습니다.

```
langchain_agent.py
```
```
# 벡터 DB 구축 및 검색 도구
from langchain.tools.retriever import create_retriever_tool
from langchain_text_splitters import RecursiveCharacterTextSplitter
from langchain_openai import OpenAIEmbeddings

# langchain 공식 문서 검색을 위한 검색기 역할을 하는 벡터 DB 생성
from langchain_community.vectorstores import FAISS
from langchain_community.document_loaders import WebBaseLoader
```

05 Wikipedia에서 다양한 주제에 대한 데이터를 가져오는 도구를 설정합니다. 사용자로부터 입력된 질의에 따라 Wikipedia에서 관련 정보를 검색하고 결과를 반환합니다.

```
langchain_agent.py
```
```
# agent tools 중 wikipedia 사용
from langchain_community.utilities import WikipediaAPIWrapper
from langchain_community.tools import WikipediaQueryRun
```

06 OpenAI GPT 모델을 사용하여 사용자의 질문을 이해하고 필요한 툴을 호출하여 데이터를 처리합니다. 여기서는 GPT-4 모델의 경량 버전을 사용하며 일관성 있는 결과를 위해 온도(temperature)를 0.1로 설정합니다.

```
langchain_agent.py
```
```python
# openAI LLM 설정
from langchain_openai import ChatOpenAI
import os
from dotenv import load_dotenv
load_dotenv()
# 모델은 GPT-4o로도 설정할 수 있습니다.
openai = ChatOpenAI(
    model="gpt-4o-mini", api_key=os.getenv("OPENAI_API_KEY"), temperature=0.1)
```

07 프롬프트 템플릿은 사용자의 입력을 처리하고 그에 따라 툴을 호출할 수 있도록 에이전트의 동작 방식을 정의합니다.

```
langchain_agent.py
```
```python
# agent 시뮬레이션을 위한 prompt 참조
# hub에서 가져온 prompt를 agent에게 전달하기 위한 prompt 생성
prompt = hub.pull("hwchase17/openai-functions-agent")
```

09 에이전트가 사용할 다양한 도구를 정의합니다.

① Wikipedia 도구 (wiki)

WikipediaAPIWrapper를 사용하여 API 호출 시 반환할 결과의 개수(top_k_results)와 문서의 최대 본문 길이(doc_content_chars_max)를 각각 1과 200으로 제한합니다. 설정한 API 래퍼를 인자로 하여 WikipediaQueryRun을 초기화합니다.

```
langchain_agent.py
```
```python
api_wrapper = WikipediaAPIWrapper(top_k_results=1, doc_content_chars_max=200)

wiki = WikipediaQueryRun(api_wrapper=api_wrapper)

print(wiki.name)
```

② 네이버 뉴스 로딩 및 문서 분할

네이버 뉴스 웹페이지에서 기사를 로드합니다. 로드된 문서는 RecursiveCharacterTextSplitter를 사용하여 각 문서를 작은 덩어리로 나누어 처리합니다. 이를 통해 벡터화된 각 문서의 검색이 용이해집니다.

```
langchain_agent.py
```

```python
# 네이버 기사 내용을 가져와서 벡터 DB 생성
loader = WebBaseLoader("https://news.naver.com/") # 네이버 뉴스 웹 페이지 로드
docs = loader.load() # 웹 문서 로드
# 문서를 1000자의 덩어리로 나누되, 각 덩어리의 200자 정도는 중첩되도록 설정
documents = RecursiveCharacterTextSplitter(
    chunk_size=3000, chunk_overlap=200).split_documents(docs)
```

③ 벡터 데이터베이스 생성 및 검색기 생성

위에서 분할한 문서를 OpenAI의 임베딩 모델을 사용하여 벡터로 변환한 후, 이를 FAISS 벡터 스토어에 저장합니다. 이후 저장된 벡터 데이터베이스를 통해 검색할 수 있도록 retriever(검색기)로 변환합니다.

```
langchain_agent.py
```

```python
# 문서를 임베딩하고 FAISS 벡터 DB로 저장
vectordb = FAISS.from_documents(documents, OpenAIEmbeddings())
retriever = vectordb.as_retriever() # 벡터 DB를 검색기로 변환

# 검색기 객체 출력 확인
print(retriever)
```

④ 검색 도구 정의

검색된 네이버 뉴스 데이터를 처리하기 위한 툴을 정의합니다. 이 툴은 사용자가 "네이버 뉴스에 대해 궁금한 사항"을 질문했을 때 해당 DB에서 검색 결과를 반환합니다.

create_retriever_tool 함수는 랭체인에서 검색 기반 툴을 생성할 때 사용되며, 이 예제에서는 네이버 뉴스 데이터를 처리하기 위한 툴을 정의합니다. 이 툴은 사용자가 "네이버 뉴스에 대해 궁금한 사항"을 질문했을 때, Chroma 등 벡터 데이터베이스에서 유사 문서를 검색하는 retriever 객체를 활용하여 관련 뉴스 기사를 찾아 반환합니다. "naver_news_search"는 이 툴의 내부 식별자로, 에이전트가 툴을 선택할 때 사용되며 마지막 문자열은 사용자 질문과 연결될 설명으로써 이 툴이 어떤 용도이며 언제 사용해야 하는지 에이전트에게 명확히 안내하는 역할을 합니다.

```
langchain_agent.py
```

```python
# 검색 도구 생성
retriever_tool = create_retriever_tool(
    retriever, "naver_news_search", "네이버 뉴스 정보가 저장된 벡터 DB, 당일 기사에 대해 궁금하면 이 툴을 사용하세요!")
# 툴 이름 출력 확인
print(retriever_tool.name)
```

⑤ **arXiv 논문 검색 도구**

arXiv는 최신 논문을 검색할 수 있는 오픈 데이터베이스입니다. arXiv API를 사용해 최신 논문을 검색하고 필요한 정보를 제공하는 도구를 구현합니다. arXiv API를 호출할 때, 최대 1개의 결과만 반환하고 반환된 문서의 본문 길이를 200자로 제한합니다. 메타데이터를 모두 로드하지 않도록 설정합니다.

langchain_agent.py

```python
# arXiv API 설정 : top_k_results = 결과 수, doc_content_chars_max = 문서 길이 제한
arxiv_wrapper = arXivAPIWrapper(
    top_k_results=1, doc_content_chars_max=200, load_all_available_meta=False,)
arxiv = arXivQueryRun(api_wrapper=arxiv_wrapper)
# arXiv tool 이름 출력 확인
print(arxiv.name)
```

에이전트와 도구 통합

01 이제 OpenAI의 GPT 모델을 사용해 사용자가 입력한 질문을 처리하고, 필요한 도구를 호출하여 데이터를 검색한 후 최종 답변을 반환하는 에이전트를 정의합니다. 여기서는 Wikipedia, 네이버 뉴스 검색기, arXiv 도구를 통합하여 에이전트를 생성합니다.

langchain_agent.py

```python
# agent가 사용할 tool을 정의하여 tools에 저장
tools = [wiki, retriever_tool, arxiv]
# agent llm 모델을 openai로 정의하고 tools, prompt를 입력하여 agent를 완성
agent = create_openai_tools_agent(llm=openai, tools=tools, prompt=prompt)
```

02 에이전트를 실행하여 사용자의 질문에 대해 답변을 생성합니다. verbose=True로 설정하여 에이전트가 각 단계를 어떻게 처리하는지 출력하게 됩니다. 다음은 예시로 'LLM 관련 최신 논문, 부동산 관련 주요 소식'을 질문해봤습니다.

langchain_agent.py

```python
# agent Execute 정의 부분 verbose=True로 설정하면 agent 실행 과정을 출력합니다.
agent_executor = AgentExecutor(agent=agent, tools=tools, verbose=True)
```

```
# agent_result = agent_executor.invoke({"input": "llm 관련 최신 논문을 알려줘"})

agent_result = agent_executor.invoke({"input": "오늘 부동산 관련 주요 소식을 알려줘"})

#결과 출력
print(agent_result)
```

사용자가 "오늘 부동산 관련 주요 소식"을 질문하면, 에이전트는 naver_news_search를 호출하여 관련 데이터를 가져오고, 그 결과를 바탕으로 GPT 모델이 적절한 답변을 생성하여 반환합니다. 만약 질문이 "llm 관련 최신 논문을 알려줘"라면, 에이전트는 arXiv API를 호출하여 논문 데이터를 가져와 답변을 생성합니다. 에이전트는 질문의 내용을 분석하여 가장 적합한 도구를 자동으로 선택하고, 필요한 데이터를 검색한 후 이를 종합하여 사용자가 이해하기 쉽게 답변을 제공합니다.

03 최종 실행 결과는 다음과 같습니다.

{'input': '오늘 부동산 관련 주요 소식을 알려줘', 'output': "오늘 부동산 관련 주요 소식은 다음과 같습니다:\n\n1. **서울 아파트 대출 제한**: 서울의 아파트 74%가 대출 제한의 영향을 받고 있다는 보도가 있습니다. 이는 대출 규제가 강화되면서 많은 구매자들이 어려움을 겪고 있다는 것을 의미합니다.\n2. **주담대 대출 규제**: 6월 27일에 발표된 주담대 대출 규제에 따르면, 중위 소득자에 대한 대출 한도에는 큰 영향이 없다는 분석이 나왔습니다. 그러나 대출 규제가 강화되면서 시장에 미치는 영향은 클 것으로 예상됩니다.\n3. **영등포 뉴타운 개발**: '리버센트 푸르지오 위브'라는 새로운 아파트 단지가 영등포 뉴타운에서 분양을 시작했습니다. 이는 지역 개발과 관련된 긍정적인 소식으로 보입니다.\n4. **대출 규제로 인한 혼란**: 대출이 묶이면서 분양 시장에서 혼란이 발생하고 있다는 보도가 있습니다. 특히, 전세를 끼고 집을 구매한 집주인들이 대출 규제로 인해 곤혹을 겪고 있다는 내용이 전해졌습니다.\n5. **서울 부동산 시장의 패닉**: 초강력 대출 규제로 인해 서울 부동산 시장에서 패닉이 일어나고 있으며, 급등 지역에서 조정이 있을 것이라는 전망이 나오고 있습니다.\n\n이와 같은 소식들은 현재 부동산 시장의 변화와 대출 규제의 영향을 잘 보여주고 있습니다."}

최종적으로 에이전트는 각 도구에서 제공되는 데이터를 기반으로 사용자가 원하는 정보를 이해하기 쉽게 정리하여 반환하며 사용자의 요구에 맞는 자동화된 응답 시스템을 구현합니다.

18 랭그래프를 활용한 AI 에이전트 만들기

랭그래프를 활용해 에이전트의 상태 흐름을 정의하고, 조건에 따라 반복·분기 처리되는 복합 워크플로를 설계합니다. 신뢰성 높은 에이전트 시스템 구축을 위한 전체 흐름을 실습합니다.

학습 목표

랭그래프를 활용하여 에이전트의 행동을 세밀하게 제어하고, 오류 복구 및 Human-in-the-Loop 기능을 포함한 신뢰성 높은 AI 에이전트 시스템을 구축하는 전체 과정을 학습합니다. 이를 통해 단일, 다중, 계층적 작업 흐름을 유연하게 설계하고 지속성 및 실시간 스트리밍을 지원하는 에이전트 워크플로를 구현하는 방법을 학습합니다.

핵심 키워드

- 랭그래프
- StateGraph 및 Workflow
- MemorySaver
- Human-in-the-Loop
- 조건부 사이클 및 분기

랭그래프의 주요 기능

랭그래프LangGraph는 단일 에이전트, 다중 에이전트, 계층적 또는 순차적 작업 흐름을 손쉽게 구현할 수 있는 유연한 API를 제공합니다. 이를 통해 복잡한 작업들을 안정적으로 처리할 수 있습니다. 특히 에이전트의 행동을 세밀하게 제어하고, 오류나 비정상적인 동작을 방지하기 위한 모니터링 및 품질 보증 루프를 간편하게 추가할 수 있습니다. 랭그래프는 랭체인과 랭스미스와의 통합을 지원하지만 독립적으로 사용할 수도 있습니다. 내장된 지속성 기능을 통해 상태를 유지하고 Human-in-the-Loop(HITL) 기능을 활성화하여 더욱 정교한 에이전트 시스템을 구축할 수 있습니다.

- **사이클 및 분기**: 애플리케이션에서 루프와 조건문을 구현할 수 있습니다.
- **지속성**: 그래프의 각 단계 후 자동으로 상태를 저장합니다. 그래프 실행을 언제든지 일시 중지하고 다시 시작하여 오류 복구, Human-in-the-Loop 워크플로, 시간 여행 등을 지원합니다.
- **Human-in-the-Loop**: 개발 및 운영 과정에 인간이 참여하여 시스템의 성능을 개선하고 신뢰성을 높이는 방식. 에이전트가 계획한 다음 작업을 승인하거나 수정하기 위해 그래프 실행을 중단할 수 있습니다.
- **스트리밍 지원**: 각 노드에서 생성된 출력(토큰 스트리밍 포함)을 실시간으로 스트리밍할 수 있습니다.

랭그래프를 사용하여 유연하고 신뢰성 높은 AI 에이전트 시스템을 구축하는 과정을 단계별로 설명합니다. 최종적으로는 에이전트의 행동을 제어하고, 인간의 개입과 품질 보증 루프를 통해 신뢰성을 높인 시스템을 구현하게 됩니다. 실습 환경으로 JupyterLab을 사용합니다.

기본 도구 설치 및 설정

01 먼저 터미널에서 `jupyter lab` 명령어를 입력해 JupyterLab을 실행합니다. 실행된 JupyterLab 내부에서 랭그래프 라이브러리를 설치하려면 `%pip` 명령어를 사용하세요. 만약 터미널에서 설치하고자 한다면 `pip install langgraph==0.2.76` 명령어를 입력하면 됩니다.

명령어

```
#jupyter
%pip install langgraph==0.2.76
#Terminal
pip install langgraph==0.2.76
```

02 GPT 사용을 위한 OpenAI API 키를 세팅합니다. 에이전트를 초기화하기 전에 필요한 환경 변수, 특히 OpenAI API 키를 로드합니다.

langGraph-basic.ipynb

```python
import os
from dotenv import load_dotenv

# .env 파일에서 환경 변수를 로드합니다.
load_dotenv()

# 환경 변수에서 OpenAI API 키를 가져옵니다.
openai_api_key = os.getenv("OPENAI_API_KEY")

# API 키가 존재하지 않는 경우 에러를 발생시킵니다.
if not openai_api_key:
    # API 키가 없다는 에러 메시지를 출력하고 프로그램을 종료합니다.
    raise ValueError("OpenAI API 키가 없습니다. 한 번 더 확인 부탁드립니다.")
```

03 에이전트가 사용할 도구를 정의합니다. 여기서는 사용자가 요청한 요리의 레시피를 제공하는 `recommend_recipe` 도구를 만듭니다.

langGraph-basic.ipynb

```python
from typing import Annotated, Literal, TypedDict
from langchain_core.messages import HumanMessage
from langchain_openai import ChatOpenAI
from langchain_core.tools import tool
from langgraph.checkpoint.memory import MemorySaver
from langgraph.graph import END, StateGraph, MessagesState
from langgraph.prebuilt import ToolNode
# 에이전트가 사용할 도구 정의
@tool
def recommend_recipe(dish: str):
    """주어진 요리에 대한 간단한 레시피를 제공합니다."""
    recipes = {
        "파스타": "재료: 스파게티 면, 토마토 소스, 올리브 오일, 마늘. 면을 삶고 소스를 부어주세요.",
        "불고기": "재료: 소고기, 간장, 설탕, 마늘. 고기를 양념에 재워 볶아주세요.",
        "샐러드": "재료: 양상추, 토마토, 오이, 드레싱. 채소를 썰어 드레싱과 버무려주세요."
    }
```

```python
        return recipes.get(dish, "죄송하지만 해당 요리의 레시피를 찾을 수 없습니다.")
# 도구 리스트에 추가
tools = [recommend_recipe]

# ToolNode 생성
tool_node = ToolNode(tools)
```

- @tool 데코레이터를 사용하여 recommend_recipe 함수를 랭그래프에서 사용할 수 있는 도구로 정의합니다.
- recipes 딕셔너리를 통해 간단한 요리 레시피를 제공합니다.

워크플로 그래프 생성 및 상태 관리

01 LLM 모델을 초기화하고 에이전트의 행동을 제어하기 위한 워크플로 그래프를 생성합니다.

langGraph-basic.ipynb
```python
# 모델을 GPT로 변경
model = ChatOpenAI(model="gpt-4o-mini", temperature=0).bind_tools(tools)

# 계속할지 여부를 결정하는 함수 정의
def should_continue(state: MessagesState):
    messages = state['messages']
    last_message = messages[-1]
    # LLM이 도구 호출을 하면 "tools" 노드로 라우팅
    if last_message.tool_calls:
        return "tools"
    # 그렇지 않으면 중지(사용자에게 응답)
    return END

# 모델을 호출하는 함수 정의
def call_model(state: MessagesState):
    messages = state['messages']
    response = model.invoke(messages)
    # 기존 목록에 추가되기 때문에 목록을 반환합니다.
    return {"messages": [response]}

# 새로운 그래프 정의
workflow = StateGraph(MessagesState)

# 사이클링할 두 노드 정의
```

```python
workflow.add_node("agent", call_model)
workflow.add_node("tools", tool_node)

# 진입점을 `agent`로 설정
# 이는 첫 번째로 호출되는 노드를 의미합니다.
workflow.set_entry_point("agent")

# 조건부 경로 추가
workflow.add_conditional_edges(
    # 먼저, 시작 노드를 정의합니다. `agent`를 사용합니다.
    # 이는 `agent` 노드가 호출된 후의 경로를 의미합니다.
    "agent",
    # 다음으로, 어느 노드가 다음에 호출될지 결정하는 함수를 전달합니다.
    should_continue,
)

# `tools`에서 `agent`로의 일반 경로 추가
# 이는 `tools`가 호출된 후 `agent` 노드가 다음에 호출된다는 것을 의미합니다.
workflow.add_edge("tools", 'agent')
```

- ChatOpenAI 모델을 초기화하고, .bind_tools(tools)를 통해 도구를 모델에 바인딩합니다.
- should_continue 함수는 에이전트의 응답에 따라 다음에 실행할 노드를 결정합니다.
  - 에이전트가 도구를 호출하면 tools 노드로 이동합니다.
  - 그렇지 않으면 실행을 종료합니다.
- call_model 함수는 현재 메시지 상태를 받아 모델을 호출하고 응답을 반환합니다.
- StateGraph를 사용하여 워크플로를 정의하고 필요한 노드를 추가합니다.
- 진입점을 agent로 설정하고, 조건부 및 일반 경로를 정의합니다.

02 그래프 실행 간 상태를 유지하기 위해 메모리 체크포인터를 설정하고, 워크플로를 컴파일합니다.

langGraph-basic.ipynb

```python
# 그래프 실행 간 상태를 유지하기 위해 메모리 초기화
checkpointer = MemorySaver()

# 마지막으로 컴파일합니다!
# 그래프를 컴파일할 때 메모리를 옵션 checkpointer로 전달할 수 있습니다.
app = workflow.compile(checkpointer=checkpointer)
```

- MemorySaver를 사용하여 그래프 실행 간 상태를 메모리에 저장합니다.
- workflow.compile(checkpointer=checkpointer)을 통해 워크플로를 컴파일하여 실행 가능한 애플리케이션 app을 생성합니다. 그래프를 컴파일할 때 메모리를 옵션 checkpointer로 전달할 수 있습니다.

03 에이전트와 상호작용하여 레시피를 요청하고, 결과를 확인합니다.

langGraph-basic.ipynb
```
# 에이전트와의 상호작용
final_state = app.invoke(
    {"messages": [HumanMessage(content="불고기 레시피 알려줄래?")]},
    config={"configurable": {"thread_id": 100}}
)
final_state["messages"][-1].content
```

출력 결과

'불고기 레시피입니다. 재료는 소고기, 간장, 설탕, 마늘이며, 고기를 양념에 재워 볶아주시면 됩니다. 즐거운 요리 시간 되세요!'

- app.invoke()를 사용하여 에이전트와 대화를 시작합니다.
- thread_id를 설정하여 대화 세션을 유지합니다.
- 에이전트의 마지막 응답은 final_state["messages"][-1].content에 저장되며, 이를 출력합니다.

워크플로 그래프 시각화 및 에이전트와 상호작용

01 워크플로의 구조를 시각화하여 이해를 돕습니다.

langGraph-basic.ipynb
```
from IPython.display import Image, display
try:
    display(Image(app.get_graph().draw_mermaid_png()))
except Exception:
    pass
```

- `app.get_graph().draw_mermaid_png()`를 사용하여 그래프를 Mermaid 다이어그램으로 생성하고 이를 이미지로 표시합니다.
- try-except 블록은 그래프를 표시하는 중 오류가 발생할 경우를 대비한 것입니다.

그래프 구조는 다음 그림과 같습니다. agent 노드에서 시작하여, 에이전트의 응답에 따라 tools 노드로 이동하거나 종료합니다. tools 노드 실행 후에는 다시 agent 노드로 돌아옵니다. 이러한 구조를 통해 에이전트와 도구 간의 사이클링이 가능해집니다.

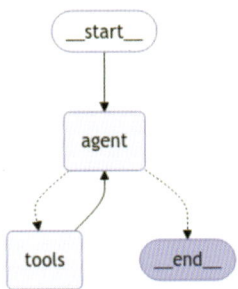

02 동일한 `thread_id`를 사용하여 이전 대화의 맥락을 유지하면서 에이전트에게 질문합니다.

langGraph-basic.ipynb

```
# 동일한 "thread_id"를 사용하여 Runnable을 다시 호출
final_state = app.invoke(
    {"messages": [HumanMessage(content="방금 어떤 레시피를 알려주었지?")]},
    config={"configurable": {"thread_id": 100}}
)
final_state["messages"][-1].content
```

출력 결과

'방금 전에 알려드린 레시피는 불고기 레시피입니다. 해당 레시피의 재료는 소고기, 간장, 설탕, 마늘이며, 고기를 양념에 재워 볶아주시면 됩니다. 요리를 즐기세요!'

이전과 동일한 `thread_id`를 사용하여 대화를 이어나갑니다. 에이전트는 이전에 제공한 정보를 기억하고, 이에 따라 응답합니다. 이는 메모리 체크포인터를 통해 상태가 유지되기 때문입니다.

이 예제를 통해 랭그래프를 활용하여 사용자와 상호작용하며 도구를 사용하는 상태 기반 에이전트 시스템을 구축하는 방법을 배웠습니다. 랭그래프의 유연한 워크플로와 상태 관리 기능을 통해 에이전트의 행동을 세밀하게 제어하고, 대화의 맥락을 유지하며, 신뢰성 높은 시스템을 구현할 수 있습니다.

19 Agentic RAG로 지능형 정보 검색 시스템 만들기

다양한 도구와 프롬프트를 활용해 정보를 검색·가공·응답하는 RAG 시스템을 그래프 형태로 구성합니다. 각 단계의 처리를 시각화하고, 고도화된 답변 생성 흐름을 실습합니다.

▎학습 목표

Agentic RAG를 활용하여 사용자의 질문에 따라 관련 문서를 검색(retrieve), 검색 결과의 관련성을 평가하고 필요에 따라 질문을 재작성(rewrite)하고 최종 답변을 생성(generate)하는 지능형 정보 검색 시스템을 구축하는 전체 과정을 학습합니다. 이를 통해 랭체인과 랭그래프를 기반으로 동적 에이전트 워크플로를 설계하고, 검색 결과의 관련성을 평가하여 더욱 정교한 질의응답을 구현하는 방법을 학습합니다.

▎핵심 키워드

- Agentic RAG
- 질문 재작성
- 조건부 워크플로 및 상태 관리

에이전트의 흐름

다음 그림은 에이전트의 전체 흐름을 나타냅니다. 사용자의 질문이 입력되면 에이전트는 적절한 도구(tools)를 사용하여 정보를 검색(retrieve)하고, 이를 기반으로 답변을 생성(generate)합니다. 에이전트는 검색 결과의 관련성을 평가한 후, 경우에 따라 질문을 재작성(rewrite)하여 더욱 정확한 정보를 제공할 수 있습니다.

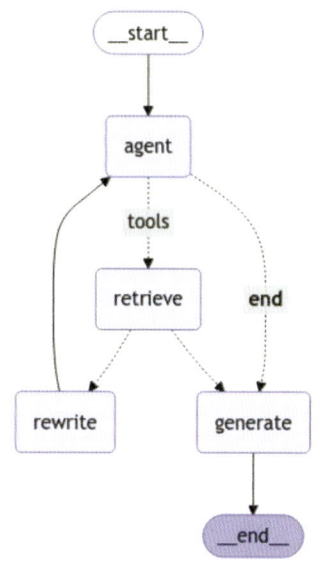

- **Agent**: 사용자의 질문을 받아 처리하는 주체로, 여러 도구와 상호작용합니다.
- **Tools**: 정보 검색에 사용되는 도구들로, 데이터베이스나 외부 API에서 관련 정보를 검색합니다.
- **Retrieve**: 도구를 활용해 사용자의 질문과 관련된 문서를 검색하는 과정입니다.
- **Rewrite**: 검색된 결과를 바탕으로 질문을 재구성하여 보다 정확한 답변을 생성하는 단계입니다.
- **Generate**: 최종적으로 사용자의 질문에 대한 답변을 생성하는 단계입니다.

이 과정에서 에이전트는 사용자의 질문을 여러 번 처리하고, 필요한 경우 관련된 질문을 재작성하여 보다 정교한 결과를 제공하게 됩니다. 이를 통해 사용자는 더욱 정확하고 관련성 높은 응답을 받을 수 있습니다. 또한 에이전트는 동적으로 자신의 행동을 제어하고 모니터링하여 신뢰성 있는 질의응답 시스템을 구현할 수 있습니다. 이번 실습 코드는 JupyterLab 환경에서 작성하고 실행할 수 있으며, 이를 통해 실시간으로 코드를 실습하고 확인할 수 있습니다.

기본 환경 설정

01 필요한 라이브러리를 임포트하고, OpenAI API 키를 설정합니다.

```
langGraph-agenticRag.ipynb
```
```python
import os
from dotenv import load_dotenv

# .env 파일에서 환경 변수를 로드합니다.
load_dotenv()

# 환경 변수에서 OpenAI API 키를 가져옵니다.
openai_api_key = os.getenv("OPENAI_API_KEY")
os.environ["OPENAI_API_KEY"] = openai_api_key

# API 키가 존재하지 않는 경우 에러를 발생시킵니다.
if not openai_api_key:
    raise ValueError("OpenAI API 키가 없습니다. 한 번 더 확인 부탁드립니다.")
```

에이전트 상태 정의

01 금융 정보를 제공하는 웹 페이지를 크롤링하고, 텍스트를 분할하여 벡터 스토어에 저장합니다.

```
langGraph-agenticRag.ipynb
```
```python
from langchain_community.document_loaders import WebBaseLoader
from langchain_community.vectorstores import Chroma
from langchain_openai import OpenAIEmbeddings
from langchain_text_splitters import RecursiveCharacterTextSplitter

# 크롤링할 웹 페이지 URL 목록
urls = [
    "https://finance.naver.com/",
    "https://finance.yahoo.com/",
    "https://finance.daum.net/",
]

# 각 URL에서 문서 로드
docs = [WebBaseLoader(url).load() for url in urls]
docs_list = [item for sublist in docs for item in sublist]

# 문서 분할 설정
```

```python
text_splitter = RecursiveCharacterTextSplitter.from_tiktoken_encoder(
    chunk_size=300, chunk_overlap=50
)
doc_splits = text_splitter.split_documents(docs_list)

# 벡터 스토어에 문서 추가
vectorstore = Chroma.from_documents(
    documents=doc_splits,
    collection_name="rag-chroma",
    embedding=OpenAIEmbeddings(),
)
retriever = vectorstore.as_retriever()
```

- **웹 페이지 크롤링**: WebBaseLoader를 사용하여 지정된 URL의 내용을 크롤링합니다. 네이버, 야후, 다음의 금융 페이지에서 데이터를 수집합니다.
- **문서 전처리**: 크롤링한 문서를 RecursiveCharacterTextSplitter를 사용하여 작은 청크로 분할합니다. chunk_size=300, chunk_overlap=50으로 설정하여 텍스트를 겹치면서 분할합니다.
- **벡터 스토어 생성**: OpenAIEmbeddings를 사용하여 분할된 문서를 임베딩합니다. Chroma 벡터 스토어에 임베딩된 문서를 저장합니다. retriever를 생성하여 나중에 문서 검색에 사용합니다.

02 에이전트의 상태를 정의하고, 문서 검색을 위한 도구를 생성합니다.

langGraph-agenticRag.ipynb

```python
from typing import Annotated, Sequence, TypedDict

from langchain_core.messages import BaseMessage

from langgraph.graph.message import add_messages

# 에이전트 상태를 나타내는 데이터 구조 정의
class AgentState(TypedDict):
    # add_messages 함수는 업데이트가 어떻게 처리되어야 하는지 정의합니다.
    # 기본값은 대체입니다. add_messages는 "추가"라고 말합니다.
    messages: Annotated[Sequence[BaseMessage], add_messages]
```

03 벡터 스토어에서 검색을 가능하게 하는 도구를 생성합니다.

```
langGraph-agenticRag.ipynb
```
```python
from langchain.tools.retriever import create_retriever_tool

# 검색 도구 생성
retriever_tool = create_retriever_tool(
    retriever,
    "retrieve_blog_posts",
    "네이버, 야후, 다음의 금융 관련 정보를 검색하고 반환합니다.",
)

tools = [retriever_tool]
```

- **에이전트 상태 정의**: AgentState 클래스를 정의하여 에이전트의 메시지 상태를 관리합니다. messages 필드는 add_messages로 주석 처리되어, 상태 업데이트 시 메시지를 추가하도록 지정합니다.
- **도구 생성**: create_retriever_tool 함수를 사용하여 문서 검색 도구를 생성합니다. 이전에 생성한 retriever를 사용하여 문서를 검색합니다. 도구의 이름과 설명을 지정합니다.

04 에이전트의 행동을 제어하고, 질문을 재작성하거나 답변을 생성하는 함수들을 정의합니다.

```
langGraph-agenticRag.ipynb
```
```python
from typing import Annotated, Literal, Sequence, TypedDict
from langchain import hub
from langchain_core.messages import BaseMessage, HumanMessage
from langchain_core.output_parsers import StrOutputParser
from langchain_core.prompts import PromptTemplate
from langchain_core.pydantic_v1 import BaseModel, Field
from langchain_openai import ChatOpenAI
from langgraph.prebuilt import tools_condition

#Edges
def grade_documents(state) -> Literal["generate", "rewrite"]:
    """
    검색된 문서가 질문과 관련이 있는지 평가합니다.

    Args:
        state (messages): 현재 상태

    Returns:
        str: 문서의 관련성에 따라 다음 노드 결정 ("generate" 또는 "rewrite")
    """
```

```python
    print("---문서 관련성 평가---")

    # 데이터 모델 정의
    class grade(BaseModel):
        """관련성 평가를 위한 이진 점수."""

        binary_score: str = Field(description="관련성 점수 'yes' 또는 'no'")

    # LLM 모델 정의
    model = ChatOpenAI(temperature=0, model="gpt-4o-mini", streaming=True)

    # LLM에 데이터 모델 적용
    llm_with_tool = model.with_structured_output(grade)

    prompt = PromptTemplate(
        template="""당신은 사용자 질문에 대한 검색된 문서의 관련성을 평가하는 평가자입니다.\n
        여기 검색된 문서가 있습니다:\n\n{context}\n\n
        여기 사용자 질문이 있습니다: {question}\n
        문서가 사용자 질문과 관련된 키워드 또는 의미를 포함하면 관련성이 있다고 평가하세요.\n
        문서가 질문과 관련이 있는지 여부를 나타내기 위해 'yes' 또는 'no'로 이진 점수를 주세요.""",
        input_variables=["context", "question"],
    )

    # 체인 생성
    chain = prompt | llm_with_tool

    messages = state["messages"]
    last_message = messages[-1]

    question = messages[0].content
    docs = last_message.content

    scored_result = chain.invoke({"question": question, "context": docs})

    score = scored_result.binary_score

    if score == "yes":
        print("---결정: 문서 관련성 있음---")
        return "generate"

    else:
        print("---결정: 문서 관련성 없음---")
```

```
            print(score)
            return "rewrite"
```

- **grade_documents 함수**: 검색된 문서가 사용자 질문과 관련이 있는지 평가합니다. binary_score를 사용하여 'yes' 또는 'no'로 관련성을 판단합니다. 관련성이 있으면 "generate"를 반환하여 답변 생성으로 이동하고, 없으면 "rewrite"를 반환하여 질문 재작성으로 이동합니다.
- **LLM 모델과 프롬프트**: ChatOpenAI 모델을 사용하며, 구조화된 출력(grade 데이터 모델)을 적용합니다. 프롬프트를 정의하여 LLM이 적절한 평가를 수행하도록 합니다.
- **agent 노드(함수)**: 현재 상태의 메시지를 받아 LLM을 호출하여 에이전트의 응답을 생성합니다. 필요한 경우 도구를 사용하여 검색을 수행합니다.

langGraph-agenticRag.ipynb
```
def agent(state):
    """
    현재 상태를 기반으로 에이전트 모델을 호출하여 응답을 생성합니다.
    주어진 질문에 따라 검색 도구를 사용하여 검색을 수행하거나 단순히 종료하기로 결정합니다.

    Args:
        state (messages): 현재 상태

    Returns:
        dict: 메시지에 에이전트 응답이 추가된 업데이트된 상태
    """
    print("---에이전트 호출---")
    messages = state["messages"]

    # 메세지가 제대로 전달되고 있는지 확인
    print("에이전트로 전달된 메시지들:",messages)

    model = ChatOpenAI(temperature=0, streaming=True, model="gpt-4o-mini")
    model = model.bind_tools(tools)
    response = model.invoke(messages)

    # 응답을 상태에 추가
    state["messages"].append(response)
    return state
```

- **rewrite 노드(함수)**: 질문을 재작성하여 더 명확하고 효과적인 질문을 생성하며, LLM을 사용하여 질문을 개선합니다.

langGraph-agenticRag.ipynb

```python
def rewrite(state):
    """
    질문을 재작성(변형)하여 더 나은 질문을 생성합니다.

    Args:
        state (messages): 현재 상태

    Returns:
        dict: 재구성된 질문으로 업데이트된 상태
    """

    print("---질문 변형---")
    messages = state["messages"]
    question = messages[0].content

    msg = [
        HumanMessage(
            content=f"""다음 입력을 보고 근본적인 의도나 의미를 파악해보세요.\n
            초기 질문은 다음과 같습니다:
            \n-------\n
            {question}
            \n-------\n
            개선된 질문을 만들어주세요:""",
        )
    ]
    # 평가자
    model = ChatOpenAI(temperature=0, model="gpt-4o-mini", streaming=True)
    response = model.invoke(msg)

    # 반환되는 메세지가 올바른지 확인
    print("Rewrite 단계에서의 응답:", response)
    # 상태 업데이트 - 기존 메시지에 새 메시지를 추가하여 상태를 업데이트
    state["messages"].append(response)
    return state
```

- **generate 노드(함수)**: 관련성이 있는 문서를 기반으로 최종 답변을 생성합니다. 프롬프트를 정의하여 LLM 이 적절한 답변을 생성하도록 합니다.

langGraph-agenticRag.ipynb

```python
def generate(state):
    """
    답변 생성

    Args:
        state (messages): 현재 상태

    Returns:
        dict: 재구성된 질문으로 업데이트된 상태
    """
    print("---생성---")
    messages = state["messages"]
    question = messages[0].content
    last_message = messages[-1]

    question = messages[0].content
    docs = last_message.content

    # 프롬프트
    # prompt = hub.pull("rlm/rag-prompt")
    # 프롬프트 정의
    prompt = PromptTemplate(
    template="""당신은 질문-답변 작업을 위한 어시스턴트입니다.
    아래 제공된 문맥을 사용하여 질문에 답변해주세요.
    답을 모를 경우 '모르겠습니다'라고 말해주세요. 답변은 최대 3문장으로 간결하게 작성하세요.

    질문: {question}
    문맥: {context}
    답변: """,
    input_variables=["context", "question"],
    )
    # LLM
    llm = ChatOpenAI(model_name="gpt-3.5-turbo", temperature=0, streaming=True)
    # 체인
    rag_chain = prompt | llm | StrOutputParser()
    # 실행
    response = rag_chain.invoke({"context": docs, "question": question})
    return {"messages": [response]}
```

워크플로 그래프 생성

01 랭그래프를 사용하여 워크플로 그래프를 생성하고, 노드와 경로를 설정합니다.

langGraph-agenticRag.ipynb

```python
from langgraph.graph import END, StateGraph, START
from langgraph.prebuilt import ToolNode
# 새로운 그래프를 정의합니다.
workflow = StateGraph(AgentState)
# 순환할 노드들을 정의합니다.
workflow.add_node("agent", agent)  # 에이전트 노드
retrieve = ToolNode([retriever_tool])
workflow.add_node("retrieve", retrieve)  # 검색 도구 노드
workflow.add_node("rewrite", rewrite)  # 질문 재작성 노드
workflow.add_node(
    "generate", generate
)  # 문서가 관련성이 있다고 판단된 후 응답 생성 노드
# 에이전트 노드를 호출하여 검색을 결정합니다.
workflow.add_edge(START, "agent")

# 검색 여부를 결정합니다.
workflow.add_conditional_edges(
    "agent",
    # 에이전트 결정 평가
    tools_condition,
    {
        # 조건 출력을 그래프 내 노드로 변환, 반환 값: 실행 노드
        "tools": "retrieve",
        END: "generate",
    },
)

# 검색 후 문서 관련성 평가
workflow.add_conditional_edges(
    "retrieve",
    # 에이전트 결정 평가
    grade_documents,
    {
        # 조건 출력을 그래프 내 노드로 변환, 반환 값: 실행 노드
        "generate" : "generate",
        "rewrite" : "rewrite"
    }
```

```
)
workflow.add_edge("generate", END)
workflow.add_edge("rewrite", "agent")
# 컴파일
graph = workflow.compile()
```

- **그래프 초기화**: StateGraph를 사용하여 워크플로를 생성하고, 상태 스키마로 AgentState를 사용합니다.
- **경로 설정**: 시작 노드에서 "agent"로 이동합니다. 에이전트의 결정(tools_condition)에 따라 "retrieve" 또는 "generate"로 이동합니다.
  - "retrieve" 후에는 grade_documents 함수를 통해 문서의 관련성을 평가하고, yes 이면 "generate", no이면 "rewrite"로 이동합니다.
  - "rewrite" 후에는 다시 "agent"로 돌아갑니다.
- **그래프 컴파일**: 모든 노드와 경로를 설정한 후 그래프를 컴파일하여 실행 가능한 형태로 변환합니다.
- **그래프 시각화**: graph.get_graph(xray=True).draw_mermaid_png()를 사용하여 그래프의 구조를 시각화합니다.

langGraph-agenticRag.ipynb
```
from IPython.display import Image, display
try:
    display(Image(graph.get_graph(xray=True).draw_mermaid_png()))
except Exception:
    pass
```

오른쪽은 에이전트가 도구로 정보를 검색한 후 재작성·생성 단계를 거쳐 최종 응답을 반환하는 RAG 워크플로 요약도입니다.

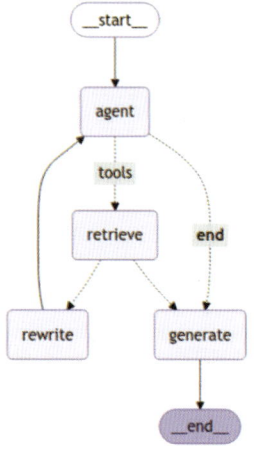

02 그래프를 실행하고 확인합니다.

langGraph-agenticRag.ipynb
```python
import pprint
inputs = {
    "messages": [
        ("user", "삼성전자 주가?"),
    ]
}

# inputs = {
#     "messages": [
#         ("user", "agentic rag가 어떤 의미야?"),
#     ]
# }
for output in graph.stream(inputs):
    for key, value in output.items():
        pprint.pprint(f"노드 '{key}'의 출력 결과:")
        pprint.pprint("---")
        pprint.pprint(value, indent=2, width=80, depth=None)
    pprint.pprint("\n---\n")
```

- inputs에 사용자의 질문을 설정합니다.
- graph.stream(inputs)를 사용하여 그래프를 실행하고, 각 노드의 출력을 순서대로 확인합니다.
- pprint를 사용하여 각 노드의 출력 내용을 보기 좋게 출력합니다.

03 출력 결과 화면을 확인합니다.

```
---에이전트 호출---
에이전트로 전달된 메시지들: [HumanMessage(content='삼성전자 주가?', additional_kwargs={}, response_metadata={}, id='f8b8146f-73ce-4a9e-b6ae-4c872c88cf2b')]
"노드 'agent'의 출력 결과:"
'---'
{ 'messages': [ HumanMessage(content='삼성전자 주가?', additional_kwargs={}, response_metadata={}, id='f8b8146f-73ce-4a9e-b6ae-4c872c88cf2b'),
                AIMessage(content='', additional_kwargs={'tool_calls': [{'index': 0, 'id': 'call_9wRYW3GUS4eEAyPccYnTgzYc', 'function': {'arguments': '{"query":"삼성전자 주가"}', 'name': 'retrieve_blog_posts'}, 'type': 'function'}]}, response_metadata={'finish_reason': 'tool_calls', 'model_name': 'gpt-4o-mini-2024-07-18', 'system_fingerprint': 'fp_8552ec53e1'}, id='run-370e3802-ea33-4656-9b49-20a0ab5a2c51-0', tool_calls=[{'name': 'retrieve_blog_posts', 'args': {'query': '삼성전자 주가'}, 'id': 'call_9wRYW3GUS4eEAyPccYnTgzYc', 'type': 'tool_call'}])]}
'\n---\n'
---문서 관련성 평가---
---결정: 문서 관련성 있음---
"노드 'retrieve'의 출력 결과:"
'---'
{ 'messages': [ ToolMessage(content='삼성전자우\n48,350\n보합\n\n\n\t\t\t\t0.00%\n\t\t\t\n\n\n\nKB금융\n91,300\n상승 1,400\n\n\n\t\t\t\t+1.56%\n\n삼성전자\n59,300\n상승 400\n\n\n\t\t\t\t+0.68%\n\t\t\t\t\n\n\nSK하이닉스\n186,000\n하락 700\n\n\n\t\t\t\t-0.37%\n\n종목명\n현재가\n전일대비\n등락률\n\n\n\n삼성전자\n59,300\n상승 400\n\n\n\t\t\t\t+0.68%\n\n기아\n101,100\n상승 300\n\n\n\t\t\t\t+0.30%\n\t\t\t\t\n\n\n삼성전자우\n48,350\n보합\n\n\n\t\t\t\t0.00%', name='retrieve_blog_posts', id='7453348c-e037-48dc-af4c-861763da1cd2', tool_call_id='call_9wRYW3GUS4eEAyPccYnTgzYc')]}
'\n---\n'
---생성---
"노드 'generate'의 출력 결과:"
'---'
{'messages': ['삼성전자우의 현재 주가는 48,350원이며 보합입니다.']}
'\n---\n'
```

Part 08

CrewAI를 활용한 협업형 에이전트

Chapter 20 다중 에이전트 블로그 작성기
Chapter 21 FastAPI, CrewAI 기반 블로그 콘텐츠 생성기
Chapter 22 리액트 통합으로 완성하는 블로그 서비스

20 다중 에이전트 블로그 작성기

사용자의 요청을 바탕으로 블로그 콘텐츠를 자동으로 작성하는 생성형 서비스의 기본 구조를 구현합니다. 입력 주제에 따라 콘텐츠를 작성하고, 출력 결과를 사용자에게 제공하는 전체 흐름을 실습합니다.

학습 목표

CrewAI와 Ollama를 활용하여 다중 에이전트 시스템을 구축하는 방법을 학습합니다. 구체적으로는 콘텐츠 기획자, 작가, 편집자, 번역가 등 각기 다른 역할의 에이전트를 정의하고, 이들이 협업하여 블로그 게시물을 기획, 작성, 편집 및 번역하는 전 과정을 자동화하는 워크플로를 구현합니다.

핵심 키워드

- crew
- multi agents
- task

인공지능 에이전트의 특성

AI 에이전트는 사용자나 다른 프로그램을 대신하여 자율적 또는 준자율적으로 작업을 수행하도록 설계된 소프트웨어입니다. 이러한 에이전트들은 인공지능을 활용하여 결정을 내리고 조치를 취하며, 다른 시스템과 상호작용합니다. 에이전트의 주요 특성은 다음과 같습니다.

- **자율성**: 지속적인 인간의 개입 없이 독립적으로 작업을 수행합니다.
- **의사결정**: 알고리즘과 AI 모델을 사용하여 최선의 조치를 선택합니다.
- **학습**: 머신 러닝을 통해 과거 경험에서 배우고 새로운 상황에 적응합니다.
- **상호작용**: 다른 에이전트나 시스템과 소통하고 협력합니다.
- **전문화**: 특정 작업이나 도메인에 특화될 수 있습니다.
- **목표 지향성**: 구체적인 목표를 달성하기 위해 노력합니다.

이러한 AI 에이전트들이 통합되어 사전 정의된 목표를 향해 함께 작동하면 복잡한 문제를 효율적으로 해결할 수 있습니다. 이때 CrewAI 프레임워크가 필요합니다.

CrewAI

CrewAI는 역할 수행, 자율적인 AI 에이전트를 조율하기 위한 프레임워크로, 에이전트들이 협업하여 복잡한 작업을 원활하게 수행할 수 있도록 지원합니다. 각 에이전트는 특정 역할과 목표를 가지고 있으며, 함께 협력하여 공통의 목표를 달성합니다. CrewAI의 핵심 개념은 다음과 같습니다.

- **에이전트(Agent)**: 특정 작업을 수행하도록 프로그래밍된 독립적인 단위입니다.
- **작업(Task)**: 에이전트가 수행해야 할 구체적인 할당 또는 작업입니다.
- **크루(Crew)**: 공통의 목표를 향해 함께 작업하는 에이전트들의 팀입니다.

라이브러리 설치 및 기본 설정

01 CrewAI 라이브러리를 설치합니다.

명령어
```
pip install crewai
```

```
blog-agent.py
from crewai import Agent, Task, Crew
from langchain_openai import ChatOpenAI
```

02 언어 모델을 설정합니다.

```
blog-agent.py
llm = ChatOpenAI(
    model="ollama/llama3.1:8b",             # 사용할 언어 모델 지정
    base_url="http://localhost:11434/v1",   # 언어 모델의 베이스 URL
    api_key="NA"                            # API 키 (필요 없는 경우 'NA'로 설정)
)
```

추후 Ollama에서 지원하는 다양한 모델들을 다운로드한 후, 모델명을 정확히 작성해 주면 다른 모델도 사용할 수 있습니다. 또한 OpenAI API를 사용할 경우 모델 이름과 api_key 속성만 작성해 주면 변경하여 사용할 수 있습니다.

에이전트 정의

01 콘텐츠 기획자 에이전트(planner)를 정의합니다.

```
blog-agent.py
planner = Agent(
    role="콘텐츠 기획자",  # 역할 설정
    goal="{topic}에 대한 흥미롭고 사실적인 콘텐츠를 기획합니다",  # 목표 설정
    backstory=(
        "당신은 {topic}에 대한 블로그 기사를 기획하고 있습니다."
        "청중이 무언가를 배우고 정보에 입각한 결정을 내릴 수 있도록 도와주는 정보를 수집합니다."
        "블로그 게시물의 일부가 되어야 하는 자세한 개요와 관련된 주제 및 하위 주제를 준비해야 합니다."
        "당신의 작업은 이 주제에 대한 기사를 작성하는 콘텐츠 작가의 기초가 됩니다."
    ),  # 배경 스토리 설정
    llm=llm,                # 언어 모델 지정
```

```
        allow_delegation=False,      # 위임 허용 여부
        verbose=True                 # 상세한 로그 출력 여부
)
```

- **goal**: 에이전트의 목표를 설정합니다. {topic}은 나중에 입력값으로 대체됩니다.
- **backstory**: 에이전트의 배경 스토리로 에이전트의 동기와 작업 방향을 명시합니다.
- **llm**: 앞서 정의한 언어 모델을 사용합니다.
- **allow_delegation**: 다른 에이전트에게 작업 위임을 허용할지 여부를 설정합니다. 여기서는 False로 설정되어 있습니다.
- **verbose**: 실행 중 상세한 로그를 출력할지 여부를 설정합니다.

02 콘텐츠 작가 에이전트(writer)를 정의합니다.

```
blog-agent.py
writer = Agent(
    role="콘텐츠 작가",
    goal="주제: {topic}에 대한 통찰력 있고 사실적인 의견 기사를 작성합니다",
    backstory=(
        "당신은 {topic}에 대한 새로운 의견 기사를 작성하고 있습니다."
        "당신의 글은 콘텐츠 기획자의 작업을 기반으로 하며, 콘텐츠 기획자는 개요와 관련된 맥락을 제공합니다."
        "콘텐츠 기획자가 제공한 개요의 주요 목표와 방향을 따릅니다."
        "또한 콘텐츠 기획자가 제공한 정보로 뒷받침되는 객관적이고 공정한 통찰력을 제공합니다."
        "의견 진술과 객관적 진술을 구분하여 의견 기사에 반영합니다."
    ),
    allow_delegation=False,
    llm=llm,
    verbose=True
)
```

- **goal**: 주어진 주제에 대한 의견 기사를 작성하는 것이 목표입니다.
- **backstory**: 작가의 배경과 작업 지침을 상세히 기술합니다.

03 편집자 에이전트(editor)를 정의합니다.

```
blog-agent.py
editor = Agent(
    role="편집자",
    goal="주어진 블로그 게시물을 블로그 글쓰기 스타일에 맞게 편집합니다.",
    backstory=(
        "당신은 콘텐츠 작가로부터 블로그 게시물을 받는 편집자입니다."
        "당신의 목표는 블로그 게시물이 저널리즘의 모범 사례를 따르고,"
        "의견이나 주장 시 균형 잡힌 관점을 제공하며,"
        "가능하다면 주요 논란이 되는 주제나 의견을 피하도록 검토하는 것입니다."
    ),
    llm=llm,
    allow_delegation=False,
    verbose=True
)
```

- **goal**: 작성된 블로그 게시물을 편집하여 품질을 향상시키는 것이 목표입니다.
- **backstory**: 편집자의 역할과 목표를 설명합니다.

04 번역가 에이전트(translate_writter)를 정의합니다.

```
blog-agent.py
translate_writter = Agent(
    role="translator",
    goal="Translate to korean",
    verbose=True,
    memory=True,
    backstory=(
        "언어를 감지해서 한국어로 바꾸어서 작성해줘"
    ),
    allow_delegation=False,
    llm=llm
)
```

- **goal**: 목표는 '한국어로 번역'(Translate to Korean)하는 것입니다.
- **backstory**: 언어를 감지하여 한국어로 변환하는 역할을 합니다.
- **memory**: True로 설정하여 에이전트가 메모리를 유지하도록 합니다.
- **기타 설정**: 이전 에이전트들과 동일합니다.

수행 작업 정의

01 각 작업(Task)을 정의합니다.

① 기획 작업(plan) 정의

```
blog-agent.py
```

```python
plan = Task(
    description=(
        "1. {topic}에 대한 최신 동향, 주요 인물, 주목할 만한 뉴스를 우선순위에 둡니다.\n"
        "2. 대상 청중을 식별하고 그들의 관심사와 어려움을 고려합니다.\n"
        "3. 소개, 주요 포인트, 행동 촉구를 포함한 자세한 콘텐츠 개요를 개발합니다.\n"
        "4. SEO 키워드와 관련된 데이터 또는 소스를 포함합니다."
    ),  # 작업에 대한 상세 설명
    expected_output=(
        "개요, 청중 분석, SEO 키워드, 리소스를 포함한 포괄적인 콘텐츠 계획 문서."
    ),  # 기대 출력물
    agent=planner,  # 이 작업을 수행할 에이전트 지정
)
```

- **description**: 기획자가 수행해야 할 작업을 상세히 기술합니다.
- **expected_output**: 기대되는 출력물을 명시합니다.
- **agent**: 이 작업을 수행할 에이전트로 planner를 지정합니다.

② 작성 작업(write) 정의

```
blog-agent.py
```

```python
write = Task(
    description=(
        "1. 콘텐츠 계획을 사용하여 {topic}에 대한 매력적인 블로그 게시물을 작성합니다.\n"
        "2. SEO 키워드를 자연스럽게 통합합니다.\n"
        "3. 섹션/부제목은 매력적인 방식으로 적절하게 명명됩니다.\n"
        "4. 매력적인 소개, 통찰력 있는 본문, 요약 결론으로 구조화되었는지 확인합니다.\n"
        "5. 문법 오류와 브랜드의 특징에 맞게 교정합니다.\n"
    ),
    expected_output=(
        "마크다운 형식의 잘 작성된 블로그 게시물로, 각 섹션은 2~3개의 단락으로 구성되어 있으며, 출판 준비가 되어 있습니다."
    ),
    agent=writer,
)
```

- **description**: 작가가 수행해야 할 작업을 상세히 기술합니다.
- **expected_output**: 기대되는 출력물을 명시합니다.
- **agent**: writer 에이전트가 이 작업을 수행합니다.

③ 편집 작업(edit) 정의

blog-agent.py

```python
edit = Task(
    description=(
        "주어진 블로그 게시물을 문법 오류와 브랜드의 특징에 맞게 교정합니다."
    ),
    expected_output=(
        "마크다운 형식의 잘 작성된 블로그 게시물로, 각 섹션은 2~3개의 단락으로 구성되어 있으며, 출판 준비가 되어 있습니다."
    ),
    agent=editor
)
```

- **description**: 편집자가 수행해야 할 작업을 기술합니다.
- **expected_output**: 기대되는 출력물을 명시합니다.
- **agent**: editor 에이전트가 이 작업을 수행합니다.

④ 번역 작업(translate_task) 정의

blog-agent.py

```python
# 한국어로 변환하는 작업
translate_task = Task(
    description=(
        "주제에 대해 연구원이 작성해준 보고서를 기반으로 2단락 5000자로 요약한 후 한국어 콘텐츠를 작성합니다."
    ),
    expected_output="주제에 대해 연구원이 작성해준 보고서를 기반으로 한국어 콘텐츠를 작성합니다.",
    agent=translate_writter,
    async_execution=False,
    output_file= "translated-blog.md"
)
```

- **description**: 번역가가 수행해야 할 작업을 기술합니다.
- **expected_output**: 기대되는 출력물을 명시합니다.
- **agent**: translate_writter 에이전트가 이 작업을 수행합니다.
- **async_execution**: False로 설정하여 작업을 동기적으로 실행합니다.
- **output_file**: 결과물을 저장할 파일 이름을 지정합니다. 여기서는 스크립트 실행 경로에 "translated-blog.md"로 저장됩니다.

02 Crew를 생성하고 설정합니다.

```
blog-agent.py

crew = Crew(
    agents=[planner, writer, editor, translate_writter],   # 에이전트 목록
    tasks=[plan, write, edit, translate_task],             # 작업 목록
    verbose=True                                           # 상세한 로그 출력 여부
)
```

- **agents**: 참여할 에이전트들의 목록을 지정합니다.
- **tasks**: 수행할 작업들의 목록을 지정합니다. 작업은 정의된 순서대로 실행됩니다

03 입력값을 설정하고 작업을 실행합니다.

```
blog-agent.py

# 입력값 설정
inputs = {
    "topic": "다중 에이전트 시스템 구축을 위한 LangGraph, Autogen 및 Crewai의 비교 연구"
}

# 작업 실행
result = crew.kickoff(inputs=inputs)
```

- **inputs**: 작업에 필요한 입력값을 딕셔너리 형태로 제공합니다. 여기서는 topic을 지정합니다.
- **crew.kickoff()**: 작업을 시작합니다. inputs를 전달하여 에이전트들이 사용할 수 있게 합니다.
- **result**: 작업의 최종 결과를 저장합니다.

04 결과를 출력합니다. 결과는 에이전트들이 수행한 작업의 출력물과 로그를 포함할 수 있습니다.

blog-agent.py

```python
# 결과 출력
print(result)
```

python blog-agent.py

```
[2025-07-06 22:28:06][┌ CREW 'CREW' STARTED, 4728C6DC-376F-4CD5-ABBE-96E28B23B092]:
2025-07-06 22:28:06.887470

[2025-07-06 22:28:06][┌ TASK STARTED: 1. 다중 에이전트 시스템 구축을 위한 LANGGRAPH,
AUTOGEN 및 CREWAI의 비교 연구에 대한 최신 동향, 주요 인물, 주목할 만한 뉴스를 우선순위에
둡니다.
2. 대상 청중을 식별하고 그들의 관심사와 어려움을 고려합니다.
3. 소개, 주요 포인트, 행동 촉구를 포함한 자세한 콘텐츠 개요를 개발합니다.
4. SEO 키워드와 관련 데이터 또는 소스를 포함합니다.]: 2025-07-06 22:28:06.890108

[2025-07-06 22:28:06][┌ AGENT '콘텐츠 기획자' STARTED TASK]: 2025-07-06 22:28:06.890595
# Agent: 콘텐츠 기획자
## Task: 1. 다중 에이전트 시스템 구축을 위한 LangGraph, Autogen 및 Crewai의 비교 연구에 대한
최신 동향, 주요 인물, 주목할 만한 뉴스를 우선순위에 둡니다.
2. 대상 청중을 식별하고 그들의 관심사와 어려움을 고려합니다.
3. 소개, 주요 포인트, 행동 촉구를 포함한 자세한 콘텐츠 개요를 개발합니다.
4. SEO 키워드와 관련 데이터 또는 소스를 포함합니다.

[2025-07-06 22:28:06][┌ LLM CALL STARTED]: 2025-07-06 22:28:06.890653

# Agent: 콘텐츠 작가
## Final Answer:
# 다중 에이전트 시스템 구축을 위한 LangGraph, Autogen 및 Crewai의 비교 연구: 최신 동향, 주요
인물, 주목할 만한 뉴스
(...생략...)
```

실제로 코드를 실행하면 다음과 같은 흐름으로 진행됩니다.

1. 콘텐츠 기획자(planner)는 주제에 대한 최신 정보를 수집하고, 콘텐츠 계획을 수립합니다.

2. 콘텐츠 작가(writer)는 기획자의 계획을 기반으로 블로그 게시물을 작성합니다.

3. 편집자(editor)는 작성된 글을 검토하고 수정하여 품질을 향상시킵니다.

4. 번역가(translate_writter)는 최종 글을 받아 한국어로 번역하고, 결과물을 translated-blog.md 파일에 저장합니다.

6. print(result)를 통해 agent들이 작업하는 과정과 작업의 결과를 출력합니다.

05 최종 결과는 에이전트들이 수행한 작업의 출력물과 로그를 포함합니다. 그리고 **translated-blog.md** 파일이 생성됩니다. 단, 오픈 소스 생성형 AI의 특성상 결과물의 품질이 늘 일정하지 않다는 점은 감안해야 합니다.

---

translated-blog.md

다중 에이전트 시스템 구축을 위한 LangGraph, Autogen 및 Crewai의 비교 연구: 최신 동향, 주요 인물, 주목할 만한 뉴스
1. 소개
다중 에이전트 시스템은 AI와 인간이 협력하는 새로운 기술로, 최근 LangGraph, Autogen 및 Crewai 라는 세 가지 기술이 개발되었습니다. 이들 기술은 각기 다른 특징과 장점을 가지고 있으며, 다중 에이전트 시스템 구축에 있어 혁신적인 시각을 제공합니다.
2. 청중 분석
대상 청중은 AI와 인간이 협력하는 다중 에이전트 시스템 구축에 관심을 두고 있는 개발자, 연구원 및 엔지니어입니다. 이들 청중의 관심사와 어려움을 고려하여 본 기사를 작성합니다.
* **관심사**: AI와 인간이 협력하는 새로운 기술, 다중 에이전트 시스템 구축, LangGraph, Autogen 및 Crewai의 특징과 장점
* **어려움**: LangGraph, Autogen 및 Crewai를 활용한 다중 에이전트 시스템 구축의 어려움, 예상치 못한 오류 등
3. LangGraph: 자연 언어 처리 기술을 기반으로 한 다중 에이전트 시스템 구축
LangGraph는 자연 언어 처리 기술을 기반으로 한 다중 에이전트 시스템 구축입니다. 이 기술은 빠른 학습 속도와 높은 추론 정확도를 제공하지만, 데이터 과잉 문제의 제거가 어렵습니다.
장점
* 빠른 학습 속도
(…생략…)

지금까지 CrewAI를 활용하여 여러 에이전트가 협업하여 블로그 게시물을 작성하고 번역하는 전체 과정을 자동화한 예제를 살펴봤습니다. 각 에이전트는 특정 역할과 목표를 가지고 있으며, 작업은 정의된 순서대로 진행됩니다. 이를 통해 복잡한 작업을 효율적으로 수행할 수 있습니다. 추가적으로 필요에 따라 더 많은 에이전트와 작업을 추가하여 워크플로를 확장할 수 있습니다.

21 FastAPI, CrewAI 기반 블로그 콘텐츠 생성기

이 장의 프로젝트는 FastAPI의 비동기 성능을 바탕으로, CrewAI의 에이전트 기반 멀티 에이전트 시스템을 통해 주어진 주제에 맞춘 블로그 콘텐츠를 생성하는 기능을 제공합니다.

학습 목표

멀티 에이전트 기반 블로그 콘텐츠 생성 API를 구축하는 방법을 학습합니다. 이를 위해 콘텐츠 기획, 작성, 편집, 번역 등 각 역할의 에이전트를 정의하고 순차적으로 협업하는 워크플로를 구현하며, 동시에 FastAPI를 이용한 비동기 요청 처리, CORS 설정, 데이터 직렬화 등 API 서버 구축의 전반적인 과정을 실습합니다.

핵심 키워드

- FastAPI
- 멀티 에이전트 시스템
- 비동기 처리
- API 구축
- Uvicorn

이전 장에서는 한 파일에 에이전트 정의, 크루 구성, 실행 코드를 모두 넣어 '기획→작성→편집→번역' 워크플로가 실제 동작하는 것을 검증했습니다. 그러나 서비스를 배포하려면 구조를 체계화해야 합니다. 이번 장에서는 코드를 agents.py, tasks.py, crew.py 세 모듈로 분리합니다.

- **agents.py**: '누가 일하는가'를 정의합니다. 각 에이전트의 역할, 프롬프트, LLM 설정만 포함합니다.
- **tasks.py**: '무엇을 하는가'를 담습니다. 기획 · 작성 · 편집 · 번역 작업 시나리오와 기대 결과를 기술합니다.
- **crew.py**: '어떻게 협업하는가'를 조율합니다. 앞선 에이전트와 작업을 순차 파이프라인으로 묶어 하나의 크루 객체를 반환합니다.

이렇게 단일 책임 원칙을 지키면 수정 범위가 명확해지고 테스트와 재사용, 협업이 쉬워집니다. 또한 비즈니스 로직과 웹 서비스 레이어가 분리되어 배포 환경이나 인증, 로깅을 바꾸어도 핵심 알고리즘에는 영향을 주지 않습니다.

프로젝트 폴더 구조

```
crewAi-multi-Agent-blog-writer-backend/
|
├── __pycache__/
|
├── agents.py          # 에이전트 정의 파일
├── crew.py            # Crew 및 관련 작업 정의 파일
├── main.py            # FastAPI 애플리케이션 진입점
└── tasks.py           # Task 정의 파일
```

- **agents.py**: CrewAI에서 사용할 에이전트를 정의하는 파일입니다.
- **crew.py**: 각 에이전트를 모아 크루(Crew)를 구성하고 작업(Task)을 관리하는 파일입니다.
- **main.py**: FastAPI 서버의 메인 진입점으로 API 엔드포인트 및 CORS 설정이 포함되어 있습니다.
- **tasks.py**: 에이전트가 수행할 작업(Task)를 정의하는 파일입니다.

에이전트 정의

agents.py 파일은 CrewAI의 에이전트 정의를 담당합니다. 이전 장에서 정의한 코드와 동일합니다. 단 모델은 컴퓨터 사양에 맞추어 Ollama에서 다운받아 자유롭게 바꿔서 사용하면 됩니다.

agent.py

```python
from crewai import Agent
from langchain_openai import ChatOpenAI
# Ollama 사용 시 언어 모델 설정
llm = ChatOpenAI(
    model="llama3.1:8b",
    base_url="http://localhost:11434/v1",
    api_key="NA"
)

# 콘텐츠 기획자 에이전트 정의
planner = Agent(
    role="콘텐츠 기획자",
    goal="{topic}에 대한 흥미롭고 사실적인 콘텐츠를 기획합니다",
    backstory=(
        "당신은 {topic}에 대한 블로그 기사를 기획하고 있습니다."
        "청중이 무언가를 배우고 정보에 입각한 결정을 내릴 수 있도록 도와주는 정보를 수집합니다."
        "블로그 게시물의 일부가 되어야 하는 자세한 개요와 관련된 주제 및 하위 주제를 준비해야 합니다."
        "당신의 작업은 이 주제에 대한 기사를 작성하는 콘텐츠 작가의 기초가 됩니다."
    ),
    llm=llm,
    allow_delegation=False,
    verbose=True
)

# 콘텐츠 작가 에이전트 정의
writer = Agent(
    role="콘텐츠 작가",
    goal="주제: {topic}에 대한 통찰력 있고 사실적인 의견 기사를 작성합니다",
    backstory=(
        "당신은 {topic}에 대한 새로운 의견 기사를 작성하고 있습니다."
        "당신의 글은 콘텐츠 기획자의 작업을 기반으로 하며, 콘텐츠 기획자는 개요와 관련된 맥락을 제공합니다."
        "콘텐츠 기획자가 제공한 개요의 주요 목표와 방향을 따릅니다."
        "또한 콘텐츠 기획자가 제공한 정보로 뒷받침되는 객관적이고 공정한 통찰력을 제공합니다."
        "의견 진술과 객관적 진술을 구분하여 의견 기사에 반영합니다."
    ),
    llm=llm,
    allow_delegation=False,
    verbose=True
)
```

```python
# 편집자 에이전트 정의
editor = Agent(
    role="편집자",
    goal="주어진 블로그 게시물을 블로그 글쓰기 스타일에 맞게 편집합니다.",
    backstory=(
        "당신은 콘텐츠 작가로부터 블로그 게시물을 받는 편집자입니다."
        "당신의 목표는 블로그 게시물이 저널리즘의 모범 사례를 따르고,"
        "의견이나 주장 시 균형 잡힌 관점을 제공하며,"
        "가능하다면 주요 논란이 되는 주제나 의견을 피하도록 검토하는 것입니다."
    ),
    llm=llm,
    allow_delegation=False,
    verbose=True
)

# 번역가 에이전트 정의
translator = Agent(
    role="번역가",
    goal="한국어로 번역합니다",
    backstory="언어를 감지하여 한국어로 변환하여 작성해줍니다.",
    llm=llm,
    allow_delegation=False,
    verbose=True,
    memory=True
)
```

수행 작업 정의

tasks.py 파일은 에이전트가 수행할 구체적인 작업(Task)을 정의하는 파일입니다. 이전 코드와 동일하지만, `translate_task` 부분에서는 `output_file="translated-blog.md"` 옵션이 제거되었습니다.

tasks.py

```python
from crewai import Task
from agents import planner, writer, editor, translator
# 기획 작업 정의
plan = Task(
    description=(
```

```python
            "1. {topic}에 대한 최신 동향, 주요 인물, 주목할 만한 뉴스를 우선순위에 둡니다.\n"
            "2. 대상 청중을 식별하고 그들의 관심사와 어려움을 고려합니다.\n"
            "3. 소개, 주요 포인트, 행동 촉구를 포함한 자세한 콘텐츠 개요를 개발합니다.\n"
            "4. SEO 키워드 관련 데이터 또는 소스를 포함합니다."
    ),
    expected_output=(
            "개요, 청중 분석, SEO 키워드, 리소스를 포함한 포괄적인 콘텐츠 계획 문서."
    ),
    agent=planner,
)

# 작성 작업 정의
write = Task(
    description=(
            "1. 콘텐츠 계획을 사용하여 {topic}에 대한 매력적인 블로그 게시물을 작성합니다.\n"
            "2. SEO 키워드를 자연스럽게 통합합니다.\n"
            "3. 섹션/부제목은 매력적인 방식으로 적절하게 명명됩니다.\n"
            "4. 매력적인 소개, 통찰력 있는 본문, 요약 결론으로 구조화되었는지 확인합니다.\n"
            "5. 문법 오류와 브랜드의 특징에 맞게 교정합니다.\n"
    ),
    expected_output=(
            "마크다운 형식의 잘 작성된 블로그 게시물로, 각 섹션은 2~3개의 단락으로 구성되어 있으며, 출판 준비가 되어 있습니다."
    ),
    agent=writer,
)

# 편집 작업 정의
edit = Task(
    description=(
            "주어진 블로그 게시물을 문법 오류와 브랜드의 특징에 맞게 교정합니다."
    ),
    expected_output=(
            "마크다운 형식의 잘 작성된 블로그 게시물로, 각 섹션은 2~3개의 단락으로 구성되어 있으며, 출판 준비가 되어 있습니다."
    ),
    agent=editor
)

# 번역 작업 정의
translate_task = Task(
    description=(
            "주제에 대해 작성된 블로그 게시물을 2단락 5000자로 요약하여 한국어 콘텐츠를 작성합니다."
    ),
```

```
        expected_output="주제에 대해 작성된 블로그 게시물을 기반으로 한국어 콘텐츠를 작성합니다.",
        agent=translator,
        async_execution=False
)
```

Crew 정의 및 객체 생성

create_crew 함수는 새로운 Crew 객체를 생성하여 반환합니다. 각 에이전트와 작업을 포함한 크루를 구성하여 콘텐츠 기획부터 작성, 편집, 번역까지의 모든 작업을 순차적으로 실행할 수 있게 설정합니다.

```
crew.py
from crewai import Crew, Process
from agents import planner, writer, editor, translator
from tasks import plan, write, edit, translate_task

def create_crew():
    # Crew 생성
    crew = Crew(
        agents=[planner, writer, editor, translator],   # 에이전트 리스트
        tasks=[plan, write, edit, translate_task],      # 수행할 작업 리스트
        process=Process.sequential,                     # 작업 순서: 순차적으로 진행
        verbose=True                                    # 작업 상세 로그 출력
    )
    return crew
```

CrewAI 로직과 FastAPI 웹 서비스 결합

main.py는 CrewAI 로직과 FastAPI 웹 서비스 레이어를 결합해 다중 에이전트 블로그 생성기를 실제 API 제품으로 승격시키는 핵심 모듈이 됩니다. main.py 파일은 FastAPI 서버 애플리케이션을 정의하고, 주어진 주제를 기반으로 CrewAI를 사용하여 블로그 콘텐츠를 생성하는 기능을 제공합니다. 이 파일에서는 API 엔드포인트 정의, CORS 설정, 데이터 직렬화 및 비동기 처리를 통해 크루를 관리하고 결과를 반환하는 기능을 수행합니다. 이제 주제만 전달하면 FastAPI가 비동기로 크루를 가동하고 보안, 직렬화, 응답 반환까지 모두 처리해 줍니다.

01 필요한 모듈과 패키지를 불러옵니다.

```
main.py
from fastapi import FastAPI, HTTPException
from fastapi.middleware.cors import CORSMiddleware
from fastapi.responses import JSONResponse
from pydantic import BaseModel
import asyncio
import json
import logging
from crew import create_crew
```

- **FastAPI**: FastAPI는 파이썬에서 비동기적으로 동작하는 고성능 웹 프레임워크입니다.
- **HTTPException**: API 처리 중 발생하는 오류를 처리하기 위해 사용되는 FastAPI의 예외 클래스입니다.
- **CORSMiddleware**: 외부 클라이언트에서 API에 접근할 수 있도록 CORS 설정을 관리합니다.
- **JSONResponse**: API 응답을 JSON 형식으로 반환하는 데 사용됩니다.
- **BaseModel**: pydantic을 사용하여 데이터 검증을 처리하는 데 사용되는 클래스입니다.
- **asyncio**: 비동기 작업을 지원하기 위한 파이썬의 내장 모듈로, 비동기 이벤트 루프에서 작업을 실행하고 관리합니다.
- **logging**: 애플리케이션에서 로깅을 설정하고 오류 및 정보를 기록하는 데 사용됩니다.

02 `logging`을 사용하여 서버에서 발생하는 이벤트나 오류를 기록합니다. 이 코드는 기본적으로 정보 수준 이상의 로그를 기록하도록 설정합니다. `logger`는 모듈 이름으로 로깅을 생성합니다.

```
main.py
logging.basicConfig(level=logging.INFO)
logger = logging.getLogger(__name__)
```

03 직렬화 함수를 정의합니다. `serialize_object` 함수는 파이썬 객체를 JSON으로 직렬화하는 데 사용됩니다. 특히 FastAPI가 복잡한 사용자 정의 객체를 처리하는 경우, 직렬화하지 못할 수 있기 때문에 이를 해결하기 위한 함수입니다.

```python
# main.py
def serialize_object(obj):
    if isinstance(obj, tuple):
        return list(obj)
    elif isinstance(obj, dict):
        return obj
    elif hasattr(obj, '__dict__'):
        return obj.__dict__
    else:
        return str(obj)
```

튜플은 리스트로 변환되고, **객체**는 __dict__ 속성을 통해 변환된 딕셔너리 형태로 직렬화됩니다. 그 외의 객체는 문자열로 변환됩니다.

04 custom_json_dumps 함수를 정의합니다. 이 함수는 JSON 데이터를 직렬화하여 문자열로 변환합니다. serialize_object 함수를 사용하여 복잡한 객체를 처리하며, ensure_ascii=False를 사용하여 UTF-8 인코딩을 유지하고, indent=4를 적용하여 가독성을 높입니다.

```python
# main.py
def custom_json_dumps(data):
    return json.dumps(data, default=serialize_object, ensure_ascii=False, indent=4)
```

05 FastAPI의 애플리케이션 인스턴스를 생성합니다.

```python
# main.py
# FastAPI 앱 생성
app = FastAPI(
    title="CrewAI Content Generation API",
    version="1.0",
    description="토픽을 기반으로 CrewAI를 사용하여 콘텐츠를 생성하는 API입니다.",
)
```

- **title**: API 문서 페이지에 표시될 제목입니다.
- **version**: API의 버전을 지정합니다.
- **description**: API의 설명을 나타냅니다. 이는 자동으로 생성되는 문서 페이지에서 제공됩니다.

06 CORS^(Cross-Origin Resource Sharing)를 활성화하여 외부에서 오는 요청을 허용합니다. 이 설정을 통해 외부 웹사이트나 프런트엔드에서 API를 호출할 수 있습니다.

```
main.py
# CORS 설정
app.add_middleware(
    CORSMiddleware,
    allow_origins=["*"],  # 모든 도메인에서의 요청을 허용
    allow_credentials=True,
    allow_methods=["*"],  # 모든 HTTP 메서드를 허용 (GET, POST 등)
    allow_headers=["*"],  # 모든 헤더를 허용
)
```

- **allow_origins=["*"]**: 모든 도메인에서 API로의 요청을 허용합니다.
- **allow_methods=["*"]**: GET, POST, PUT, DELETE 등 모든 HTTP 메서드를 허용합니다.
- **allow_headers=["*"]**: 모든 헤더를 허용하여 요청이 문제 없이 전달되도록 합니다.

> **궁금해요 개발-프로덕션 환경**
>
> 개발/테스트 단계에서는 편의상 "*"를 열어 두더라도, 프로덕션 배포 전에는 반드시 필요한 출처 목록으로 교체해야 합니다. 실전에서는 최소 권한 원칙(Principle of Least Privilege)을 지켜 '정확히 필요한 만큼만' 허용하는 것이 안전한 CORS 구성의 핵심입니다.

07 TopicInput 모델(입력 데이터 모델)을 정의합니다. pydantic의 BaseModel을 상속하여 입력 데이터를 정의합니다. 클라이언트가 API에 POST 요청을 보낼 때 JSON 데이터를 검증하는 역할을 합니다. 여기서는 topic 필드만 포함되며, 이를 기반으로 CrewAI에서 블로그 콘텐츠를 생성합니다.

```
main.py
# 입력 데이터 모델 정의
class TopicInput(BaseModel):
    topic: str
```

08 콘텐츠 생성 엔드포인트를 정의합니다.

```python
# main.py
@app.post("/crewai")
async def crewai_endpoint(input: TopicInput):
    try:
        crew = create_crew()  # Crew 생성
        loop = asyncio.get_event_loop()
        result = await loop.run_in_executor(None, crew.kickoff, {"topic": input.topic})
        serialized_result = custom_json_dumps(result)
        return JSONResponse(content=json.loads(serialized_result))
    except Exception as e:
        logger.error(f"CrewAI endpoint 에러 발생: {str(e)}")
        raise HTTPException(status_code=500, detail=str(e))
```

- **@app.post("/crewai")**: POST 메서드를 사용하여 /crewai 경로로 요청을 받는 엔드포인트입니다. 클라이언트가 JSON 데이터를 전달할 때 TopicInput 모델을 통해 데이터를 검증합니다.
- **비동기 처리**: async def 키워드를 사용하여 비동기 함수를 정의합니다. 이는 FastAPI의 강력한 비동기 성능을 활용합니다.
- **crew = create_crew()**: 미리 정의된 create_crew() 함수를 호출하여 Crew 객체를 생성합니다.
- **asyncio.get_event_loop()**: 현재 비동기 이벤트 루프를 가져옵니다.
- **run_in_executor(None, crew.kickoff, {"topic": input.topic})**: 동기적으로 동작하는 crew.kickoff() 함수를 비동기적으로 실행하기 위해 run_in_executor를 사용합니다. 여기서 첫 번째 인자를 None으로 지정하면 기본적으로 스레드 풀(Thread Pool)을 사용하게 됩니다. 즉, 새로운 스레드를 생성하여 func(여기서는 crew.kickoff)를 백그라운드에서 실행하게 됩니다.
- 그리고 kickoff는 크루를 시작하고 주제에 맞는 콘텐츠를 생성하는 함수입니다.
- **결과 반환**: 생성된 콘텐츠 결과는 custom_json_dumps() 함수를 통해 JSON 형식으로 직렬화됩니다. JSONResponse(content=json.loads(serialized_result)) 코드로 FastAPI의 JSON 응답 객체로 클라이언트에 데이터를 반환합니다.

09 Uvicorn을 사용하여 FastAPI 애플리케이션을 실행합니다.

```python
# main.py
if __name__ == "__main__":
    import uvicorn
    uvicorn.run("main:app", host="0.0.0.0", port=8000)
```

- **"main:app"**: uvicorn이 실행할 FastAPI 애플리케이션을 지정하는 방식입니다. **"main"**은 파이썬 파일 이름을 의미합니다. 즉 이 경우에는 main.py 파일을 가리킵니다. app은 main.py 파일 내에서 생성된 FastAPI 애플리케이션 인스턴스를 가리킵니다. 따라서 `"main:app"`은 main.py 파일의 app 객체를 가리키며 이 app 객체가 FastAPI 애플리케이션으로 실행됩니다.
- **host="0.0.0.0"**: 외부에서 접근 가능하도록 설정합니다.
- **port=8000**: 서버가 8000번 포트에서 실행되도록 설정합니다.

10 다음 링크로 접속하면 post 방법의 CrewAI API 엔드포인트 부분을 바로 테스트해 볼 수 있습니다.

🔗 http://0.0.0.0:8000/docs 또는 http://localhost:8000/docs

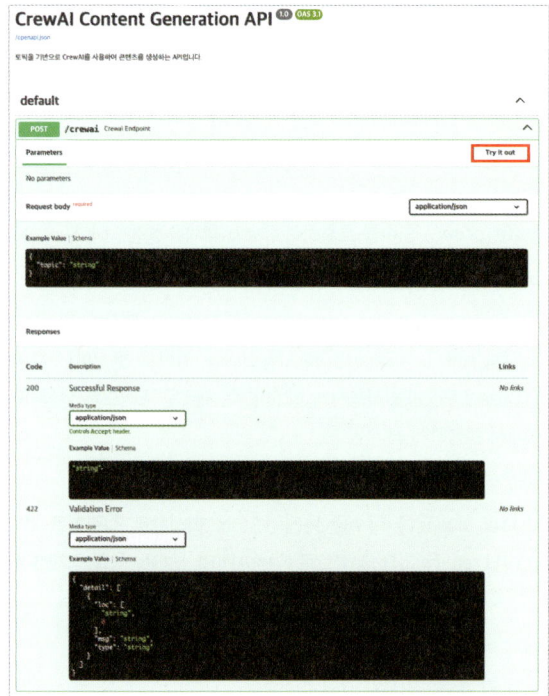

11 [Try it out] 버튼을 클릭한 후, 다음 예시와 같이 JSON 형식으로 원하는 내용을 입력합니다.

> 예시
```json
{
    "topic": "제주도 여행 일정 블로그를 한국어로 작성해줘"
}
```

12 그 다음 [Execute] 버튼을 클릭하면 요청이 서버로 전송됩니다. 요청이 성공하면 응답 코드 200과 함께 [Response] 섹션에서 결과 값을 확인할 수 있습니다.

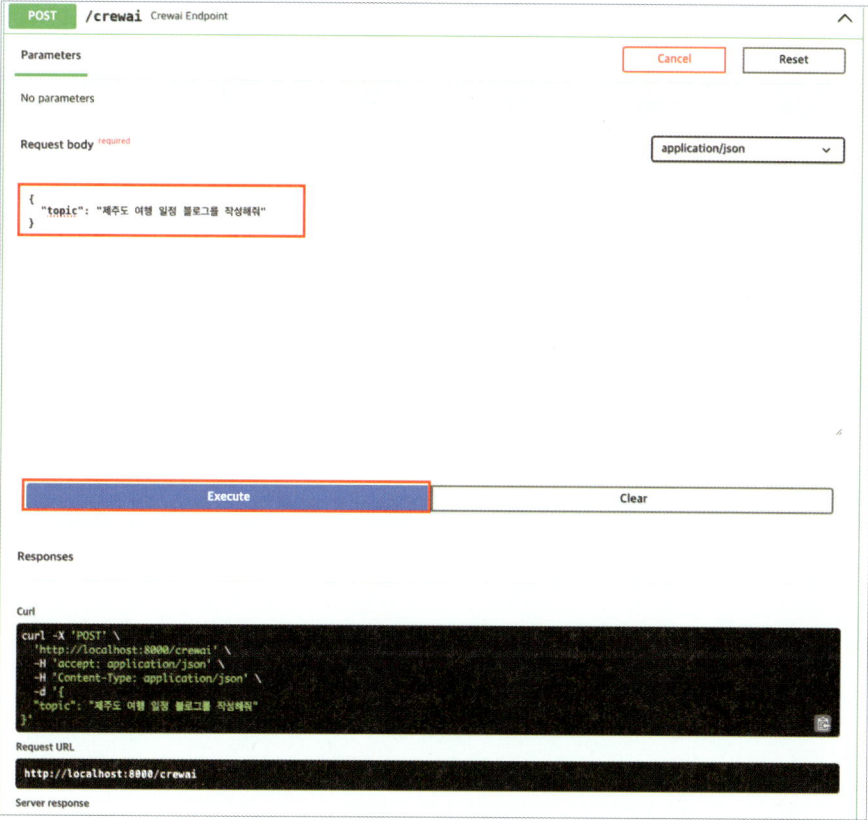

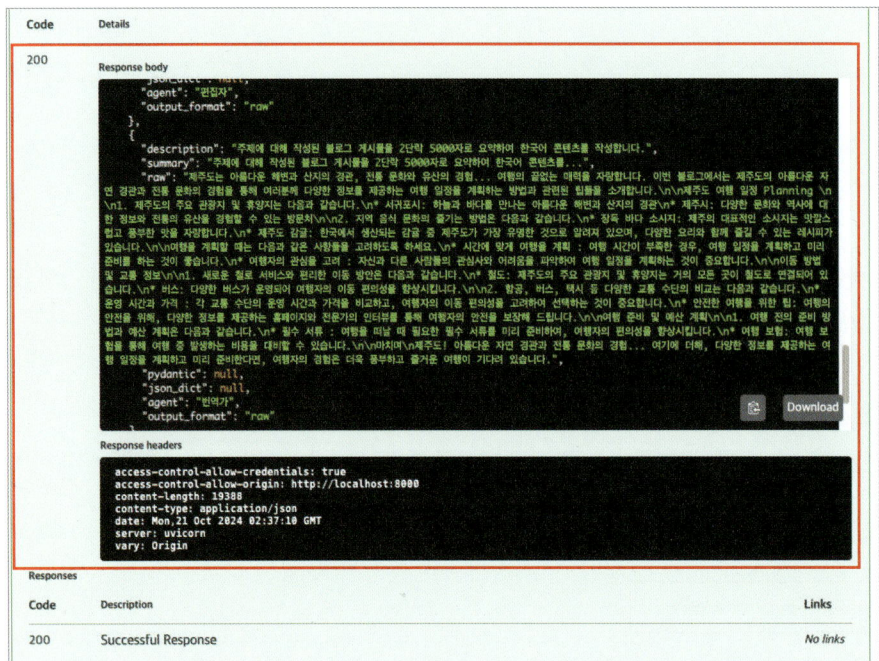

이번 장에서는 FastAPI를 사용하여 CrewAI 기반 블로그 콘텐츠 생성 API를 구축하는 과정을 살펴보았습니다. 이제, 이를 통해 블로그 콘텐츠 생성을 자동화하고 다양한 주제를 다룬 블로그를 쉽게 작성할 수 있게 되었습니다. 앞으로도 이 시스템을 활용하여 더 많은 발전과 응용이 가능할 것입니다.

22 리액트 통합으로 완성하는 블로그 서비스

이전 장에서 FastAPI 백엔드로 구성한 블로그 생성 시스템에 리액트 기반 프런트엔드를 연결하여 사용자 인터페이스를 구현합니다. 입력-응답 흐름을 웹상에서 테스트할 수 있는 완성형 서비스를 제작합니다.

▎학습 목표

멀티 에이전트 시스템을 활용한 블로그 콘텐츠 생성 애플리케이션을 구현하는 방법을 학습합니다. 사용자는 주제를 입력하고 FastAPI 서버에서 에이전트들이 자동으로 콘텐츠를 생성하며, 프런트엔드를 통해 생성된 결과를 실시간으로 확인하고 다운로드할 수 있는 전체 풀스택 애플리케이션 구축 과정을 경험하게 됩니다.

▎핵심 키워드

- 컴포넌트 기반 아키텍처
- React Hooks
- Axios
- Styled-components
- React Icons

이번 장의 목표는 멀티 에이전트 기반 블로그 콘텐츠 생성 AI 시스템을 구축할 때 필요한 **사용자 화면을 구성**하는 것입니다. 따라서 이 장에서는 상세한 리액트^{React} 지식보다는 전체 풀스택 애플리케이션을 어떻게 구성하는지에 중점을 두고 설명합니다.

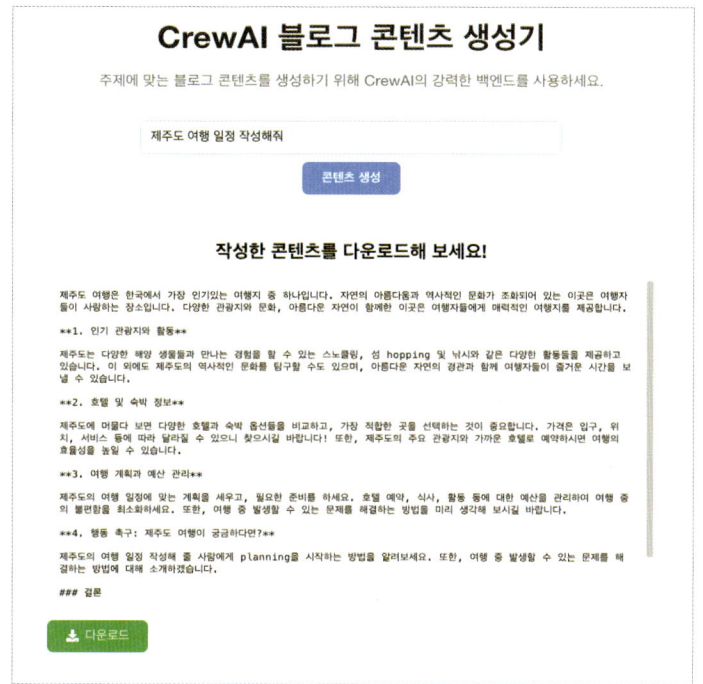

Node.js 설치

Node.js는 브라우저 외부에서 자바스크립트 코드를 실행할 수 있게 해주는 **런타임 환경**으로, 서버 구축 등 다양한 작업에 활용됩니다. npm^{Node Package Manager}도 함께 설치되어, 다양한 패키지를 관리할 수 있습니다. 리액트 역시 하나의 패키지입니다.

01 Node.js 공식 사이트에 접속하여 **LTS 버전**을 다운로드하여 설치합니다.

🔗 https://nodejs.org/en

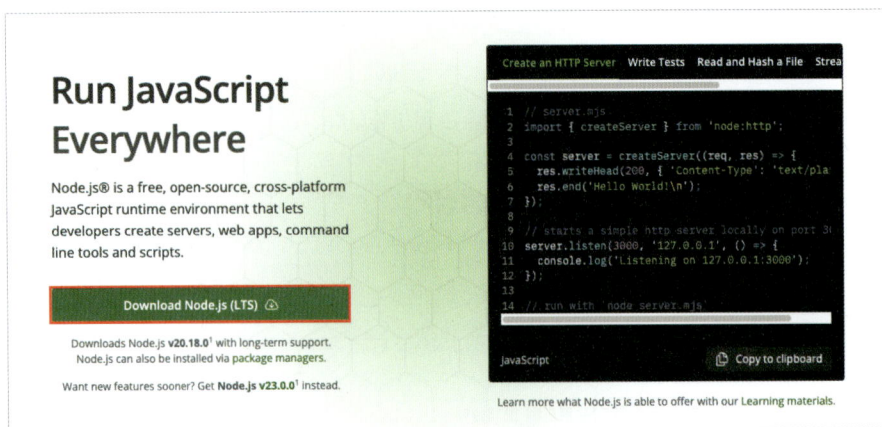

02 설치가 완료되면 VSCode 터미널에서 다음 명령어를 입력해 Node.js와 npm이 제대로 설치되었는지 확인합니다. 두 명령어 모두 버전 번호가 정상적으로 출력된다면 Node.js와 npm이 성공적으로 설치된 것입니다.

명령어
```
node -v    # Node.js 버전 확인
npm -v     # npm 버전 확인
```

리액트 프로젝트 설정

01 리액트 프로젝트를 처음 설정하려면 create-react-app을 사용하여 간편하게 환경설정을 할 수 있습니다. 다음 명령어를 사용하여 새로운 리액트 프로젝트를 생성할 수 있습니다.

명령어
```
npx create-react-app crewai-multi-agent-blog-writer-frontend
```

이 명령어는 crewai-multi-agent-blog-writer-frontend라는 이름의 리액트 프로젝트를 생성합니다. npx는 프로젝트를 생성할 때 최신 버전의 create-react-app 패키지를 자동으로 다운로드하여 사용합니다. 프로젝트가 생성된 후에는 기본적인 리액트 환경이 갖추어진 상태로 시작할 수 있습니다.

02 리액트 프로젝트 생성 후, 프로젝트의 디렉터리로 이동하여 프로젝트를 실행할 수 있습니다.

명령어

```
cd crewai-multi-agent-blog-writer-frontend
npm start
```

이 명령어를 입력하면 기본 리액트 애플리케이션이 브라우저에서 실행되며 개발 서버가 자동으로 열립니다. 기본적으로 `localhost:3000`에서 애플리케이션이 실행됩니다.

프로젝트 폴더 구조

create-react-app을 사용하여 프로젝트를 생성하면 기본 디렉터리 및 파일 구조가 자동으로 생성됩니다. 이 구조를 바탕으로 프런트엔드 개발을 진행할 수 있습니다. 여기서는 다음 프로젝트 구조로 만들어갈 예정입니다.

프로젝트 구조

```
crewai-multi-agent-blog-writer-frontend/
│
├── node_modules/         # 프로젝트의 종속성 패키지
├── public/               # 정적 파일 (favicon, index.html 등)
├── src/                  # 주요 소스 코드
│   ├── components/       # React 컴포넌트 폴더
│   │   ├── InputGroup.js       # 주제 입력 폼 컴포넌트
│   │   ├── LoadingSpinner.js   # 로딩 상태 컴포넌트
│   │   └── ResultDisplay.js    # 결과 표시 컴포넌트
```

```
|   ├── App.css              # 전체적인 스타일 정의
|   ├── App.js               # 메인 애플리케이션 파일
|   ├── App.test.js          # 테스트 코드
|   ├── index.css            # 공통 스타일 정의
|   ├── index.js             # React 엔트리 포인트
|   ├── logo.svg             # 로고 파일
|   ├── reportWebVitals.js   # 성능 보고 관련 파일
|   └── setupTests.js        # 테스트 설정 파일
├── .gitignore               # Git에서 무시할 파일 설정
├── package-lock.json        # 프로젝트 종속성 잠금 파일
├── package.json             # 프로젝트 종속성 및 스크립트 정의
└── README.md                # 프로젝트 설명 문서
```

- **node_modules/**: 프로젝트에서 사용하는 모든 의존성 모듈이 설치되는 폴더입니다. npm install 명령어를 실행할 때, 프로젝트에서 필요한 패키지들이 이 폴더에 설치됩니다.

- **public/**: 정적 파일을 포함하는 폴더입니다. 여기에는 기본적으로 **index.html** 파일이 있으며, 이 파일은 리액트 애플리케이션이 실행되는 기본 HTML 틀을 제공합니다.

- **src/**: 프로젝트의 소스 코드가 포함된 폴더입니다. 여기에서 실제 애플리케이션 로직이 구현됩니다.

- **components/**: 리액트 컴포넌트들을 별도로 관리하는 폴더입니다. 이 프로젝트에서는 사용자의 입력을 받는 **InputGroup**, 로딩 상태를 표시하는 **LoadingSpinner**, 결과를 표시하는 **ResultDisplay** 컴포넌트가 정의되어 있습니다.

- **App.js**: 메인 애플리케이션 파일로, 모든 컴포넌트를 통합하고 사용자 인터페이스를 관리합니다.

- **App.css**: 프로젝트 전반에 적용되는 스타일 정의 파일입니다.

- **index.js**: 애플리케이션의 진입점 파일로, 여기서 React DOM 렌더링이 시작됩니다.

- **package.json**: 이 부분은 전부 설치하면 다음처럼 구성됩니다. 혹시 패키지 설치 시 에러가 발생한다면 package.json 내용을 붙여넣고 npm i 명령어를 터미널에 입력하면 설치 에러가 해결됩니다.

package.json

```
{
  "name": "crewai-multi-agent-blog-writer-frontend",
  "version": "0.1.0",
  "private": true,
  "dependencies": {
    "@testing-library/jest-dom": "^5.17.0",
    "@testing-library/react": "^13.4.0",
    "@testing-library/user-event": "^13.5.0",
    "axios": "^1.7.3",
```

```json
    "react": "^18.3.1",
    "react-dom": "^18.3.1",
    "react-icons": "^5.2.1",
    "react-scripts": "5.0.1",
    "styled-components": "^6.1.12",
    "web-vitals": "^2.1.4"
  },
  "scripts": {
    "start": "react-scripts start",
    "build": "react-scripts build",
    "test": "react-scripts test",
    "eject": "react-scripts eject"
  },
  "eslintConfig": {
    "extends": [
      "react-app",
      "react-app/jest"
    ]
  },
  "browserslist": {
    "production": [
      ">0.2%",
      "not dead",
      "not op_mini all"
    ],
    "development": [
      "last 1 chrome version",
      "last 1 firefox version",
      "last 1 safari version"
    ]
  }
}
```

- **name**: 프로젝트 이름입니다. 여기서는 "crewai-multi-agent-blog-writer-frontend"로 지정되어 있습니다. 프로젝트에서 고유한 이름을 가집니다.

- **version**: 프로젝트 버전을 나타냅니다. "0.1.0"으로 설정되어 있으며, 개발 단계에서 주로 사용되는 초기 버전 번호입니다.

- **private: true**: 프로젝트가 npm에 실수로 게시되는 것을 방지하는 설정입니다. true로 설정하면 프로젝트를 배포하지 않겠다는 의미입니다. 로컬 개발용으로만 사용하게 됩니다.

  ○ **dependencies**: 프로젝트에서 사용하는 라이브러리 목록입니다. 이 목록에 있는 라이브러리들은 npm install 명령을 통해 node_modules/ 폴더에 설치됩니다.

- ◦ **@testing-library/jest-dom, @testing-library/react, @testing-library/user-event**: React 컴포넌트 테스트를 위한 라이브러리입니다.
- ◦ **axios**: HTTP 클라이언트 라이브러리로, API 요청을 쉽게 관리할 수 있습니다.
- ◦ **react 및 react-dom**: React 애플리케이션을 위한 핵심 라이브러리입니다.
- ◦ **react-icons**: React에서 쉽게 아이콘을 사용하기 위한 라이브러리입니다.
- ◦ **react-scripts**: create-react-app에서 제공하는 도구로, 프로젝트의 빌드 및 실행을 담당합니다.
- ◦ **styled-components**: CSS-in-JS 라이브러리로, 컴포넌트 스타일링을 쉽게 관리할 수 있게 해줍니다.
- ◦ **web-vitals**: 웹 성능을 측정하는 라이브러리입니다.
- **scripts**: 프로젝트 실행에 필요한 스크립트 명령어들이 정의된 부분입니다. npm run 명령어를 사용해 실행할 수 있습니다.
  - ◦ **start**: 개발 환경에서 애플리케이션을 실행합니다. react-scripts start를 호출하며, 개발 서버를 실행하여 로컬에서 애플리케이션을 테스트할 수 있게 합니다.
  - ◦ **build**: 애플리케이션을 프로덕션용으로 빌드합니다. react-scripts build 명령어를 통해 최적화된 프로덕션 빌드를 생성합니다.
  - ◦ **test**: 테스트 스크립트를 실행합니다. react-scripts test 명령어를 사용해 테스트를 실행하고, 정의된 테스트 케이스를 수행합니다.
  - ◦ **eject**: create-react-app의 기본 설정을 프로젝트 밖으로 추출해 커스터마이징할 수 있도록 합니다. 한번 실행하면 되돌릴 수 없으므로 신중히 사용해야 합니다.
- **eslintConfig**: 프로젝트에서 사용할 ESLint 설정을 정의합니다. ESLint는 코드의 일관성과 품질을 유지하기 위해 정적 분석을 수행하는 도구입니다.
  - ◦ "**react-app**": 기본적으로 create-react-app에서 제공하는 ESLint 규칙을 따릅니다.
  - ◦ "**react-app/jest**": Jest와 관련된 ESLint 규칙을 적용합니다.
- **browserslist**: 애플리케이션이 지원해야 하는 브라우저 목록을 정의하는 부분입니다. 이 설정은 CSS 및 JavaScript의 폴리필을 생성할 때 사용됩니다.
  - ◦ **production**: 프로덕션 환경에서 지원할 브라우저 목록입니다. "not dead"는 더 이상 업데이트되지 않는 브라우저를 제외한다는 의미이며, "not op_mini all"은 Opera Mini 브라우저에서 동작하지 않는다는 것을 의미합니다.
  - ◦ **development**: 개발 환경에서 사용할 브라우저 목록입니다. 가장 최근 버전의 Chrome, Firefox, Safari에서 테스트합니다.

dependencies 부분에 나열된 패키지들을 동일하게 작성한 후, 터미널에서 `npm i` 또는 `npm install` 명령어를 실행하면 프로젝트에 필요한 모든 패키지가 설치됩니다. 설치가 완료되면 node_modules 폴더 안에 생성되고 관리됩니다. 다음 명령어로 설치를 진행합니다.

> 명령어
>
> npm install styled-components axios react-icons

프로젝트에 필요한 컴포넌트 작성

01 InputGroup.js는 사용자가 블로그 주제를 입력하고 버튼을 클릭하여 콘텐츠 생성을 요청하는 컴포넌트입니다.

src/components/InputGroup.js

```js
import React from "react";
import styled from "styled-components";
const InputGroupWrapper = styled.div`
    display: flex;
    justify-content: center;
    margin-bottom: 20px;
    flex-direction: column;
    align-items: center;
`;
const Input = styled.input`
    width: 80%;
    max-width: 500px;
    padding: 12px;
    border: 1px solid #99ccff; /* 연한 파란색 테두리 */
    border-radius: 8px;
    margin-bottom: 10px;
    font-size: 16px;
    transition: border-color 0.3s ease, box-shadow 0.3s ease;
    &:focus {
        border-color: #3399ff; /* 더 진한 파란색 */
        outline: none;
        box-shadow: 0 0 5px rgba(51, 153, 255, 0.5); /* 파란색 그림자 */
    }
`;
const Button = styled.button`
    padding: 12px 24px;
    background-color: #3399ff; /* 기본 파란색 */
    color: #fff;
    border: none;
```

```
        border-radius: 8px;
        cursor: pointer;
        font-size: 16px;
        font-weight: bold;
        transition: background-color 0.3s ease, transform 0.3s ease;
        &:hover {
            background-color: #267dcc; /* 더 어두운 파란색 */
            transform: translateY(-2px); /* 버튼이 약간 올라가는 효과 */
        }
        &:disabled {
            background-color: #b3d1ff; /* 비활성화된 상태의 연한 파란색 */
            cursor: not-allowed;
        }
`;
const InputGroup = ({ topic, handleInputChange, fetchData, loading }) => {
    return (
        <InputGroupWrapper>
            <Input type="text" placeholder="블로그 작성 주제를 입력해주세요." value={topic} onChange={handleInputChange} />
            <Button onClick={fetchData} disabled={loading || !topic}>
                {loading ? "처리 중..." : "콘텐츠 생성"}
            </Button>
        </InputGroupWrapper>
    );
};
export default InputGroup;
```

- **Input**: 사용자가 블로그 주제를 입력하는 입력 필드입니다. 사용자가 입력한 내용이 handleInputChange 함수로 전달됩니다.
- **Button**: 주제를 입력한 후 콘텐츠 생성을 요청하는 버튼입니다. loading 상태에 따라 버튼이 비활성화되거나 "처리 중..." 메시지가 나타납니다.

02 LoadingSpinner.js는 콘텐츠 생성이 진행되는 동안 로딩 상태를 시각적으로 표시하는 컴포넌트입니다.

src/components/LoadingSpinner.js
```
import React from "react";
import styled, { keyframes } from "styled-components";
// 애니메이션 키프레임 정의
const spin = keyframes`
```

```
    0%, 100% {
      opacity: 1;
      transform: scale(1);
    }
    50% {
      opacity: 0.5;
      transform: scale(1.5);
    }
`;
const SpinnerContainer = styled.div`
    display: flex;
    flex-direction: column;
    justify-content: center;
    align-items: center;
    height: 100vh;
    position: fixed;
    top: 0;
    left: 0;
    width: 100%;
    background-color: rgba(255, 255, 255, 0.85);
    z-index: 9999;
`;
const SpinnerWrapper = styled.div`
    display: flex;
    justify-content: center;
    align-items: center;
`;
const Spinner = styled.div`
    width: 30px;
    height: 30px;
    margin: 0 5px; /* 수평 간격 설정 */
    background-color: #007bff;
    border-radius: 50%;
    animation: ${spin} 1.2s ease-in-out infinite;
`;
const LoadingText = styled.p`
    margin-top: 20px;
    font-size: 20px;
    color: #007bff;
    font-weight: 600;
    text-align: center;
    line-height: 1.5;
`;
const LoadingSpinner = () => {
```

```
    return (
        <SpinnerContainer>
            <SpinnerWrapper>
                <Spinner />
                <Spinner />
                <Spinner />
            </SpinnerWrapper>
            <LoadingText>
                잠시만 기다려 주세요
                <span style={{ marginLeft: "5px" }}>...</span> {/* "..." 텍스트 추가 */}
            </LoadingText>
        </SpinnerContainer>
    );
};
export default LoadingSpinner;
```

- **Spinner**: 애니메이션을 통해 로딩 상태를 시각적으로 보여줍니다. CSS 애니메이션을 사용해 scale 변화를 적용하여 회전하는 효과를 줍니다.
- **LoadingText**: 로딩 상태에서 사용자에게 대기 중임을 알려주는 텍스트입니다.

03 ResultDisplay.js는 FastAPI 서버에서 반환된 블로그 콘텐츠 결과를 출력하고, 사용자가 해당 결과를 다운로드할 수 있도록 구성된 컴포넌트입니다.

src/components/ResultDisplay.js

```
import React from "react";
import styled from "styled-components";
import { FaDownload } from "react-icons/fa";
const ResultContainer = styled.div`
    margin-top: 20px;
    text-align: center;
    padding: 20px;
    background-color: #f9f9f9;
    border-radius: 12px;
    box-shadow: 0 2px 8px rgba(0, 0, 0, 0.1);
`;
const ResultText = styled.pre`
    background-color: #f8f8f8;
    padding: 15px;
    border-radius: 8px;
    white-space: pre-wrap;
```

```
    text-align: left;
    max-height: 400px;
    overflow-y: auto;
    margin-bottom: 20px;
`;
const DownloadButton = styled.button`
    padding: 12px 24px;
    background-color: #28a745;
    color: #fff;
    border: none;
    border-radius: 8px;
    cursor: pointer;
    font-size: 16px;
    display: flex;
    align-items: center;
    justify-content: center;
    transition: background-color 0.3s ease;
    &:hover {
        background-color: #218838;
    }
`;
const ResultDisplay = ({ result, handleDownload }) => {
    return (
        result && (
            <ResultContainer>
                <h2>작성한 콘텐츠를 다운로드해 보세요!</h2>
                <ResultText>{result.raw}</ResultText>
                <DownloadButton onClick={handleDownload}>
                    <FaDownload style={{ marginRight: "8px" }} />
                    다운로드
                </DownloadButton>
            </ResultContainer>
        )
    );
};
export default ResultDisplay;
```

- **ResultText**: 생성된 콘텐츠 결과를 보여주는 부분으로, 텍스트 내용을 스크롤하여 볼 수 있습니다.
- **DownloadButton**: 사용자가 생성된 콘텐츠를 텍스트 파일로 다운로드할 수 있도록 해줍니다. react-icons의 FaDownload 아이콘을 사용해 다운로드 버튼을 시각적으로 개선했습니다.

04 CrewAI 블로그 콘텐츠 생성기 애플리케이션의 메인 컴포넌트를 정의하고, 사용자 입력에 따라 API 요청을 보내고 결과를 처리하는 기능을 만들겠습니다.

src/App.js

```javascript
import React, { useState } from "react";
import styled from "styled-components";
import axios from "axios";
import InputGroup from "./components/InputGroup";
import ResultDisplay from "./components/ResultDisplay";
import LoadingSpinner from "./components/LoadingSpinner";

const AppContainer = styled.div`
    padding: 40px 20px;
    max-width: 800px;
    margin: 0 auto;
    font-family: "Helvetica Neue", Arial, sans-serif;
`;
const Header = styled.h1`
    text-align: center;
    color: #333;
    font-size: 2.5em;
    margin-bottom: 20px;
`;
const Description = styled.p`
    text-align: center;
    margin-bottom: 40px;
    color: #666;
    font-size: 1.2em;
`;
const Error = styled.div`
    color: red;
    text-align: center;
    margin-top: 20px;
    font-size: 1.1em;
`;
```

- **AppContainer**: 애플리케이션의 기본 레이아웃을 정의하는 스타일 컴포넌트입니다. 애플리케이션이 중앙에 배치되며, 패딩과 최대 너비가 설정됩니다.
- **Header**: 헤더 섹션을 정의하며 텍스트를 중앙에 배치하고, 글자 색상과 크기를 설정합니다. 이곳에는 애플리케이션의 제목이 표시됩니다.

- **Description**: 간단한 설명을 나타내는 텍스트 스타일로 본문 아래에 배치되며, 색상과 폰트 크기를 조절하여 사용자에게 애플리케이션의 기능을 설명합니다.
- **Error**: 오류 메시지를 표시하는 컴포넌트입니다. 빨간색으로 오류 메시지를 강조해 사용자에게 에러 발생을 알려줍니다.

src/App.js

```
function App() {
    const [topic, setTopic] = useState("");
    const [result, setResult] = useState(null);
    const [loading, setLoading] = useState(false);
    const [error, setError] = useState("");
    const handleInputChange = (event) => {
        setTopic(event.target.value);
    };
    const fetchData = async () => {
        setLoading(true);
        setError("");
        setResult(null);
        try {
            const response = await axios.post("http://localhost:8000/crewai", {
                topic: topic,
            });
            setResult(response.data);
        } catch (err) {
            setError(err.response ? err.response.data.error : err.message);
        } finally {
            setLoading(false);
        }
    };
    const handleDownload = () => {
        const element = document.createElement("a");
        const file = new Blob([result.raw], { type: "text/plain" });
        element.href = URL.createObjectURL(file);
        element.download = "raw_data.txt";
        document.body.appendChild(element);
        element.click();
    };
    return (
        <AppContainer>
            <Header>CrewAI 블로그 콘텐츠 생성기</Header>
            <Description>주제에 맞는 블로그 콘텐츠를 생성하기 위해 CrewAI의 강력한 백엔드를 사용하세요.</Description>
```

```
            {loading ? (
                <LoadingSpinner />
            ) : (
                <>
                    <InputGroup topic={topic} handleInputChange={handleInputChange}
fetchData={fetchData} loading={loading} />
                    {error && <Error>{error}</Error>}
                    <ResultDisplay result={result} handleDownload={handleDownload} />
                </>
            )}
        </AppContainer>
    );
}
export default App;
```

- **useState**
  - **topic**: 사용자가 입력한 주제를 저장하는 상태 변수입니다. 사용자가 입력 필드에 값을 입력할 때마다 handleInputChange 함수로 값이 업데이트됩니다.
  - **result**: FastAPI에서 반환된 콘텐츠 생성 결과를 저장합니다. API 호출이 성공하면 결과가 이 변수에 저장되어 화면에 출력됩니다.
  - **loading**: 콘텐츠 생성 요청이 처리 중인지 여부를 나타냅니다. 요청 중에는 로딩 상태가 활성화되고, 요청이 완료되면 로딩 상태가 해제됩니다.
  - **error**: 콘텐츠 생성 중 에러가 발생하면 에러 메시지를 저장하고 화면에 표시합니다.

src/App.js
```
const handleInputChange = (event) => {
    setTopic(event.target.value);
};
```

- **handleInputChange**: 사용자가 주제를 입력할 때마다 호출되는 함수입니다. 입력된 값을 topic 상태에 저장하여 API 요청 시 사용합니다.

src/App.js
```
const fetchData = async () => {
    setLoading(true);
    setError("");
    setResult(null);
```

```
    try {
        const response = await axios.post("http://localhost:8000/crewai", { topic: topic });
        setResult(response.data);
    } catch (err) {
        setError(err.response ? err.response.data.error : err.message);
    } finally {
        setLoading(false);
    }
};
```

- **FetchData**: 비동기 함수로, 사용자가 주제를 입력하고 버튼을 클릭하면 API 요청을 보내고 결과를 가져오는 역할을 합니다. axios.post를 통해 FastAPI 서버에 주제를 POST 요청으로 전달하고, 서버로부터 반환된 콘텐츠를 result 상태에 저장합니다. 요청 중에는 loading 상태가 true로 설정되어 로딩 스피너가 표시되고, 요청이 완료되면 loading이 false로 변경됩니다. 만약 에러가 발생하면 에러 메시지가 error 상태에 저장되어 사용자에게 표시됩니다.

```
const handleDownload = () => {
    const element = document.createElement("a");
    const file = new Blob([result.raw], { type: "text/plain" });
    element.href = URL.createObjectURL(file);
    element.download = "raw_data.txt";
    document.body.appendChild(element);
    element.click();
};
```

- **handleDownload**: 생성된 블로그 콘텐츠 결과를 텍스트 파일로 다운로드할 수 있도록 처리하는 함수입니다. Blob 객체를 사용해 파일을 생성한 후, 사용자가 해당 파일을 다운로드할 수 있도록 동적으로 <a> 태그를 생성하고 클릭 이벤트를 트리거합니다.

src/App.js
```
    return (
        <AppContainer>
            <Header>CrewAI 블로그 콘텐츠 생성기</Header>
            <Description>주제에 맞는 블로그 콘텐츠를 생성하기 위해 CrewAI의 강력한 백엔드를 사용하세요.</Description>
            {loading ? (
                <LoadingSpinner />
            ) : (
```

```
                <>
                    <InputGroup topic={topic} handleInputChange={handleInputChange} fetchData={fetchData} loading={loading} />
                    {error && <Error>{error}</Error>}
                    <ResultDisplay result={result} handleDownload={handleDownload} />
                </>
            )}
        </AppContainer>
    );
```

- **AppContainer**: 애플리케이션의 전체 컨테이너로 중앙에 위치하며 패딩과 폭이 설정된 레이아웃을 정의합니다.
- **Description**: 애플리케이션에 대한 간단한 설명을 사용자에게 제공합니다.
- **loading**: 이 상태가 `true`일 경우, LoadingSpinner 컴포넌트가 렌더링되어 로딩 화면이 표시됩니다. 요청이 완료되어 `loading`이 `false`일 때, 입력 폼 및 결과 표시 영역이 렌더링됩니다.
- **InputGroup**: 사용자가 주제를 입력하고 콘텐츠 생성을 요청할 수 있는 입력 폼입니다. 사용자의 입력을 받고 `fetchData` 함수를 호출합니다.
- **Error**: 에러가 발생했을 때만 렌더링되며 에러 메시지를 표시합니다.
- **ResultDisplay**: FastAPI에서 생성된 결과를 화면에 표시하며 다운로드 버튼을 통해 결과를 텍스트 파일로 다운로드할 수 있습니다.

05 최종적으로 components 폴더 아래에 `InputGroup.js`, `LoadingSpinner.js`, `ResultDisplay.js`를 작성하고 src 폴더 아래에 `App.js`를 완성하였다면, 프런트엔드를 실행할 준비가 완료되었습니다. 이제 터미널에서 다음 명령어를 입력하여 프런트엔드를 실행할 수 있습니다.

명령어
```
npm start
```

이후 FastAPI로 구성된 백엔드 서버도 미리 실행시켜 두면 두 어플리케이션이 함께 동작하며 **CrewAI** 기반의 블로그 콘텐츠 생성 애플리케이션을 사용할 수 있습니다.

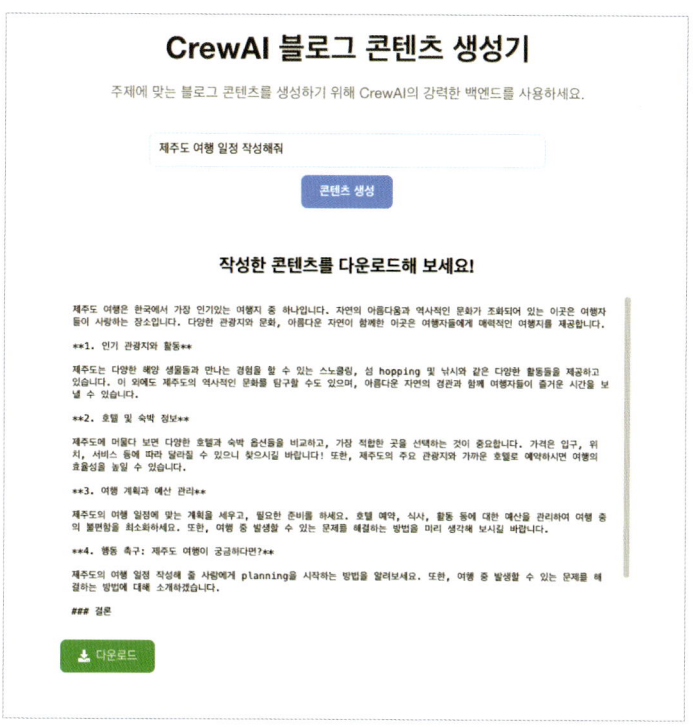

이번 프로젝트에서는 FastAPI와 리액트를 사용하여 CrewAI 기반의 블로그 콘텐츠 생성 애플리케이션을 구현했습니다. FastAPI는 백엔드에서 멀티 에이전트 시스템을 통해 블로그 콘텐츠를 생성하고, 리액트 프런트엔드는 사용자가 주제를 입력하여 이를 API로 전달한 뒤 생성된 결과를 화면에 출력합니다. 이 과정에서 Axios로 API 통신을 처리하고 styled-components와 react-icons를 활용해 사용자 친화적인 UI를 구축하였습니다. 이제 프런트엔드와 백엔드를 모두 실행하여 실제 주제에 맞춘 콘텐츠를 생성하는 자동화된 시스템을 완성할 수 있습니다.

찾아보기

[기호]

.env　51, 70

[ㄱ]

객체　421
검색기　149
검색 단계　153
관계형 데이터베이스　131
관찰　375
근사 최근접 이웃　228
깃허브　32

[ㄴ]

노드　388, 399

[ㄷ]

다중 벡터 검색기　308, 318
다중 질문 검색기　149
단어 빈도　275
데이터셋　133
도큐먼트 로더　31, 135
딕셔너리　340

[ㄹ]

랭그래프　383
랭스미스　63, 69
랭체인　31
런타임　429
레이블　101, 103
로그　413, 420

로딩 애니메이션　221
리액트　429
리포지터리　107

[ㅁ]

마스킹　184
마크다운　95
멀티모달 LLM　298
멀티모달 RAG　297
멀티모달 RAG 체인　321
문서 길이 정규화　275

[ㅂ]

백엔드　27
벡터　131
벡터 데이터베이스　131, 242, 254
벡터 저장소　147
브랜치　112
비동기 함수　443
비주얼 스튜디오 코드　43

[ㅅ]

생성기　153
생성 단계　153
세션 상태　210
숫자 벡터　230
스트리밍　190, 383

[ㅇ]

앙상블 리트리버　291

찾아보기

에이전트 375
엔드포인트 423
역문서 빈도 275
요약 데이터베이스 298
워크플로 그래프 385
유클리드 거리 233
이미지 임베딩 132
인공지능 시인 27
인코딩 339
임베딩 132, 143, 230
임베딩 모델 인스턴스 148

ㅈ

점곱 233
주피터 249
준법 규정 리스크 117
직렬화 420

ㅊ

청크 140
체인 58
초거대 언어 모델 31

ㅋ

컨텍스트 딕셔너리 86
컴포넌트 435
컴퓨터 비전 데이터셋 132
쿼리 235, 265
크롤링 392
클라우드 107

클라이언트 라이브러리 434
키-값 딕셔너리 78

ㅌ

텍스트 분할기 140
텍스트 임베딩 134
텍스트 청크 230
텍스트 청킹 230
툴 375
튜닝 231
튜플 421

ㅍ

파라미터 31, 39
파서 82, 375
파이썬 46
파이썬 API 95
프런트엔드 27
프롬프트 123
프롬프트 템플릿 58
프롬프트 허브 155
픽셀 132

ㅎ

후원 링크 29, 186

A

agent 375
agent 노드 396
AI 에이전트 405

찾아보기

angSmith   63
API 키   49
arXiv API   381
arXiv 논문 검색 API   376
assign   84
axios   434

B

base64   312
Base64   339
BeautifulSoup   250
Best Matching 25   274
BM25   274
BM25Retriever   275
BM25 리트리버   291
Branch   112
Buy me a coffee   186

C

Chart elements   95
ChatMessage   61
ChatPDF   27, 129
Chroma   146
ChromaDB   321, 333, 336
chunk   140
chunk_overlap   141, 231
chunk_size   141, 231
combined_lcel_chain   84
Compliance Risk   117
content   89
context   285

CORS   422
Crew   405
CrewAI   405, 415
CSS   434
CTransformers   117, 119

D

Data elements   95
datasets   333
Document Loader   135
Document Loaders   31
dotenv 라이브러리   250
Dot Product   233

E

Embed   227
embedding   132
ESLint   434
Euclidean distance   233

F

Facebook AI Similarity Search   227
Faiss   29
FAISS   227
FAISS 리트리버   291
Fashionpedia   334
FashionRAG   333
FastAPI   355, 419
FetchData   443
File Search   199

찾아보기

from_tiktoken_encoder   289

Function calling   199

G

generate   391

generate 노드   397

Generation Phase   153

Generative Pre-trained Transformer   31

Generator   153

GGML   122

GPT   29, 31

GPT-3.5-turbo   76, 356

GPT-4   31

GPT-4o   76, 356

GPT-4o-mini   76

GPT-4 Vision   312, 316

GPT 모델   27, 56, 75

H

HITL   383

HTTP   312, 434

Hugging Face   143

HuggingFace   333

Human-in-the-Loop   383

Hybrid   256

Hybrid Search   273, 279

I

invoke() 함수   57

J

JavaScript   434

JSON   361, 364, 421

JupyterLab   249, 299

L

label   101

LangChain   29

LangChain Expression Language   82

LangChain Hub   253

Langchain-Ollama 패키지   117

langchain.prompts   121

LangGraph   383

LangServe   357, 360

LangSmith   69

language   84

Language Model   31

Large Language Model   31

LCEL   78, 82

Llama-2-7B-Chat   122

Llama 3.1   29, 117

LLaVA   29, 312, 316

LLM   31

LLMChain   79

LLM 라이브러리   55

LLM 인스턴스   59, 151

LLM 체인   58, 78, 89, 156

Load   227

load_dotenv()   71

Local Llama 2   117

찾아보기

M

main.py 49
mAP 232
Markdown 95
Masking 184
Maximal Marginal Relevance 252
Max tokens 40
MiniConda 63
MMR 252
MMR 알고리즘 255
MNIST 132
Multiquery 256
MultiQueryRetriever 149
Multi-Vector Retriever 308

N

naver_news_search 381
Node.js 429
Node Package Manager 429
NoSQL 131
npm 429

O

Observation 375
OCR 301
Ollama 29, 117, 360
OpenAI 31, 360
OpenAI API 키 27, 75
OpenAI 플레이그라운드 34
Optical Character Recognition 301

P

parameter 31
Parser 375
Poppler 패키지 300
prompt 211
Prompt Hub 155
PromptTemplate 58, 75, 123
Protobuf 188
Public 109
PyPDF 138

R

RAG 153
RagApp 71
RAG Fusion 258, 265, 282
RAG 워크플로 400
RAG 체인 284, 327
RDBMS 131
React 29, 429
Recall 232
Reciprocal Rank Fusion 266
Repository 107
requirements.txt 68, 94, 110, 137, 180
Responses API 199
restaurants.txt 229
Retrieval-Augmented Generation 153
Retrieval Phase 153
retrieve 391
Retrieve 235, 242
Retriever 149, 154
rewrite 391

찾아보기

rewrite 노드 396
RRF 266
RunnableParallel 82
RunnablePassthrough 157
RunnableSequence 82

S

SequentialChain 78
Session State 210
spinner 125, 221
Split 227
Store 227
Streamlit 29, 89, 91, 120
Streamlit Community Cloud 91, 107, 181
StrOutputParser 75, 77, 157, 265
st.title() 96
summary 84
System message 201

T

Task 405
temperature 76, 122
Temperature 40
Tesseract 패키지 301
Text elements 95
Text Splitter 140
Text Splitters 31
Threshold 256
tiktoken 인코더 251
TOML 113, 183
Tools 202, 375

Top P 40
translation 84

U

Unique-union 256
unsu.pdf 137
UUID 319
uvicorn 355
Uvicorn 423

V

Vector 131
Vector DB 131
Vector Store 147
Visual Studio Code 43
VS Code 43

W

WebBaseLoader 250
Web Search 199
Wikipedia API 376
Word2Vec 134